Margot Overath
Drachenzähne

»Kadmos betrachtete den erlegten Drachen lange; als er sich wieder umsah, stand Pallas-Athene, die vom Himmel herniedergefahren war, zu seiner Seite und befahl ihm, sofort die Zähne des Drachen als Nachwuchs künftigen Volkes in aufgelockertes Erdreich zu säen. Er gehorchte der Göttin, öffnete mit dem Pflug eine breite Furche auf dem Boden und fing an, die Drachenzähne, wie ihm befohlen war, die Öffnung entlang auszustreuen. Auf einmal begann die Scholle sich zu rühren, und aus den Furchen hervor blickte zuerst nur die Spitze einer Lanze, dann kam ein Helm hervor, auf welchem ein farbiger Busch sich schwenkte, bald ragten Schulter und Brust und bewaffnete Arme aus dem Boden, und endlich stand ein gerüsteter Krieger, vom Kopf bis zum Fuße der Erde entwachsen, da. Dies geschah an vielen Orten zugleich, und eine ganze Saat bewaffneter Männer wuchs vor den Augen des Phöniziers empor.«
aus: Gustav Schwab, Sagen des klassischen Altertums

Margot Overath, geboren in Krefeld, Studium der Sozialwissenschaften in Göttingen und Bremen, seit 1980 freie Rundfunkjournalistin und Autorin. Themenschwerpunkte: Politische Justiz, Verfassungsschutz, NS-Verfolgung, Alternativkultur.

Margot Overath

Drachenzähne

Gespräche, Dokumente und Recherchen
aus der Wirklichkeit der Hochsicherheitsjustiz

Terroristen & Richter 3

VSA-Verlag, Hamburg 1991

Lektorat: Thomas Becker

Fordern Sie bitte unsere Verlagsverzeichnisse an!

Dieses Buch ist Bestandteil des dreibändigen Gesamtwerkes »Terroristen & Richter«
Druck und Buchbindearbeiten: Fuldaer Verlagsanstalt
ISBN 3-87975-577-9 (für diesen Einzeltitel)
ISBN 3-87975-587-6 (für das Gesamtwerk)

Inhalt

Teil 3: Einmischungen

Vorwort

Zwei Jahrzehnte intensiver staatlicher Anti-Terror-Kampf liegen hinter uns – ein Ende ist nicht abzusehen. Nach dem Anschluß der DDR an das Staats- und Rechtsgebiet der Bundesrepublik Deutschland, mit der Festnahme der ausgestiegenen, ehemaligen RAF-Mitglieder in der EX-DDR und ihrer Aburteilung zu Beginn der neunziger Jahre scheint auch in dieser Hinsicht eine gewisse Zäsur eingetreten zu sein. Dieser historische Einschnitt könnte die Chance bieten, auch in der Bundesrepublik eine kritische Rückbesinnung in die Wege zu leiten und dabei auch den Staatsschutz und die Politische Justiz in ihrem Anti-Terror-Kampf nicht zu verschonen.

Die Bundesrepublik hat sich im Zeichen der Terrorismusbekämpfung der vergangenen zwanzig Jahre grundlegend verändert. Die Auswirkungen dieser verhängnisvollen Entwicklung haben den Rechtsstaat und die politische Kultur in diesem Land nachhaltig beeinflußt. Nach den DDR-Stasi-Enthüllungen der letzten Zeit scheint diese bundesdeutsche Staatssicherheits-Geschichte (und -Realität) jedoch vollends der kollektiven Verdrängung anheimzufallen. Diesen Verdrängungsprozeß zu stören, haben sich die Autoren der vorliegenden dreibändigen Publikation mit dem Titel »Terroristen und Richter« zum Ziel gesetzt. Denn auch der Westteil Deutschlands wird – parallel zur Stasi- und Justiz-Bewältigung der ehemaligen DDR-Bevölkerung – nicht umhinkommen, sich intensiv der Aufarbeitung seiner Vergangenheit und Gegenwart zu widmen und für die Zukunft geeignete Konsequenzen zu ziehen.

Heinrich Hannover (Strafverteidiger), Rolf Gössner (Rechtsanwalt und Publizist) und Margot Overath (Journalistin) haben sich deshalb gefragt: Wie ging die alte Bundesrepublik, der »freiheitlichste Staat, den es je auf deutschem Boden gab«, mit jenen um, die die Legitimität seiner Herrschaft radikal bestreiten, sein Gewaltmonopol mißachten und ihrerseits gewaltsam bekämpfen – mit sogenannten Terroristen also? Wie ging sie andererseits mit denen um, die zu anderer Zeit ihre staatsterroristischen Ambitionen mehr oder weniger legal hatten ausleben dürfen? Welche Antworten hatte und hat der Staat für die breitgefächerte widerständige Szene parat, die sich militant gegen lebensfeindliche und/oder industrielle Projekte (Atom- und Gentechnologie, Startbahn West, Raketenstationierung, Kriegswaffenproduktion) zur Wehr setzt? Welches Instrumentarium hält er bereit, um radikale politische Gegner zu verfolgen und zu bestrafen, zu überwachen, abzuschrecken und einzuschüchtern? Wie funktioniert die »Innere Sicherheit« in der »wehrhaften Demokratie«? Wen oder was schützen die Sicherheitsgesetze – und wen bedrohen sie? Welches Verhalten wird in der Bundesrepublik als terroristisch oder staatsfeindlich verfolgt, aufgrund welcher Gesetze und mit welchen Methoden? Wie wird man vor der bundesdeutschen Justiz zum »politisch motivierten Straftäter«, und wie spricht diese Justiz Recht in Prozessen gegen die mutmaßlichen kriminellen Feinde des Staates? Auf welches Selbstverständnis beruft sie sich dabei, und an welche Tradition knüpft sie an? Schließlich: Welche Auswirkungen hat die Praxis der Politischen Justiz in der Bundesrepublik für die politische Kultur in diesem Land? Wie ist es um eine Demokratie bestellt, in der die vermeintliche Sicherheit des Staates allemal vor der Freiheit seiner Bürger rangiert? Welche politische Funktion hat die gebetsmühlenartige Beschwörung einer vorgeblichen Bedrohung des Staates durch »linke Gewalttäter«, mit der Politiker unterschiedlicher Couleur staatliche Strafverfolgungsinstanzen und (nicht nur) die Sensations-Presse die Bevölkerung immer aufs neue in Atem halten? Fragen, auf die in den vorliegenden drei Büchern geantwortet wird. Sie sind das Ergebnis einer vom Hamburger Institut für Sozialforschung geförderten Untersuchung der Politischen Justiz am Beispiel der sogenannten Terroristenprozesse. Leserinnen und Leser erwartet jedoch keine schwer verdauliche Abhandlung im Stil komplizierter Fachlektüre, sondern ein engagierter, zuweilen bissiger, und – wie wir hoffen – spannender Lesestoff.

Im ersten Band (»Terroristenprozesse. Erfahrungen und Erkenntnisse eines Strafverteidigers«) rechnet Heinrich Hannover mit der Politischen Justiz der Bundesrepublik ab, der er als Strafverteidiger seit mehr als drei Jahrzehnten Gerechtigkeit abzutrotzen versucht. Die zentrale These seiner Arbeit, nach der es im politischen Prozeß nicht um Wahrheitsfindung, sondern um die Bekämpfung von Feinden und die Rehabilitierung von Freunden geht, entwickelt Hannover aus der Perspektive des teilnehmenden Beobachters. Rolf Gössner nimmt sich im zweiten Band (»Das Anti-Terror-System. Politische Justiz im präventiven Sicherheitsstaat«) der Entwicklung des polizeilich-geheimdienstlich-justiziellen Sonderrechtssystems und seiner gesellschaftlichen Funktionen an. Er beschreibt die Auswirkungen des immer weiter ausgebauten Anti-Terror-Instrumentariums für die gesamte linksorientierte Opposition und die demokratische Verfaßtheit der Bundesrepublik. Im dritten Band der Reihe (»Drachenzähne. Gespräche, Dokumente und Recherchen aus der Wirklichkeit der Hochsicherheitsjustiz«) geht es um Fallbeispiele aus dem Bereich der Terroristenjustiz. Margot Overath hat mit Unterstützung durch Angeklagte, Verurteilte und deren Verteidiger die Geschichten einzelner Terroristenprozesse rekonstruiert. Es sind die Geschichten der Prozesse und ihrer Begleitumstände, und es ist die aktuelle Rückschau der Beteiligten auf ein ideologisch überholtes Lebensthema.

Heinrich Hannover *Rolf Gössner* *Margot Overath*

Einleitung

I.

In diesem Buch geht es um die am eigenen Leibe erfahrene Wirklichkeit der Politischen Justiz in der Bundesrepublik Deutschland.

Das Buch entstand im Rahmen einer Publikationsreihe über die Politische Justiz gegen sogenannte Terroristen;[1] als einziger Beitrag dieser dreibändigen Reihe ist es mit aktiver Unterstützung von Betroffenen jener Prozesse zustande gekommen. Es ist aber nicht nur deren Selbsteinschätzung und Selbstdarstellung, sondern das Ergebnis einer umfassenden Recherche. Die Auswahl der Ereignisse und Prozesse, die in diesem Buch dargestellt werden, ist auch Ausdruck von Bedingungen, die der Praxis der Politischen Justiz zuzuschreiben sind. Dazu zählen die von den Justizvollzugsanstalten und den übergeordneten Stellen bis hin zu Oberlandesgerichten und Landesjustizministern aufgebauten Barrieren, die ein normales Gespräch, geschweige denn ein Interview mit Gefangenen, die der »Rote Armee Fraktion« (RAF) angehörten, so gut wie unmöglich machen.[2]

Dargestellt und dokumentiert werden die Erfahrungen von Leuten, denen Rechtsprechung und Strafvollzug als Mittel einer politischen Strategie entgegentraten. Prozesse gegen bewaffnete Staatsfeinde stehen dabei im Mittelpunkt. Da sie von der Justiz als politische Prozesse geführt wurden, waren auch Verteidiger und Berichterstatter ihren besonderen Bedingungen unterworfen. Ein Rechtsanwalt mit zehnjähriger Verteidigererfahrung im nicht-politischen Bereich verglich im Gespräch den Eintritt in den Bereich der Politischen Justiz mit dem Eintritt in die militärische Welt einer Kaserne. Hier wie dort seien die meisten Regeln des zivilen Lebens suspendiert.[3]

Ich hatte Anfang der achtziger Jahre als Berichterstatterin für den Jugendfunk von Radio Bremen erstmals mit einem Vertreter der Politischen Justiz zu tun. Es war in Bremen, gut ein Jahr nach der ersten öffentlichen Rekrutenvereidigung vom 6. Mai 1980 im Bremer Weserstadion, bei der es zu schweren Zusammenstößen zwischen Polizei und Gegendemonstranten gekommen war. Die Bremer Polizeiführung war im Verein mit der Staatsanwaltschaft auf der Suche nach den »Schuldigen«, auch »Krawallmacher« genannt. Mit Hilfe des Verfassungsschutzes war sie auf eine »antiimperialistische« Szene gestoßen, was die Bundesanwaltschaft auf den Plan rief. Ich recherchierte damals den Fall einer aufgeflogenen und anschließend auf ungewöhnliche Weise beendeten Observation einer krawallverdächtigen Wohngemeinschaft in der Bremer Neustadt. Ein Mitglied der beobachteten Wohngemeinschaft hatte die Observationswohnung gestürmt und das Überwachungsgerät der Verfassungsschützer auf die Straße geworfen.[4] Am Morgen nach diesem Coup wurde ich in aller Frühe von der Wohngemeinschaft telefonisch herbeigerufen. Die Bundesanwaltschaft war mit einem großen Aufgebot an Polizei gekommen, um nach Belastungsmaterial zu suchen. Die Hausdurchsuchung hatte schon begonnen, als ich eintraf, aber dennoch war ich zu früh. Dem Verantwortlichen, Oberstaatsanwalt Leo Kouril aus Karlsruhe, genügte mein rasches Erscheinen, um mich der Komplizenschaft zu verdächtigen.

Oberstaatsanwalt Leo Kouril konnte ich später in den Stuttgart-Stammheimer Prozessen gegen Peter-Jürgen Boock über viele Monate hinweg beobachten. Er gehörte zu jener kleinen Gruppe entschlossener Bundes- und Oberstaatsanwälte, von denen einige, wie ich später herausfand, schon seit Beginn der Terroristenprozesse dabei sind. Man kann sagen, die Besetzung ist beinahe konstant geblieben. Diese hauptamtlichen, ständig von Bodyguards beschützten Ankläger des Terrorismus sind in ihrem beruflichen und privaten Leben von Sicherheitsvorkehrungen geradezu umstellt – Schutzmaßnahmen, die in erster Linie auf die besondere Form des Anti-Terror-Kampfs der Justiz zurückzuführen sind.[5] Sonderfahndung, Sondergesetze und Sonderhaftbedingungen sind die Mittel dieses Kampfes, in dem Terrorismus immer wieder neu definiert wurde, in dem Gesetze erlassen wurden, die politisch motivierte strafbare Handlungen zu terroristischen Aktionen umdefinierten. So wurde der Bestand an terroristischem Potential nicht nur gehalten, sondern erheblich erweitert. Die vermeintliche Präventionsstrategie säte Drachenzähne. Für die Anwesenheit des inneren Feindes war auf Dauer gesorgt.

II.

Nicht alle – zum Teil einstigen – Gefangenen waren bereit, Gespräche zu führen und Recherchen zu unterstützen. Ich mußte akzeptieren, daß ihre Ablehnung auf grundsätzlichen Entscheidungen beruht. Diejenigen, die mitarbeiteten, sahen darin eine Möglichkeit, Zusammenhänge aufzuzeigen und Erklärungen in die öffentliche Diskussion zu bringen, die in Presseberichterstattung und offizieller Terrorismusforschung zu kurz gekommen sind. Unterstützung fand ich vornehmlich bei denen, die von der Justiz nicht schematisch nach dem Gruppenprogramm der Staatsschutzsenate zu lebenslanger Haftstrafe verurteilt worden waren und/oder die während ihrer Haftzeit zu dem Entschluß kamen, auch ihr eigenes Engagement im bewaffneten Kampf kritisch aufzuarbeiten.

So bietet die Untersuchung zwar keine repräsentative Stichprobe aus einer Gesamtheit von Terroristenprozessen, dafür aber eine Ansicht auf das seit zwei Jahrzehnten relevante Thema aus einem ungewohnten Blickwinkel. Die Beiträge ehemaliger Mitglieder der RAF und der »Bewegung 2. Juni« geben ferner einen tiefen Einblick in ihr Lebensthema: die massiven Probleme einer ideologischen Umorientierung unter den von der Anti-Terror-Justiz gesetzten Sonderbedingungen.

Ich habe Erlebnisse und Erlebnisweisen, Stellungnahmen, Erinnerungen und Beschreibungen wiedergegeben, die mir mitgeteilt wurden, und Fakten aufgeschrieben, die ich in ungezählten Prozeßakten und Pressearchiven gefunden und zum Teil im Gerichtssaal selbst beobachtet habe. Die Aufzeichnungen sind weder systematisch noch vollständig. Manche Aspekte werden mehrfach thematisiert – die Haftbedingungen gehören dazu. Sie sind nicht immer gleich und sie haben nicht für jede und jeden dieselbe Bedeutung. Ich halte eine möglichst umfassende Darstellung der Haftbedingungen, auch wenn sie teilweise inzwischen modifiziert sind, nicht zuletzt deshalb für wichtig, weil sie etwas mitteilen über den Anteil von Politik und Administration an der Produktion des Nachschubs für den Untergrund.

Im Hauptteil des Buches werden unter dem Zwischentitel: »Von der Beweiserhebung zur Beweiserfindung« die Geschichten der Terroristenprozesse erzählt. Es geht um Anschlags- und Ermittlungsphasen, Prozeß- und Verurteilungsstrategien, Haftbedingungen und Folgen. Zuvor informiere ich über die oben angesprochenen Schwierigkeiten, diese Themen umfassend zu recherchieren.

Zur Verfügung standen an schriftlichem Material: Anklagen, Urteile, Beweismittellisten, Beweisanträge, Gutachten, Gerichtsbeschlüsse etc., offizielle Protokolle der öffentlichen Hauptverhandlungen, stenografische Mitschriften oder Notizen von Verteidigern und/oder Prozeßbeobachtern, Presseartikel, Briefe und Artikel der Angeklagten; außerdem Interviews mit Angeklagten und Verteidigern, in Einzelfällen Gutachter- und Zeugeninterviews. Die Gespräche habe ich in der Regel auf Tonband aufgenommen. Wenn keine Aussicht auf die Genehmigung von Tonbandaufnahmen bestand, mußten Notizen ausreichen. Alle Interviews kamen erst nach intensiven Vorbereitungsphasen zustande, das heißt nach Aktenstudium und Gesprächen mit Verteidigern, gelegentlich auch nach Briefwechseln. Die Gefangenen und ihre Verteidiger entschieden sich zur Mitarbeit aufgrund unserer »Projektbeschreibung«, einer Art Exposé, das die Gliederungspunkte der Arbeit auswies.

Versuche, mit Richtern zu sprechen, scheiterten.

Im letzten Teil des Buches kommen Vertreter der Positionen zu Wort, die zwischen den beiden Polen – RAF und staatliche Verfolger – zu vermitteln versuchen, um die Folgen der Anschläge bewaffneter Gruppen für Opfer und Täter zu überwinden.

Allen, die zum Zustandekommen dieses Buches beigetragen haben, möchte ich danken, ganz besonders meinen Interviewpartnern. Extra bedanke ich mich bei den ehemals Angeklagten und deren Verteidigern, aber auch den anderen Verteidigern für ihre Unterstützung, ebenso bei Hilde und Carlchristian von Braunmühl, die versuchten, Justizminister zum Einlenken zu bewegen, bei den Kolleginnen und Kollegen aus den Zeitungsarchiven von Rundfunk und Presse und bei unserem Lektor Thomas Becker. Dem Hamburger Institut für Sozialforschung ist für die Anregung und die finanzielle Förderung zu danken.

III.

In den Prozessen gegen Terroristen geht es um die Herstellung einer juristischen, nicht einer historischen Wahrheit. Je mehr und je rascher abgeurteilt werden konnte, desto größer schien der Gewinn der Verfolgungsinstanzen. Jedes »lebenslänglich« beweist von daher zuerst einmal den komplikationslosen Ablauf eines normalen Terroristenprozesses. Die Justiz als Sieger über besiegte Staatsfeinde: Oft genug ohne sinnvolle Verteidigung flutschten die Prozesse nur so – zur Freude von Gericht, Anklage und Pflichtverteidigung. Damit das noch schneller und einfacher zu machen war, entwickelte die Bundesanwaltschaft für ihre Beweisführung zwei Anklagestandards, die inzwischen in den meisten RAF-Urteilen als »gerichtsbekannte« Wahrheiten auftauchen: die Anklagestandards »Schießbefehl« und »Kollektivität«. Der erste wurde eingesetzt, wenn es zum bewaffneten Widerstand in der Festnahmesituation kam, der zweite gegen alle Mitglieder eines angenommenen »harten Kerns« der RAF, für deren Tatbeteiligungen es keine Beweise, sondern nur – oft vage – Hinweise gab. Bei beiden Anklagestandards gehört das »Lebenslänglich« zum Programm.

Je länger der Kopf eines Gesuchten auf den Fahndungsplakaten auftaucht, je häufiger sein Name in der Tagesschau genannt wird, desto eher ist er in Gefahr, mit Anschlägen in Verbindungen gebracht zu werden. So kommt es, daß in Anklageschriften und Urteilen häufig eine personelle Besetzung der Kommandos unterstellt wird, die allein der Phantasie und Kombinationsgabe der Verfolgungsinstanzen entspringt. Nach Anschlägen sind rasch Zeugen zur Stelle, die glauben, Gesuchte »wiedererkannt« zu haben. Bei meinen Gesprächen mit ehemaligen Terroristen erfuhr ich, daß es Verurteilte gibt, die »lebenslänglich sitzen«, ohne je in eine Kommandoaktion eingeweiht gewesen zu sein: Gruppenmitglieder, die diese oder jene alltägliche Unachtsamkeit begangen hatten, durch die ein Versteck hätte entdeckt werden können – nach den Kriterien einer bewaffneten, klandestinen Gruppe kein folgenloser Fauxpas. Die tragische Konsequenz ist, daß der extreme Verfolgungsdruck und die Perspektivlosigkeit die Betroffenen in der Regel darauf festlegten, dabei zu bleiben. Aussagen von RAF-Ruheständlern aus der ehemaligen DDR und Informationen meiner Gesprächspartner[6] stimmen insofern überein.

Im Normalfall des Terroristenprozesses haben Angeklagte die Schein-Alternative, sich entweder – im juristischen Sinne – zu verteidigen, oder es nicht zu tun, das hieß in vielen Fällen: zu schweigen.[7] Schein-Alternative nenne ich sie deshalb, weil am Ende identische Ergebnisse stehen: Angeklagte in Terroristenprozessen werden, kraft Interpretation, wenn nicht gar Manipulation von Beweismitteln durch die Anklagebehörde, von Richtern, die sich dem Staatswohl verpflichtet fühlen, in der Regel zu Höchststrafen verurteilt – ob mit oder ohne Verteidigung. Die Geschichte der Roten Armee Fraktion und anderer bewaffneter Gruppen in der Bundesrepublik und West-Berlin ist deshalb nicht nur eine Geschichte ihrer Teilnehmer, sondern auch eine Geschichte der Justiz, die sich der Staatsräson verschrieb. Sie ist auch eine Geschichte der Presse, die parteilich die Sensation vermarktete, dabei die Fronten verschärfte und sich von Politik und Fahndungsbehörden für deren Ziele einspannen ließ; sie ist eine Geschichte der Politik, die den Terrorismus für ihr eigenes Kalkül der Macht verwertete, die zu erhalten, zu vermehren oder wiederzugewinnen war. Und eine Geschichte des mit »publizistischer Vorwärtsstrategie«[8] produzierten Bedürfnisses nach »Sicherheit«, das Sonderabteilungen in besonderen Haftanstalten, verbunden mit nie zuvor praktizierten Ritualen der Entwürdigung, möglich machte. Die Prozesse gegen Terroristen zeigen, daß bei Bedarf die Option möglich ist, den Rechtsstaat außer Kraft zu setzen.

Justiz und Polizei verhalfen mit ihren Methoden der Guerilla zu einem »Zulauf, den sie mit eigenen propagandistischen Mitteln niemals hätte erreichen können,« schreibt Hans-Joachim Klein, ehemals bewaffneter Untergrundkämpfer der »Revolutionären Zellen«, ein paar Jahre nach den ersten Verurteilungen von mutmaßlichen Staatsfeinden und Mitgliedern bewaffneter Gruppen in seinem autobiografischen Rückblick.

Was am Anfang der Guerilla, bei den Außenstehenden, mehr oder weniger ein Liebäugeln und ein 'Recht hamse' war, wurde durch Gevatter Staat mehr und mehr zur Solidarität der Tat. Bonn wurde ein Rekrutierungshelfer westdeutscher Guerilla. Ich bin da mein eigenes Beispiel. Und dieser Zustand hält ja bekanntlich an. Der Staat selbst hat durch seine Wahnsinnsreaktionen aus der westdeutschen Guerilla eine Hydra gemacht.[9]

Von den »Wahnsinnsreaktionen« soll im folgenden die Rede sein.

Teil I
Bedingungen

1. Recherche (I): Versuche, mit Gefangenen ins Gespräch zu kommen

Bei der Materialsammlung, die ich Mitte 1985 begann, war ich mit Problemen besonderer Art konfrontiert.

Mein Versuch, mit Gefangenen ins Gespräch zu kommen, wurde vor allem durch unsere Kontakte zu Terrorismus-Aussteigern erschwert. Besonders die Verbindungen zu Peter-Jürgen Boock, den Heinrich Hannover in Stuttgart-Stammheim verteidigt hatte, ließ die Gefangenen auf Distanz gehen. Boock hatte sich mehrfach von der Gewalt als Mittel zur politischen Veränderung der Gesellschaft distanziert. Nach seiner Verhaftung gab er dem »Spiegel« ein Interview, für die gleiche Ausgabe schrieb er einen Appell an »die, die noch übrig sind, an die, die dazugekommen sind.« Titel des Aufrufs: »Kämpft um jeden«.[1] Er blieb in den folgenden Jahren nicht nur ein begehrter Interviewpartner, sondern publizierte auch selbst. Mit Boock assoziierten die Gefangenen die erklärte Kapitulation. In seine ideologische Nähe zu kommen, barg für sie das Risiko, zu »Versöhnungszwecken«[2] vereinnahmt zu werden. Das große Mißtrauen gegenüber möglichen Vereinnahmungsversuchen bekam zudem durch die parallel zu unserer Recherche öffentlich geführte Debatte über den »Dialog« ständig neue Nahrung. Wie selbstverständlich war Politikern und Medien-Öffentlichkeit der »Dialog« ein Mittel zum Zweck. Noch hatte sich kein Gefangener zum »Dialog« bereit erklärt, da schien der Gesprächsverlauf schon vorbestimmt, sein Endprodukt fixiert: Ein dialogbereiter Gefangener war schicksalhaft dem Abschwörritual unterworfen. Das war nichts anderes als außerhalb der Anstaltsmauern praktizierte Gefängnispädagogik. Das zweifellos Neue an der Dialog-Idee, nämlich der Versuch, die meist lebenslänglich Inhaftierten zu entdämonisieren und in eine politische Diskussion einzubeziehen, kam nicht zum Tragen. Stattdessen verselbständigte sich die Diskussion und bot einen weiteren Austragungsort der bekannten alten Standpunkte. Bei denen, die öffentlich Stellung zum Dialog bezogen, zeigte sich bald die Neigung, das Thema in irgendeiner Weise für sich nutzbar zu machen. Die Diskussion bewegte sich innerhalb des erlaubten Konsenses von Abscheu vor terroristischer Gewalt und Umkehrhoffnung.[3]

Auf Heinrich Hannovers Verteidigung von Peter-Jürgen Boock hatten die Gefangenen mit harter Kritik reagiert. Die ehemaligen Freunde warfen Boock vor, mit seiner Verteidigungsstrategie egoistische und versöhnlerische Ziele verfolgt und die Gruppe verraten zu haben. Boock hatte in Stammheim als bislang einziges ehemaliges Mitglied aus dem Kommandobereich der RAF Angaben zu seinen Tatbeteiligungen gemacht. Den außergewöhnlichen Entschluß hatte Boock, der

Anfang 1981 festgenommen worden war, nach dem Freispruch von Astrid Proll im Februar 1980 gefaßt,[4] und bewußt hatte er Prolls Verteidiger Heinrich Hannover gebeten, auch seine Verteidigung zu übernehmen. In der Hauptverhandlung beantwortete er die Fragen des Gerichts, gab differenzierte Erklärungen zu seinen Tatbeteiligungen und zu seiner persönlichen Situation ab, beteiligte sich an der Zeugenbefragung und bemühte sich, die innere Organisation der Gruppe transparent zu machen. Namen nannte er nicht. Er gab zu, vor und während zweier bewaffneter Aktionen (Ponto, Schleyer) vom Kommando wegen seiner technischen Begabung zu Gehilfentätigkeiten herangezogen worden und bei einem dritten Kommando der maßgebliche Mann gewesen zu sein: beim versuchten Raketenwerferanschlag auf das Gebäude der Karlsruher Bundesanwaltschaft am 25. 8. 1977. Da er die Anlage buchstäblich in letzter Minute außer Betrieb gesetzt habe, müsse diese Tat wegen des »Rücktritts vom Versuch« straffrei bleiben.

Die früheren Genossen reagierten auf Boocks Enthüllungen sehr empfindlich, obwohl Boock keinen von ihnen belastet hatte. Den Ärger der Gruppe verstanden die Vertreter der Bundesanwaltschaft im Laufe beider Boock-Prozesse[5] noch zu schüren. Zum Beispiel mit der Behauptung, Boock habe nach seiner Verhaftung Stefan Wisniewski und Sieglinde Hofmann verraten – eine gewagte Behauptung, wie sich im Lauf der Hauptverhandlung herausstellen sollte. Ermittlungsbeamte und Vertreter der Bundesanwaltschaft hatten von sich aus Boock Namen genannt und sie in Beziehung zu früheren Anschlägen gesetzt. Währenddessen beobachteten sie seine Mimik. An einigen Stellen habe Boock »unmerklich genickt« – das reichte den Anklagevertretern, die wohlüberlegte Behauptung über den Verrat in die Welt zu setzen und bei passender Gelegenheit aufzufrischen. Mit einer ähnlichen Konstruktion setzte die Bundesanwaltschaft in ihren Abschlußplädoyers nach: Boock habe nicht nur Wisniewski und Hofmann, sondern auch Angelika Speitel belastet.[6] Geschehen war folgendes: Angelika Speitel hatte sich in einem »Stern«-Interview über Beziehungen innerhalb der Gruppe geäußert. Sie erzählte dem Reporter, Peter-Jürgen Boock in einer Phase der Verliebtheit in die RAF gefolgt zu sein: »Er kam mir vor wie der Mann, auf den ich schon lange gewartet hatte.«[7] In der Stammheimer Hauptverhandlung fragte der Vorsitzende des 5. Strafsenats, Herbert Schmid, Boock, ob er Angelika Speitels Interview bestätigen könne. Boock antwortete, daß es zum Teil stimme: »Wir waren sehr verliebt und haben versucht, ständig zusammen zu sein. Aber dann kam von der Gruppe der Befehl, die Beziehung zu beenden.« Boock erinnerte sich noch an den Wortlaut der Aufforderung: »Die Integration in die Gruppe läuft nicht übers Bett.«[8] Nicht aufschlußreich, sollte man meinen – doch für die Bundesanwälte Gelegenheit genug, Boock Verrat nachzusagen. Im Abschlußplädoyer trieben sie ihren Spott auf die Spitze, indem sie Boock für die »vielen wertvollen Hinweise«, die seine Verteidigungsstrategie den Ermittlungsbehörden geliefert habe, dankten.[9]

Nur die Verweigerung jeder Zusammenarbeit mit der Justiz, nur das Schweigen also, garantierte in der Vergangenheit für die Angeklagten den Schutz vor dem unfreiwilligen »Verrat«.[10] Deshalb hatten sich viele RAF-Angeklagte nach einer

Anfangsphase, in der die üblichen Erklärungen vorgelesen wurden, aus den Verhandlungssälen zurückgezogen. Sie wollten nicht schuldig werden an der »Überführung« eines Freundes. Die Folgen hatten sie selbst erlebt oder erleben sie noch am eigenen Leib. Wenn es eine Steigerung für das Unerträgliche gab, dann die Vorstellung, eine Aussage zur eigenen Verteidigung könnte zur Festnahme oder Beschuldigung eines anderen führen. Dazu Angelika Speitel:

Diese Last mit mir rumzuschleppen, andere sitzen drin, weil ich was verraten habe, weil ich zuviel erzählt habe, die könnte ich nicht verantworten... Die könnten mir sagen, Sie werden jetzt entlassen, wenn Sie sagen, wer war das, ich würde das nie sagen... Weil, der würde ja dann irgendwann im Knast sitzen und würde das genauso durchleben müssen wie ich. Genauso eine harte Strafe durchmachen müssen, das könnte ich einfach keinem Menschen zumuten, auch nicht jemandem, den ich hasse, ich könnte das in keinem Fall verantworten. Auch wenn er jetzt normale Haftbedingungen hätte, trotzdem nicht. Ich halte überhaupt keinen Menschen für so gefährlich, daß das in irgendeinem Verhältnis steht, diese grauenhafte Strafe zu grauenhaften Taten oder so. Für die grauenhaftesten Taten finde ich die Haft manchmal noch grauenhafter.[11]

Weil die Angst vor dem unfreiwilligen »Verrat« von der Bundeswaltschaft kultiviert wird, mußte sie zwangsläufig auch unsere Recherchen erfassen. Jedes Schriftstück, das der Bundesanwaltschaft zugänglich ist, birgt die Gefahr in sich, von der Behörde zu Belastungszwecken »verwertet« zu werden. Tatsächlich sucht die Bundesanwaltschaft, wenn es an Beweistatsachen mangelt, ihre Indizien sogar nachträglich in der Post von Untersuchungsgefangenen.[12]

Es gab noch andere Ablehnungsgründe. Ein großer Teil der Gefangenen stimmte unserem justizkritischen Arbeitsansatz nicht zu. Für den Konflikt zwischen der RAF und dem Staat habe die Justiz keine Bedeutung. Der Konflikt sei »Krieg«, er sei demnach ein politischer, nicht justitiabler Konflikt. Unser Ansatz, die Justiz an ihrem eigenen rechtsstaatlichen Anspruch zu messen, sei deshalb für Verfahren gegen RAF-Mitglieder irrelevant.[13] Deplaciert sei auch unsere Absicht, Ermittlungs- und Strafverfahren gegen Rechts-Terroristen mit den Prozessen gegen RAF-Mitglieder und andere linke bewaffnete Gruppen zu vergleichen. Wir haben uns mit dieser Kritik an anderer Stelle auseinandergesetzt.[14]

Wieder andere, es waren einzelne, lehnten ab, weil sie nicht auf ihre Vergangenheit »festgelegt« werden wollen. Sie hatten sich schon vor Jahren, zum Teil mit, zum Teil ohne öffentliche Distanzierung, vom Konzept des bewaffneten Kampfes losgesagt. Ihre frühere Zeit betrachten sie als Privatsache, und ihre Zukunftserwartungen richten sich auf ein politikfreies Leben, unbelastet von jeder Konfrontation mit der eigenen bewaffneten Geschichte. Auch nicht bei garantierter Anonymisierung aller Informationen, Interviews und Aktenauszüge waren sie bereit, ihre Hemmschwelle zu überwinden. Wir haben es akzeptiert.

Astrid Proll hat den ehemaligen Gefangenen, der die Haft »nur mit einer ungeheuren Selbstkontrolle jahrelang überlebt« hat, beschrieben:

Wichtig ist, den (Ex-)Gefangenen so sein zu lassen, wie er ist. Das ist furchtbar anstrengend, weil diese Menschen einfach anstrengend sind. Sie sind gehetzt, wie eine Batterie aufgeladen von ihren Erlebnissen, andererseits einsilbig, depressiv, ängstlich und verlangen immer nach Sonderbehandlung. Mal sind zu viele Leute im Raum bei einer Veranstaltung – sie müssen gehen; mal ist es auf dem Waldweg zu still – sie müssen sofort umkehren; dann wieder ist die Straße zu verkehrsreich – sie wollen abbiegen, egal, wohin. Was sie können, ist allein sein in einem Raum. ... Wie auch die Entscheidung (über die Lebensform nach der Haft, M.O.) ausfällt, die ehemaligen Gefangenen werden immer wieder mit Hinterlassenschaften konfrontiert: Polizisten, die bei einer Verkehrskontrolle einen Moment lang nicht wissen, ob man noch auf der Fahndungsliste steht oder nicht; immer wieder unerwartete Einreise- und Durchreiseverbote für manche Länder; Verräter von RAF-Leuten, die auf einer Party vorstellig werden und einen Persilschein möchten; der Expertenstatus bei Gedenktagen des Terrorismus in der BRD; Jugendliche, die wissen wollen, ob man für die RAF das Abitur braucht. Für einen Teil der Öffentlichkeit bleiben sie Terroristen.[15]

Ein anderes denkbares Motiv für die Zurückhaltung von Gefangenen benennt Gert Schneider:

Vielleicht schämen sie sich auch für die ganze Sache, sind sich doch nicht mehr so sicher, und vermeiden deshalb ihre Präsenz in der Öffentlichkeit. Andererseits meinen sie, es wäre eigentlich etwas, das mehr oder weniger nur sie angeht und keinen anderen. Dazu kommt auch, daß sie keine Zugeständnisse machen wollen, keinem gegenüber. Man hat halt als Kämpfer ein sehr undifferenziertes Weltbild. Alles ist im Grunde derselbe Apparat. Man ist sozusagen allein gegen einen feindlichen Dschungel.[16]

Meine Recherche wurde unterstützt von (Ex-) Gefangenen, die sich aus dem Stellungskrieg herausgearbeitet hatten.

An die Zeiten, in denen ich laufende Prozesse beobachtete, denke ich mit großem Unbehagen. Die beklemmende Gewißheit, allein deshalb verdächtig zu sein, weil ich einen Terroristenprozeß beobachte; fünfzig Meter vor dem Zaun aus spanischen Reitern, der den Stammheimer Prozeßbunker umgibt, von Polizisten zu Pferde mit Argwohn betrachtet zu werden – da entstehen Gefühle, die unvergessen bleiben. Ich denke auch an die vielen Auseinandersetzungen mit Stammheimer Vollzugsbeamtinnen über vermeintlich gefährliche Gegenstände, die angeblich geeignet sein könnten, den Ablauf der Hauptverhandlung zu stören. An die Händel um einen Kugel- oder Filz-Schreiber, um ein paar Notizen auf dem Block vom letzten Verhandlungstag, um eine Kopfschmerztablette. Ich denke an Streit um unangenehme Griffe bei der körperlichen Durchsuchung, an die Hände der Beamtinnen in meinen Hosentaschen. Fassungslos habe ich meine Schuhe abgeben müssen, die dann in einer Spezialapparatur durchleuchtet wurden. Ich schrieb dem Vorsitzenden, er möge bestimmte Beamtinnen auffordern, besonders peinliche Methoden bei der Durchsuchung zu unterlassen, und bekam zur Antwort, die Maßnahmen seien notwendig, »um das Einbringen verbotener Gegenstände in den Sitzungssaal sicher auszuschließen.« Der Erfolg jener Behandlung mag darin bestehen, daß die Beobachtung eines Terroristenprozesses – zumal in Stammheim – zum negativen Privileg einiger weniger wurde. Es müsse leider hingenommen werden, schrieb mir der Vorsitzende des 5. Stuttgarter Strafsenats, daß »es eine gewisse Überwindung kostet, die öffentliche Hauptverhandlung zu besuchen.«[17]

Überwindung einer Abschreckungsprozedur!

2. Recherche (II): Gesprächsverbote

»Der Strafvollzug ist ein Verbrechen an der Menschlichkeit. Spätere Geschlechter werden die Zellen der Anstalten mit demselben Entsetzen betrachten wie wir mittelalterliche Folterkammern. Wer das weiß und nichts dagegen tut, macht sich mitschuldig.«
Sätze des pensionierten Richters Helmut Ostermeyer, aufgeschrieben in der Bremer Gefangenenzeitschrift »Diskus 70«.[1]

Im realen Strafvollzug zu recherchieren, vor Ort, ohne Aufsicht, ohne Auflagen oder Beschränkungen, ist beinahe unmöglich. Ich erinnere mich an meine erste Reportage über den Strafvollzug in Bremen im Jahr 1982. Es dauerte Monate, bis mich die Justizbehörden an Ort und Stelle recherchieren ließen. Damals machte man die Genehmigung von der Übereinstimmung meiner geplanten Rundfunkreportage mit dem Strafvollzugsgesetz abhängig. Ob eine Übereinstimmung oder ob ein Widerspruch vorliegt, darüber entscheiden die Justizbehörden – vom Anstaltsleiter bis zum Justizvollzugsamt und den Strafvollstreckungskammern der zuständigen Gerichte – und die politsch Verantwortlichen in den Justizministerien und -senaten. Im Mittelpunkt ihrer Entscheidungen stehen nicht die Angelegenheiten der Insassen, sondern steht das Funktionieren des geschlossenen Systems »Strafvollzug«. Da wird zum Störenfried, wer sich interessiert, und suspekt, wer um Gespräche nachsucht. Damals in Bremen bekam ich ein Argument gegen die geplante Reportage zu hören, an das ich mich noch gewöhnen sollte: Nach gründlicher Überlegung sei man in der zuständigen Behörde zu der Überzeugung gekommen, daß die geplante Sendung nicht mit dem Strafvollzugsgesetz in Einklang stehe, weil sie nicht zur Resozialisierung der Gefangenen beitrage. Dabei war meine Absicht vergleichsweise harmlos: Ich wollte über »Diskus 70« berichten, die Zeitschrift der Gefangenen der Bremer Justizvollzugsanstalt (JVA). Nach meinem Konzept hätte es der Gelegenheit bedurft, interessierte Gefangene zu befragen und Probleme, über die in der Zeitschrift regelmäßig berichtet wird, an Ort und Stelle nachzuvollziehen. Schließlich gelang es mir mit einem Trick, in den Besucherpavillion zu kommen. Ich ließ mich vom »Arbeitskreis Strafvollzug« der Jungen Union Bremen in die JVA zu einem Informations- und Diskussionsabend mitnehmen. Die Redaktionssitzung von »Diskus 70« fand am gleichen Abend in einem Nachbarraum statt. Die Gefangenen applaudierten mir, nachdem sie erfahren hatten, auf welche Weise ich mich eingeschlichen hatte. Es bedurfte jedoch noch etlicher Anträge und Ablehnungen, bis der Leiter mich in den Vollzugstrakt ließ, und dort erfuhr ich in der Tat erschreckende Dinge. Ein Gefangener erzählte mir vom Valiumhandel der »Kammerbullen« und von Erpressungen durch Mithäftlinge, von kleinlichen Schikanen durch Vollzugsbeamte und den Folgen der alltäglichen Entwürdigung. Ich hörte von der Abschaffung des einzigen öffentlich zugänglichen Telefons und vom Selbstmord am Fensterkreuz der Nachbarzelle.

Einmal mehr hatte sich das Gefängnis als Bankrotterklärung der Gesellschaft vorgeführt. Kein Wunder, daß dessen Betreiber an kritischer Öffentlichkeit nicht interessiert sind.

Was ich schließlich bei der Recherche über Terroristenprozesse erlebte, versetzte mich aber doch in Staunen. Ich wurde monatelang hingehalten, man ließ mich glauben, Kompetenz- oder Meinungsstreitereien zwischen den Entscheidungsträgern Justizvollzugsanstalt und Justizminister stünden den Besuchsgenehmigungen im Weg. Der »Dialog mit Terroristen« wurde zum Thema in der Öffentlichkeit, Politiker und Juristen rückten sich in den Medien zurecht, während ich am Schreibtisch saß und einen Gesprächsantrag nach dem anderen schrieb. Die Ablehner stellten ihre besondere Fürsorgepflicht gegenüber den Gefangenen heraus und schoben zugleich den Riegel vor, indem sie gesprächsbereiten Gefangenen unerfüllbare Bedingungen stellten. Sie nahmen die Gelegenheit wahr, um gefängnispädagogische Unterwerfungsversuche zu praktizierten. Sie wollten mich glauben machen, eine Zustimmung zum Gespräch mit den »besonders gefährlichen Terroristen« sei nur möglich, wenn diese sich zuvor in aller Form von ihrer Vergangenheit distanzieren.

Nordrhein-Westfalen

In Nordrhein-Westfalen bemühte ich mich um ein Gespräch mit Stefan Wisniewski, der in der JVA Köln inhaftiert ist. Stefan Wisniewski war am 11. Mai 1978 auf dem Pariser Flughafen Orly festgenommen worden. Sein Prozeß vor dem 4. Strafsenat des Düsseldorfer Oberlandesgerichts hatte am 27. November 1980 begonnen und endete am 4. Dezember 1981 mit der Verurteilung zu lebenslanger Haft wegen Mittäterschaft an zweifachem Mord (an Hanns-Martin Schleyer und seinen vier Begleitern, die als Personengruppe galten), Geiselnahme, Erpressung und Mitgliedschaft in einer terroristischen Vereinigung.[2] Anfang 1987 nahm ich Kontakt zu ihm auf.

Stefan Wisniewski war zunächst reserviert. Er hatte Bedenken, falsch verstanden zu werden. Sein Verhältnis zur Gruppe war noch ungeklärt. Nach einem Briefwechsel und dem Gedankenaustausch mit seiner Verteidigerin stimmte er schließlich Anfang Dezember 1987 einem ersten Gespräch zu. Am 7. Dezember 1987 beantragte ich bei der JVA Köln eine Sonderbesuchsgenehmigung. Seitdem sammelten sich die Ablehnungsschreiben von Anstalt, Justizvollzugsamt und Justizminister.

Am 7. Januar 1988 bat der Anstaltsleiter Dr. Neufeind um eine »ausführliche Darstellung des Forschungsvorhabens«, verbunden mit dem Hinweis, das »bestimmungsgemäß durchzuführende Genehmigungsverfahren (nehme) bis zum Entscheidungszeitpunkt einige Monate in Anspruch«. Wegen der vagen Formulierung fragte ich telefonisch nach, mit welchem Zeitraum zu rechnen sei, und bekam den Tip, meinen Antrag neu zu formulieren. Wenn ich den Sonderbesuch als

Journalistin und nicht als wissenschaftliche Autorin beantrage, sei die Bearbeitungszeit kürzer. Zur Sicherheit sollte ich den Namen eines auftraggebenden Redakteurs angeben. Gutgläubig ging ich auf den Vorschlag ein, der sich bald als der Beginn eines undurchsichtigen Hinhaltemanövers erwies.

Am 22. Februar 1988 schrieb mir die Anstalt, daß mein »Anliegen nunmehr nicht als wissenschaftliches Forschungsprojekt, sondern als Pressesache behandelt wird.« Doch »trotz der hierdurch erreichten Verkürzung des Genehmigungsverfahrens ist bestimmungsgemäß noch zu entscheiden, inwieweit die zu erwartende Berichterstattung mit dem Vollzugsziel – d.h. der Wiedereingliederung des Gefangenen in die Gesellschaft – vereinbar ist.« Nach Rücksprache mit dem Justizvollzugsamt Köln wollte die Anstalt wissen, was ich mit Stefan Wisniewski zu besprechen habe.

Am 8. März 1988 schickte der Anstaltsleiter dem von mir benannten Redakteur, ohne Rücksprache mit mir, eine Kopie meines neu formulierten Interviewantrags. Der Redakteur solle bitte mitteilen, »ob Sie das in dem Schreiben näher bezeichnete Projekt seitens Ihrer Anstalt (gemeint ist eine Rundfunkanstalt, M.O.) unterstützen.« Ich vermutete spontan, daß die Gefängnisleitung den Redakteur überraschen und mich falscher Angaben überführen wollte. Dann wäre es ein Leichtes gewesen, meinen Antrag zurückzuweisen.

Der Redakteur bestätigte der JVA am 10. März 1988, meine geplante Sendung produzieren zu wollen, doch hatte seine Unterstützung keinerlei Konsequenzen für meinen Besuchsantrag. Sein Schreiben an den Anstaltsleiter wurde nie wieder erwähnt.

Dem Wunsch nach Angaben zum Gesprächsverlauf war ich inzwischen nachgekommen. Ich schrieb dem Anstaltsleiter, mit Stefan Wisniewski ein offenes Gesprächsprogramm vereinbart zu haben, das Fragen zu seiner politischen und persönlichen Biografie und zum rechtskräftig abgeschlossenen Strafverfahren enthalten werde. Bis Mitte Mai 1988 wartete ich auf eine Antwort, dann teilte mir auf meine telefonische Nachfrage der Anstaltsleiter mit, das Justizministerium habe generell für Nordrhein-Westfalen entschieden, keine Kontakte zwischen Presse und inhaftierten Terroristen zuzulassen.

Am 19. Mai bestätigte der Sprecher des Düsseldorfer Justizministeriums telefonisch die Auskunft des JVA-Leiters. Ich erfuhr zu meiner Überraschung, der Justizminister habe »für ganz Nordrhein-Westfalen unumstößlich entschieden, daß bei terroristischen Gefangenen alle Interviewgenehmigungen abzulehnen sind.« Zur Begründung präsentierte er mir eine Variante des Resozialisierungsgedankens. Die ehemaligen RAF-Mitglieder sollten »keine Starrollen« bekommen, hieß es nun, denn eine solche Bürde würde ihre Wiedereingliederung erschweren. Daß nach zehn Haftjahren von einer bevorstehenden Wiedereingliederung bei Stefan Wisniewski keine Rede sein konnte, fiel unter den Tisch der Instanzen. Ohnehin, erfuhr ich weiter, habe der Anstaltsleiter seine Kompetenzen überschritten, denn über diese Art von Sonderbesuchsanträgen würde ausschließlich vom zuständigen Minister entschieden.

Mit dem Verdacht, von Anstalt und Ministerium hingehalten worden zu sein, versuchte ich es im August 1988 erneut und bekam 14 Tage später Post vom Anstaltsleiter. Gegen die Genehmigung meines Antrags bestünden »entgegen Ihrer Auffassung ... jedoch auch weiterhin durchgreifende Bedenken.« Diesmal war ich nicht an den Justizminister verwiesen worden. Postwendend bat ich schriftlich darum, die Bedenken beim Namen zu nennen.

Am 19. September 1988 wurde ich von Anstaltsleiter Dr. Neufeind aufgeklärt: Solange Herr Wisniewski nicht anstaltsintern zeige, daß er zu einer Zusammenarbeit bereit sei, so lange glaube man nicht an seine Wandlung. »Der hat immer noch seine festen Feindbilder. Für ihn sind Anstaltsbedienstete immer noch Büttel der Unterdrücker. Innerhalb der Anstalt verweigert er das Gespräch, aber die Presse bittet er zu sich.« Deshalb habe er sich schon früh in einer Stellungnahme an das Ministerium gegen die Genehmigung meines Antrags ausgesprochen.

Ich beschwerte mich beim Justizminister und bat den Innenminister um Unterstützung. Immerhin geschah dies alles in einer Zeit, in der Politiker in der Öffentlichkeit mit der Erkenntnis glänzten, daß Chancen zur Lösung des Terrorismusproblems im Gespräch mit Terroristen liegen. »Ich glaube nicht, daß die Terroristen ... bereit sind, durch Verrat ihre Identität völlig aufzugeben«, hatte der nordrhein-westfälische Innenminister Herbert Schnoor der Süddeutschen Zeitung gesagt, und andere Wege zur Umkehr vorgeschlagen. »Zum Beispiel sei die öffentliche Diskussion hilfreich, die durch Interviews und Gespräche mit früheren RAF-Angehörigen ausgelöst worden sei.«[3] Dem Politikerwort vertrauend wandte ich mich also an den Innenminister, bekam am 31. Oktober 1988 aber statt der erhofften Förderung zur Antwort: »Sie werden sicherlich verstehen, daß die Besuchsregelung für inhaftierte ehemalige Terroristen ein äußerst sensibler Bereich ist.« Der Herr Minister bedanke sich herzlich, könne jedoch nichts für mich tun, außer meinem Anliegen »sehr aufgeschlossen« gegenüber zu stehen.

Ein erneuter Antrag vom 6. Juni 1989 blieb unbeantwortet. Es war der letzte Versuch, das mit Stefan Wisniewski verabredete Gespräch zu verwirklichen.

Niedersachsen

Dem Gefängnis in Celle kommt, neben dem im berühmt-berüchtigten Stuttgart-Stammheim, ein Höchstwert an negativem Ruhm zu. Am 25. Juli 1978 war an der Außenmauer der Celler Haftanstalt eine Bombe explodiert. Sofort hatte das Bundeskriminalamt allen Anstalten empfohlen, ihre Sicherheitsstandards zu erhöhen.[4] Im Landeskriminalamt Hannover erinnerte man sich des sogenannten »Dellwo-Papiers«, das im Mai des gleichen Jahres beim festgenommenen Stefan Wisniewski gefunden worden war. Es hieß, in dem Papier würden RAF-Helfer zur Zerstörung von Gefängnismauern aufgefordert. Daß die Sprengladung Eigentum des Verfassungsschutzes und die vermeintlichen terroristischen Attentäter von hohen niedersächsischen Landesbeamten beauftragte GSG-9-Männer waren, wußten damals nur die Akteure und ihre Auftraggeber, und die waren vor ihrer Enttarnung auf der Hut.

Staatsschutz- und Landeskriminalbeamte hatten den Fund des sog. »Dellwo-Papiers« auf einer Pressekonferenz am 27. Juli 1978 als »großen Erfolg« bezeichnet. Doch niemand bekam das Papier zu sehen, und als später Karl-Heinz Dellwo bestritt, jemals eine Aufforderung zum Sprengen von Gefängnismauern verfaßt zu haben, äußerten Rechtsanwälte den Verdacht, das Papier sei von Sicherheitskräften geschrieben worden. Neun Jahre später kam es auf den Tisch des Parlamentarischen Untersuchungsausschusses zum »Celler Loch«. Der Grund für die Zurückhaltung der Behörden bei der Präsentation des Papiers wurde nun klar. Die angebliche Anleitung zum Sprengen von Gefängnismauern enthielt im wesentlichen eine Auseinandersetzung mit Strategien der RAF. Verfassungsschutz und Polizei hatten sich der Lächerlichkeit preisgegeben.[5]

Wiederholt hatte ich – vergeblich – versucht, die Gefangenen im Kleingruppenvollzug des Hochsicherheitstraktes der JVA Celle, Karl-Heinz Dellwo, Knut Folkerts und Lutz Taufer zur Unterstützung unseres justizkritischen Projektes zu bewegen. Um so erfreuter war ich, als sie Mitte 1989, kurz nach dem Abbruch des Hungerstreiks, unerwartet einem Interview zustimmten. Wir vereinbarten zunächst die Zusammenarbeit zur Vorbereitung einer Rundfunksendung.

Am 25. Juli 1989 beantragte ich beim Leiter der JVA Celle, Herrn Dr. Kühling, für eine Radio-Bremen-Reportage ein Interview mit den gefangenen Terroristen Karl-Heinz Dellwo, Knut Folkerts und Lutz Taufer im Rahmen eines Sonderbesuchs.

Die Antwort kam am 4.8.1989. Meinem Antrag könne nicht entsprochen werden, hieß es, denn das Grundrecht der Informationsbeschaffung gemäß Artikel 5 Abs. 1 Satz 1 GG gelte »nur für allgemein zugängliche Quellen. Eine solche Quelle stellt ein Strafgefangener jedoch nicht dar.« Das Interview sei außerdem nicht förderungswürdig im Sinne des Strafvollzugsgesetzes, »sondern würde die o.a. Strafgefangenen in ihrer gegen die Rechtsordnung der BRD gerichteten Haltung nur noch bestärken.«

Gegen die Entscheidung lege ich am 14. August 1989 Widerspruch ein. Das Justizvollzugsamt schickt mir einen Widerspruchsbescheid, den ich am 10. Oktober 1989 erhalte. Es sei zu prüfen gewesen, ob mein Besuch »einen schädlichen Einfluß auf den Gefangenen haben oder seine Eingliederung behindern« würde. Das Prüfungsergebnis fiel eindeutig aus:

Mit dem angestrebten Interview der o.a. terroristischen Strafgefangenen verfolgen Sie offensichtlich die Absicht, darüber zu publizieren. Die o.a. terroristischen Gefangenen verbüßen wegen schwerwiegender Gewaltdelikte gegen das Leben hohe Freiheitsstrafen. Sie lehnen die bestehende Ordnung der Bundesrepublik Deutschland ab und versuchen, sie haßerfüllt zu bekämpfen. Diese Bewertung ist gerichtsbekannt; sie bedarf an dieser Stelle auch aus Gründen des Datenschutzes keiner weitergehenden Erläuterung. Erkenntnisse, die auf einen Gesinneswandel hindeuten, liegen der Anstalt nicht vor. Bei dieser Sachlage ist zu befürchten, daß die Gefangenen durch ein solches Interview in ihrer gegen die

Rechtsordnung der Bundesrepublik Deutschland gerichteten gerichtsbekannten Haßhaltung weiter bestärkt würden.

Am Schluß des Schreibens zitierte das Justizvollzugsamt aus einer Entscheidung des Oberlandesgerichts (OLG) Frankfurt, das in einem anderen Fall ein Besuchsverbot mit der »Gefahr eines schädlichen Einflusses auf den Gefangenen« bestätigt hatte. Für das Besuchsverbot genüge ein »durch bestimmte Tatsachen belegbarer Verdacht, der nicht ›dringend‹ zu sein braucht...«[6]

Die Intention des Justizvollzugsamtes schien zu sein, mit dem Hinweis auf die Frankfurter Entscheidung und der Äußerung eines nebulösen Verdachts meine Gesprächsinitiative zu den Akten legen. Ich legte Beschwerde bei der Strafvollstreckungskammer ein.

Parallel bat ich den Niedersächsischen Justizminister Walter Remmers um Unterstützung. In seiner Antwort vom 22. September stellte sich der Minister nicht nur hinter die Entscheidung des Anstaltsleiters, sondern baute ein zusätzliches Hindernis für die Genehmigung in Form einer Vorleistung der Gefangenen ein: Sie sollten vorher öffentlich dem Terrorismus abschwören.

Eine andere Entscheidung halte ich erst für vertretbar, wenn sich die Gefangenen von ihren früheren Taten und Beweggründen erkennbar distanzieren und bereit sind, an ihrer Wiedereingliederung in unsere Gesellschaft mitzuarbeiten.[7]

Die Strafvollstreckungskammer des Landgerichts Lüneburg mit Sitz in Celle wies meine Beschwerde gegen die Entscheidung des Strafvollstreckungsamtes zurück. Sie entschied am 28. November 1989, die Vorschrift über den »schädlichen Einfluß« sei nicht nur auf Besucher anzuwenden, von denen ein solcher Einfluß »zu erwarten« sei. Ein solcher Einfluß könne auch im »Besuchszweck« liegen, der »dem Gefangenen Anlaß gibt, vollzugsschädliche Aktivitäten zu entfalten.« Einem sogenannten Überzeugungstäter »die Gelegenheit zu geben, sich gegenüber dem Besucher zu äußern und damit durch das von diesem geplante Interview an die Öffentlichkeit zu treten, kann den Gefangenen in seiner Anschauung und Überzeugung von deren Richtigkeit bestärken und dadurch die Eingliederung behindern.« Erwägungen, »eine mildere Maßnahme« zu beschließen, nämlich »Besuchskontrolle mit der Möglichkeit des Abbruchs«, erübrigen sich nach Meinung der Kammer, weil der Besuch ohnehin sofort abgebrochen werden würde. »Die Voraussetzungen für einen derartigen Eingriff wären schon vom Thema her gegeben; sie wären zwangsläufig alsbald nach Beginn des Besuches erfüllt.«[8]

Ich verstand den Bescheid als umfassende Schädlichkeitserklärung. Nicht nur die Gesprächspartner sollen sich angeblich schädlich in den Ohren liegen – auch das Gesprächsthema ist nach Auffassung der Kammer schädlich. Alle Instanzen hatten sich zudem auf den Standpunkt festgelegt, bei einem Strafgefangenen handele es sich um keine »allgemein zugängliche Quelle«.

Heinrich Hannover hatte inzwischen die Vertretung meiner Interessen übernommen. Als mein Prozeßbevollmächtigter nahm Hannover[9] am 24.11.89 und 18.12.89 zum Aspekt des Zugangs zu den Gefangenen Stellung:

Die Zugänglichkeit einer Quelle im Sinne des Grundrechts erledigt sich nicht dadurch, daß einige Türen passiert und sonstige Formalitäten erledigt werden müssen, um den Zugang zu realisieren. Auch der Benutzer einer Bibliothek hat derartige Hindernisse zu überwinden, ohne daß die Zugänglichkeit der Quellen (in diesem Fall Bücher) infrage gestellt wäre. Mit Recht könnte sich auch ein Bibliotheksbenutzer auf eine Verletzung seines Grundrechts berufen, wenn ihm der Zugang zu bestimmten Büchern verwehrt würde mit der Begründung, daß er von seinen Informationen einen unerwünschten Gebrauch machen könnte. Die Zugänglichkeit der Quelle ist in jedem Fall unabhängig von derartigen Überlegungen gegeben. Auch hier könnte, wie der Leiter der Justzizvollzugsanstalt zugibt, meine Mandantin ohne weiteres Zugang haben, wenn sie nicht ein Interview führen wollte. Es geht also nicht um »Sonderrechte für Presseangehörige«, sondern umgekehrt um den Versuch, die Geltung eines Grundrechtes gezielt für Presseangehörige zu bestreiten. Das ist der klassische Fall einer unzulässigen Beschränkung eines für die freiheitlich-demokratische Grundordnung schlechthin konstituierenden Grundrechts. ... Im übrigen haben auch diese Strafgefangenen mit ihrer Verurteilung nicht ihr Grundrecht auf freie Meinungsäußerung verloren.

Am 22. Januar 1990 verwarf der 1. Strafsenat des Oberlandesgerichts Celle meine Beschwerde als unzulässig, »weil die Überprüfung des angefochtenen Beschlusses weder zur Fortbildung des Rechts noch zur Sicherung einer einheitlichen Rechtsprechung geboten« sei. Mit keinem Wort war der Senat auf den Inhalt der Beschwerde eingegangen. Mein Antrag war damit in letzter gerichtlicher Instanz abgelehnt worden.

Am 30. Januar 1990 rief ich wegen der Verletzung von Artikel 5 Absatz 1 (Freiheit der Informationsbeschaffung, Freiheit der Berichterstattung), Artikel 12 (Freiheit der Berufsausübung) und des demokratischen Prinzips des Artikels 20 Absatz 1 des Grundgesetzes, das für Bürger inner- und außerhalb von Gefängnismauern gilt, das Bundesverfassungsgericht in Karlsruhe an. Zitat aus dem Schriftsatz Heinrich Hannovers:

Strafgefangene sind in der Ausübung ihrer Grundrechte lediglich innerhalb der vom Strafvollzugsgesetz gezogenen Grenzen, die ihrerseits im Lichte der betroffenen Grundrechte zu bestimmen sind, beschränkt. In diesem von der Verfassung und den Gesetzen gezogenen Rahmen verbleibt den Gefangenen – neben anderen, hier nicht interessierenden Grundrechten – insbesondere auch das verfassungsrechtlich verbürgte Recht, Kontakte zur Außenwelt aufzunehmen und zu pflegen und ihre Meinung frei zu äußern (BVerfGE 49, 54f.). Daraus folgt, daß auch ein Strafgefangener, wenn nicht seine Beziehung zur Außenwelt durch Kontaktsperre verübergehend abgeschnitten sind, eine allgemein zugängliche Quelle im Sinne des Grundrechts der Informationsfreiheit ist. Die Gewährung eines Rechts auf Meinungsäußerung ist nur sinnvoll, wenn ihm ein Recht auf Meinungsempfang korrespondiert. Eine Meinungsäußerung, die nur von den Zellenwänden zurückgeworfen wird, entspricht nicht dem hohen Wertgehalt dieser Verfassungsbestimmung. Der vom Grundrecht verbürgte Kontakt zur Außenwelt endet auch nicht bei dem engen Kreis der Familienangehörigen und der Besucher. Diesen kann auch nicht, wie dies einem totalitären Staat angemessen wäre, eine Verpflichtung auferlegt werden, über den Inhalt dessen, was sie im Gespräch mit dem Gefangenen erfahren haben, zu schweigen. Was aber Familienangehörige und andere Besucher dürfen, kann nicht ausgerechnet Journalisten versagt werden, zu deren Berufsaufgabe es gehört, Informationen zu beschaffen und der Allgemeinheit zu vermitteln.[10]

Am 19.Dezember 1990 bekam ich die Information, daß der Zweite Senat des Bundesverfassungsgerichts die Bundesregierung, alle Landesregierungen, den Generalbundesanwalt und den Präsidenten des Bundesgerichtshofs um Stellungnahme gebeten habe.

Am 14.Mai 1991 – in Niedersachsen hatte inzwischen die Regierung gewechselt – bekam ich unverhofft einen Anruf von Staatssekretär Henze aus dem Justizministerium. Die Arbeiten am Buch waren bereits abgeschlossen, die Rundfunkreportage auf Eis gelegt. Der Staatssekretär stellte mir die Frage, ob ich weiterhin an einem Interview mit den Celler Gefangenen interessiert sei. Er sei inzwischen in der Lage, meinem Antrag vom 25. Juli 1989 zu entsprechen, im Gegenzug möge ich bitte die Verfassungsbeschwerde zurücknehmen. Grundsätzlich sei die Ministerin, Frau Alm-Merk, daran interessiert, das Gespräch mit den RAF-Gefangenen in Gang zu bringen. Ich erklärte zunächst, daß ich das Interview immer noch machen wolle, lehnte aber die Verknüpfung von Interviewgenehmigung und Rücknahme der Verfassungsbeschwerde ab.

Ich bekam die Interviewgenehmigung, ausgestellt am 27.5.91 vom Leiter der JVA Celle, Herrn Wohlgemuth. Sie bezog sich ausdrücklich auf meinen Antrag vom 25.7.89, schloß also die Mitnahme eines Tonbandgerätes plus Zubehör ein. Als einzige Auflage war eine optische Überwachung vorgesehen.

Mit dem Redakteur einer Rundfunkanstalt vereinbarte ich am nächsten Tag eine 60-Minuten-Sendung zum Thema »Dialog mit RAF-Gefangenen im Hochsicherheitstrakt«. Titel der Sendung soll sein: »Schädliche Gespräche«.

Am 4. Juni 1991 rief mich der Sprecher der niedersächsischen Justizministerin an. Ich bekam zu hören, daß die Interviewgenehmigung zu erheblicher Verärgerung in den anderen Ländern geführt habe. Niedersachsen sei mit dieser Genehmigung aus einer stillschweigenden Vereinbarung der Länderjustizminister, keine Interviews von Terroristen zuzulassen, ausgeschert. Die Ministerin wolle an der erteilten Genehmigung festhalten, bittet mich aber zu einem Vorab-Gespräch ins Ministerium. Ihre Absicht sei, mich kennenzulernen und einige Fragen mit mir zu besprechen. Ich sagte zu.

Das Gespräch im niedersächsichen Justizministerium fand am 17. Juni 1991 statt. Es nahmen teil: die Ministerin, ihr Sprecher und ich. Die Ministerin räumte sofort ein, daß es Schwierigkeiten gegeben habe und sie unter Druck geraten sei. Sie könne mir das Interview nur unter der Bedingung erlauben, daß ich keine Tonbandaufnahmen mache. Ich verwies auf die Genehmigung vom 27.5.91, die sich ausdrücklich auf meinen alten Antrag bezieht. Sie konnte meines Erachtens nur so verstanden werden, daß dem Antrag in vollem Umfang stattgegeben wurde. Ein »Interview« ohne Aufnahmegerät sei für mich als Rundfunkjournalistin kein Interview, sondern lediglich ein Gespräch. Es stellte sich bald heraus, daß im Ministerium über diesen Unterschied noch nicht abschließend nachgedacht worden war. Das Gespräch endete ohne Ergebnis.

Am 21. Juni 1991 kündigte mir das Ministerium telefonisch einen neuen Bescheid an, der eine Interviewgenehmigung ohne die Erlaubnis enthalte, Tonbandaufnahmen zu machen. Drei Tage später bat ich den Leiter der JVA Celle, Herrn Wohlgemuth, um einen Sonderbesuchstermin für die Celler Gefangenen. Ich plante, ihnen die Situation persönlich zu schildern und Möglichkeiten eines Interviews ohne Aufnahmegerät zu erörtern. Es stellte sich heraus, daß der Anstaltsleiter noch nicht darüber in Kenntnis gesetzt worden war, daß seine Interviewerlaubnis inzwischen wertlos ist. Am Nachmittag schließlich reservierte mir die JVA einen Sonderbesuch von einer Stunde. Besuchstermin: 1. Juli.

Am gleichen Tag gab mir der für verfassungsrechtliche Fragen zuständige Mitarbeiter des niedersächsichen Justizministeriums telefonisch den Wortlaut des neuen Bescheides durch, den ich im Lauf der Woche von der JVA-Leitung in schriftlicher Form bekommen soll. Ich schrieb den Wortlaut rasch mit. Die entscheidenden Sätze lauten sinngemäß:

Zu meinem Bedauern sehe ich mich veranlaßt, die am 27.5.91 erteilte Interviewgenehmigung zum Zweck der Aufrechterhaltung der Sicherheit und Ordnung der Anstalt dahingehend einzugrenzen, daß das Gespräch mit den Häftlingen Dellwo, Taufer und Folkerts nicht auf Tonträger aufgenommen werden darf.

Am 29. Juni 1991, einem Samstag, zwei Tage vor dem vereinbarten Gespräch in der JVA, rief mich abermals Staatssekretär Henze an. Er habe seinen Anstaltsleiter angewiesen, mir den Sonderbesuch bei den drei Gefangenen in Celle wieder zu streichen. Die »momentane Situation« aufgrund der in den Medien der vergangenen Tage verbreiteten Attentatspläne der RAF ließen im Moment kein Gespräch, dessen Ergebnis möglicherweise an die Öffentlichkeit gelange, zu. Was mein Gesprächswunsch mit Veröffentlichungen über Attentatspläne der RAF zu tun habe, wollte ich vom Staatssekretär wissen. Ich solle mir vorstellen, bekam ich zur Antwort, daß es tatsächlich zu einem Attentat mit tödlichem Ausgang komme. Wenn dann bekannt würde, daß kurz zuvor erstmals in Niedersachsen einer Journalistin erlaubt worden sei, mit inhaftierten Terroristen zu sprechen, hätte das erhebliche Konsequenzen für die Ministerin. Zu fürchten sei, daß die Opposition sich eine solche Gelegenheit für eine Kampagne gegen die Ministerin nicht entgehen lasse.

2. Juli 1991. Obwohl bereits vor Tagen angekündigt, traf der neue Bescheid nicht bei mir ein. Unterdessen gab das ehemalige RAF-Mitglied Helmut Pohl in der hessischen JVA Schwalmstadt zwei Redakteuren der »Frankfurter Rundschau« ein Interview. Daraufhin erneuerte ich meine Bitte um ein Gespräch mit den Celler Gefangenen. Die Ministerin war inzwischen verreist. Ich wurde mit der Bitte vertröstet, möglichst nicht zu negativ über die verschlungenen Entscheidungskriterien des niedersächsichen Justizministeriums zu urteilen.

Drei Tage später, am 5.7.91, bekräftigte ich gegenüber Staatssekretär Henze noch einmal meinen Interviewwunsch. Die Ministerin komme am Wochenende kurz ins Büro, erfuhr ich. Bei dieser Gelegenheit solle noch einmal über eine mögliche Lösung gesprochen werden.

Am 6. Juli 1991 schrieb mir Knut Folkerts, er sei nach wie vor an einem Gespräch interessiert. Er sei freilich pessimistisch und gehe davon aus, daß sich die niedersächsischen Sicherheitsbehörden von Bundeskriminalamt und Bundesanwaltschaft das Heft aus der Hand nehmen ließen. »die ›momentane situation‹, die jetzt wieder für das interviewverbot herhalten soll, dauert für uns schon (allein in celle) 10 jahre«, stellte Folkerts in seinem Brief fest. Und weiter: »bundesanwaltschaft und bundeskriminalamt bestimmen die politik, und die politisch verantwortlichen ordnen sich unter.«

Ich bekam doch noch eine neue Interviewgenehmigung, die sich allerdings von der alten erheblich unterscheidet. Am 8. Juli gab mir der Sprecher der Justizministerin telefonisch den Wortlaut durch. Danach sind für die Gesprächsüberwachung vorgesehen: 1. der Anstaltsleiter persönlich, 2. ein Beamter des Landeskriminalamts und 3. er selbst als Vertreter des Ministeriums. An inhaltlichen Beschränkungen wird mir auferlegt, keine Fragen zu einem zukünftigen Hungerstreik zu stellen. Zudem soll das Gespräch auf der Stelle abgebrochen werden, wenn die Gefangenen von sich aus über einen geplanten Hungerstreik sprechen oder die Situation nutzen, um zu Gewalttaten aufzurufen. Tonbandaufnahmen sind nicht erlaubt.

Ich akzeptierte die Auflagen, wenngleich ich sie auch für überzogen und zum Teil absurd halte.

Am 9. Juli 1991 brachte ich in Erfahrung, daß die Celler Gefangenen sich ein Interview unter den avisierten Überwachungsbedingungen nicht vorstellen können. Ein aufwendiger Gesprächsversuch war damit beendet. Alle Beteiligten versicherten, wie sehr sie diesen Ausgang bedauern; der Ministeriumssprecher zeigte sich betroffen.

So verschlungen und undurchsichtig die Entscheidungskriterien auch sein mögen, sind sie doch transparent genug für eine wichtige Erkenntnis: Von der Sache, um die es geht, leiten sie sich offenbar nicht her. Sie haben ihren Ursprung in der politischen Konkurrenz.

Das Votum des Bundesverfassungsgerichts stand bei Drucklegung noch aus.

Rheinland-Pfalz

Rheinland-Pfalz drohte zum gleichen Fehlschlag zu werden. Hier war seit dem 8. Juli 1972 Klaus Jünschke inhaftiert, der zur sogenannten ersten Generation der RAF gehörte. Das Landgericht Kaiserslautern hatte Jünschke am 2. Juni 1977 wegen Mitgliedschaft in einer kriminellen Vereinigung, gemeinschaftlichen Mordes an einem Polizeibeamten und gemeinschaftlichem Raub zu lebenslanger Haft verurteilt.[11]

Im April 1987 bat ich den Leiter der JVA Diez an der Lahn um einen Sonderbesuch bei Klaus Jünschke. Ich hatte Jünschke drei Jahre zuvor auf recht unkomplizierte Weise kennengelernt. Damals recherchierte ich für eine Rundfunksendung – es ging um den Prozeß gegen den RAF-Aussteiger Peter-Jürgen Boock – die innere Organisation der RAF. Jünschke hatte meiner Bitte um eine Unterstützung der Recherche sofort zugestimmt.[12] Zu diesem Gespräch im Sommer 1984 war ich auf seinen ausdrücklichen Wunsch ohne Tonband und Notizblock erschienen. Jünschke hatte bis dahin nie mit Journalisten zu tun gehabt. Im Frühjahr 1987, wir hatten ein Interview für eine neue Sendung[13] und die Zusammenarbeit an der vorliegenden Untersuchung vereinbart, blockten mich alle Instanzen ab:

Der Anstaltsleiter schrieb mir am 11. Mai 1987, er sehe sich nicht in der Lage, ein Interview mit Jünschke zu genehmigen. Er sei »nämlich der Auffassung, daß sich aus dem Vollzugsziel der Wiedereingliederung grundsätzliche Bedenken ergeben, dem nach Zigtausenden zählenden Hörerpublikum einen vor der Entlassung stehenden Gefangenen in Bild oder Ton darzustellen.«

Daß Jünschke kurz vor seiner Entlassung gestanden habe, ist wohl der makaberste Fehler der Argumentation. Mit Schreiben vom 18. August 1986 hatte sich nämlich die Staatsanwaltschaft beim Kaiserslauterner Landgericht gegen eine Entlassung Jünschkes ausgesprochen. Das »Maß der Schuld« und der Unrechtsgehalt der abgeurteilten Taten wögen »derart schwer«, daß der Gefangene auch nach Ablauf der Mindestverbüßzeit im August 1987 nicht entlassen werden könne.[14] Dieser Auffassung hatte sich am 2. Dezember 1986 die 4. Strafkammer des Landgerichts Kaiserslautern angeschlossen.[15] Ergebnis: Jünschke blieb in Haft.

Am 6. Juni 1987 widersprach ich beim Justizminister des Landes Rheinland-Pfalz.

Am 16. Juli 1987 folgte die Bestätigung der Anstaltsmeinung aus dem Mainzer Justizministerium: »...aufgrund der uns nunmehr vorliegenden Stellungnahme des Leiters der JVA Diez sehen wir keinen Anlaß, dessen Ablehnung eines Sonderbesuchs ... aufzuheben.«

Am 4. August 1987 kündigte der Anstaltsleiter Dr. Bandell dem Gefangenen Jünschke Vollzugslockerungen an; neun Tage später, am 13. August, wurde Klaus Jünschke auf seinen neuen Status als Freigänger vorbereitet. Vom kommenden Tag an durfte er zwar die Anstalt stundenweise verlassen, doch mit mir zu sprechen blieb ihm verboten:

Für die Lockerung wird dem Gefangenen die Weisung erteilt, nicht ohne vorherige Zustimmung des Anstaltsleiters Verbindung mit Vertretern von Publikationsorganen (Presse, Hörfunk, Film, Fernsehen) aufzunehmen oder zu unterhalten«,

hieß es in der Verfügung derJVA.

Monate später, am 26. November 1987, genehmigte die Anstalt doch noch das Interview. Ich wurde gebeten, mich wegen der »Modalitäten« mit der Anstalt in Verbindung zu setzen und erfuhr am Telefon, daß mein Gespräch mit Jünschke vom Anstaltspsychologen überwacht werden soll.

Am 16. Februar 1988 konnte ich Klaus Jünschke im Beisein des Anstaltspsychologen im Freizeitraum der JVA Diez interviewen.

3. Zur Geschichte der Gewalt

Klaus Jünschke:

Ich war sechzehn Jahre alt, als ich angefangen habe, Bücher zu lesen über den Nationalsozialismus. In den Büchern habe ich Bilder gesehen von nackten Menschen vor den Gaskammern und von Leichenbergen. Da war der Massenmord dokumentiert. Es war fürchterlich, und ich entsinne mich genau der Gespräche mit meiner Mutter und meinem Vater. Sie erzählten mir, daß sie Juden gekannt haben. Es sei ein LKW gekommen, auf den wurden sie aufgeladen. Sie haben mitbekommen, wie die Juden abgeholt wurden. Aber es war zwischen uns nicht beredbar und nicht verarbeitet, und ich begriff, daß meine Eltern wie alle anderen Eltern auch diese Nazi-Maschinerie in irgendeiner Form, bewußt oder unbewußt, mitgetragen haben. Und um das aushalten zu können ohne zu handeln, ohne in irgend einer Weise einzugreifen, muß bei ihnen bis 1945 eine entsetzliche Verhärtung und Brutalisierung passiert sein. Ich glaube, daß unsere eigene blinde Destruktivität in der nicht durchgearbeiteten Geschichte vor 1945 wurzelt. Man war nämlich nicht plötzlich dadurch, daß man gegen die richtigen Ziele demonstrierte, gegen den Völkermord in Vietnam, gegen die Macht des Springerkonzerns, gegen die Klassenjustiz, zum aufgeklärten neuen Menschen geworden. Wir haben uns in der Auseinandersetzung mit unseren Gegnern gegenseitig bestärkt in dem Ausleben von Haß. Haß als produktive Kraft, um revolutionäre Veränderungen voranzutreiben. Und tatsächlich können Haß, Zorn und Wut zu Handlungen befähigen, aber sie können auch eine Tendenz zur Selbstzerstörung verschärfen. Wir haben gesagt, wer nicht für uns ist, ist gegen uns. Und das war ja in Deutschland nichts Neues. Weil wir nicht zurückblicken können auf eine Tradition wirklicher Beteiligung der Bürger. Unsere Tradition ist die des Untertan. »Willst du nicht mein Bruder sein, schlag ich dir den Schädel ein«.[1]

Peter-Jürgen Boock:

Die Geschichte der RAF, die Geschichte fast aller aus der Gruppe, die ich kenne, und auch meine eigene Geschichte ist ohne die Nazizeit und die »Schuld der Väter« weder zu verstehen noch zu interpretieren. Das paradoxe daran ist, daß sich aus dem moralisch motivierten Schluß, so etwas nie wieder stillschweigend zu dulden, der Terrorismus in der BRD entwickelt hat. Vietnam und der Antiimperialismus waren da nur die Aufhänger – Zeichen für den Beginn neuer Mitschuld, gegen die wir antreten wollten.[2]

»Für uns war es keine Frage, ob bewaffneter Kampf oder nicht,« erinnert sich Bommi Baumann, ehemals Mitglied der »Bewegung 2. Juni«, in seinem 1987 erschienenen autobiografischen Bericht:[3]

Für uns war völlig klar, wir machen's. Denn wir haben uns auf den Stufen der Gedächtniskirche zwei Jahre lang nur diese Nazi-Sprüche angehört: Ab ins Arbeitslager, Benzin drüber und anstecken, oder euch langhaarige Penner sollte man vergasen. Bis wir irgendwann gesagt haben: Ja, dann paßt mal auf, was jetzt kommt. Das sind genau dieselben Leute, die Auschwitz gemacht oder zugelassen haben und die sagen: Du kommst jetzt auch noch auf die »Roste«. Da sagst du: Mit mir nicht. Ich schieße, bevor es mir an den Kragen geht. Ich warte auch nicht darauf, daß ihr das nächste Auschwitz einrichtet, ihr Schwachsinnigen. Mit uns nicht. Jetzt kommt die Antwort: Here we go.

Wenn ich sagen sollte, wie für mich alles angefangen hat,

schrieb RAF-Gründungsmitglied Horst Mahler 1977,

fiele mir der Faschismus ein. Äußerlich war ich ihm entronnen; aber noch danach war alles irgendwie von seinem Schatten überzogen... Ich wollte einer von den »anderen Deutschen« werden.[4]

Terrorismus-Experten – Ausnahmen bestätigen die Regel – suchten die Ursachen der terroristischen Gewalt zumeist allerdings nicht in gesellschaftlichen Entwicklungen, sondern in den individuellen Biografien der Akteure. Etwas schien mit den unangepaßten Bombenlegern nicht zu stimmen, davon waren auch Teile der eher liberal-bürgerlichen Öffentlichkeit überzeugt. Ihre Sozialisation, ihre Erziehung im weitesten Sinn, hatte allem Anschein nach nicht zum gewünschten Ergebnis geführt.[5] Wissenschaftler leuchteten die Lebenssituationen der Forschungsobjekte aus und versuchten physische, psychische oder soziale Merkmale zu entdecken, um daraus eine Theorie zu formen, nach der Terroristen sich von anderen Personen unterscheiden. Als prädisponierende Faktoren für die Anwendung von sozialrevolutionärer Gewalt wurden Konflikte mit dem Elternhaus ausgemacht. Man fand eine gewisse typische »Handlungsunfähigkeit, den Alltag gestalten zu können«,[6] sowie als »größte Gemeinsamkeit« einen »unerfüllten Geltungs- und Machtanspruch junger Menschen, die die Gesellschaft durch Gewaltmittel zwingen wollten, von ihrer Person und ihrem Willen Kenntnis zu nehmen.«[7] Als eine Teilursache, die Linksradikale zu Terror und Gewalt stimuliert, ermittelten Heidelberger Sozialwissenschaftler gar deren Partnerprobleme.[8]

Erklärungsversuche dieser Art konnten sicher jene überzeugen, die gerne Vereinfachungen und Pathologisierungen bemühen, um eigene Verantwortung nicht zur Kenntnis nehmen zu müssen. Die Wirklichkeit war komplizierter und die Fragen waren verkehrt gestellt, doch ließ sich eine Ursachenforschung, die den Antikommunismus und die Mitverantwortung der Väter-Generation ignorierte, vorzüglich instrumentalisieren. Richter nahmen sie in ihre Urteilsbegründungen[9] gegen RAF-Mitglieder auf, Politiker nutzten sie für ihre Statements.

Darüber, daß es in einem Land, in dem die Auseinandersetzung mit der Vergangenheit versäumt wurde, dessen Regierung zum Krieg in Vietnam schwieg und dessen Medien den Protest der Studenten gegen Ignoranz und Grausamkeit als Revolte der Gestörten denunzierte, leicht war, Kämpfer für den Untergrund zu rekrutieren, verlor keiner ein Wort.

Es gab eine Bereitschaft zur Gewalt, die aus einer ungeheuren Wut kam. Wir waren jetzt auf Krieg aus, auf Bürgerkrieg. Wenn es nicht so gewesen wäre, hätten wir nicht mit den Autos anderer Leute Barrikaden gebaut, ohne uns um die Besitzer zu scheren. Hätten wir nicht wie selbstverständlich einen Bus umgekippt und in Brand gesteckt. Ja, vom Gefühl her erklärten wir den Krieg, und zwar vor allem den Medien, die durch ihre Diffamierungen und Verleumdungen Menschen töteten. (SDS-Mitglied Barbara Bruck)[10]

Wir konnten gar nicht alle bewaffnen, die wir reinziehen konnten. Es gab eigentlich genug Nachwuchs. Wir waren etwa zwölf Leute. Vor der Tür standen ungefähr noch zwanzig, dreißig, die gern mitgemacht hätten. (Bommi Baumann)[11]

Ich hab einfach geglaubt, daß dieses Volk Deutschland nur ein paar mutige Vorgänger braucht und dann fangen die auch an, mutig ihre Bedürfnisse durchzusetzen. So wie ich mich da fühlte, so glaube ich, fühlten Tausende gleichzeitig. (Angelika Speitel)[12]
Wenn ich persönlich damals nicht mitgemacht hätte, dann hätte es ein anderer gemacht. Das heißt, wenn man sieht, daß weltweit aus Teilen des Vietnamprotestes und der Jugendrevolte bewaffnete Organisationen wurden, dann muß man darin ein objektives Moment sehen, das dem, was sich ein Einzelner vorstellt über wünschenswerte Entwicklung, auch ein Stück entzogen war. Das lag also in der Luft sozusagen. Es ist eine Sache gewesen, die versucht werden mußte. Mit einer gewissen Notwendigkeit. (Klaus Jünschke)[13]
Diejenigen, die anfingen, die militärische Auseinandersetzung zu organisieren (RAF, 2. Juni, etc.) haben das getan, wovon viele in ihrer Wut und Verzweiflung träumten. (Peter Gäng)[14]

Nicht heimlich, sondern in aller Offenheit, unterstrichen durch Bekennerschreiben und RAF-Emblem – mit anderen Worten durch »Brief und Siegel« – verweigerten die Terroristen dem Staat ihre Identifikation und ihre Loyalität. In der Anfangsphase formulierten sie gar den Anspruch, nachgeahmt zu werden. Ihre Aktionen sollten als Fanal verstanden werden. In der »883«, einer Untergrundzeitschrift, die in Berlin herauskam, erschien der Aufruf der Baader-Befreier, der Urgruppe der RAF:

Es hat keinen Zweck, den falschen Leuten das Richtige erklären zu wollen. Das haben wir lange genug gemacht. Die Baader-Befreiungs-Aktion haben wir nicht den intellektuellen Schwätzern, den Hosenscheißern, den Alles-besser-Wissern zu erklären, sondern den potentiell revolutionären Teilen des Volkes. Das heißt denen, die die Tat sofort begreifen können, weil sie selbst Gefangene sind. Die auf das Geschwätz der »Linken« nichts geben können, weil es ohne Folgen und Taten geblieben ist. Die es satt haben!

Den Jugendlichen im Märkischen Viertel habt ihr die Baader-Befreiungs-Aktion zu erklären, den Mädchen im Eichenhof, in der Ollenhauer, im Heiligensee, den Jungs im Jugendhof, in der Jugendhilfestelle, im Grünen Haus, im Kieferngrund. Den kinderreichen Familien, den Jungarbeitern und Lehrlingen, den Hauptschülern, den Familien in den Sanierungsgebieten, den Arbeiterinnen von Siemens und AEG-Telefunken, von SEL und Osram, den verheirateten Arbeiterinnen, die zu Haushalt und Kindern auch noch den Akkord schaffen müssen – verdammt!

Denen habt ihr die Aktion zu vermitteln, die für die Ausbeutung, die sie erleiden, keine Entschädigung bekommen durch Lebensstandard, Konsum, Bausparvertrag, Kleinkredite, Mittelklassewagen. Die sich den ganzen Kram nicht leisten können, die da nicht dran hängen.

Die alle Zukunftsversprechen ihrer Erzieher und Lehrer und Fürsorger und Vorarbeiter und Meister und Gewerkschaftsfunktionäre und Bezirksbürgermeister als Lügen entlarvt haben und nur noch Angst vor der Polizei haben. Denen – und nicht den kleinbürgerlichen Intellektuellen – habt ihr zu sagen, daß jetzt Schluß ist, daß es jetzt los geht, daß die Befreiung Baaders nur der Anfang ist! Daß ein Ende der Bullenherrschaft abzusehen ist! Denen habt ihr zu sagen, daß wir die Rote Armee aufbauen, das ist ihre Armee. ... Die können das kapieren, daß das, was hier jetzt losgeht, in Vietnam, Palästina, Guatemala, in Oakland und Watts, in Kuba und China, in Angola und New York schon losgegangen ist...
Die Klassenkämpfe entfalten
Das Proletariat organisieren
Mit dem bewaffneten Widerstand beginnen
Die Rote Armee aufbauen![15]

»Wir haben die Gewalt vorgefunden. Wir haben die Gewalt nicht gemacht«,[16] hatten die wegen ihrer militanten Aktionen angegriffenen Studenten nach dem Tod von Benno Ohnesorg und dem Attentat auf Rudi Dutschke gesagt. Gudrun Ensslin verteidigte die Brandstiftung in der Bettenabteilung des Frankfurter Kaufhauses Schneider mit den Worten:

Wir taten es aus Protest gegen die Gleichgültigkeit, mit der die Menschen dem Völkermord in Vietnam zusehen. ... Wir haben gelernt, daß Reden ohne Handeln unrecht ist.[17]

Und als die Richter, entschlossen, die Tat und den Prozeß zu entpolitisieren, ihre politische Verteidigung verhindern wollten, warf sie ein:

Ich interessiere mich nicht für ein paar verbrannte Schaumstoffmatratzen, ich rede von verbrannten Kindern in Vietnam.[18]

Die theoretische Begründung für den Griff zur Waffe suchten die ersten Gruppen der »Rote Armee Fraktion« in den Schriften Mao Tsetungs; das praktische Konzept entwickelten sie nach dem Vorbild der lateinamerikanischen Stadtguerilla.

Stadtguerilla heißt, sich von der Gewalt des Systems nicht demoralisieren zu lassen. Stadtguerilla zielt darauf ab, den staatlichen Herrschaftsapparat an einzelnen Punkten zu destruieren, stellenweise außer Kraft zu setzen, den Mythos von der Allgegenwart des Systems und seiner Unverletzbarkeit zu zerstören.[19]

Klaus Jünschke war einer von denen, die in dieser Anfangszeit zur RAF stießen. Im Juli 1972, als er mit den Ideen der RAF konfrontiert wurde und die Hauptpersonen kennenlernte, war er 23 Jahre alt. Ulrike Meinhof, Gudrun Ensslin und Andreas Baader hatten ein paar Wochen zuvor in Heidelberg Gespräche mit engagierten und gewaltbereiten Studenten und mit Mitgliedern des »Sozialistischen Patientenkollektivs« (SPK) gesucht. Klaus Jünschke:

Eine Zeit danach lernte ich die RAF-Leute auch persönlich kennen, und ich erinnere mich, daß sie mir einfach viel reifer und viel souveräner erschienen, als wir es waren. Das waren für uns im positiven Sinn Autoritäten. In dem Sinn von »wie macht man eine Revolution in der Bundesrepublik«.[20]

Jünschke schien damals, am Ende der APO-Zeit, die Wahl, eine bewaffnete Gruppe zu bilden, die einzig richtige zu sein.

Ihre Idee war, man macht bewaffnete Angriffe, und diese Aktionen sind beispielhaft und werden nachgeahmt. Und es bilden sich selbständige Gruppen. Als »Bild« oder »Die Welt« im Frühjahr 1972 fragten, wo sind die Baader-Meinhof-Leute, man hört gar nichts mehr von denen, sind die verschwunden, oder sind die im Ausland, da hat Andreas Baader einen Brief an dpa geschickt mit seinem Daumenabdruck drauf. In den Brief hat er geschrieben, wir kämpfen hier bis zur Aufstellung der ersten regulären Einheiten der Roten Armee. So war unsere Vorstellung von dem, was passieren wird. Wir haben gewußt, daß das etwas ist, was dauert. Die Zeiträume, in denen wir dachten, umfaßten zwanzig Jahre und mehr. Wir glaubten, irgendwann werden in den Stadtteilen der großen Städte ein paar Tausend Bewaffnete als reguläre Einheiten sitzen, und die kämpfen dann gegen die Bundeswehr und die Polizei. Also regulärer Bürgerkrieg, orientiert an der russischen Revolution. Weiße gegen Rote.[21]

Verfolgung, Verhaftung und Verurteilung waren absehbar, aber die Gedanken daran wurden beiseite geschoben.

Natürlich hat sich keiner gewünscht, erschossen zu werden. Aber das Gefühl, dabei drauf gehen zu können, also zu sterben, und das Wissen, im Fall einer Verhaftung zu sehr hohen Freiheitsstrafen verurteilt zu werden, das war da. Und von daher war es ein Stück Legitimation für das, was dann geschah. Die Bereitschaft, das eigene Leben einzusetzen, hat die Brücken zu irgend einer Form der Verständigung mit diesem System abgebrochen. Das war ein absolutes Denken, ein Denken ohne Rückfahrkarte. Erst recht, nachdem es die ersten Toten gab auf unserer Seite, Petra Schelm war erschossen worden,[22] *Thomas Weisbecker, Georg von Rauch, das hat doch weh getan. Wir sagten uns »jetzt erst recht«, aber nicht im Sinne von »einfach losballern«. Solche Bedürfnisse, einfach Rache zu nehmen, gab es zwar, die wurden jedoch als falsch erkannt. Stattdessen setzte sich durch, daß die Hauptaufgabe darin besteht, eine tragfähige und zuverlässige Infrastruktur zu schaffen. Das heißt, wenn man nicht gefunden werden will, muß man Wohnungen haben, die unbekannt sind. Man muß Wohnungen mieten und die offiziellen Mieter täuschen können, weil die nicht wissen dürfen, wer vor ihnen steht. Man muß sich bewegen können ohne aufzufallen, durch alle Kontrollstellen hindurch. Man muß Pässe fälschen können, man muß Autos klauen können, man muß Autos umändern können. In den ersten Jahren der RAF war das die entscheidende Aufgabe, die nicht immer gelöst wurde. Es hat Verhaftungen gegeben, nach denen ganze Bereiche, die gerade mühsam aufgebaut worden waren, fluchtartig verlassen werden mußten. Dann ging alles von vorne los, Autos, Wohnungen, Garagen, Pässe, sich dem Zugriff von Polizei und Geheimdiensten entziehen, um für sich die optimale Handlungsfreiheit zu erreichen.*[23]

Die Repräsentanten der Staatsgewalt erklärten die Gesellschaft für bedroht, der Staat versetzte sich in höchste Alarmbereitschaft – im Parlament wurde gar sein möglicher Ruin heraufbeschworen. Die Antwort hieß »Stammheim«. Im Namen der Sicherheit entstand in knapp zwei Jahrzehnten ein immer dichter werdendes Netz innerstaatlicher Überwachung, Ausgrenzung und Kontrolle. So erfüllte sich, was Ulrike Meinhof prophezeit hatte: nach Stammheim war die Bundesrepublik nicht mehr derselbe Staat.[24] Im September 1977, auf dem Höhepunkt der Entwicklung, erklärte Karl Carstens, damals Präsident des Deutschen Bundestages:

Wir müssen erkennen, daß hier eine Gruppe von Verbrechern entschlossen ist, unseren Staat zu zerstören. Unser Staat muß sich zur Wehr setzen. Er muß sich stärker zur Wehr setzen, als er das bisher getan hat. Es gibt mehrere Vorschläge, die gut sind, die verfolgt werden sollten, eine Beschleunigung der Strafverfahren, die Möglichkeit des Ausschlusses der Verteidiger. Aber es gibt ein Thema, auf das wir uns noch mehr als bisher konzentrieren müssen: die Verhältnisse in den Gefängnissen selbst bedürfen dringend einer Änderung.[25]

Mit der Mission, alles Linke bzw. Staatskritische zu ettikettieren und auszugrenzen, hatte die konservative Presse die Funktion einer Grenzwalterin der Gesellschaft übernommen. Ein Bündnis von konservativen Politikern und nahestehender Presse brachte den »Sympathisantenvorwurf« auf die Tagesordnung der politischen Diskussion der frühen siebziger Jahre. Betroffen waren in erster Linie Dichter und Humanisten, die den Terrorismus als Irrtum des Denkens erkannt hatten. Sie wurden im »Haß- und Hetz- und Krisenjahr 1972« (Böll) als »Wegbereiter« und »Mordgehilfen« des Terrorismus ausgemacht. Zu den Diffamierten gehörten Persönlichkeiten wie Bischof Kurt Scharf, Helmut Gollwitzer, Willy Brandt, Peter Brückner, Günter Grass und – in besonderem Maße – Heinrich Böll.[26] Peter Brückner und Heinrich Böll erfuhren in den folgenden Jahren die abwegigen Auswüchse von Diffamierung und Denunziantentum in massivster Weise am eigenen Leibe. Brückner wurde von seiner Professur an der Universität Hannover suspendiert, Böll von einem Schleyer-Sonderkommando der Polizei heimgesucht, nachdem ein anonymer Anrufer einen von Bölls Söhnen als Baader-Meinhof-Unterstützer bei der Polizei denunziert hatte. Vierzig bewaffnete Beamte überfielen das Böll'sche Haus und durchsuchten es in seiner Abwesenheit nach Waffen. Heinrich Böll:

Diese Verleumdungen fangen an in der scheinbar seriösen Springerpresse, von namhaften aber bewährten Denunzianten, dann gehen sie in die unseriöse Springerpresse, wo sowohl anonyme wie namhafte professionelle Denunzianten das weitertragen. Dann – ich schildere Ihnen jetzt nur meine Beobachtung der Dramaturgie – spüren Politiker, daß man sich profilieren kann an Namen und Erscheinungen ... Nachdem ich das Ritual bisher kühl beobachtet habe, bin ich jetzt soweit, daß ich Wirkungen analysiere. Vor allem die Wirkungen auf meine Familie! Wenn ich schon ein Bösewicht bin, dann sehe ich nicht ein, daß da Sippenhaft praktiziert werden muß. ... Wenn es der Wunsch der Terroristen war, Konfrontation und Provokation zu schaffen, dann sind sie auf dem besten Wege, dieses Ziel zu erreichen. Wir – die Leute, die da angesprochen sind: Gollwitzer, Brandt, Grass, ich und andere – wir sind ja immer gesprächsbereit gewesen, und das soll ja offenbar jetzt verhindert werden.[27]

Es herrschte Konformitätszwang, und wer die Unterwerfung im Zeitalter der Denunziantenfeldzüge verweigerte, beging ein Sakrileg.[28] Demokratie wurde neu definiert: als Staatsloyalität. Wer Verstehen (nicht Verständnis) signalisierte, wer über die Ursachen des falschen Denkens und Handelns der Terroristen sprach, wer gar die Frage nach der Mitschuld stellte, der wurde gnadenlos an den Pranger gestellt.

Mit Schaum vorm Mund denunzieren sie, ihrer selbst spottend, Liberalität, Humanität, Appell ans Verstehen als die große Gefahr der freiheitlich-demokratischen Grundordnung, die doch ohne solche Tugenden bald dorthin pervertiert sein wird, wo sie mit einem Fuß (vgl. ihre ebenso argumentierenden Vorgänger vor 1933!) schon stehen: im gewöhnlichen Faschismus,

hatte Helmut Gollwitzer den Freund Heinrich Böll verteidigt, gegen den die Denunziantenmeute hergezogen war, als sei er eine öffentliche Gefahr. Die Menschlichkeit sei »unter die Räder geraten«[29] und politischen Optionen geopfert worden.

Besonders gut vermochte die typisch deutsche Vorliebe, dem Abweichler mit aller denkbaren Härte zu begegnen, der damalige CSU-Vorsitzende Franz-Josef Strauß zu instrumentalisieren. Nach dem Mord am Berliner Kammergerichtspräsidenten Günter von Drenkmann im November 1974 sagte Strauß vor Parteifreunden:

Wir müssen sagen, die SPD und FDP überlassen diesen Staat kriminellen und politischen Gangstern. Und zwischen kriminellen und politischen Gangstern ist nicht der geringste

Unterschied, sie sind alle miteinander Verbrecher. Und wenn wir hinkommen und räumen so auf, daß bis zum Rest dieses Jahrhunderts von diesen Banditen keiner es mehr wagt, in Deutschland das Maul aufzumachen. Selbst wenn wir es nicht ganz halten können. Aber den Eindruck müssen wir verkörpern.[30]

Im Sinne seiner Initiatoren war der Sympathisantenfeldzug erfolgreich verlaufen. Sein »Ende« – wenn dieser Begriff in dem Zusammenhang überhaupt erlaubt ist – markierte zwar einen vordergründigen Sieg der Staatsräson, aber keine guten Aussichten für die Entwicklung einer demokratischen Gesellschaft, wie sich bald zeigte. In den Jahren danach gab es nicht weniger Terrorismus, im Gegenteil. Doch wer wollte noch riskieren, ein Sympathisant genannt zu werden? Unter dem Konformitätsdruck war Friedhofsruhe entstanden. Die Anschläge und Aktionen der bewaffneten Gruppen wurden immer radikaler und ihre politischen Begründungen auch für die Linke immer unverständlicher. Über viele Jahre hatte es keinen mehr gegeben, der es wagte, sich öffentlich mit ihnen auseinanderzusetzen.

4. Im Namen der Sicherheit

Die Stilisierung einer »terroristischen Bedrohung« und die Diffamierungskampagnen gegen »Sympathisanten« und »Mordgehilfen der RAF« waren die propagandistische Vorbereitung für einschneidende Änderungen der Strafgesetzgebung und des Strafverfahrensrechtes »im Namen der Sicherheit.«[1]

Im Zuge der Reform des Strafverfahrensrechtes entstand im Dezember 1974 der neue § 138a (»Verteidigerausschlußgesetz«). Im April 1975 wurde nach der Entscheidung des Bundesverfassungsgerichtes der § 146 StPO (Verbot der »Mehrfachverteidigung«) wirksam. Die Verteidigung mehrerer Mandanten aus bewaffneten Gruppen durch einen Anwalt war damit unmöglich geworden. Die Berliner Gerichte legten den § 146 in einer Weise aus, daß von akutem Verteidigungsnotstand gesprochen wurde.[2] Längst hatte die Terrorismus-Hysterie in der Öffentlichkeit groteske Züge angenommen. Jeder Vermittlungsversuch, jede Kritik an der offiziellen Anti-Terror-Politik geriet in den Ruch des »Sympathisantentums«; schon die Weitergabe von Informationen über Haftbedingungen und Gesundheitszustand der Gefangenen galt als »Hetz-Kampagne«. Im April 1976 trat das vierzehnte Strafrechtsänderungsgesetz in Kraft, nachdem der Bundestag die neuen Vorschriften des § 88a (»Verfassungsfeindliche Befürwortung von Straftaten«) und des § 130a[3] (»Anleitung zu Straftaten«) beschlossen hatte. Am 18. August 1976 wurde der § 129a (»Bildung terroristischer Vereinigungen«) geschaffen und das Strafvollzugsgesetz für die betroffenen Gefangenen geändert. »Alle festgestellten, denkbaren Gesetzeslücken sind geschlossen worden«, meinte nach der Verabschiedung des ersten großen Pakets von »Anti-Terror-Gesetzen« der SPD-Abgeordnete Fritz-Joachim Gnädiger.[4]

Der Sozialdemokrat hatte sich getäuscht. Schon dreizehn Monate später, mit dem Kontaktsperregesetz vom 30. September 1977, zeigte sich, daß die Gesetzgebungskreativität der Politiker in dieser Beziehung keine Grenzen kannte. Seit Wochen bereits war in den Gefängnissen die Kontaktsperre gegen Verdächtige und Verurteilte, die wegen § 129a StGB (»terroristische Vereinigung«) in Haft waren, praktiziert worden. Das Gesetz legalisierte diese Praxis im Nachhinein, indem es konstatierte, daß unter bestimmten Voraussetzungen »jedwede Verbindung von Gefangenen untereinander und mit der Außenwelt einschließlich des schriftlichen und mündlichen Verkehrs mit dem Verteidiger« unterbrochen werden kann.[5] Manfred Coppik (SPD), der gemeinsam mit den Fraktionskollegen Karl-Heinz Hansen, Dieter Lattmann und Klaus Thüsing gegen die Vorlage stimmte, hatte in der Bundestagsdebatte vom 29.9.1977 darauf hingewiesen, daß die Kontaktsperre einem Terrorismusverdächtigen unter Umständen die Chance nimmt, sich entlasten zu können:

Die Probleme werden besonders deutlich, wenn man bedenkt, daß diese Regelung auch für die nach einem solchen Anschlag neu Verhafteten gilt. Und wer da auch noch sagt: 'Was geht mich das an? Ich habe nichts mit Terroristen zu tun!', dem muß deutlich gesagt werden, daß nach dem neuen Gesetz niemand, und sei er noch so unschuldig, davor sicher sein kann, etwa auf Grund einer Denunziation verhaftet zu werden und für Wochen und Monate ohne jeden Kontakt zu einem Rechtsanwalt oder auch nur zu seinen Familienangehörigen in einem Gefängnis zu verschwinden.[6]

Coppiks Warnung wurde von »Pfui«-Rufen bei der CDU/CSU unterbrochen, doch die Abscheu-Bekundungen der Opposition waren unangebracht. Erst wenige Monate zuvor hatte sich ein vergleichbarer Fall ereignet: Nach dem Mordanschlag der RAF auf Jürgen Ponto am 30. Juli 1977 war Nora Poensgen als mutmaßliche Mittäterin festgenommen worden. Sie wurde wenige Tage später entlassen, weil ihre Freundin, mit der sie zur Tatzeit unterwegs war, mehrere Alibizeugen nennen konnte, darunter einen unverdächtigen Straßenbahnfahrer, der sie als Fahrgast wiedererkannte. Unter Kontaktsperre-Bedingungen wäre es sicher nicht zu dieser Entlastung gekommen, unter anderem deshalb, weil das visuelle Gedächtnis von Wiedererkennungszeugen begrenzt ist.[7]

Unter die Kontaktsperre fielen auch – rechtswidrig – solche Gefangene, die zwar wegen terroristischer Aktivitäten verurteilt waren, inzwischen aber nichts mehr mit dem bewaffneten Kampf zu tun haben wollten, Horst Mahler zum Beispiel. Mahler hatte seit 1974 die RAF in mehreren Artikeln und Interviews heftig kritisiert und war von der Gruppe ausgeschlossen worden.[8] Im März 1975 hatte er auch seinen Austausch gegen den entführten Berliner CDU-Vorsitzenden Peter Lorenz abgelehnt. Dennoch wurde auch über Mahler die Kontaktsperre verhängt; im Anschluß daran wurde er aus dem Regelstrafvollzug Berlin-Tegel herausgenommen und in die besonders gesicherte Untersuchungshaftanstalt Berlin-Moabit gebracht. Erst nach Protesten, u.a. von Prof. Helmut Gollwitzer, Ingeborg Drewitz und Günter Grass, wurde Mahler Monate später nach Tegel zurückverlegt.[9]

Schließlich wurde im April 1978 mit der sogenannten »Kanzlermehrheit«[10] das zweite große »Anti-Terror-Paket« der siebziger Jahre verabschiedet. Der Verteidiger-Ausschluß (§ 138a StPO) wurde abermals erleichtert; mit der Beschränkung des Gesetzes auf Verfahren, in denen nach § 129a StGB ermittelt bzw. angeklagt wird, wurde eine ganze Gruppe von Verteidigern als Terroristenverteidiger pauschal diskriminiert. Der einfache Verdacht ersetzte als Ausschließungsgrund den dringenden Verdacht. Von nun an reichte es aus, daß »bestimmte Tatsachen« den Verdacht auf Tatbeteiligung, Gefährdung der Anstaltssicherheit bzw. Begehung von Straftaten begründen. Der Ausschluß hat laut Gesetz einen »Ewigkeitseffekt«, denn er soll für alle künftigen Verfahren nach § 129a gelten. Außerdem wurde durch das Gesetzespaket das Gespräch zwischen Verteidiger und Mandant erschwert. Die Trennscheibe für den Anwaltsbesuch wurde gesetzlich vorgeschrieben, Verteidigungsunterlagen konnten von nun an nicht mehr direkt übergeben werden. Für den Privatbesuch kann die Trennscheibe nach Ermessen des zuständigen Richters angeordnet werden.[11] Zusätzlich brachten die neuen Gesetze große Kompetenzerweiterungen für die Polizei. Personenkontrollen und Fahndungsmaßnahmen wurden wesentlich erleichtert.

Die Gesetzesverschärfungen vom Frühjahr 1978 sind von andauernder Wirkung. Das zeigen Erfahrungen von Verteidigern terrorismusverdächtiger Mandanten. Der seit Jahren praktizierende Stuttgarter Rechtsanwalt Roland Kugler erlebte seine Umdefinition zum Terroristen-Verteidiger erstmals, nachdem er im September 1988 die Vertretung des Fernmeldetechnikers Ulrich Winterhalter übernommen hatte, den die Bundesanwaltschaft für ein RAF-Mitglied hielt. Nach zehnjährigem Engagement als »normaler« Strafverteidiger, nach ungezählten »normalen« Mandantengesprächen in der Stuttgart-Stammheimer Justizvollzugsanstalt, nach jahrelangen unproblematischen Abfertigungen durch die Justizbeamten, wurde Kugler behandelt, als sei er quasi über Nacht ein anderer geworden. Obwohl nichts anderes im Sinn, als seinen erlernten Beruf auszuüben, war er zur verdächtigen Person geworden. Roland Kugler:

Ich erinnere mich gut an meinen ersten Besuch beim Mandanten in der Stammheimer JVA. An diesem Tag hatte ich, bevor ich zu Winterhalter ging, mit zwei oder drei anderen Untersuchungshäftlingen Gespräche geführt. Danach sagte ich zu den Beamten, die mich alle gut kennen, jetzt will ich noch zum Ulli Winterhalter, und legte ihnen, wie üblich, die Vollmacht vor. Es entstand sofort eine große Verwirrung. Ich wußte bis dahin nicht, daß ich mit einer normalen Vollmacht gar nicht zu einem Beschuldigten nach § 129a reinkomme. Die Beamten sagten mir dann, eine Vollmacht reiche nicht, ich bräuchte eine schriftliche Genehmigung vom Bundesgerichtshof. Auf meine eindringliche Bitte hin fragte der Dienststellenleiter beim BGH nach und man ließ mich unter Beteuerungen, daß es sich um eine einmalige Ausnahme handele, mit der Vollmacht hinein. Das war die erste Erfahrung. Die zweite Erfahrung machte ich beim Verlassen der JVA. Der Dienststellenleiter nahm mich beiseite und sagte, der heutige Besuch sei der letzte nach dem mir bekannten Verfahren gewesen. Wenn ich das nächste Mal käme, müsse ich mich den üblichen Kontrollen unterziehen. Ich merkte, wie peinlich ihm das war. Er sagte, Herr Kugler, wir kennen uns nun seit zehn Jahren, aber das nächste Mal muß die Hose runter.

Die dritte Erfahrung machte Kugler, als er anhand eigener Akten die Vorbereitung der Verteidigung durchsprechen wollte. Inzwischen war Winterhalter in die JVA Rastatt verlegt worden.

Man sagte mir, nach einer Anweisung dürfe der Anwalt eines 129a-Gefangenen nicht seine eigenen Akten zur Besprechung mit reinnehmen. Es wurde das ganze Material aus meinen Akten rausgenommen und umständlich in anstaltseigene Leitz-Ordner reingezwängt. Dann bekam ich den ganzen Packen, und konnte zum Mandanten gehen, mußte aber vorher die Schuhe ausziehen. Das Gefühl, das dabei entsteht, ist ganz seltsam. Man fühlt sich plötzlich als Komplize, als Mittäter behandelt. Die Justizgewalten, also der Staat, nicht abgemildert durch einen liberalen Rechtsstaat, bemächtigen sich meiner. So etwas Ähnliches habe ich früher nur erlebt, als ich bei der Bundeswehr war. Mit dem Schritt durch das Tor der Kaserne hat man eine andere Welt betreten. Solange man in der Kaserne ist, muß man sich Dinge bieten lassen, die man sich niemals draußen, auch nicht von einem Polizisten, bieten lassen würde. So ist es auch hier. Man hat nur das Gefängnis betreten, und doch die Welten gewechselt.[12]

Am 16. Februar 1978, ein Vierteljahr nach Mogadischu, dem Mord an Hanns-Martin Schleyer und den Toten im Stammheimer Hochsicherheitstrakt, wurde das Gesetzespaket im Bundestag mit einer Stimme Mehrheit verabschiedet. Gegenstimmen kamen von der CDU/CSU-Opposition – ihr waren die neuen Vorschriften immer noch nicht scharf genug – und von den vier SPD-Dissidenten Manfred Coppik, Karl-Heinz Hansen, Erich Meinike und Dieter Lattmann. Alle Parteien hatten von ihren Abgeordneten die Fraktionsdisziplin verlangt. Jede Stimme zählte, auch die Kranken waren zum vollzähligen Erscheinen verpflichtet worden.[13] Den vier Abgeordneten, die ihre Gegenstimmen angekündigt hatten, schlugen Groll und Feindseligkeit entgegen. Sie wurden als »Viererbande« und »Abweichler« diskriminiert und mit Prügeln bedroht. Fraktionskollegen warfen den »Chaoten« »politische Instinktlosigkeit« vor, sogar ihr Parteiausschluß wurde gefordert. Nach der Abstimmung gab es wütende Kommentare der Genossen: »Wenn wir das Faustrecht hätten...«, und »Rausschmeißen«.[14] Karl-Heinz Hansen erinnert sich:

Es gab regelrechte Wellen von Haß. Und es war festzustellen, daß der Haß bei den Sozialdemokraten, also denen, die man als Genossin und Genosse ansprach, größer war als bei den bürgerlichen Parteien und den mehr konservativen bis reaktionären Parteien. Die konnten mit solchen Dissidenten locker umgehen, weil sie einen gewissen Zynismus der Macht hatten, schon von der Weimarer Republik her. Aber diese Sozialdemokraten sind gegen Außenseiter, Dissidenten oder Politmolukker, wie man uns auch nannte, sehr viel empfindlicher. Das hat mit Defiziten zu tun, die in der Geschichte liegen. Die Sozialdemokraten waren ja nur ganz selten an der Macht, meistens waren sie in der Opposition. Wenn sie dann an der Macht sind, wollen sie möglichst lange dran festhalten, auch unter Inkaufnahme der Aufgabe von Prinzipien und Grundsätzen und Parteitagsbeschlüssen. So war es in diesem Fall.

An der Basis der Partei gab es viel Zustimmung, die sogar so weit ging, daß einzelne Ortsvereine uns mit Leserbriefen den Rücken stärken wollten. Bei Veranstaltungen zur Innen- und Rechtspolitik hieß es oft genug, ihr seid die einzigen, die uns noch vom Parteiaustritt zurückhalten. Aber in der Fraktion hat die Sache überhaupt keine Rolle gespielt. Wie so oft in der Politik wurde allein auf die Loyalität zur Regierung, in diesem Fall die Loyalität zum Regierungschef, dem Bundeskanzler, gepocht. Es wurde nicht mehr berücksichtigt, daß es in der Politik darauf ankommt, mit seiner Person zu einer Sache zu stehen, die man für richtig erkannt hat. Wir haben mit unseren vier Stimmen letzten Endes nichts bewirkt. Die fünfte Stimme konnte nicht gefunden werden, weil keiner der fünfte Mann sein wollte, der die Anti-Terror-Gesetze verhindert und keiner wollte, wie ihnen eingeredet worden war, Bundeskanzler Schmidt gefährden – was in der Tat nie der Fall war.

Ich empfand so etwas wie allgemeine Trauer über die politische Entwicklung, die solche großen menschlichen Entgleisungen zeitigte. Als ich 1969 in den Bundestag kam, da hatte es ein großes Hochgefühl gegeben. Endlich, nach zwanzig Jahren blockierter Gesellschaft unter Adenauer, kam mit Willi Brandt zum ersten Mal die Chance, doch wenigstens in kleinen Schritten etwas zu verändern. Das war zu Zeiten der großen Koalition. Und dieses Hochgefühl gab es 1972 noch einmal, nach dem Mißtrauensvotum gegen Willi Brandt. Wir sind damals, ich war auch darunter, mit Fackeln zum Venusberg gezogen, um nach dem Sieg über das Mißtrauensvotum der Opposition Willy Brandt zu huldigen. Es gab eine euphorische Stimmung, die man rückblickend, wenn man sieht, was danach kam, kaum noch verstehen kann. In der Partei bekamen die Rechten immer mehr das Sagen. Es kam nur noch darauf an, die Regierung zu halten, oder, wie Wehner mich einmal in der Fraktion angeschnauzt hat: Parteitagsbeschlüsse spielen hier keine Rolle. Die Politik wurde verwaltet und nicht gestaltet.Wir wenige, die Widerstand geleistet haben gegen das, was uns zugemutet wurde, haben letzten Endes recht behalten. Das ist für die, die uns diffamiert haben, schwer zu verkraften und für manchen eine große Herausforderung, uns noch mehr zu hassen. Ich empfinde darüber keinen Triumph, aber auch keine Resignation. Leider ist man, wenn man aus dem Rathaus kommt klüger, als wenn man hineingeht. In der Geschichte wiederholt sich oft, daß man aus Schaden klug werden kann. Aber dann ist oft die Situation da, daß man nicht mehr die Möglichkeit hat, den Schaden zu beheben oder zu begrenzen.[15]

In der RAF registrierte man derweil die Zug-um-Zug-Verschärfung der »Anti-Terror-Gesetze« mit Genugtuung.

Gert Schneider:
Wenn die sogenannten Sicherheitsgesetze verschärft wurden, gab es keine Konsequenzen in diesem Sinne, daß sich die RAF überlegt, nehme ich von irgendwelchen Aktionen, von strategischen oder taktischen Maßnahmen, Abstand. Das macht die RAF nie, so denkt sie nicht. Die Verschärfung der Sicherheitsgesetze wird registriert. Sie wird für ganz natürlich gehalten, in dem Sinn des alten Mao-Zitats: wenn der Staat uns bekämpft, ist das gut und nicht schlecht. Das zeigt, daß wir auf dem richtigen Weg sind. Das läßt sich auch nachvollziehen in sämtlichen anderen Erklärungen, die abgegeben wurden. Man überlegt nicht, ist das jetzt gut, trägt es zur Verschärfung der politischen Lage bei. Man will ja die Eskalation. Und man weiß, ja, man rechnet geradezu damit, die Eskalation wird vom Staat nachvollzogen. Das heißt, man hat den Staat tatsächlich angegriffen, denn so reagiert er. Also hat er Angst vor uns. Und insofern scheinen wir ja tatsächlich was ganz richtiges gemacht zu haben. So denkt die RAF. Jeder normale Kämpfer, der diese Politik für richtig hält und weiß, daß sie gemacht werden muß, der rechnet mit schärfster Verfolgung. Man hat ja auch kein taktisches Verhältnis dazu, daß man bei einer Aktion gefaßt werden kann oder nicht gefaßt wird. Wenn man zur RAF geht, dann weiß man genau, das endet mit lebenslänglicher Haft oder mit Tod bei der Verhaftung. In diesem Denken spielt die Verschärfung der Sicherheitsgesetze keine Rolle.[16]

Peter-Jürgen Boock:
Auf das, was in der Gruppe gelaufen ist, hatten weder die Gesetzesverschärfungen noch neue Fahndungsmethoden irgendwelche praktischen Auswirkungen. Sie wurden total nüchtern analysiert, als Teil des Machtkampfes zwischen dem Apparat und uns. Daß sich da einer deswegen mehr in acht genommen hätte oder irgendetwas nicht getan hätte, was er geplant hatte, das passierte nicht. Das halte ich auch für ausgeschlossen. Ich glaube, daß diese Verschärfungen mit Terrorismusbekämpfung herzlich wenig zu tun hatten, aber sehr viel mit politischer Kultur in diesem Land. Es ist nicht ein Einziger mehr oder weniger geschnappt worden von der Polizei. Die RAF ist flexibel, sie paßt sich an.[17]

5. Zwischen Distanzierungszwang und Verrat: Haftbedingungen

Mitglieder bewaffneter Gruppen wurden in den Gefängnissen – wiederum vorgeblich aus »Sicherheitsgründen« – Haftstatuten unterworfen, die speziell für diese Gefangenen entwickelt worden waren. Ich will den Versuch unternehmen, diese Haftbedingungen kurz und übersichtlich zu beschreiben, weise aber darauf hin, daß sie nicht nur seit zwei Jahrzehnten ständig in die eine oder andere Richtung verändert werden, sondern außerdem von Anstalt zu Anstalt graduell verschieden sind. Haftmethoden, denen Astrid Proll und Ulrike Meinhof im sogenannten Toten Trakt in Köln-Ossendorf 1972/73 fünf bzw. acht Monate lang ausgesetzt waren, sind zum Glück heute nirgendwo mehr anzutreffen. Die Methode der *vollständigen* Ausgrenzung vom Anstaltsleben, der lückenlosen Kontrolle und Überwachung bei Tag und Nacht und der *hundertprozentigen* optischen und akustischen Isolierung von Umweltwahrnehmungen wurde freilich auch nach der Verlegung der beiden Frauen weiterhin praktiziert. Betroffen waren Holger Meins und – später – Ronald Augustin.[1] Damals, als man Begriffe wie »Isolationshaft« oder »Isolationsfolter« noch nicht kannte, war schwer zu erfassen, was den beiden Frauen angetan wurde.

Ulrike Meinhof hatte Heinrich Hannover und Ulrich K. Preuß mit der Vertretung ihrer Interessen beauftragt. Hannover erinnert sich:

Das Verdienst, als erster begriffen zu haben, was ihr angetan wird, kommt dem Kollegen Ulrich Preuß zu. Der hat angefangen, Literatur zu wälzen und herausgefunden, daß es Isolationsbedingungen gibt, die einfach vom Menschen physisch und psychisch nicht ertragen werden können. Das haben zunächst selbst die Betroffenen nicht begriffen. Jedenfalls Ulrike hatte es nicht begriffen. Sie glaubte wohl zunächst, daß sie nach ihrer ganzen Sensibilität nicht in der Lage sei, Haftbedingungen zu ertragen, die andere ertragen hätten. Daß das etwas ganz anderes war, was an ihr vollzogen wurde, daß das weit über das hinaus ging, was andere etragen hatten, das hatte sie selber nicht begriffen, und darum konnte sie es mir auch nicht vermitteln. Man mußte sich erst mal theoretisch damit befassen, nachdem man wußte, was praktisch an den Frauen vollzogen wurde, nämlich die totale Geräuschisolierung, die totale Abschottung von allen menschlichen Kontakten, bis auf das dreimalige Essenbringen am Tage, die Ausräumung von benachbarten Zellen. Eine so vollständige Isolierung, daß man schon fast von den Bedingungen einer Camera silens sprechen konnte, in der, wie Experimente gezeigt haben, Menschen nicht länger als 10 oder 15 Minuten lebendig überleben können. Und das waren nun Extrembedingungen, die dann schon im Interesse der Funktion der Strafrechtspflege aufgehoben werden mußten. Denn man hätte keine Prozesse führen können, die Leute wären einfach gestorben an dieser Form extremer Isolation.[2]

Das sollte verhindert werden. Die Frauen wurden in strenge Einzelhaft verlegt. Noch im Herbst 1973, zu Prozeßbeginn, litt Astrid Proll unter den Folgen der Totalisolation. Wegen Haftunfähigkeit aufgrund lebensgefährlicher Kreislaufstörungen wurde sie auf freien Fuß gesetzt. Ulrike Meinhof wurde im Dezember 1973, drei Tage vor Weihnachten, noch einmal für zwei Wochen in den Toten Trakt zurückverlegt. Mit dieser Maßnahme begann die letzte Phase ihrer physischen Zerstörung. Sie brach den Kontakt zu ihren Kindern ab.[3]

Am 9. Mai 1976 starb Ulrike Meinhof in ihrer Zelle im Hochsicherheitstrakt der JVA Stuttgart Stammheim. Als offizielle Todesursache wurde Freitod durch Erhängen festgestellt.[4]

»Ich habe folgende besondere Sicherungsmaßnahmen vorgesehen«, schrieb am 13. Juni 1975 der Leiter der Justizvollzugsanstalt Essen an den für die Haftbedingungen der RAF-Gefangenen Hanna Krabbe zuständigen Ermittlungsrichter des Bundesgerichtshofs:[5]

1. Strenge Einzelhaft.
2. Unterbringung der Gefangenen in einer Zelle, deren Zellenfenster besonders gesichert ist
a) durch ein zusätzliches Stahlgitter gegen Ausbruchsversuche,
b) durch eine besondere Sicherung des Kippfensters, um unerlaubte Kontaktaufnahme mit anderen Gefangenen zu verhindern.
3. Sicherung der Zelle durch ein zusätzliches Vorhängeschloß.
4. Die Zellen rechts und links neben dem Haftraum der Gefangenen dürfen nicht belegt werden.
5. Die Zelle der Gefangenen darf nur im Beisein von mindestens zwei Bediensteten geöffnet und betreten werden.
6. Tägliche Durchsuchung der Gefangenen, ihrer Sachen und ihres Haftraumes.
7. Wiederholte Beobachtung der Gefangenen in unregelmäßigen Zeitabständen, längstens jedoch nach 15 Minuten bei Tag und Nacht.
8. Durchführung der Bewegung im Freien zu unregelmäßigen Tageszeiten.
9. Begleitung der Gefangenen außerhalb ihres Haftraumes stets mit mindestens zwei Bediensteten.
10. Übergabe der Verpflegung, Tausch der Wäsche, der Kleidung und der Anstaltsbücher, Leerung des Abfalleimers ausschließlich nur durch Bedienstete ohne Beteiligung Gefangener.
11. Durchsuchung der Gefangenen und ihrer Bekleidung vor und nach jedem Besuch – einschließlich Verteidiger – bei völliger Entkleidung.
12. Durchsuchung aller Besucher – einschließlich Verteidiger – außer mit dem Metallsuchgerät durch Abtasten über der Kleidung und Durchsicht der mitgeführten Behältnisse. Dabei wird sichergestellt, daß die der Verteidigung dienenden Unterlagen von den durchsuchenden Bediensteten inhaltlich nicht zur Kenntnis genommen werden.
13. Aufgabe von Bestellungen jeder Art (z.B. von Zeitungen, Zeitschriften und anderen Druckerzeugnissen) ausschließlich durch Vermittlung der Vollzugsanstalt.

Für die Untersuchungsgefangene Verena Becker, inhaftiert in Stuttgart-Stammheim, ordnete der Bundesgerichtshof im Mai 1977 an:[6]

1. Die Unterbringung der Beschuldigten gemeinsam mit anderen Untersuchungs- oder Strafgefangenen in demselben Raum ist nicht zulässig.
2. Die Tür des Haftraums der Beschuldigten ist mit einem zusätzlichen Schloß zu versehen.

3. Das Fenster des Haftraumes der Beschuldigten ist mit einer Schutzvorrichtung zur Vermeidung unkontrollierter Kontaktaufnahme zu versehen, wobei ausreichende Sicht, ausreichender Lichteinfall und ausreichende Belüftung nicht beeinträchtigt werden dürfen.
4. Der Haftraum der Beschuldigten darf nicht über die in der Justizvollzugsanstalt vorgeschriebene und für andere Gefangene geltenden Zeiten hinaus beleuchtet werden.
Die Benutzung anderer Lichtquellen, wie Stehlampen, Taschenlampen, Kerzen o.ä. ist untersagt.
5. Die Teilnahme an Veranstaltungen der Vollzugsanstalt und am Gottesdienst ist ausgeschlossen. Die Beschuldigte ist auch im übrigen von anderen Gefangenen getrennt zu halten. Dies gilt auch für Vorführungen innerhalb der Anstalt, z.B. Vorführung zur Verwaltung, zum Arzt, zum Baden, u.ä.
6. Die Ausgabe von Mahlzeiten erfolgt einzeln durch zwei Bedienstete der Vollzugsanstalt ohne Gegenwart anderer Gefangener.
7. Die Bewegung im Freien ist als Einzelfreistunde durchzuführen. Die Einzelfreistunde ist sofort abzubrechen, wenn die Beschuldigte sie zu Störungen mißbraucht, insbesondere Anweisungen nicht befolgt, Anstaltsbedienstete beleidigt, Körper- oder Sachschäden begeht oder Kontakt zu anderen Gefangenen aufnimmt.
8. Der Beschuldigten ist es untersagt, eigene Oberbekleidung zu benutzen. Soweit aus medizinischen Gründen das Tragen anderer als anstaltseigener Kleidung (z.B. Schuhwerk) erforderlich ist, entscheidet über die Zulassung im Einzelfall der Anstaltsleiter nach Absprache mit der Bundesanwaltschaft.
9. Die Beschuldigte, ihr Haftraum (einschließlich Fenster, Gitter, Türe und Schlösser) und die darin befindlichen Sachen sind täglich zu durchsuchen und zu untersuchen. Kenntnisnahme vom Inhalt der Verteidigungsunterlagen ist nicht zulässig.
10. Die Beschuldigte ist wiederholt zu beobachten. Die Beobachtung ist in unregelmäßigen Abständen durchzuführen. Die Zellenbeleuchtung darf dabei nachts kurz eingeschaltet werden, wenn die überwachenden Vollzugsbediensteten sich nicht auf andere Weise von der Anwesenheit der Beschuldigten überzeugen können.
...
12. Die Beschuldigte darf nach Maßgabe der jeweiligen Einzelgenehmigung Besuch empfangen. Besuche außerhalb der normalen Dienstzeit sowie an Samstagen, Sonn- und Feiertagen sind nicht zugelassen. Dies gilt auch für Verteidigerbesuche. Mehrere Personen werden nur ausnahmsweise zum gemeinschaftlichen Besuch zugelassen. Die allgemein gültige Besuchszeit von 30 Minuten kann nur bei Gestattung in der jeweiligen Einzelgenehmigung überschritten werden. Der Besuch ist unverzüglich abzubrechen, wenn er vom Besucher oder der Beschuldigten mißbraucht wird (z.B. Nichtbefolgung der Weisungen der überprüfenden und überwachenden Beamten, Übergabe von Sachen, Mitteilung verschlüsselter Nachrichten). Besuche sind zu überwachen. Die Überwachung ist im Benehmen mit der Bundesanwaltschaft zu regeln.
...
15. Die Beschuldigte ist vor und nach jedem Besuch bei völliger Entkleidung und Umkleidung zu durchsuchen. ...

Angelika Speitel saß bis 1982 mehr als zwei Jahre in strenger Einzelhaft in der Hochsicherheitsabteilung der JVA Köln-Ossendorf, bei Neonbeleuchtung am Tag und in der Nacht, ohne jede Möglichkeit der Kontaktaufnahme mit anderen Gefangenen. Drei Jahre danach berichtete sie:

Das Schlimmste war halt die Einzelhaft, daß ich 24 Stunden rund um die Uhr so gut wie allein war und die einzigen waren halt diese Bewacher. Dreimal am Tag ging die Tür auf zum Essen, und das war auch schon schlimm. Aber dieses Alleinsein, dieses Tote, in diesem Raum ganz allein zu leben, ohne ein Gegenüber zu haben, ohne diese Wechselwirkung. Da kann ich mich noch an eine Situation erinnern, wo ich getanzt habe und das Radio für mich immer das einzige Lebendige war und wo diese gute Musik zu Ende war... da hab ich mir gesagt, ich will lieber tot sein. Also lieber will ich tot sein, das empfand ich wirklich als eine Erleichterung zuerstmal. Daß einem der Nacken weh tut, die ganzen Verspannungen, du kannst dich nicht lockern, du kannst das mit deinem Verstand nicht lockern, du bist immer in einer permanenten Anspannung, du hast immer Aggressionen, knallroten Kopf, ich glaube, wenn einer aufhört zu denken, dann kann er nur noch wie ein Tier fauchen und schreien und verrückt werden.

Vor und nach jedem Besuch und Hofgang, zuweilen mehrmals täglich, mußte sie sich vor Vollzugsbeamtinnen nackt ausziehen und die Kleidung wechseln. Täglich wurde ihre Zelle durchsucht, persönliche Dinge wurden entfernt:

Wenn ich dann wieder in die Zelle kam, dann war da also ein anderes Bett, ein anderer Schrank, eine andere Zahnbürste, andere Seife, andere Waschlappen... Es wird ja alles gewechselt, du kannst nicht mal auf das Nachthemd was draufsticken, was so tot aussieht, oder auf ein Westchen. Irgendwas machen, aus dem Nichts irgendwas entwickeln, dir wurde ja am nächsten Tag alles weggenommen. Und so wurde dein Leben sinnlos gemacht.[7]

Über Spätfolgen der Sonderhaft berichtet Werner Schlegel:

Ich kann heute, zehn Jahre nach meiner Entlassung, noch nicht in Menschenmengen sein, ohne in Panik zu geraten. Ich gehe in kein Kaufhaus und fahre mit keinem Aufzug. Die ersten Jahre konnte ich keine Nähe zu einem anderen Menschen ertragen, ich war unfähig, eine Partnerschaft einzugehen. Das ist etwas besser geworden, aber ich lebe immer noch allein. Von Zeit zu Zeit schlägt die Zelle in meinem Kopf wieder zu, ich vergrabe mich dann für ein paar Tage in meiner Wohnung. In den ersten Jahren nach der Entlassung hielt dieses totale Rückzugsbedürfnis manchmal vierzehn Tage an. Ich war nicht in der Lage, das Haus zu verlassen. So habe ich mir meine Zelle wieder aufgebaut.[8]

Werner Schlegel verbrachte drei Jahre in verschärfter Einzelhaft. Aus Wut über den Tod von Holger Meins im November 1974 hatte Schlegel Molotowcocktails auf das Dortmunder Amtsgericht und ein staatliches Jugendzentrum geworfen.[9] Bei den Anschlägen war ein Gesamtsachschaden von viertausend DM entstanden; Menschen waren nicht gefährdet worden. Schlegel tauchte unter, wurde jedoch wenig später in der Schweiz festgenommen. Im Sommer 1976 verurteilte ihn das Dortmunder Landgericht zu sechs Jahren Haft,[10] die er bis zu seiner Verlegung in den offenen Vollzug der JVA Castrop-Rauxel im Juli 1980 im Gefängnis Rheinbach absaß. Einzelhofgang, keinen Kontakt zu Mitgefangenen, unbelegte Nachbarzellen, Gesprächsüberwachung plus Berührungsverbot bei Verwandtenbesuchen, Gesprächsüberwachung plus Trennscheibe bei anderen Besuchen, Trennscheibe bei Gesprächen mit dem Verteidiger, Körperkontrollen und Kleiderwechsel, regelmäßige Zellenrazzien, Einschränkung des Blicks nach draußen durch ein zusätzlich angebrachtes »Fliegendrahtgitter« – Schlegels Haftbedingungen waren ganz nach »Terroristennorm« gestaltet. Jahrelang hatten Verteidiger und Freunde um Hafterleichterungen gekämpft. Mit der Hilfe von Erich Fried und Ingeborg Drewitz, die für Schlegel bürgten, erreichten sie nach dem dritten

Haftjahr Vollzugslockerungen. Schlegel durfte arbeiten. Fortan konnte er tagsüber in der anstaltseigenen Druckerei mit hochbrennbarem Reinigungsmaterial den »Heidelberger Tiegel«, eine Buchdruckmaschine, in Gang halten, während er nach Feierabend wegen seiner »besonderen Gefährlichkeit« zurück in die isolierte Zelle mußte und weiterhin von allen Gemeinschaftsveranstaltungen ausgeschlossen war. Nachdem er etwa Zweidrittel seiner Haftzeit abgesessen hatte, stellte Schlegel einen Antrag auf vorzeitige Entlassung. Der Antrag wurde abgelehnt, weil die Behörden davon ausgingen, daß Schlegel seine politische Gesinnung (!) nicht geändert habe. Die Staatsanwaltschaft hatte in die Vollen gegriffen: Schlegel sei einer jener »politisch motivierten Gewalttäter, die nach der allgemeinen Lebenserfahrung ihre ideologische Gesinnung nie ändern«.[11] Noch wenige Monate vor Schlegels Entlassung sprach sich der Leiter der Justizvollzugsanstalt Rheinbach gegen Vollzugslockerungen aus. Schlegel hatte als entlassungsvorbereitende Maßnahme eine Ausführung beantragt.

Die Art der Ausführung und der Beweggrund der von dem Gefangenen Schlegel begangenen Straftaten machen eine besondere sorgfältige Prüfung seines Antrags auf Gewährung einer Vollzugslockerung erforderlich,

schrieb der Leiter an die Strafvollstreckungskammer des Bonner Landgerichts.

Die umfangreichen, im Vollzug weitergeführten Beziehungen zu Personen, gegen die entweder selbst wegen Verdachts von Verbrechen oder Vergehen nach §§ 129, 311 StGB ermittelt wird oder die Kontakte zu einsitzenden terroristischen Gewalttätern unterhalten, sowie der erhebliche Strafrest bis zum voraussichtlichen Entlassungszeitpunkt lassen derzeit einen Mißbrauch der beantragten Vollzugslockerungen befürchten.[12]

Was wurde Schlegel vorgeworfen – welche Kontakte machten ihn verdächtig? Nicht der direkte Kontakt zu Beschuldigten oder Verdächtigen aus der »terroristischen Szene« wurde Schlegel vorgeworfen, sondern sein Briefwechsel mit einer Frau B., die auch Angelika Speitel besucht hatte, und die Bekanntschaft mit »Personen, die Kontakt zu solchen Personen haben.«[13]

Galt in der Öffentlichkeit als ausgemachte Sache, daß die Isolationshaft aus Gründen der Sicherheit unumgänglich sei, feilten die Experten noch an der Wortwahl für die Begründung der Sonderhaft für Terroristen. Sie wurde 1983 geliefert, in einer Dokumentation des ehemaligen Bundeskriminalbeamten Alfred Klaus mit dem Titel »Aktivitäten und Verhalten inhaftierter Terroristen«.[14] Mit der Dokumentation – einer Zusatzarbeit zum Forschungsprojekt des Bundesinnenministeriums »Analysen zum Terrorismus« – sollte die Notwendigkeit der Sonderhaftbedingungen veranschaulicht werden. Der Verfasser schreibt:

Kein Zweifel – jeder Freiheitsentzug ist ein notwendiges Übel. Das gilt in besonderem Maße für die Gefangenschaft in sogenannten Hochsicherheitsbereichen. Deren negative Auswirkungen dürfen nicht beschönigt werden. Bedacht werden muß aber auch, daß der staatliche Strafanspruch und der Schutz der Allgemeinheit vor weiteren schweren Straftaten nicht von vornherein und unter allen Umständen hinter das Interesse des Gefangenen an seiner körperlichen Unversehrtheit zurücktreten kann. Wer denkt heute noch an die Opfer ihrer Gewalttaten und deren Hinterbliebene?

Die im Sicherheitsbereich untergebrachten Gefangenen wissen, daß es an ihnen liegt, ihre Haftbedingungen wesentlich zu verbessern.[15]

Die staatliche »Philosophie der Hochsicherheit« wird hier in wenigen Sätzen auf den Punkt gebracht: Der Hochsicherheitsbereich als »Besserungsabteilung für Terroristen«, den man nur mit hohen persönlichen Verlusten bis hin zur Aufgabe der eigenen – politischen – Identität, verläßt. Unerträgliche Bedingungen sollen den Kopf frei machen zum Sinneswandel. Welch bestürzender Trugschluß! Sie führen höchstens zur Kapitulation.

Die Umerziehungskalkulation konnte nicht aufgehen. Nicht nur, daß man mit der Behandlung nicht zum gewünschten Erfolg kam, Widerstand gegen die Behandlungsmethoden kam hinzu – innerhalb und außerhalb der Gefängnisse. Mit den Sonderhaftbedingungen für Terroristen wurde die Justiz selbst zum wichtigsten Rekrutierungshelfer der RAF, sie baute das Fundament, auf dem sich seit nunmehr zwei Jahrzehnten das immer gleiche Drama wiederholt.

Alfred Klaus lieferte in seiner Zusatzdokumentation nicht nur die Begründung der Sonderhaftbedingungen, d.h. er gab zu verstehen, daß sie als gefängnispädagogische Maßnahmen auf die Loslösung von der Gruppe zielen, wobei die individuelle Konfliktlage des oder der einzelnen Gefangenen als Hürde durchaus gewollt ist. Wo Klaus von »Aufgabe ihrer Rechtfertigungstheorien« und »Zusammenbruch des Weltbildes« spricht,[16] da geht es den inhaftierten RAF-Leuten um ihr Selbstbild, in ihrer Sprache: um »Identität«.

Gert Schneider berichtet über die Identität des »Soldaten der Revolution«:

Man geht natürlich nicht in die RAF einfach so aus Lust und Laune, sondern das ist ja ne ziemlich grundlegende Entscheidung, bei der z.B. auch immer von Anfang an im Grunde klar ist, daß am Ende entweder Verhaftung und ein Lebenslängliches Urteil oder Tod stehen. Und das macht man nur dann, wenn man es für das einzig Wahre und einzig Richtige hält. Als revolutionärer Kämpfer hat man dafür Vorbilder, an denen man sich orientieren kann. Dafür bietet die ganze Geschichte von Revolutionen in der Dritten Welt ein Beispiel. Wenn man sich auf etwas einläßt wie die Revolution einer Gesellschaft – ja gut, wer sich in Gefahr begibt, der kann auch darin umkommen. Es wird nicht verdrängt, aber es wird einfach akzeptiert. Und da denke ich, das ist wohl auch so ein Mechanismus, wo man sich selber zurückstellt. Seine eigenen Ansprüche und seine eigene Person, sich selbst quasi getreu nach alter marxistischer Tradition aufgehoben finden in einer weltgeschichtlichen Bewegung, der Weltrevolution, als deren Werkzeug man sich begreift. Das eigene Individuum begreift man dann als relativ unwichtig oder höchstens als Beschleuniger so eines Prozesses, der quasi automatisch abläuft. So ist auch diese äußerste und immer wieder proklamierte, vielleicht auch durchaus ernst gemeinte Siegeszuversicht zu verstehen, die in den Erklärungen zu Anschlägen sichtbar wird. Jemand, der dort hinein kommt, ja, ich will jetzt nicht sagen, der hat sich schon selbst aufgegeben. Aber seine Person, sein eigenes Leben, soweit zurückgestellt und unter das Primat einer Sache gestellt, daß er um sich quasi keinerlei Sorgen dabei hat. An sich dabei nicht mehr denkt.[17]

Dieser bewaffnete Kämpfer definiert den Inhalt seines Lebens nach seinem politischen Programm. In einer Prozeßerklärung sagten Gert Schneider und Christof Wackernagel als Angeklagte vor dem 4. Strafsenat des Düsseldorfer Oberlandesgerichts:

Es gibt wohl niemanden, der mehr gegen Gewalt ist, als uns,

und an anderer Stelle:

Zu verantworten haben wir die Politik vor dem Volk, vor den Menschen und – auch wenn es hochgestochen klingt – vor der Geschichte.[18]

Eva-Maria Haule bekräftigt in einem Brief aus dem Stuttgart-Stammheimer Hochsicherheitstrakt:

Für jeden von uns ist der zentrale Punkt die Einheit der Person, die sich jeder im Kampf erobert hat. Einheit von Denken, Fühlen, Handeln im kollektiven Leben, in der Politik.[19]

Und Brigitte Mohnhaupt schrieb:

Es ist unser Leben und unsere Identität, was wir verteidigen in dieser Gewaltsituation, und die einzige Möglichkeit, ganz zu bleiben.[20]

Klaus Jünschke:

Wir haben uns als Träger einer revolutionären Entwicklung gefühlt. Das heißt als Teil einer weltweiten revolutionären Bewegung, entsprechend der Dritte-Welt-Theorie der Chinesen. Und man kann doch nicht, wenn man es ernst meint, Dinge nicht tun, nur, weil sie einem schaden könnten.[21]

Die Verhältnisse unter den permanent überwachenden und kontrollierenden Augen der Kameras im Hochsicherheitsvollzug fördern keine Auseinandersetzung, sondern Identitätskrisen bis hin zum lebensbedrohenden Identitätsverlust. Wer sich solche Lebensbedingungen annähernd vorzustellen vermag, kann nicht glauben, daß in dieser Lage eine Auseinandersetzung mit der eigenen Identität möglich ist.

Der Gefangene, der dennoch der staatlichen Distanzierungsforderung nachkommt, ist für die Verantwortlichen in Politik und Behörden und für die Öffentlichkeit der lebendige Beweis dafür, daß die Haft erfolgreich war. Seine Umkehr wird ungeachtet der tatsächlichen Gründe zur Legitimation der Sonderhaftbedingungen benutzt. So wird er zum »Verräter« seiner früheren Freunde gemacht, die für die Öffentlichkeit als sogenannte »hardliner im Knast« für die Legitimität der permanenten Sonderhaft stehen. Wer die Gewaltverzichtserklärung oder Distanzierung, welcher Art auch immer, von einem Gefangenen verlangt, nutzt diese Zwangslage aus.

Wenn man sich öffentlich verabschiedet von der Gruppe und erklärt, ich bin nicht mehr RAF, und kommt dann aus den Haftbedingungen raus, das heißt schon irgendwie, die anderen im Stich zu lassen. Im Erleben war das so. Du bringst dich jetzt in Sicherheit, und die anderen sind weiterhin in einer Situation, die du selbst erfahren hast als unmenschlich und vernichtend. (Klaus Jünschke)[22]

Es war für uns immer ein Problem, daß wir eine Verantwortung den anderen gegenüber hatten. Als wir zu dem Entschluß kamen, wir können die Sache nicht mehr mit tragen, hatten wir das Gefühl, wir lassen jetzt die anderen alleine, wenn wir alleine rausgehen aus der Politik und gucken, wie wir wieder zurechtkommen ohne die Gruppe. (Gert Schneider)[23]

Die formaljuristische Argumentation begründet den Distanzierungszwang mit der Resozialisierungsaufgabe des Strafvollzugs. Doch die Unvereinbarkeit des juristischen Anspruchs mit der psychischen Realität des Gefangenen setzt selbst für einen Distanzierungswilligen nahezu unüberwindbare Barrieren. Aus naheliegenden Gründen haben ehemalige Mitglieder der RAF selten in der Öffentlichkeit zu dem Problem Stellung bezogen. Eine Ausnahme ist Ulrike Meinhofs Erklärung am 41. Tag der Stammheimer Hauptverhandlung:

Wie kann ein isolierter Gefangener den Justizbehörden zu erkennen geben, angenommen, daß er es wollte, daß er sein Verhalten geändert hat? Wie? Wie kann er das in einer Situation, in der bereits jede, absolut jede Lebensäußerung unterbunden ist? Dem Gefangenen in der Isolation bleibt, um zu signalisieren, daß sich sein Verhalten geändert hat, überhaupt nur eine Möglichkeit, und das ist der Verrat.[24]

»Resozialisierung« und »Wiedereingliederung« sind als Vollzugsziele definiert. »Besserung« wäre ein Begriff, der die Gewalt der Gefängnispädagogik weniger verschleiert. Aber wenn »Besserung« für die Betroffenen die Vernichtung der Identität durch erzwungenen »Verrat« heißt, wird der vorgebliche Sinn des Strafvollzuges pervertiert. Den Verantwortlichen ist das nicht unbekannt. Der nordrheinwestfälische Innenminister Herbert Schnoor sprach darüber mit der Süddeutschen Zeitung: »Ich glaube nicht, daß die Terroristen, um die es hier geht, bereit sind, durch Verrat ihre Identität völlig aufzugeben«;[25] und Jahre zuvor formulierte der Bundeskriminalbeamte Alfred Klaus in seiner Dokumentation, daß schon die Lösung von der Gruppe »den Verlust der eigenen Identität bedeuten und ohne Hilfe von außen in die Vereinzelung führen kann.«[26]

Berichte von Gefangenen lassen eine Ahnung zu von dem Druck, der aus dieser Zwangslage entsteht. Klaus Jünschke hatte sich fünf Jahre nach seiner Verhaftung vom Konzept des bewaffneten Kampfes der RAF innerlich losgesagt.[27] Es dauerte weitere sieben Jahre, bis er in der Lage war, Außenstehenden seine Umkehr zu offenbaren. Unter dem Druck der Haftbedingungen fühlte er sich wie ein Versuchstier, das dressiert werden solle. Deshalb habe er sich nicht öffentlich lossagen können.[28] Was in einem Menschen vorgeht, der jahrelang isoliert ist, hat Jünschke seit dem Sommer 1984 mehrfach geschildert. Zum Beispiel in einer öffentlichen Veranstaltung in Köln im November 1987:

Das sind bestialische Schmerzen, die man empfindet, da geht irgendetwas kaputt, beim einen ist es z.B. der Magen, der kaputt geht, der Kreislauf, oder die Schlaflosigkeit. Es häuften sich die Nächte, wo man nicht mehr weiß, warum man am nächsten Tag noch lebt, weil man in der Nacht dagegen angekämpft hat, sich aufzuhängen, weil es einfach nur noch wehtut und bestialisch ist.[29]

Jünschke halluzinierte und wurde von unkontrollierbaren Ängsten überwältigt, bis hin zu der Angst, mit dem Anstaltsessen vergiftet zu werden.

Mich selbst hat die Isolation in eine Verfassung gebracht, wenn ich nicht gerade erschöpft und in einen Trancerschöpfungsnebel auf dem Bett lag, war ich barbarisch aggressiv. Ich habe ganz kompromißlos jede Kommunikation abgelehnt, mit keinem der Beamten gesprochen. Ich hab gesagt, es gibt für mich auf der Basis der Behandlung, die ich hier erfahre, keinerlei Gesprächsbereitschaft. ... Ich hab wirklich zu paddeln gehabt, daß ich nicht losschreie. Die Haft, in eine Zelle zu kommen und den ganzen Tag allein zu sein, eine halbe Stunde in den Hof zu gehen – in Zweibrücken war das morgens vor Aufschluß der

Gefangenen, vor sieben Uhr, da bin ich im Winter nur im Dunkeln rumgelaufen – da war ich oft in so einem Trancezustand, daß ich gar nichts mehr richtig lesen konnte. Aber für eine Kurskorrektur, da muß man doch ein bißchen Luft haben. Ich weiß gar nicht, warum das überhaupt einer Diskussion bedarf.[30] *Wie soll ein Mensch zu sich finden, wenn er den ganzen Tag um seine Identität kämpft?*[31]

Die höchste Belohnung – Vollzugslockerung plus vorzeitige Entlassung – winkt nur dem mit der Staatsgewalt kollaborierenden Verräter. Diese Erfahrung machten zum Beispiel Gert Schneider und Christof Wackernagel. Die beiden waren im September 1980 wegen versuchten Polizistenmordes zu 15 Jahren Haft verurteilt worden und hatten bald darauf der RAF den Rücken gekehrt. Im April 1985, nach siebeneinhalb Jahren Sonderstrafvollzug, beantragten sie, die Vollstreckung der restlichen Freiheitsstrafe zur Bewährung auszusetzen. Nach Anhörung des Generalbundesanwalts entschied das zuständige Gericht, der Entlassung nur dann zustimmen zu können, wenn

Umstände vorliegen, die bei der Strafzumessung noch nicht berücksichtigt worden sind. Das wäre beispielsweise der Fall, wenn der Verurteilte nunmehr wahre Hintergründe offenlegt, die er – aus welchen Gründen auch immer – bisher verschwiegen hat und die seine Tat in einem wesentlich anderen, ihm günstigeren Licht erscheinen lassen.[32]

Ein offenes Angebot an Gert Schneider und Christof Wackernagel, sich durch Belastung ehemaliger Genossen die Freilassung zu erkaufen. Die beiden lehnten ab.

Freiheit gegen Verrat bezeichnete Hans-Joachim Klein, der mit internationalem Haftbefehl gesuchte OPEC-Attentäter, als einen Handel mit Arbeitsplatzgarantie für die Verfolgungsbehörden. Klein hält sich bis heute vor den Fahndern verborgen mit unbekannter Adresse im Ausland auf. Per Tonbandkassette schaltete er sich 1981 in die Debatte um »Belohnung für Verräter« ein. Der Westdeutsche Rundfunk veröffentlichte einen Ausschnitt aus der von Klein besprochenen Kassette:

Mit meinem Wissen über die vielen Verflechtungen im internationalen Terrorismus bis hinauf zu diversen arabischen Regierungsmitgliedern hätte ich für gewisse Kreise natürlich 'nen prächtigen Kronzeugen abgegeben, den man sich schon etwas hätte kosten lassen. Nur das, worüber immer so kraftmeierisch geredet wird, hätte man mit einem weiteren Kronzeugen auch nicht erreicht, nämlich dem Terrorismus ein Ende zu setzen. Dagegen hätte ein Kronzeuge Klein in der Szene dafür herhalten müssen, neuen Nachwuchs für die Guerilla zu rekrutieren. Damals lief so was ganz gut. Ich bin da mein bester Zeuge. Die Ruhlands, die Müllers, Speitels und Co. haben mehr für Terroristennachwuchs gesorgt als die hauptamtlichen Söldnerkomitees der sogenannten Rote Armee Fraktion anschaffen konnten. Doch dieses Elend des Untergrunddaseins, das sich mehr und mehr selbst Entfremden, die Söldnerrolle, die man aufgrund von Abhängigkeiten übernehmen muß und zum Teil wohl auch will, die Verrohung der Moral, all das kann man schwerlich glaubwürdig ans Licht bringen, wenn man sich auf dubiose Händel mit den Strafverfolgungsbehörden einläßt.[33]

Zwar nicht die rasche Freiheit, aber doch die Belohnung winkt dem Gefangenen, der sich in »aller Form« distanziert. Veränderte Besuchsregelungen werden ihm in Aussicht gestellt, Verlegungen bzw. bessere Haftbedingungen, Teilnahmemöglichkeiten an Gemeinschaftsveranstaltungen, mitunter auch ein milderes Urteil. Das Gespräch über den bewaffneten Kampf darf er dann führen. Zuvor wäre es von den Überwachungsbeamten von Bundes- oder Landeskriminalamt und Gefängnis rigoros abgebrochen worden.[34] Da gerät die Haftform zum Mittel der Erpressung eines Menschen, der als isolierter Häftling dem dauernden Ausnahmezustand ausgesetzt ist.[35]

»Solange ich nicht den Gewaltverzicht erkläre, sei ich eine Gefahr für die Allgemeinheit«, bekam der als Lorenz-Entführer verurteilte Ronald Fritzsch zu hören, nachdem er nach Verbüßung von Zweidritteln seiner Haft die vorzeitige Entlassung beantragt hatte.[36] Gert Schneider machte die gleiche Erfahrung: »Ein ganzes Gefängnis voller Schwerverbrecher, Mörder, Räuber, ein paar hundert Männer, aber nur zwei von ihnen müssen formal und öffentlich der Gewalt abschwören, nämlich Christof Wackernagel und ich«.[37] Siegfried Haag war gezwungen, sein verändertes politisches Selbstverständnis in der Frankfurter Rundschau (FR) öffentlich zu machen, nachdem ein Stillstand im Entlassungsverfahren drohte. Dem Interviewer sagte Haag:

Ich habe deshalb dieses Gespräch geführt, weil ich niemand die Ausrede gestatten möchte, daß mein Standpunkt und meine Situation nicht bekannt gewesen seien. Grundsätzlich meine ich aber, daß man den Gefangenen, die in der gleichen Situation sind wie ich, die sich von der RAF getrennt haben, keine besonderen Rituale der Distanzierung und des Abschwörens abverlangen sollte.[38]

In Klaus Jünschkes Entlassungsverfahren reichte nicht einmal das. Das Oberlandesgericht Koblenz entschied im September 1987, nach dem Ablauf von Jünschkes fünfzehntem Haftjahr, seine Entlassung würde »bei der Allgemeinheit auf kein Verständnis stoßen und zu einer empfindlichen Störung des allgemeinen Rechtsbewußtseins führen.« Jünschkes Abkehr vom bewaffneten Kampf komme zwar »eine maßgebliche Bedeutung« zu, doch könne »diese aufgezeigte Persönlichkeitsentwicklung des Verurteilten nicht ein Gewicht erlangen, das das Maß der Gründe für den Weitervollzug zu übertreffen vermag.«[39]

Im Fall des Rechtsextremisten Manfred Roeder,[40] zu dreizehn Jahren Gefängnis verurteilt wegen »Rädelsführerschaft in einer terroristischen Vereinigung, Sprengstoffanschlägen und versuchter Anstiftung zum Mord«, entschied der Bundesgerichtshof in die entgegengesetzte Richtung. Roeder beantragte seine Entlassung nach zwei Dritteln der Haft und kam frei. Zwar habe Roeder, so der BGH, eine »von NS-Gedankengut durchsetzte politische Überzeugung«, weil er sich aber öffentlich von der Gewalt als Mittel der politischen Auseinandersetzung distanziert habe, könne »verantwortet werden zu erproben, ob der Verurteilte außerhalb des Strafvollzuges keine Straftaten mehr begehen wird.«[41] Gänzlich ohne öffentliche Distanzierung kam das Oberlandesgericht Bamberg beim ehemaligen Wehrsportgruppenchef Karl-Heinz Hoffmann aus. Es setzte das letzte Drittel seiner neunjährigen Haftstrafe zur Bewährung aus, weil Hoffmann sich in einer Anhörung »glaubhaft« von seiner Vergangenheit losgesagt habe.[42]

Teil 2
Von der Beweiserhebung zur Beweiserfindung – Fallbeispiele

6. Werner Hoppe

Fahndung in Hamburg

Am 15. Juli 1971 winkt die Hamburger Polizei auf den wichtigsten Ausfallstraßen alle PKW der Marke BMW ab zirka 1.600 ccm zur Seite. Alle vier Küstenländer beteiligen sich an dieser Baader-Meinhof-Sonderfahndung, die unter dem Kennwort »Aktion Hecht« vorbereitet wurde. Die Polizei setzt insgesamt dreitausend zumeist schwerbewaffnete Kräfte ein. Nach Informationen der Bundesanwaltschaft sollen sich mehrere RAF-Mitglieder, darunter die als »Staatsfeindin Nr. 1« gesuchte Ulrike Meinhof, im norddeutschen Raum versteckt halten. In den vergangenen Monaten war es Ulrike Meinhof und anderen Gruppenmitgliedern mehrmals gelungen, unerkannt eine Ausweiskontrolle zu überstehen.[1] Bundesinnenminister Hans-Dietrich Genscher hatte Anfang Februar 1971 der Sicherungsgruppe Bonn des Bundeskriminalamtes, die mit der Aufklärung in Fällen von Landes-, Friedens- und Hochverrat befaßt ist, die zentrale Koordination der Fahndungsmaßnahmen übertragen,[2] aus taktischen Gründen sprechen Politiker und Verfolgungsinstanzen der Gruppe jedoch nach wie vor jegliche politische Motivation ab. Genscher redet offiziell von »gemeiner Kriminalität«, und Kanzleramtsminister Horst Ehmke hält die Mitglieder der RAF für »die gefährlichsten Gangster, die es gibt.«[3]

In Hamburg leitet Polizeioberrat Herbst den Einsatz. Die Hamburger Polizei gibt ihrer Aktion den Namen »Kora«. Herbst läßt vormittags den stadteinwärts und nachmittags ab 14 Uhr den stadtauswärts fließenden Verkehr kontrollieren. Die Kontrollbilanz des Tages lautet: 2.463 PKW der Marke BMW plus 111 PKW anderer Marken.

Kurz vor halb drei geraten die 20 Jahre alte Berliner Frisöse Petra Schelm und der 22 Jahre alte Hamburger Aufnahmeleiter-Praktikant Werner Hoppe in Hamburg-Bahrenfeld in eine Polizeisperre. Petra Schelm, die zur Fahndung ausgeschrieben ist, sitzt am Steuer des BMW. Sie durchbricht die Sperre, wird jedoch von dem bereitstehenden Verfolgungswagen Kora 3, einem VW-Käfer, eingeholt und gestoppt. Schelm und Hoppe, die beide bewaffnet sind, fliehen zu Fuß weiter, anfangs gemeinsam, dann in verschiedene Richtungen. Im Verlauf der Verfolgung handelt die Polizei erstmalig nach dem später als »Wildwest«-Art beschriebenen Muster:[4] Mit dem präventiven Todesschuß beendet sie das Leben der mutmaßlichen »Terroristin«. Obwohl den Polizisten nach der Dienstanweisung lediglich Eigensicherung mit einer auf Einzelfeuer eingestellten Waffe erlaubt war, hatten mindestens drei an der Verfolgung beteiligte Beamte, darunter auch der Todesschütze, Polizeimeister Hinzmann, ihre Maschinenpistolen von Einzel- auf Dauerfeuer umgestellt. Eine Kugel aus seiner MP trifft Petra Schelm in den Kopf.[5]

Die Aktionen der »Anarchisten« (die Presse vermied die Bezeichnung »RAF-Mitglieder«) um Andreas Baader und Ulrike Meinhof – sie hatten Polizeiuniformen, Paßformulare und Stempel aus Bürgermeisterämtern gestohlen und waren mit rebellischen Artikeln[6] und Meinungsäußerungen in Erscheinung getreten – wurden als nie gekannte Bedrohung der Sicherheit aufgefaßt und lösten Fahndungsmaßnahmen aus, die eine öffentliche Hysterie entfachten. Unter diesen Bedingungen war, von der realen Bedrohung unabhängig, mit dem ersten Todesopfer im »Kampf gegen den Terrorismus« zu rechnen. Nachdem die französische Journalistin Michèle Ray im »Spiegel« eine angebliche Äußerung von Ulrike Meinhof zum Thema »Auseinandersetzung mit Bullen« publiziert hatte, war es nur noch eine Frage der Zeit. »Natürlich kann geschossen werden«, soll Ulrike Meinhof zum Verhalten der Gruppenmitglieder in Verhaftungssituationen gesagt haben[7] – auf eine unbekannte, weil nicht mitpublizierte Frage der Interviewerin. Etwa ein Jahr danach distanzierte sich Ulrike Meinhof in ihrer Schrift »Das Konzept Stadtguerilla« von dem Tenor des umstrittenen Interviews der französischen Journalistin. Das Tonband sei »ohnehin nicht authentisch und stammte aus dem Zusammenhang privatistischer Diskussion. Die Ray wollte es als Gedächtnisstütze für einen selbständigen Artikel von sich benutzen. Sie hat uns reingelegt oder wir haben sie überschätzt. Wäre unsere Praxis so überstürzt wie einige Formulierungen dort, hätten sie uns schon.«[8] Aber es scheint, daß das polizeiliche Routineprogramm nach der Veröffentlichung des Meinhof-Zitats umgehend erweitert wurde. Jedenfalls verlieren im Zuge der Baader-Meinhof-Fahndung Beteiligte ebenso wie Unbeteiligte ihr Leben.[9] Auch die Justiz bedient sich der Provokation des geschriebenen Wortes. En passant entsteht aus der Interviewpassage der erste Anklagestandard, das heißt ein Instrument, mit dem die Verfolgungsbehörden in den kommenden zwanzig Jahren Reaktionen von RAF-Mitgliedern beschreiben und anklagen werden, die sich ihrer Festnahme bewaffnet zu widersetzen versuchten. Der Passus aus dem Ray-Interview wird von Bundesanwaltschaft und Strafsenaten zur »Verhaltensmaxime für die Gruppenmitglieder in der Festnahmesituation« aufgewertet – zum »Schießbefehl«, der schon den Griff zur Waffe zum Mordversuch macht – und in allen entsprechenden Anklagen und Urteilen gegen RAF-Mitglieder wiederholt.[10]

Nach dem Tod von Petra Schelm läßt die Hamburger Polizei sofort über die Medien verbreiten, der Beamte habe aus Notwehr gehandelt. Von Werner Hoppe behauptet die Polizei, er habe wegen einer Ladehemmung seiner Pistole überwältigt werden können[11] – eine Denunziation, die ihn auf der Stelle zum verhinderten Mörder abstempelt. Mit der Wirklichkeit hat sie nichts zu tun – dennoch wird sie zu Beginn des Schwurgerichtsprozesses gegen Hoppe im Mai 1972 von den Springer-Blättern »Hamburger Abendblatt«, »Welt« und »Bild« wiederholt.[12]

Von der angeblichen Ladehemmung wird während der zweimonatigen Hauptverhandlung nie wieder die Rede sein. Als Zeuge beschreibt der Polizeibeamte Dummann am 10. Tag des Hoppe-Verfahrens die Festnahme des Angeklagten:

Ich rief ihn noch einmal an mit den Worten: »Bleiben Sie stehen, nehmen Sie die Hände hoch!« Jetzt hob der Mann eine Pistole und legte sie auf mich an. Ich legte meine Waffe ebenfalls an, die ich vorher durchgeladen hatte, und entsicherte sie. Ich forderte den Mann mehrmals auf, die Waffe wegzuwerfen, es hätte keinen Zweck, er käme nicht weg. Das habe ich drei- oder viermal wiederholt. Ich hörte, wie links und rechts von mir Kollegen herankamen. Jetzt tauchten auch Kollegen aus der Baustelle auf. Über uns schwebte der Hubschrauber. Jetzt sah der Mann nach links und rechts und dann warf er die Pistole mir zu, ungefähr zehn Meter vor mir fiel sie ins Gras.[13]

Dummann und herbeieilende Beamte nehmen Hoppe in den Polizeigriff; es geht ruppig zu, wie ein Zeuge später berichtet. Hoppe ist sehr aufgeregt, die Polizisten hören ihn angeblich fluchen: »Schade, daß ich von euch Schweinen nicht ein paar umgelegt habe.«[14] Sie nehmen ihm die Waffe ab, ziehen das Magazin heraus und durchsuchen ihn. In seiner Hosentasche finden sie ein weiteres gefülltes Magazin. Auf der Wache zählt einer der Beamten die Patronen und stellt fest, daß das benutzte Magazin, das dreizehn Patronen faßt, noch elf enthielt und daß ein Schuß im Lauf vorgeladen war.[15]

Neunmal hatten die Polizisten geschossen, sechs am Ort der Schießerei gefundene Geschoßhülsen stammen aus der Waffe von Petra Schelm, eine aus der von Werner Hoppe. Weitere Munitionsteile werden trotz des Einsatzes eines Minensuchgeräts nicht gefunden.[16]

Zwölf Monate später steht auch die Notwehr-Behauptung der Polizei zur Disposition. Das bisher klare Bild vom Tod der Petra Schelm verschwimmt, nachdem ein dreizehn Jahre alter Junge, der die Schießerei beobachtet hatte, an zwei Verhandlungstagen als Zeuge vernommen worden war. Der Junge hatte gesehen, wie die Frau nach dem Schußwechsel mit einem Polizisten ohne Bart (Lavalette, M.O.) von einem anderen Polizisten mit Bart (Hinzmann, M.O.) ohne vorherige Warnung von hinten gezielt erschossen wurde. Petra Schelm starb auf dem Transport ins Krankenhaus an den Folgen dieses Schusses. Aus dem Verlauf des Schußkanals wird später eindeutig rekonstruiert, daß die tödliche Kugel schräg unterhalb des linken Auges ein- und im Nackenbereich austrat. Petra Schelm mußte sich also in die Schußlinie hineingedreht haben.

Der gewaltsame Tod der jungen Frau löst Betroffenheit und Empörung aus. Noch am gleichen Abend kommt es in Berlin zu Protesten. Die Berliner Polizei übermittelt nach Hamburg:

Heute, 20.00 Uhr, haben sich ca. 150 Personen (Hälfte Anarchisten) vor der TU versammelt. Bei einem Demonstrationsmarsch durch den Kurfürstendamm wurden Steine in Banken und größere Geschäfte geworfen. Außerdem wurden die Scheiben einer Polizeidienststelle eingeworfen. 4 Personen wurden festgenommen. Beamte der Diskussionsgruppe der Berliner Polizei sind zum Teil erkannt und zusammengeschlagen worden. Gegen 23.00 Uhr war die Situation bereits so entschärft, daß ein Teil der Einsatzkräfte entlassen werden konnte.[17]

Im Einsatzfahrzeug in Hamburg-Bahrenfeld sitzt am Nachmittag des 15. Juli 1971, als Petra Schelm getötet wird, der Polizeibeamte Gresens. Er ist Gruppenführer des Zuges der Bereitschaftspolizei, dem Hinzmann und Lavalette angehören. Ihm schildern die an der Verfolgung beteiligten Polizisten als erstem das Geschehen. Gresens macht sich Notizen und fertigt anschließend auf der Wache seinen Bericht an. Allen am Einsatz beteiligten Kollegen bescheinigt er Notwehr, auch Lavalette und Hinzmann, obwohl weder der eine noch der andere zu diesem Zeitpunkt Notwehr ins Gespräch gebracht hatte.[18] Nicht bekannt war außerdem, ob Hinzmann gezielt oder ungezielt auf Petra Schelm geschossen hatte. Gresens hatte nicht danach gefragt. Zwölf Monate später, bei seiner Vernehmung am 22. Tag der Hauptverhandlung durch Hoppe-Verteidiger Hannover, gibt Gresens an, über den Anschlag, d.h. die Schußstellung von Hinzmanns Maschinenpistole, habe er bis dato nichts gewußt. Und er sagt, auch wenn der Kollege eine Handgranate auf die Frau geworfen hätte, hätte er ihm Notwehr attestiert.

Lavalette schreibt am späten Abend gegen 22 Uhr auf dem Polizeirevier seinen dienstlichen Bericht, Hinzmann um 23.45 Uhr. Ihr Einsatzführer für das Gebiet Nord, der Kollege Rielandt, »hilft« ihnen dabei.[19] Wie Gresens schreibt auch Rielandt in der eigenen Beurteilung, es habe sich um eine völlig korrekte Notwehrreaktion seines Beamten gehandelt. »Die Rechte der verletzten Täterin (§ 21 SOG) wurden gewahrt.«[20] Die zunächst eingeleiteten Ermittlungen gegen den Todesschützen Hinzmann wegen fahrlässiger Tötung werden am 30. Juli 1971 eingestellt.[21]

Für die Fotos, die in die Ermittlungsakte kommen, zieht man Petra Schelm bis auf den Slip nackt aus. Ihren Slip ziehen die Polizei-Fotografen ein wenig herunter, so wie man in einschlägigen Zeitschriften nackte Frauen zur Schau stellt. So zeigt man den Prozeßbeteiligten die erste tote Terroristin.[22]

Mit Haftbefehl vom 16. Juli ordnet das Hamburger Amtsgericht Einzelhaft gegen Werner Hoppe an. In dem Papier werden fünf Polizeibeamte genannt, die bekunden, Werner Hoppe habe versucht,

in mindestens drei Fällen ... einen Menschen zu töten, um eine andere Straftat zu verdecken, indem er ohne zu treffen gezielte Schüsse aus einer Pistole auf die Polizeibeamten Lavalette, Haselhorst und Hamann abgab, die ihn verfolgten...[23]

Der Beamte Hinzmann, der später zum Hauptbelastungszeugen des Staatsanwalts wird, taucht im Haftbefehl noch nicht auf.

Öffentliche Diffamierung

Zum ersten Mal in der Geschichte der Hamburger Justiz wird dem Staatsanwalt zu Beginn der Hauptverhandlung gegen Werner Hoppe ein Leibwächter zugeteilt.[24] Das großräumig abgeriegelte Strafprozeßgebäude wird von Hundestreifen bewacht, Besucher müssen ihre Taschen abgeben, nachdem sie auf Waffen durchsucht wurden. Journalisten dürfen nur mit einem besonderen Ausweis der Hamburger Justizbehörde die reservierten Presseplätze einnehmen.[25]

Werner Hoppe war weder als RAF-Mitglied gesucht worden, noch wird er wegen Beteiligung oder Unterstützung einer kriminellen Vereinigung angeklagt.

Der Staatsanwalt hält ihn zwar für eine Randfigur der Baader-Meinhof-Gruppe, stellt jedoch das Ermittlungsverfahren nach §129 StGB »mangels Beweises« ein.[26] Obwohl ihm seine Verteidiger dazu raten, spricht Hoppe nicht über seine Beziehung zu Petra Schelm. Es sei, sagt Hoppe, seine persönliche und private Sache, und er wolle nicht, daß sie in der Öffentlichkeit breitgetreten werde, auch nicht, wenn er sich damit entlasten könne.[27]

Hoppe war nicht in die Illegalität abgetaucht, seine Vergangenheit läßt sich einwandfrei anhand von Daten und Zeugenaussagen rekonstruieren, doch das scheint nur eine Formsache zu sein. Der Terroristenprozeß wird ihm dennoch gemacht, dafür sorgen nicht nur die prozeßvorbereitenden Maßnahmen der Justizbehörden – dafür sorgen vor allem die Zeitungen des Springer-Konzerns. Gnadenlos nutzen »Welt« und »Bild« die Fahndungseskalation aus, um ihre Leser mit dem täglichen Grauen zu versorgen. Und gnadenlos, zielstrebig und beinahe täglich machen sie nieder, wem auch immer die Nähe zur Baader-Meinhof-Gruppe nachgesagt wird, sei es als Geistlicher, als Intellektueller oder als Strafverteidiger. »Welt am Sonntag« suggeriert: »Honorige Herren helfen«.[28] Auf Hoppe und seine beiden Verteidiger Heinrich Hannover und Wolf-Dieter Reinhard geht ein Trommelfeuer der Vorverurteilungen nieder. Mit der Behauptung, Hoppe habe nur wegen eines technischen Defekts seiner Waffe den mehrfachen Mord nicht vollenden können, gibt die Springer-Presse schon vor Eintritt in die Beweisaufnahme, bevor ein einziger Zeuge vernommen werden kann, die Richtung an.

»Bild am Sonntag« eröffnet, gekonnt placiert, am Wochenende vor Prozeßbeginn die Diskriminierungskampagne gegen die Verteidiger. Chefredakteur Peter Boenisch kommentiert:

Wissen Kanzler und Staatsoberhaupt, daß das Kommunikationszentrum der Radikalen bekannt ist? Es sind 45 namentlich bekannte linksradikale Anwälte. Über sie hat das Bundeskriminalamt unseren Politikern erklärt (wörtliches Zitat): Diese Anwälte üben erwiesenermaßen folgende Tätigkeit aus: Sie präparieren Zeugen, die bei einem Geschehen gar nicht zugegen waren, um angeklagte Bandenmitglieder – gleichsam meineidig – zu entlasten. Sie übernehmen den Transport von Gegenständen, die der Ausübung von Straftaten dienen, zum Beispiel den Transport von Sprengkörpern. Sie verbringen Haschisch, Tabakwaren, Fotoapparate, in die Zellen, transportieren Nachrichten aus dem Gefängnis und vermitteln Kassiber. Sie sammeln Nachrichten über Polizeibeamte und Richter, insbesondere deren Lichtbilder. Sie verwahren Blankovollmachten aller Bandenmitglieder, um diesen jederzeit juristischen Beistand leisten zu können.[29]

Die 45 angeblich »namentlich bekannten linksradikalen Anwälten« waren jene, deren Namen und Adressen im »Roten Kalender für Lehrlinge und Schüler« nachzulesen waren, und natürlich gehörten zu ihnen Heinrich Hannover und Wolf-Dieter Reinhard. In dieser emotionsgeladenen Atmosphäre die »richtigen« zu treffen war keine Kunst.

Am 19. Mai 1972 explodieren Sprengsätze im Springer-Hochhaus. Die Bombendrohung eines anonymen Anrufers in der Telefonzentrale des Zeitungskonzerns war als unbedeutender studentischer Jux aufgefaßt worden, das Haus entgegen der Aufforderung nicht geräumt. Zwei Arbeiter wurden schwer, 15 leicht verletzt.[30]

Fünf Tage danach, am Abend des 24. Mai 1972, dem ersten Verhandlungstag gegen Werner Hoppe, bringt das »Hamburger Abendblatt« den folgenden grauenerregenden Befund des Bundeskriminalamt-Leiters Horst Herold:

Hätte alles so geklappt, wie es die Urheber planten, würde es allein am letzten Wochenende in Hamburg »200 bis 300 Tote« gegeben haben.

Werner Hoppe kommt in einem Klima vor das Hamburger Schwurgericht, das man nicht einmal von Prozessen gegen Massenmörder kannte, schon gar nicht von dem im gleichen Haus parallel laufenden Prozeß gegen den früheren SS-Standartenführer Dr. Ludwig Hahn, dem die Erschießung von Geiseln im Warschauer Pawiak-Gefängnis vorgeworfen wird. Hoppes Verteidiger können sich selbst von dem Kontrast der Verhandlungsatmosphären überzeugen. Im Hahn-Prozeß herrscht eine angenehme Stimmung, ein Klima des »Einverständnisses«,[31] zu dem der Prozeß gegen Werner Hoppe wie ein Negativ absticht. Seine Mittagspause verbringt der mutmaßliche Massenmörder, auf dessen Inhaftierung die Justiz während des Verfahrens verzichtete,[32] speisend in der Gerichtskantine, während Hoppe in Fesseln auf seine Zelle gebracht wird.

Jahre später, im November 1982, stellt sich heraus, daß Heinrich Hannover, während er Werner Hoppe verteidigte, von Verfassungsschützern abgehört und überwacht wurde, daß seine private und dienstliche Post geöffnet und gelesen und seine Telefone angezapft wurden. Hannover klagte nachträglich gegen die Überwachung, bekam jedoch kein Recht. Heinrich Hannover:

Meine Vermutung geht dahin, daß man sich dafür interessierte, ob über eine Telefonabhörung irgendwelche Verbindungen meines Mandanten oder vielleicht sogar seines Verteidigers zur RAF herauskommen, von denen man bisher noch keine Beweise in den Händen hatte. Natürlich ist nichts dabei herausgekommen. Man hat nachträglich eingestanden, daß die »tatsächlichen Anhaltspunkte« (die aus angeblichen Informationen einer lt. Bundesamt für Verfassungschutz »zuverlässigen Quelle«[33] stammten, M.O.) sich als unrichtig herausgestellt hatten. Aber man wollte offenbar den Ermittlungen in diesem Verfahren gegen Hoppe etwas auf die Sprünge helfen, dafür wurde die Garantie der Vertraulichkeit des gesprochenen Wortes gebrochen. Ich habe für meine Praxis daraus die Konsequenz gezogen, daß ich Gesprächspartner, die sich wegen der Übernahme eines Mandats bei mir melden, jeweils darauf hinweise, daß man jederzeit mit Abhörung rechnen muß.[34]

Nicht nur der Verfassungsschutz, auch die interessierte Presse begleitete den Prozeß, nach dem Startschuß durch »Bild am Sonntag«, auf eine ebenso primitive wie bewährte Art: Sie ließ Prominente aller Richtungen, vorwiegend aus Politik und Polizei, allgemeine Verdächtigungen formulieren, die in gedruckter Form den Charakter von konkreten Botschaften bekamen, und sie bediente sich der Bildersprache, um Assoziationen und Phantasien hervorzurufen. Die Botschaft war eindeutig und hieß, auf einen Nenner gebracht: Terroristen und Verteidiger sind Komplizen, den Verteidigern hat der brave Bürger zu verdanken, daß der »Staatsfeind Nr.1« davonkommt. Mit Andeutungen oder Mutmaßungen hielt man sich nicht lange auf. Die Zeit drängte. Es schien, als müßte der Gegner umgehend erledigt werden. Es gab globale Denunziationen gegen die »Baader-Meinhof-

Verteidiger« insgesamt: »Intellektuelle Begünstigung« (Die Welt 1.6.72); »Der Sumpf liegt links, und zwar nur links« (Die Welt 3.6.72); Sozialistische Anwaltskollektive spicken Anarchisten und Terroristen mit ihren Adressen (Hamburger Abendblatt 24.5.72); Verteidiger sind Helfershelfer der Baader-Meinhof-Bande (Bild 26.5.72); sie torpedieren die Prozesse durch Verzögerungstaktiken (Die Welt 27./28.6.72) und halten die verstreuten Terroristen mit Hilfe eines getarnten Nachrichtensystems zusammen (Welt am Sonntag 28.5.72).[35] Und es gab gezielte verleumderische Nadelstiche gegen die Verteidiger von Werner Hoppe:

Wie seit zehn Monaten schwieg der Aufnahmeleiter-Praktikant Werner Hoppe auch am dritten Tag seines Prozesses vor dem Hamburger Schwurgericht. Um so mehr sprechen seine beiden Verteidiger, die sich noch sehr zuversichtlich geben. (Hamburger Abendblatt 27./28.5.72)

Die beiden Anwälte Hoppes sind zweifellos versierte Juristen, aber man wird den Eindruck nicht los, als ob sie ihre Intelligenz mehr für eine Kritik am Gesellschaftssystem (und damit auch an der Justiz) als für das Wohl des ihnen anvertrauten Menschen Werner Hoppe einsetzen. (ebd. 31.5.72)

Kaum hatte der Gerichtsvorsitzende diesen Beschluß verkündet, stellte einer der Verteidiger den Antrag, diesen Beschluß zu widerrufen... (Bild vom 31.5.72)

Durch Anträge der Verteidigung und des Angeklagten auf Wiederzulassung der Öffentlichkeit ist der Schwurgerichtsprozeß gegen den des vierfachen Mordversuchs an Polizisten angeklagten 23jährigen Werner Hoppe am Donnerstag erneut ins Stocken geraten. (Die Welt am 2.6.72)

Kein Wort war davon zu lesen, daß der Vorsitzende wegen geringster Regelverletzungen einzelner Prozeßbesucher, wie Lachen, Sprechen oder Sitzenbleiben, wenn das Gericht erscheint, die gesamte Öffentlichkeit auszuschließen pflegte und damit eine der wesentlichen Garantien eines »fairen Verfahrens« verletzte.

Der als langmütig, konziliant und menschlich gerühmte Richter..., der Befangenheitsanträge und endlose Pausen überstand, zeigt sich von Prozeßtag zu Prozeßtag entschlossener, das Verfahren durchzuführen, auch wenn noch soviel Sand in das Getriebe Justitias geworfen wird.« (Hamburger Abendblatt am 3./4.6.72:)

In der gleichen Ausgabe über Hoppe-Verteidiger Heinrich Hannover:

Bremer Linksaußen-Rechtsanwalt Hannover

und weiter:

Feinde des Staates haben sich die Justiz als Angriffsobjekt ausgesucht. Sie nutzen die rechtsstaatlichen Garantien des Prozeßrechts zu nicht gerechtfertigten Vorteilen. Pressionen und Drohungen sollen Berufs- und ehrenamtliche Richter einschüchtern. Die Justiz soll lahmgelegt werden.

Die Verteidiger bemühten sich mit immer neuen prozeßtaktischen Anträgen, Sand in die Mühle Justitias zu werfen, so daß es mehr Beratungspausen als Verhandlungsstunden gab. Die Zeugen der Anklage wurden derart intensiv ins Kreuzverhör genommen, daß sie sich in die Rolle von Angeklagten gedrängt sahen. ... Es sieht fast so aus, als seien die üblichen

Verfahrensregeln der Strafjustiz für Anarchistengruppen nicht mehr ausreichend. (Welt am Sonntag 4.6.72)

So schleppt sich der Prozeß, in dem die Verteidiger Rechtsanwalt Heinrich Hannover und Wolf Dieter Reinhard im Rahmen der Gesetzlichkeit die äußersten Möglichkeiten nutzen, um den bis auf seine gelegentlichen Ausbrüche stumm bleibenden Hoppe millimeterweise ins bessere Licht zu rücken, nur so dahin. (Die Welt am 9.6.72)

Die Folgen der Verteidigerbeschimpfung bleiben nicht aus. Ein Brandsatz explodiert des nachts in der Kanzlei des Anwaltskollektivs, dem Wolf-Dieter Reinhard angehört; anonyme Briefeschreiber bedrohen und beschimpfen die Verteidiger und ihre Familien, einer kündigt für den Fall, daß Rechtsanwalt Reinhard ein »niedriges Urteil« anstrebe, den Tod nach der russischen Genickschußmethode an.[36] Ein anderer droht Rechtsanwalt Hannovers Kindern, die Familie werde umgebracht.

Von Drohungen bleibt auch das Gericht nicht verschont. Ausführlich berichten die Zeitungen über anonyme Anrufe eines angeblichen »Kommando Petra Schelm«, das gedroht habe, ein »Familienmitglied des Hoppe-Tribunals« – gemeint ist das Gericht – zu entführen, jedoch nicht davon, daß Hoppe sich von den Drohungen distanziert. Zwei Geschworene lassen sich ablösen, Richter und Staatsanwalt haben ohnehin Polizeischutz.[37] Die »Welt« schiebt Hoppe die Verantwortung zu; sein Aufruf im Gerichtssaal: »Geht raus auf die Straßen, kämpfen und siegen« habe das »abscheuliche Echo hervorgerufen.«[38]
Keine Gelegenheit war ungenutzt geblieben, den Staatsfeind und seine Verteidiger zu diffamieren.

Zeugen der Anklage

Ein großes Aufgebot von Polizeibeamten in Zivil und Uniform hatte das Justizgebäude vor Beginn des Hoppe-Prozesses »wie eine Festung abgeriegelt«. Tagelang stand das ganze Gelände unter polizeilicher Beobachtung. Die Presse rechnet mit Angriffen von außen und Befreiungsversuchen.[39] Ungewohnte Bilder sind in den Zeitungen zu sehen: Prozeßbesucher, die ihre Taschen ausleeren, Justizbeamte, die jungen Frauen und Männern in den Schritt fassen. Wer diesen Prozeß besucht, steht in Verdacht. So wird es bleiben, zwanzig Jahre lang und mehr. Die »Öffentlichkeit des Verfahrens« weicht einem neuen Begriff vom »Publikum in Terroristenprozessen«, das sich ausnahmslos wie potentielle Störer, Angreifer oder Befreier behandeln lassen muß.

Werner Hoppe stand im Juli 1971, zur Tatzeit, nach jahrelanger Abhängigkeit von harten Drogen unter Bewährungsaufsicht. Den Absprung vom Rauschgift hatte er nach mehreren Vorstrafen und Entzugsversuchen in einer Bremer Suchtklinik geschafft. Seit März 1971 war Werner Hoppe clean. Am ersten Tag seiner Hauptverhandlung überrascht er die Prozeßbeteiligten mit der Erklärung, er sei zu der Überzeugung gelangt, daß die Flucht in die Welt der Träume, die er mit dem Rauschgiftkonsum unternommen habe, kein Ausweg sei. Notwendig sei im Gegenteil, diese Gesellschaft durch politischen Widerstand zu verändern. Auf diesen Prozeß bezogen gehe es ihm nicht darum, sich vor dem Gericht zu rechtfertigen, sondern eine radikale, ja vernichtende Kritik zu üben. Für solch ungestüme Rede mit erhobener Faust bekommt Hoppe Zuspruch aus dem Publikum.

Zu dieser Zeit hat Werner Hoppe zehn Monate Untersuchungshaft unter besonderen Bedingungen hinter sich. Vom normalen Gefängnisalltag bekommt er nichts mit. Seine Einzelzelle ist abgeschirmt, die Nachbarzellen freigeräumt, der Hof menschenleer, wenn Hoppe gefesselt seine Runden dreht. Zurufe an Gefangene, die ihn aus ihren Zellenfenstern beobachten, sind ihm bei Strafe verboten. Setzt er sich über das Verbot hinweg, streicht ihm die Anstalt für eine Woche den Hofgang. Zweimal hat Hoppe versucht, mit einem Hungerstreik seine Situation zu verbessern, jedoch ohne Erfolg. Die Antwort der Justizbehörden bestand in Fesselung und Zwangsernährung.[40]

Hoppes verbalaggressive Äußerungen zu Prozeßbeginn, die in manchen Zeitungen hämisch kommentiert werden – zum Beispiel in »Bild« vom 25. Mai: »Nur einmal öffnete er den Mund, um politische Parolen von sich zu geben«[41] – erklärt der Gutacher und psychologische Sachverständige Dr. Herbert Maisch als eine Folge der mehr als zehn Monate andauernden Sonderhaftbedingungen. Maisch wägt zu Gunsten des inzwischen dreiundzwanzigjährigen Angeklagten, der zum erstenmal mit überwiegend jugendlichen Prozeßbesuchern konfrontiert ist, ab:

Ich würde hier den Vergleich ziehen zwischen einem jungen, vitalen Rennpferd, das monatelang im Stall steht und nicht bewegt worden ist, und plötzlich ein Rudel anderer junger Pferde in Freiheit draußen vorbeigaloppieren sieht. Was glauben Sie, wird von dem Stall, in dem das eingeschlossene Pferd steht, noch übrigbleiben?[42]

Werner Hoppe wird von der Anklage vorgeworfen, er habe versucht, mit fünf Schüssen vier Polizisten zu ermorden. Hauptbelastungszeugen sind die Polizeibeamten Lavalette, Hinzmann, Hamann und Haselhorst. Lavalette war der Fahrer des Verfolgungsfahrzeugs, sein Beifahrer Hinzmann gab den tödlichen Schuß auf Petra Schelm ab. Die beiden anderen Beamten kamen später zur Unterstützung dazu. Auf alle vier Beamte soll Hoppe in Mordabsicht geschossen haben. Den ersten gezielten Schuß soll er auf die noch im Verfolgungsfahrzeug kauernden Polizisten Hinzmann und Lavalette abgegeben haben, den zweiten Schuß auf den hinter ihm her laufenden Hinzmann, den dritten und vierten auf die zur Verstärkung herbeigeeilten Polizisten Hamann und Haselhorst, den fünften Schuß kurz vor seiner Festnahme durch den Beamten Dummann auf Lavalette, der angeblich nicht aufgegeben hatte, Hoppe zu verfolgen.[43]

Drei verschiedene »Tatsituationen« gilt es nach dieser Anklage in der Verhandlung aufzuklären: die Situation am Polizei-VW, die Verfolgung, in deren Verlauf Petra Schelm erschossen wurde, und die Situation vor Hoppes Festnahme.

Die Anklage erinnert an eine Gleichung mit mehreren Unbekannten: Vier Polizisten behaupten, vom Angeklagten beinahe ermordet worden zu sein, zwei

Patronen fehlten im Magazin, eine steckte im Lauf, nur eine Geschoßhülse aus Hoppes Waffe wurde gefunden. Zu Beginn des Verfahrens scheint unmöglich, daß dem Gericht die Auflösung der Gleichung gelingen könnte. »Stammheim« war noch kein Begriff geworden für die Kritik der Politischen Justiz, von Hamburg ganz zu schweigen. Am Schluß jedoch paßt beinahe alles wie abgezählt.

Das Gericht steht also vor der Frage, wie Hoppe fünf Schüsse abgefeuert haben kann, wenn nur zwei Patronen im Magazin seiner Waffe fehlten. Ein Magazin, es handelt sich um jenes aus Hoppes Hosentasche, sei komplett mit 13 Patronen gefüllt gewesen, berichtet der Waffensachverständige, Kriminalhauptmeister Hakker, am ersten Verhandlungstag. Ein zweites Magazin – das aus Hoppes Waffe – habe elf Patronen enthalten, außerdem habe sich eine Patrone im Lauf der Pistole befunden. Theoretisch sei es möglich, daß eine weitere Kugel einzeln vorgeladen war, dann hätte aber zwischendurch das Magazin gewechselt werden müssen, sodaß dieser Fall praktisch mehrere Arbeitsgänge erfordert hätte. Aus den Rückständen von Pulverschmauch am Lauf fand der Sachverständige sehr geringe Verfeuerungsrückstände – »von mehr als drei Schüssen können die Spuren nicht sein«.[44] Hoppe kann demnach ein- bis höchstens dreimal geschossen haben; er kann ungezielte Warnschüsse in die Luft abgegeben oder auf die Beamten gezielt haben. Viele offene Möglichkeiten für das Hamburger Schwurgericht mit seinem Vorsitzenden Landgerichtsdirektor Schmidt. Jetzt kommt es auf die Zeugen an. Die werden zunächst, sofern sie Polizeibeamte sind, von ihrem Dienstherren mit eingeschränkten Aussagegenehmigungen versorgt. Fragen zur Polizeitaktik dürfen sie nicht beantworten.

Für seine erste Aussage am dritten Verhandlungstag wird Lavalette, der Tatzeuge für Hoppes angeblichen Mordversuch am Polizei-VW, vom Maskenbildner der Polizei mit dramaturgischer Begabung zurechtgemacht. Er trägt Schminke, Langhaarperücke, falschen Bart und Sonnenbrille.[45] Lavalette hat die Situation bereits mehrmals geschildert, doch seine Darstellungen weichen voneinander ab und sind in sich unlogisch.

Seine Anfangsfassung vom 15. Juli 1971 für den dienstlichen Bericht, die er am 26. Juli 1971 wiederholt,[46] ist noch sehr allgemein: Beide Flüchtenden verlassen den BMW und beschießen das Polizeifahrzeug und die Beamten. In der zweiten Fassung vom 10. August 1971 aus Anlaß der staatsanwaltlichen Vernehmung gibt Lavalette zu Protokoll:

In diesem Moment befanden sich PHW Hinzmann und ich noch im VW. Als ich das Verhalten der Beiden bemerkte, gingen wir hinter den Sitzen des VWs in Deckung. Bruchteile später hörte ich mehrere Schüsse, ca. drei bis vier, ganz kurz hintereinander fallend. Aus diesen kurzen Zeitabständen schließe ich, daß sowohl Petra Schelm als auch Werner Hoppe geschossen haben müssen. ... Nachdem wir keinen Schuß mehr hörten, kamen wir hoch.[47]

Die dritte Fassung entsteht am 26. Mai 1971, dem dritten Verhandlungstag. Zunächst wird Lavalette vom Vorsitzenden befragt. Er berichtet:

Als die Personen das Fahrzeug verließen und die Schußwaffe in der Hand hielten, begab ich mich in Deckung.

I

II

III

Anschließend fragt ihn der Staatsanwalt. Lavalette:

Ich habe gesehen, daß der Beifahrer des BMW's (Hoppe, M.O.) geschossen hat. Ich habe gesehen, daß der Beifahrer des BMW die Pistole auf uns, d.h. genauer gesagt, nicht auf mich, gerichtet hat. ... Auf den Wagen zumindest. Ob er auf meinen Beifahrer gezielt hat oder auf mich, das kann ich nicht angeben, denn die Mündung der Waffe, wenn ich das so ausdrücken darf, habe ich in diesem Fall nicht gesehen.

Auf die Frage des Staatsanwalts:

Darf ich fragen woraus Sie entnehmen, daß er geschossen hat?

anwortet Lavalette:

Es kam mehr oder minder eine, wie soll ich das nennen, Feuerzone ist zu dramatisch, ein Funken oder sowas heraus. ... Ja, Mündungsfeuer, das habe ich praktisch zu sehen bekommen.[48]

Lavalettes Aussage hatte sich von der bloßen Vermutung, von Hoppe beschossen worden zu sein, bis zur Beobachtung von Mündungsfeuer weiterentwickelt. Auf den Widerspruch macht ihn die Verteidigung aufmerksam. Lavalette sagt daraufhin:

Der Widerspruch als solcher ist nicht von der Hand zu weisen. Ich würde es als falsche Aufnahme meiner Aussage werten.

Die Verteidiger fragen nach:

Ist denn der Teil Ihrer Aussage vom 10. August richtig aufgenommen und verstanden worden, der sich so liest, daß Schüsse gefallen sind, nachdem Sie hinter den Sitzen des VW in Deckung gegangen waren und daß sie in diesem Zeitpunkt die Schüsse gehört haben. Ist das richtig verstanden worden?[49]

Lavalette bestätigt:

Daß wir hinter den Sitzen in Deckung gegangen sind, daß wir Schüsse gehört haben, das ist richtig verstanden worden.

Die Verteidigung möchte von ihm wissen, wann sie aus der Deckung wieder auftauchten:

An und für sich war es mehr oder minder ein vorsichtiges Hochtasten, um zu sehen, wie ist die Situation.[50]

Lavalette war ins Schleudern gekommen. Die Widersprüche zwischen seinen verschiedenen Versionen des Geschehens waren unverkennbar. Ein Sachverständiger stellte später klar, daß das menschliche Auge an einem sonnigen, hellen Julinachmittag kein Mündungsfeuer wahrnehmen kann.

Hinzmann, der wie Lavalette mit modifiziertem Inkognito im Gerichtssaal erschien, hatte weder einen Schuß noch Mündungsfeuer gesehen, er sah nur die Pistole in Hoppes Hand und hörte einen lauten Schlag oder Knall auf das Dach des VW, möglicherweise von einem Projektil. Aus welcher Richtung das kam, ließ sich nicht klären, weil die Delle im Autodach sehr schnell in der Polizeiwerkstatt beseitigt worden war. Damit hatte die Staatsgewalt völlig unnötig auf ein Beweismittel verzichtet, das Aufschluß über Schußrichtung und Kaliber, mithin über den Schützen, gegeben hätte. Man fand keine Patronenhülsen aus Hoppes

Waffe in der Umgebung, wohl aber zwei Hülsen aus der Maschinenpistole von Hinzmann. Eine Merkwürdigkeit, die unaufgeklärt blieb. Hinzmann konnte oder wollte sich nicht erinnern, in dieser Situation geschossen zu haben.[51]

Was passierte am Tatort Nummer zwei, der Verfolgungssituation? Lavalette hatte die Tötung von Petra Schelm seinem dienstlichen Bericht zufolge beobachtet, vor Gericht bestreitet er aber, überhaupt etwas mitbekommen haben. Erst nachdem der Einsatz abgeschlossen war, »im Rahmen der Berichtsfertigung«, habe er von der Sache gehört. Die Verteidiger machen ihn auf den Widerspruch aufmerksam:

Wie erklären Sie es sich, daß Sie früher eine andere Darstellung gegeben haben? Ich darf Ihnen aus Ihrem Bericht vorhalten, sie sagen ja, im Rahmen der Berichtsfertigung haben Sie davon erfahren. Sie teilen hier aber nicht als Fremdmitteilung, sondern als eigene Beobachtung folgendes mit: »In diesem Augenblick kam der PHW Hinzmann, der von der anderen Seite im Rücken der Frau um den Häuserblock herumgekommen war. Er befreite mich mit einem kurzen Feuerstoß aus der MP aus meiner Notlage, nachdem sie ebenfalls auf den PHW Hinzmann geschossen und eine Aufforderung, sich zu ergeben, nicht befolgt hatte.« Wie können Sie etwas Derartiges in Ihren Bericht schreiben, wenn Sie es gar nicht selbst erlebt haben?[52]

Lavalette reagiert mit den Worten:

Da muß ich passen.[53]

Hatte in einem entscheidenden Moment seine Erinnerung versagt? Er vergaß, was er erlebt hatte, weil es zu schrecklich war, sagt der Staatsanwalt. Nein, sagt die Verteidigung – nicht was er erlebt, sondern was er zu Protokoll gegeben hatte, vergaß er. Als sich der Zeuge immer mehr in seine Widersprüche verwickelt, greift das Gericht mit Formulierungsvorschlägen helfend ein. Zum ersten Mal entsteht der Eindruck, daß die Richter sich bereits auf eine Verurteilung festgelegt haben. Die Polizeibeamten sind in diesem Prozeß die wichtigsten Beweismittel; sind ihre Aussagen unbrauchbar, bricht die Anklage gegen Hoppe zusammen. Nur so bekommt auch die Szene einen Sinn, in der der Vorsitzende dem Zeugen Lavalette Hoppes angeblichen Ausruf »Schade, daß ich von Euch Schweinen nicht ein paar umgelegt habe« ins Gedächtnis rufen will. Doch der Zeuge erinnert sich nicht, relativiert sogar den Vorhalt des Vorsitzenden: »In der Erregung sagt man manches.« Hoppe habe vielleicht auch nur gesagt: »Ihr Bullen seid doch Scheißkerle«. Der Vorsitzende lenkt ein: »Wörtlich nicht, aber sinngemäß hat er bedauert, daß es nicht noch mehr erwischt hat. So ist es richtig.«[54]

Hoppes Verteidiger lehnen den Vorsitzenden und seinen beisitzenden Richter ab – ohne Erolg.

Hinzmann hatte lt. Anklageschrift »eine der von Petra Schelm und dem Beschuldigten abgefeuerten Kugeln ›an seinem Kopf vorbeipfeifen‹ gehört.«[55] Nur – welche Kugel aus welcher Waffe konnte das sein? Schlossen seine unpräzisen Angaben auch Querschläger aus Polizeipistolen ein?

Nach wenigen Zeugenterminen werden Lavalette und Hinzmann krank. Lavalette ist ein Nervenbündel, Hinzmann verschwindet in der Pause während seiner zweiten Vernehmung. Eine halbe Stunde später reicht Hinzmann, dem etwas

»schwer auf den Magen geschlagen«[56] war, die Krankschreibung nach: Gastritis. Auf Lavalette, der zunehmend unglaubwürdiger wurde, muß das Gericht schließlich verzichten. In den schriftlichen Urteilsgründen stellt die Kammer den Zeugen als einen Mann hin, der »auf die Dauer dieser Streßsituation (der Verfolgung, M.O.) nicht gewachsen« gewesen sei, weshalb seine Angaben zum Geschehen als »kaum verwertbar« fallengelassen werden mußten. Lavalette hatte auf das Gericht »den Eindruck eines nervlich zerrütteten Mannes« gemacht.[57] Der zweite »Mordversuch« an Lavalette bleibt ungeprüft.

Warum war der Polizist am Ende so zerrüttet? Laut Selbstdiagnose, weil nie zuvor in seinem Leben auf ihn geschossen worden war. Nach Verteidigervermutung sind die Beamten eventuell daran erkrankt, daß sie gelogen haben. Immerhin hatte es eine Tote gegeben, die Mordkommission hatte ermittelt – war es da nicht wahrscheinlich, daß sich die Polizisten zum eigenen Schutz bzw. dem ihrer Kollegen eine Legende zurechtlegten und ihr momentaner desolater Zustand das Ergebnis der Anstrengung war, diese Legende aufrechtzuhalten?

In der Vernehmung stellt sich heraus, daß weder Lavalette noch Hinzmann ihre Berichte vom 15. Juli 1971 selbst, geschweige denn alleine verfaßt hatten. Nach und nach wird deutlich, daß alle an dem Einsatz in Bahrenfeld beteiligten Beamten ihre dienstlichen Berichte auf demselben Revier geschrieben hatten. Dort gab es einen Beamten, der »Formulierungshilfen« gab, den Einsatzleiter für den Bereich nördlich der Elbe. Es ist der Polizeibeamte Rielandt. Hinzmann hatte einiges durcheinandergebracht, das Rielandt ordnen wollte.

Am 1. Juni sagt Hinzmann dem Gericht:

Den Bericht habe ich nicht selber gemacht. Man stand ja unter Schockeinwirkung. Ich habe mich in eine stille Ecke gesetzt, habe diesen Bericht zusammengeschrieben, und habe ihn einem Kollegen gegeben, der ihn dann aufgeschrieben hat. – Frage des Vorsitzenden: War das eine reine Schreibkraft? – Antwort: Der hatte sämtliche Aussagen geschrieben.[58]

Rielandt erklärt als Zeuge in der Hauptverhandlung, Hinzmanns Satzbau habe ihm nicht gefallen:

Es war ein Bandwurmsatz. Dieser Satz enthielt eine Anzahl von Aussagen, die nicht klar genug verständlich waren. Ich bat deshalb darum, daß aus dem Satz kürzere Sätze gemacht werden sollen. Das machte Hinzmann in Kladde. Dann nahm ich Einblick, was Hinzmann formuliert hatte. Während er formulierte, machte ich noch keine Einwände. Aus dem Bandwurmsatz sind mehrere Sätze geworden, die die gleiche Aussage enthielten und genauer und klarer waren.[59]

Kein Wunder, daß ihm auch Lavalettes Bericht nicht gefiel:

Es kann bei Lavalette gewesen sein, daß ich seinen Bericht unterbrach und ihm sagte, daß noch genauere Ortsangaben in den Bericht herein müßten. Als Lavalette diktierte, griff ich ein und sagte: »Halt«.[60]

An Lavaletts Bericht waren gar drei Beamte beteiligt, stellt sich am 31. Mai, dem 6. Verhandlungstag, heraus: Lavalette und zwei Kollegen. Lavalette erinnert sich:

Ich glaube, es war ein dritter Beamter. Einer saß ständig an der Maschine und schrieb, während ihm ein anderer (Rielandt, M.O.) das Manuskript vorlas, das heißt also diktierte.[61]

So war am Ende etwas Neues entstanden:

Wegen vielfacher Schnitzer mußte mein Bericht umformuliert werden. Ich hatte das nicht chronologisch aufgebaut.[62]

Später korrigiert Rielandt auch die Diktion der Verteidiger. Es geht um die Frage, ob es bei der Polizei Anweisungen irgendwelcher Art gibt, auf welche Weise Täter kampfunfähig zu machen sind, ob durch gezieltes Wegschießen der Pistole, durch Schuß in den Fuß oder auf andere Art. Rielandt:

Es geht darum, den Täter kampfunfähig zu machen, aber nicht in den Kopf zu schießen. Wir erschießen nicht.

Hoppe-Verteidiger Reinhard fragt nach:

Sind Sie der Ansicht, daß Petra Schelm durch einen Polizeibeamten erschossen wurde?

Rielandt nutzt die Gelegenheit zur Formulierungshilfe:

Durch den Schuß, der auf Petra Schelm abgegeben wurde, verstarb sie. Der Schuß muß nach meiner Auffassung von einem Polizeibeamten abgegeben worden sein. .... Wir »erschießen« niemanden. Ich wehre mich gegen diese Interpretation, daß die Polizei Leute erschießt.[63]

Rielandt hatte schon in seiner ersten Stellungnahme vom 15. Juli 1971 Angaben zu Petra Schelms Todesursache vermieden:

Im Verlauf der gezielten Fahndung in dem abgesperrten Gebiet schossen die Flüchtenden mehrfach auf die sie verfolgenden Polizeibeamten. Die weibliche Täterin wurde tödlich verletzt. Der männliche Täter wurde kurz darauf festgenommen.[64]

Nicht nur Rielandt, auch der Beamte Gresens hatte den Kollegen die eindeutige Notwehrlage attestiert. Am Tattag hatte sich Gresens im Einsatzfahrzeug Notizen gemacht, später auf dem Revier seinen Bericht geschrieben, um am 26. Juni 1972 als Zeuge den Kollegen das korrekte Verhalten zu bestätigen. Einen Tag danach wird ein Kind als Tatzeuge gehört, der dreizehn Jahre alte Roland W. Mittendrin im Geschehen war er mit seinem Fahrrad herumgefahren, fasziniert von der Schießerei, ahnungslos über die Gefahr, in der er sich befand. Am 12. und am 22. Verhandlungstag berichtet er:

Ich schaute es mir an, wie sie sich beschossen. Ich ging etwas weiter mit dem Rad. Als die Schüsse hin und her gingen, dachte ich nicht daran, daß ich etwas abbekommen könnte. Als das Mädchen auf den Platten stand, hatte ich meinen Standpunkt ganz zufällig eingenommen. Ich stand nicht immer auf derselben Stelle. Ich ging ein Stückchen weiter in Richtung Haydnstr. Als das Mädchen auf dem Fußweg war, schaute es in Richtung Silcherstr. Ich dachte, daß die beiden Polizisten das Mädchen haben, daß sie jetzt in der Zange ist, als das Mädchen auf dem Bürgersteig war. Ich dachte, daß der zweite Polizist das Mädchen anruft, es solle sich ergeben, daß er sich mit ihr unterhalten würde, daß es jetzt aus sei. Ich dachte: »Will man sehen, was da passiert.« Ich dachte, das Mädchen müsse sich jetzt ergeben, es sind ja zwei gegen einen. Ich hatte nicht gesehen, ob sie den zweiten Polizisten gesehen hat. Sie stand mit dem Rücken zu ihm. Soviel ich sah, hat sie den zweiten Polizisten nicht gesehen. Es kann aber sein, daß sie sich umgedreht hat und den zweiten Polizisten gesehen hat. Ich kann nicht sagen, ob ich gespannt war, wer zuerst etwas macht.[65]

Auf den zweiten Polizisten, der hinter ihr auftauchte, hat das Mädchen nicht geschossen.

Ich würde sagen, sie hat den gar nicht gesehen, weil sie ihm den Rücken zudrehte. Ich wüßte nicht, daß er ihr etwas zugerufen hätte.[66]

Das aber hatte Hinzmann behauptet. »Bleib stehen Mädchen«, will er Petra Schelm zugerufen haben, bevor er sie erschoß. Wie ein schwerer Stoß wirkt Rolands Aussage auf Hinzmanns Glaubwürdigkeit, doch die Erschütterung bleibt folgenlos. Im Urteil heißt es zum Beweiswert des Jungen:

Zwar hegt das Gericht in Übereinstimmung mit dem überzeugenden Gutachten des Sachverständigen Dr. Ramb keine Zweifel an der generellen und speziellen Glaubwürdigkeit des jugendlichen Zeugen, doch sprechen mehrere Anzeichen dafür, daß die schnelle Handlungsabfolge seine Wahrnehmungsfähigkeit erheblich überfordert hat, so daß er den Geschehensablauf nicht in seiner Gesamtheit überblicken und erfassen konnte. ... Für die Frage, ob der Zeuge Hinzmann in einem Moment auf Petra Schelm geschossen hat, als diese ihm den Rücken zukehrte, läßt sich der Aussage des Zeugen W. kein Hinweis entnehmen.[67]

Hinzmann wird eine Woche nach seinem überraschenden Abtritt noch einmal vernommen. Manches von dem, was Hinzmann gesagt hat, erscheint unlogisch. So hatte er in früheren Vernehmungen erklärt, der Spiegel des Polizei-VW sei auf den Fahrer, den Kollegen Lavalette, eingestellt gewesen, deshalb habe er den BMW mit Hoppe und Schelm nicht immer im Blick gehabt. Bei der ersten Vernehmung vor Gericht dagegen behauptete er, den BMW niemals aus den Augen verloren zu haben. Die Sache mit dem Spiegel rückt er eine Woche danach zurecht: Er habe nicht in den Innen-, sondern in den Außenspiegel gesehen. Inzwischen hat seine Erinnerung stark nachgelassen, auch in bezug auf den zweiten angeblichen Mordversuch von Hoppe während der Verfolgung. Der Vorsitzende scheint besorgt um Hinzmann, als er die merkwürdige Frage stellt:

Welcher Darstellung würden Sie den Vorzug geben?[68]

Hinzmann entscheidet sich für die zweite Fassung, erkennt den Widerspruch aber ausdrücklich an. Sicher sei das richtiger, was »dem Tatgeschehen näher« liegt, seine Erinnerung bringe ihn aber immer wieder zur letzten Vernehmung statt zum Tatgeschehen. Die Verteidigung regt eine Ortsbesichtigung an in der Hoffnung, Hinzmanns Erinnerung verlagere sich vom Ort der Verhandlung zum Ort des Geschehens. Mit Hoppes Hilfe wird die Situation an BMW und Polizei-VW rekonstruiert, Schußdistanzen werden abgemessen, etc. Doch die Fragen an Hinzmann und Lavalette, die sich beim Ortstermin ergeben haben, können im Prozeß nicht mehr gestellt werden, weil das Gericht alle Anträge der Verteidigung auf nochmalige Vernehmung oder Wiederholung des Ortstermins rigoros ablehnt.[69]

Noch zwei angebliche Mordversuche Hoppes stehen zur Erörterung aus. Die geschädigten Beamten heißen Hamann und Haselhorst. Beide fühlten ihr Leben bedroht, beide sahen aus der Waffe des Angeklagten Mündungsfeuer austreten – zum Beweis, daß auf sie geschossen wurde. Dem einen ist es gelblich, dem anderen eher weißlich erschienen. Der Zeuge Hamann zur Ursache der verschiedenen Farbwahrnehmungen:

Man darf nicht vergessen, daß damals die Sonne schien. Ich sah das Mündungsfeuer irgendwie weiß und kreisförmig von vorn.

Der Zeuge Haselhorst, der ebenso wie Hamann im Ortstermin nachgemessene 37 Meter von Hoppe entfernt stand:

Die Waffe zeigte genau auf uns, ich konnte das Mündungsfeuer sehen,[70]

und auf Nachfrage:

Ich sah das Mündungsfeuer hellgelb.[71]

Es gab keinerlei objektive Anhaltspunkte dafür, daß die Beamten die Wahrheit sagten. Einschüsse oder Munitionsteile wurden nicht gefunden, obwohl die Polizei nach ihren exakten Angaben das Gelände gründlich abgesucht hatte. Bei der Rekonstruktion der Tatsituation im Ortstermin hatte sich gezeigt, daß weder der Lauf einer Waffe, die aus 37 Meter Entfernung auf einen gerichtet ist, noch die Waffe selbst zu erkennen ist, also auch nicht deren Mündung oder gar ein Mündungsfeuer. Experimente des Waffensachverständigen Hecht ließen keinen Zweifel, daß es sich bei den Mündungsfeuern um phantastische Erscheinungen handeln mußte, die in der Wirklichkeit nicht vorkommen. Dreizehn mal hatte der Sachverständige aus 37 Metern Entfernung bei gleichen Lichtverhältnissen so auf sich schießen lassen, daß der Schuß gerade daneben ging, doch ein Mündungsfeuer hatte er nicht erblickt. Anders bei Schußversuchen aus nächster Nähe in einem völlig abgedunkelten Raum – dabei war die Explosion, also das Mündungsfeuer, gut zu sehen. Der Experte bietet schließlich dem Gericht eine Alternative an: Vielleicht war das Mündungsfeuer gar kein Feuer, sondern Qualm? Hecht: »Es gab mal den Film ›Rauchende Colts‹«, da sei wegen des optischen Effeks Schwarzpulver-Munition eingesetzt worden.[72]
Hatten die Zeugen nur »Schlußfolgerungen« gezogen, nachdem sie »Wahrnehmungs- und Erinnerungstäuschungen« erlebten? Das jedenfalls nimmt der Staatsanwalt an,[73] und tatsächlich scheint eine andere Erklärung am Schluß der Beweisaufnahme ausgeschlossen zu sein. Die Zeugen hatten allem Anschein nach assoziiert.

Dem Gericht stellt sich die Frage anders. Es fragt nicht, ob überhaupt Qualm da war, sondern, ob der gleiche Qualm von zwei Zeugen verschiedenfarbig gesehen werden kann, einmal »irgendwie weiß« und ein anderes Mal »hellgelb«. Im Urteil heißt es dazu:

Bei der von dem Zeugen Hamann beschriebenen und als »Mündungsfeuer« bezeichneten Erscheinung hat es sich um die der Schußabgabe nachfolgende Pulverschmauchwolke gehandelt. Das ergibt sich aus seiner Beschreibung, wonach das »Mündungsfeuer« von vorn kreisförmig ausgesehen habe und irgendwie weiß gewesen sei. ... Auch der Zeuge Haselhorst hat bekundet, daß er die Rauchwolke gesehen habe. Wenn dieser Zeuge zusätzlich ein hellgelbes Mündungsfeuer gesehen haben will, so kann es sich hier nicht um Mündungsfeuer gehandelt haben, weil dieses am Tage nicht sichtbar ist. Die Beobachtung des Zeugen kann auf einer optischen Täuschung beruhen, da nach den Ausführungen des Sachverständigen Hecht die Möglichkeit besteht, daß sich die Sonne auf dem Lauf der Waffe gespiegelt hat, als bei der Schußabgabe der Schlitten der Pistole zurückfuhr. Möglicherweise beruht diese Angabe des Zeugen auch auf einer gedanklichen Rekonstruktion.[74]

Das Urteil

Um das Ende vorwegzunehmen: Am 26. Juli 1972 wird Werner Hoppe wegen dreifachem versuchtem Totschlag zu zehn Jahren Haft verurteilt. Mit dem Ergebnis der Beweisaufnahme hat dieser Schuldspruch nichts zu tun. Zwei Monate lang war gegen Hoppe verhandelt worden, in denen der Tatablauf immer fragwürdiger und die Widersprüche in den Aussagen der Beamten immer abgründiger, um nicht zu sagen rätselhaft, wurden. Von vierfach versuchtem Mord kann das Gericht nicht mehr ausgehen; Anfang Juli weist es den Angeklagten darauf hin, daß er statt wegen Mordversuchs auch wegen versuchten Totschlags verurteilt werden könne.

Am 20. Juli 1972 beginnt die letzte Verhandlungsrunde mit den Schlußvorträgen von Staatsanwalt und Verteidigung. Nach dem Ergebnis der Beweisaufnahme sei der Vorwurf des vierfachen Mordversuchs nicht mehr aufrecht zu halten, sagt Staatsanwalt Gammelin. Sowohl in tatsächlicher als auch in rechtlicher Hinsicht seien Einschränkungen zu machen, was nichts anderes bedeutet, als daß sich das Geschehen anders abspielte, als noch von der Anklage angenommen, es infolgedessen – so das Ergebnis der Beweisaufnahme – anders zu bewerten sei. Staatsanwalt Gammelin verschweigt auch nicht, wie die Notwehrversion vom Tod der Petra Schelm entstand: Daß weder Lavalette noch Hinzmann die Tötung als Notwehrreaktion bezeichnet hatten, es sich bei der Formulierung »Notwehrlage« mithin um eine Wertung des Zeugen Polizeiobermeister Greesens handelt. Hoppe habe aber den ersten Schuß des ganzen Geschehens abgegeben, der die Polizeibeamten erst in jene Panikstimmung versetzt habe, umschreibt Staatsanwalt Gammelin die neue Lage aus der Sicht des Anklägers. Gemeint ist der Schuß auf den im VW kauernden Polizeimeister Hinzmann, der als versuchter Totschlag zu bewerten und mit sechs Jahren Haft zu bestrafen sei. Im übrigen sei Hoppe freizusprechen.[75]

Am Tag darauf fordern Hoppes Verteidiger Hannover und Reinhard den Freispruch ihres Mandanten. Wenn dieser eine Schuß überhaupt von Hoppe stammte – was nicht zu beweisen war – dann sei er nicht in Tötungsabsicht abgegeben worden, sondern zur Warnung. Hoppe hätte in dieser kurzen Entfernung die beiden Polizisten treffen können, wenn er gewollt hätte. Auch der Waffensachverständige hatte erklärt, der erste Schuß gehe »immer dahin, wo man ihn hin haben will.« Daß Hoppe niemanden töten wollte, habe er am Ende der Verfolgung deutlich gemacht, als er seine funktionstüchtige Waffe einem der Polizisten hinwarf.[76]

Aber in den Köpfen seiner Richter war Hoppe allem Anschein nach bereits schuldig, bevor der erste Polizist zur Sache vernommen worden war. Da gab es nämlich seinen angeblichen Kraftausdruck im Festnahme-Polizeigriff: »Schade, daß ich von Euch Schweinen nicht ein paar umgelegt habe«. Mit diesem Satz beginnt Landgerichtsdirektor Schmidt am 26. Juli 1972, dem Tag der mündlichen Urteilsverkündung, seinen Vortrag – Schachzug Nr. 1. An diesem Satz, der schon in der Anklage aufgetaucht war, hielten sich die Richter fest, als schon bald nach Beginn der Beweisaufnahme die Chancen des Gerichts, Hoppe verurteilen zu können, infolge schwerer Ermittlungsfehler zu sinken drohten. Im schriftlichen Urteil heißt es, der Satz beweise »zumindest das ausgesprochene Bedauern des Angeklagten, nicht tödlich getroffen zu haben.«[77] Übrigens hatte sich der Staatsanwalt in seinem Schlußvortrag dem psychologischen Gutachter angeschlossen, der den Satz situationsadäquat als »verbalaggressive« Äußerung bewertete, verursacht durch Hoppes situative hohe Erregung oder dem schmerzhaften Zupacken der Polizeibeamten. Staatsanwalt Gammelin: »Dieser Satz gibt nichts für die innere Einstellung, für die subjektive Haltung des Angeklagten Hoppe zu dem entscheidenden Zeitpunkt der Schußabgabe her.«[78] Doch davon wollte das Gericht nichts wissen. Hoppe hatte Polizeizeugen gegen sich – und den inkriminierten Satz; eine Kombination, bei der man sich augenscheinlich zeitraubende Begründungen ersparen konnte.

25 Minuten brauchte das Gericht zur Urteilsbegründung – oder 8 1/3 Minuten pro versuchten Totschlags. Staatsanwalt und Verteidigung haben sich offenbar nur mit nebensächlichen Punkten auseinandergesetzt, wenn sie insgesamt 10 Stunden plädiert haben. Das Gericht geht deshalb auf die von ihnen erörterten Probleme erst gar nicht ein,

bemerkte Prozeßbeobachterin Peggy Parnass.[79]

Wenn die Staatsräson Regie führt, wird das Unmögliche möglich. Da wird das Erscheinen von Mündungsfeuer zur »gedanklichen Rekonstruktion« des vermeintlich potentiellen Opfers[80] und die Formulierungshilfe des Vorgesetzten zur »Hilfestellung in Bezug auf eine sprachlich einwandfreie sowie folgerichtige Darstellung des Geschehens«[81] – Schachzüge Nr. 2 und 3. Für große Probleme haben Richter zuweilen außerordentliche Lösungen parat: Zwei Patronen fehlten in Hoppes Magazin – die können nicht auf drei Polizisten abgefeuert worden sein. Also geht das Gericht – Schachzug Nr. 4 – von einem dritten Magazin aus, das Hoppe der Waffe entnommen und weggeworfen haben soll. Die Urteilspassage lautet:

Demzufolge hat der Angeklagte nicht mehr geschossen, nachdem er das seiner Pistole bei seiner Festnahme entnommene Magazin in die Waffe eingeschoben hatte. Durch das Durchladen der Pistole war die 12. Patrone aus diesem Magazin in den Lauf gelangt. Daraus folgt, daß dem Angeklagten ein weiteres (drittes) Magazin zur Verfügung gestanden hatte, und daß er nach dem letzten Schuß auf den Zeugen Lavalette dieses – möglicherweise leergeschossene – Magazin der Waffe entnommen, es weggeworfen und gegen das bei der Festnahme in der Pistole gefundene volle Magazin ausgetauscht hat.[82]

Das Manöver bewies, wie gern sich Richter von Polizeizeugen blenden lassen, vorzugsweise dann, wenn Applaus von der »richtigen« Seite zu erwarten ist. Dieser Richter habe sich sogar »als Taschenspieler entpuppt«, meinte Prozeßbeobachterin Peggy Parnass.[83] Von einem möglicherweise ausgewechselten oder weggeworfenen dritten Magazin war in der Anklageschrift zwar noch die Rede, in der Hauptverhandlung hatte es aber zu recht keine Rolle mehr gespielt, denn wie berichtet hatten spezialisierte Beamte die ganze Gegend mit Minensuchgeräten erfolglos nach Metallteilen durchforstet. Folglich war Staatsanwalt Gammelin von dieser Fallgestaltung abgerückt. Nach Ansicht des Gerichts aber hatten die Suchtrupps das wundersame Magazin nur deshalb nicht gefunden, weil sie an der falschen Stelle im Einsatz waren. So konnte Hoppe mit zehn Jahren Haft wegen einem vorsätzlichen und zwei bedingten Tötungsversuchen bestraft werden. NDR-Reporter Ortwin Löwa:

Wer an den 33 Verhandlungstagen teilgenommen hatte, glaubte bei der Urteilsbegründung, er wäre in einem anderen Prozeß gewesen.[84]

Der »Spiegel« zum Urteil:

absurd[85]

»Bild« titelte:

Terroristenprozeß: 10 Jahre für Hoppe[86]

Das Blatt befragte nach der gelungenen Verurteilung Politiker und Juristen. Bundesanwalt Siegfried Buback wird zitiert:

Ich empfinde die zehnjährige Freiheitsstrafe gegen Hoppe als gerecht.

Bodo Kindermann, Leiter der Baader-Meinhof-Sonderkommission Frankfurt:

Das Urteil überrascht mich. Hoffentlich greifen die Gerichte jetzt auch in den anderen Fällen durch.

Jürgen Echternach (CDU), Oppositionsführer in der Hamburger Bürgerschaft:

Dieses Urteil zeigt deutlich, daß unser Staat nicht gewillt ist, tatenlos zuzusehen, wenn anarchistische und linksradikale Revolutionäre unsere freiheitliche Ordnung beseitigen wollen. Durch Mitglieder der Baader-Meinhof-Bande sind mehrere Polizisten bei der Ausübung ihrer Dienstpflicht umgebracht worden. Da auch in diesem Prozeß nachgewiesen wurde, daß von Mitgliedern der Baader-Meinhof-Bande versucht wurde, Polizeibeamte umzubringen, waren ein klares Urteil und eine harte Bestrafung notwendig.

Stellvertretend für die Kommentatoren der überregionalen Zeitungen, die das Urteil als politisches Signal begrüßten, sei der »Mannheimer Morgen« zitiert:

Wenn junge Leute sich zur Avantgarde des Bürgerkrieges erklären, so müssen sie in Kauf nehmen, daß die Gesellschaft unsentimental zurückschlägt. ... Man mag es bedauern, daß es zu solch harten Urteilen kommen muß, aber es muß auch den Terroristen aller Schattierungen gesagt werden, daß wir keine Neuauflage von SA-Mordkolonnen, seien sie brauner oder roter Couleur, dulden werden. Es soll mit solchem Urteil deutlich gemacht werden, daß diese Gesellschaft noch stark und gesund genug ist, den Anfängen eines Bürgerkrieges zu wehren, der weder berechtigt ist noch Anhang in der Mehrheit des Volkes hat.[87]

Der Schuldspruch des Gerichts, der dem Ergebnis der Beweisaufnahme Hohn sprach, war nur zu verstehen als Auftakt zu den bevorstehenden Prozessen gegen Mitglieder der RAF. Er war eine unverschlüsselte Botschaft an die »Bande«, und nichts konnte Werner Hoppe, das zufällige Opfer dieser Abschreckungslogik, nun davon abhalten, sich als RAF-Mitglied zu verstehen.

Nun denn, ich bin der Ansicht, daß die Schweine mit dem Urteil einen bedeutenden Beitrag zur Beschleunigung der revolutionären Entwicklung geleistet haben,

zitierte Rechtsanwalt Reinhard den Kommentar seines Mandanten.[88]

Mit dem Urteil gegen Werner Hoppe leistete die Justiz nach den harten Bestrafungen der Kaufhaus-Brandstifter[89] und der Baader-Befreier[90] den dritten verhängnisvollen Beitrag zum Kampf gegen die Feinde des Staates. Der juristische Leitsatz

»Im Zweifel für den Angeklagten« war dem politischen Bekenntnis der Richter »Im Zweifel für die Staatsräson« gewichen. Das war der Stoff, aus dem Vor- und Fehlurteile entstehen, und das war das Gleis, auf dem die Justiz von Stund an ihre Terroristen-Prozesse abwickelte. Abweichungen kamen selten vor.

Nachtrag

Der streckenweise parallel zum Hoppe-Prozeß im gleichen Gebäude geführte NS-Verbrecher-Prozeß endet im Juni 1973 mit zwölf Jahren Haft für Ludwig Hahn wegen massenhafter Erschießung von polnischen Geiseln.[91]

7. Das »Sozialistische Patientenkollektiv« (SPK)

Für Polizei und Staatsanwaltschaft war die Heidelberger Gruppe eine »kriminelle Vereinigung«.[1] Der vom Bundesinnenministerium beauftragten »Terrorismusforscherin« von Baeyer-Katte galt sie als eine »Vorform für den entwickelten Terrorismus«.[2] Beteiligte und Anteilnehmer verstanden das SPK als Patientenselbsthilfeorganisation gegen die »systemkonforme Unterdrückungspsychiatrie«, die unter dem »Vorwand« der Stadtguerillatätigkeit zerschlagen worden sei.[3] Jean-Paul Sartre sah in der Praxis des SPK die »einzig mögliche Radikalisierung der Anti-Psychiatrie«.[4] Lutz Taufer, ehemaliges Mitglied, erinnert sich an das Kollektiv als einen »offenen und vielfältigen Prozeß«, ein Produkt der gesellschaftlichen und kulturellen Krise, das am »Ende über der panischen Abwehrreaktion der Machthabenden in Universität und Politik zur Sekte verkam...«[5]

Daß das SPK Justiz und Terrorismusforschung als Potential weiterer RAF-Rekruten gilt, hat mit zwei Bewegungen von SPK-Mitgliedern zur RAF zu tun. In einer ersten Annäherungsbewegung entschieden sich gegen Ende seiner Existenz vier Teilnehmer des Heidelberger Kollektivs für den bewaffneten Kampf: Gert Müller, Klaus Jünschke, Margit Schiller und Carmen Roll. In den folgenden Jahren schloß sich noch einmal eine Reihe ehemaliger SPK-Angehöriger den Illegalen an, unter ihnen Siegfried Hausner, Lutz Taufer, Hanna Krabbe, Sieglinde Hofmann und Elisabeth von Dyck.[6] Insgesamt wurden im Zusammenhang mit dem SPK mehr als dreißig Personen von der Polizei verdächtigt und verfolgt und teilweise als »Beteiligte einer kriminellen Vereinigung« oder sogenannte »Helfer der Baader-Meinhof-Bande« zu Gefängnisstrafen zwischen einem und viereinhalb Jahren verurteilt.

Nach der Dynamik der beiden Bewegungen von der Patientenselbsthilfe zur Illegalität soll im folgenden gefragt werden.

Entstehung des SPK

Am 12. Februar 1970 fand in der Psychiatrischen Universitätspoliklinik Heidelberg die erste Patientenvollversammlung in der Geschichte der BRD statt. Thema der Protestversammlung war der drohende Hinauswurf von Assistenzarzt Wolfgang Huber,[7] der bei seinen Patienten hoch im Kurs stand. Die Meinungen über Huber gingen extrem auseinander. Während Patienten in Scharen zu ihm kamen – etwa drei Viertel aller Patienten der Poliklinik ließen sich von Dr. Huber behandeln – urteilte die Klinikleitung, er habe »die Abhängigkeitsverhältnisse zwischen Arzt und psychisch Kranken« mißbraucht und »gruppentherapeutische Sitzungen und Einzelberatungen dazu benutzt, Patienten gegen die Leitung der Poliklinik und gegen die Klinikdirektoren aufzuhetzen...«[8] In der Ermittlungsakte gegen Dr. Huber wird es später, im Februar 1972, heißen:

Ab Dezember 1969 wurde von seiten der Psychiatrischen Poliklinik Heidelberg eine verstärkte Aktivierung der Patienten durch Dr. med. Wolfgang Huber im Rahmen seiner sogenannten Gruppentherapie gegen den Klinikdirektor und Leiter der Poliklinik festgestellt.[9]

Zum offenen Bruch mit der Klinikleitung kam es, als Huber sich seinen institutionellen Aufgaben wie der Teilnahme an Visiten und Treffen der Mitarbeiter verweigerte, während er für seine Patienten jederzeit ansprechbar war. Mit diesem Selbstverständnis war Huber für die Hierarchen und einen Großteil der stärker an Forschungs- als Behandlungsfragen interessierten Kollegen der Universitätsklinik untragbar geworden. Am 21. Februar 1970 wurde dem Arzt fristlos gekündigt. Etwa 60 bis 80 Patienten gingen mit.[10]

So sorgten Klinikleitung und die psychiatrische Kollegenschaft Hubers für den Anlaß, daß aus der Dissidenz innerhalb der Institution das »Sozialistische Patientenkollektiv« hervorging.

Anfang März 1970, gut zwei Wochen nach jener denkwürdigen ersten Patientenvollversammlung, richteten Huber, drei weitere Ärzte, darunter Hubers Ehefrau Ursula, und die Patienten in einer Heidelberger Wohnetage in der Rohrbacherstraße Nummer 12 die neuen Praxisräume ein. Die Universität finanzierte der Gruppe das Ausweichquartier mit der Maßgabe, zur Vermeidung lebensgefährlicher Härten die Behandlungen ordnungsgemäß zu Ende zu bringen. Doch statt der erwarteten Ablösung und des geregelten Rückzugs öffnete sie sich für neue Patienten. Die Universität reagierte mit dem Entzug materieller Mittel. Kaum eröffnet, drohte das SPK an diesem Boykott zu scheitern. Ein SPK-Mitglied resümiert:

Wir wurden aus der Klinik entfernt und mußten ohne medizinisch-technischen Apparat beginnen. Worauf wir Anspruch hatten, z.B. freie Rezeptur, entzog uns die Klinikspitze, die Facharztanerkennung wurde vorenthalten, ärztliche Qualifikation abgesprochen. In personeller Hinsicht: Es gab keine Sozialarbeiter-Stellen. Die anfangs bewilligten Gelder für die Schriftarbeiten und die erforderliche Präsenz rund um die Uhr wurden verweigert. In persönlicher Hinsicht: diskriminiert, politisch kriminalisiert und ärztlich-wissenschaftlich depraviert: das war unser gesellschaftliches Sein. Politik in Therapie umzuwandeln und durch eine aufs Äußerste gesteigerte kollektive Aktivität nach ärztlichen Maßstäben die Gewalt abzuwehren: das war unser Sollen.[11]

Den ruinösen Maßnahmen zum Trotz expandierte das SPK und wurde – nicht zuletzt wegen des Medieninteresses – weit über die Grenzen Heidelbergs hinaus bekannt. Neue Patienten schlossen sich in Scharen der experimentellen Gruppe an, darunter viele der Standardausbildung überdrüssige Psychologie-Studenten. Klaus Jünschke war einer von ihnen. Seinen Einstieg ins SPK beschreibt er im Interview:

Ich war zunächst im Sommer 1968 als Student im Mannheimer SDS und in der Basisgruppe

»politische Psychologie« an der Uni Mannheim und ging dann im Frühjahr/Sommer 1970, in der Gründungszeit des SPK, nach Heidelberg. Dem SPK eilte ein Ruf voraus, der unseren Vorstellungen sehr entgegenkam. Wir waren eine Gruppe Psychologiestudentinnen und -studenten und hatten schon begleitend und als Kritik zum Psychologiestudium eine Selbsterfahrungsgruppe gemacht, getreu der Marx'schen Feuerbach-These, daß die Erzieher auch erzogen werden müssen,[12] was bedeutet, daß, wenn wir als künftige Psychologen Leuten helfen wollen, wir uns auch mit uns selber auseinandersetzen müssen. Das Bewußtsein für eigenes Leid und eigene Behinderungen gehörte ja auch zur Kraft der Studentenbewegung dazu. Überall wurden Möglichkeiten ausprobiert, an eigenen Ängsten in Beziehungen, zum Beispiel Autoritätskonflikten oder sexuellen Problemen zu arbeiten. Wilhelm Reich war wiederentdeckt worden, seine Studie zur »Charakteranalyse« gehörte zu unserer Standardlektüre. Das Individuum sollte revolutioniert werden, um den Ansprüchen, den revolutionären Prozeß zu tragen, gerecht werden zu können. Das heißt, wir gingen als Patienten ins SPK, wären aber nie als Patienten in eine traditionelle Therapieeinrichtung gegangen.[13]

»Aus der Krankheit eine Waffe machen«

Huber experimentierte – beeinflußt von der antiautoritären Studentenbewegung und Ideen der italienischen und englischen Antipsychiatrie – mit neuen Therapieformen und einem, selbst an antipsychiatrischen Maßstäben gemessen, extravaganten Krankheitsbegriff. Krankheit war für Huber der sichtbare Ausdruck des Zustands der kapitalistischen Verhältnisse; Gesundheit unter kapitalistischen Bedingungen das Stadium des diesen Bedingungen unheilbar Angepaßten. Dagegen gilt der klassischen Psychiatrie die Krankheit als ein individueller, behandelbarer Defekt des einzelnen Patienten.

Hubers politische Definition von Krankheit stand dem traditionellen Krankheitsbegriff radikal entgegen. Sie eröffnete seinen zum Teil aus früheren, erfolglosen Behandlungen medikamenten- und elektroschockerfahrenen Patienten ein neues Selbstbewußtsein, auf das die Klinikhierarchie, namentlich der Direktor der Psychiatrischen Universitätsklinik Heidelberg, Prof. Walter Ritter von Baeyer, mitsamt der standesbewußten Kollegenschaft äußerst gereizt reagierte.

Zwischen Februar 1970 und Juli 1971, dem Zeitraum seines Bestehens, wurden etwa fünfhundert Menschen vom SPK betreut.[14] Die durchschnittliche Mitgliederzahl pendelte sich auf fünfzig bis sechzig ein, von denen fünfzehn Aktive die Organisation aufrecht hielten. Sie sorgten für einen organisierten Therapiebetrieb, boten Lesekreise an, richteten die Notfallbereitschaft ein und so weiter. Einmal pro Woche gab es Gruppentherapie für alle, jetzt »Gruppenagitation« genannt, und weiterhin für jede/n die Möglichkeit zum therapeutischen Einzelgespräch. Das SPK versuchte eine Art Coming-out der psychisch Kranken, analog dem »black is beautiful« der Schwarzen in den USA. In der Literatur der afro-amerikanischen Black-Power-Bewegung[15] fand es die vorbildliche Formulierung einer neuen antirepressiven Identität. Die Analyse der Black-Panther und ihre absolute Feindschaft zum System wurden Leitbilder beim Kampf um die Selbstbehauptung der psychisch Kranken. Lutz Taufer, damals SPK-Mitglied, beschreibt:

Das SPK war Marx und Mao Tse-Tung, Freud und Basaglia, Wilhelm Reich und Wera Klein, Spinoza und Hegel, Huey Newton und Malcolm X, Arno Plack und Herbert Marcuse. Vor allem aber war es, was, soweit ich weiß, nirgendwo aufgeschrieben und wohl auch nicht schriftlich vermittelbar ist: Einzelagitation, Gruppenagitation, Arbeitskreise, kommunikative und kollektive Prozesse, in denen, oft am Rand des Dilletantismus, die Anstrengung gewagt wurde, vom einzelnen ausgehend zum sozialen Zusammenhang zu kommen, zum Kollektiv, zur Gesellschaft, zur Politik.[16]

Eine geschlossene Theorie gab es im SPK nicht, es galt der Grundsatz »von allem und von allen lernen«.[17] So stellte das SPK stärker als die Theoretiker der antipsychiatrischen Bewegung (Franco Basaglia, David Cooper, Ronald D. Laing) die Seite der Auflehnung in der psychischen Störung heraus.[18] Auflehnung, Widerstand, Revolution waren Begriffe seiner anti-psychiatrischen Programmatik. Das traditionelle Verständnis und die Rollenzuweisung von Arzt und Patient waren nach dem Krankheitsbegriff des SPK aufgehoben, Hierarchie und Vereinzelung – jedenfalls dem Anspruch nach – abgeschafft. Jeder sei sein eigener Arzt, sagte das SPK, und jeder Arzt sei zugleich Patient. In der »Gruppenagitation« lernten die Teilnehmer, falsche Scham zu überwinden, denn nun war jede/r betroffen.

Jünschke:

Wir haben gesagt, es ist das Leben in der kapitalistischen Gesellschaft, das Kinder, Jugendliche und Erwachsene deformiert. Es wird etwas mit ihnen gemacht, was sie zu Egoisten macht, was sie abstumpft gegenüber menschlichem Leid, das um sie herum existiert, was sie unfähig macht, solidarisch zu sein, d.h. verläßlich für andere. Das will reflektiert und bearbeitet sein, denn nach unserem Verständnis sind das Symptome. Das heißt, wir im SPK haben gesagt, alle sind Patienten. Wir haben den Marxschen Entfremdungsbegriff als Krankheitsbegriff neu gefaßt. Wir haben gesagt, wir leben in einer Welt, in der die einen verhungern, während die anderen, auch wir, reichlich zu essen haben. Wir leben in einer Welt, in der Völkermord stattfindet, und bei uns tragen Fabriken dazu bei, daß der Nachschub an Herbiziden und anderen Giften nicht abreißt. Das alles macht doch etwas mit uns! Wir leben in einer kapitalistischen Leistungsgesellschaft, in der etwas gilt, wer gesund und stark ist, wer von morgens bis abends ackern kann. Wer das nicht kann, ist selber schuld. Krankheit ist Stigma bei uns. Man kann zwar mit einem gebrochenen Arm aus dem Urlaub zurückkommen, da findet keiner etwas dabei. Aber wenn einer sagt, er hat ein psychisches Problem, also vielleicht Angst, über Plätze zu gehen, oder Angst vor dem anderen Geschlecht, dann ist das etwas, worüber man nicht spricht. Man ist schon ein halber Untermensch, wenn man solche Probleme hat. Dann haben wir, analog zu den Schwarzen in den USA und ihrem »black is beautiful«, gesagt, alle sind krank und keiner soll glauben, wer gut funktioniert im Getriebe ist besser als derjenige, der Probleme hat. Wir haben also Krankheiten neu definiert: Nicht der Einzelne ist verantwortlich, sondern die bestimmte Lebenssituation in dieser Gesellschaft, die eine Gesellschaft mit Unterdrückung und Ausbeutung ist, in der Familie, in der Schule, am Arbeitsplatz. Die sich manifestiert in der Struktur der Wohnviertel, der Verkehrsverhältnisse, und durch deren Druck der Einzelne in einer gewissen Weise deformiert ist.[19]

Als »Ziel und Etappen« der Arbeit formulierte das SPK

die Aufhebung und die optimale Entfaltung des Einzelnen im Kollektiv; die Schaffung weiterer Kollektive an anderen Orten und die Sozialisierung der SPK-Methoden in bereits bestehenden Organisationen und Gruppen (Multifokaler Expansionismus) und die Aufhebung aller Kollektive in der Allgemeinheit der Sozialistischen Revolution.[20]

Jünschke erläutert:

Wir haben gesagt, es muß ein Weg gefunden werden, die Protestseite des in einem Krankheitssymptom zum Ausdruck kommenden Konflikts zu stärken und das dann wiederum selbst gegen die Ursachen zu wenden. Aus der Krankheit eine Waffe machen, das ist der Anspruch, aus der Wehrlosigkeit, in der der Patient ist, aus dem verachteten Dasein, aus der Vereinzelung, etwas Produktives zu machen, Kollektivität entgegenzusetzen, Handlungsfähigkeit. Und in der Auseinandersetzung, wie handle ich, haben wir uns vorgestellt, daß es immer mehr sozialistische Patientenkollektive gibt, und daß darüber dann eine Kraft entsteht, die andere Verhältnisse schafft. Wir nannten das »Multifokalen Expansionismus.«

Die provozierenden Ansichten über Krankheit und Politik brachte das Kollektiv in Form von »Patienten-Infos« zu Papier, die es zum Teil unregelmäßig, zeitweise aber auch täglich publizierte. Es lieferte damit ein Material, das nicht nur von professionellen Kritikern und den Medien ausgeschlachtet werden konnte. Die Sicherungsgruppe Bonn des Bundeskriminalamtes las ebenso mit[21] wie Landes- und Lokalpolitiker. Ermittlungsberichte und Anklageschriften bekunden, wie ernst die radikalen Parolen genommen wurden.

Das »Patienten-Info« Nr. 1 proklamierte, worum es in der therapeutischen Arbeit gehen sollte:

Genossen! Es darf keine therapeutische Tat geben, die nicht zuvor klar und eindeutig als revolutionäre Tat ausgewiesen worden ist. Hierfür gibt es bereits Kriterien, die wir weiterentwickeln werden. Es darf in den befreiten Räumen nur geschehen, wovon wir sicher wissen, daß es den kämpfenden Arbeitern nützt!
Es lebe der Sieg der Arbeiterklasse!
Das System hat uns »krank gemacht«, geben wir dem kranken System den Todesstoß!«[22]

Niedergang

Die finanzielle Abhängigkeit von der Universität sollte für das Experiment »Sozialistisches Patientenkollektiv« verheerende Folgen haben. Mit den geringen Beiträgen der Mitglieder wären weder Arztgehälter noch freie Rezeptur, also Medikamentenverteilung entsprechend der Poliklinik-Praxis, aufzubringen gewesen.[23] Gegen die Existenzbedrohung, SPK-intern »Liquidierungsstrategie« genannt, praktizierten die Patienten verschiedene Formen des gewaltlosen Widerstands: Am 25. März 1970 drangen neun von ihnen in das Dienstzimmer des Klinikdirektors von Baeyer ein und forderten die Fortführung der freien Rezeptur, am 6. Juli 1970 besetzten 25 das Rektorat und begannen einen Hungerstreik.[24]

Am 9. Juli 1970 faßte der Verwaltungsrat der Universität einen Beschluß zur Stabilisierung des SPK. Die Gruppe sollte an der Heidelberger Alma mater als wissenschaftliches Experiment institutionalisiert werden. Am 18. September 1970 untersagte jedoch Kultusminister Prof. Wilhelm Hahn der Universität, den Beschluß des Verwaltungsrates in die Tat umzusetzen und das Kollektiv durch die

Bereitstellung der Praxisetage weiterhin zu unterstützen. Um die Position der Hochschule gegenüber dem Kultusministerium zu stärken, dem drei Psychiatrieprofessoren (Trokan, von Baeyer, Bochnik) mit negativen Stellungnahmen zur Seite standen, hatte Unirektor Rendtorff drei eigene wissenschaftliche Gutachten (Brückner, Richter, Spazier) bestellt.[25] Diese drei sprachen sich für eine Institutionalisierung aus.

Jürgen Roth faßte später einige der kontroversen Positionen in der Zeitschaft »Publik« zusammen:

Für die Repräsentanten der »herrschenden« Psychiatrie, an der Spitze die Professoren Heinz Häfner und v. Baeyer, waren die Gruppenmitglieder des SPK nicht nur Irre, die sich arbeitstherapeutischer Anpassung in der Klinik entzogen, sondern auch politisch Indoktrinierte, Verkünder einer gefährlichen Heilslehre. Die Therapie im Patientenkollektiv bestand für sie aus Psychoterror, sie waren die »Nachfolger der Hitlertechnik« dadurch, daß die Kranken willenlose Objekte seien, die herhalten mußten, um die revolutionären Ziele von einigen Mitgliedern des SPK zu vertuschen. Professor Bochnik von der Psychiatrischen Klinik in Frankfurt fragte sich sogar, »inwieweit die demokratisch-evolutionäre Gesellschaft ihren revolutionären Untergang fördern soll«.

Professor Holzkamp, Leiter des Psychologischen Instituts der FU Berlin, schlägt dagegen die Vergabe eines Stipendiums der Heinrich-Heine-Stiftung an das SPK vor, »da die Unterstützung des SPK eine humanitäre wie wissenschaftliche Notwendigkeit von äußerster Dringlichkeit« sei.

Dr. Spazier, Facharzt für Psychiatrie und ehemaliger Leiter der Psychiatrischen Poliklinik Heidelberg, hält jede Entscheidung gegen das Patientenkollektiv für eine politische Entscheidung, die wissenschaftlich nicht gerechtfertigt sein kann. »Ein wichtiges Modell in Praxis und Therapie würde lediglich zerstört werden, weil es politisch links sei.«

Professor Peter Brückner, Direktor des Psychologischen Seminars der Technischen Universität Hannover, schreibt in einem Gutachten über das Kollektiv: »Aus der Sicht des Psychologen und Sozialwissenschaftlers kann ich nur dringend empfehlen, dem Patientenkollektiv die materiellen und formellen Bedingungen für seine Arbeit zu garantieren.«[26]

Kultusminister Wilhelm Hahn dagegen, der zugleich Abgeordneter der Heidelberger CDU war, bezeichnete das SPK als »Wildwuchs«, der »nicht geduldet« werden könne.[27] Mit Hahns Äußerung setzte sich das SPK im »Patienten-Info Nr.18« auseinander:

EUTHANASIE: »Wildwuchs, der nicht länger geduldet werden kann.« (Hahn am 9.11.70) (...) Am Abend des 9.11.70, dem 32. Jahrestag der Reichskristallnacht, fand während einer öffentlichen Sprechstunde des Kultusministers von Baden-Württemberg, Prof. Dr. Wilhelm Hahn und 4 Mitgliedern des SPK an der Universität HD eine Unterredung statt. In dieser Unterredung ging es um die augenblickliche, katastrophale Situation von 230 psychisch Kranken, die durch den kultusministeriellen Erlaß vom 18.9.70 und den daraus folgenden juristischen Schritten mit erklärter Liquidationsabsicht verursacht wurde.

Auf die eingehende Darlegung der historischen Entwicklung und augenblickliche Lage des SPK erklärte der Kultusminister von Baden-Württemberg, Prof. Hahn, in dieser Unterredung unter anderem:
Zitat: »Das SPK ist eine Fehlentwicklung von Anfang an...«
»Es ist rein unmöglich, daß das SPK eine Einrichtung der Universität wird, beim SPK handelt es sich um **Wildwuchs, der nicht länger geduldet werden kann...«**
Dazu nehmen wir folgendermaßen Stellung:

Das SPK ist nicht eine Fehlentwicklung von Anfang an, wie es der Kultusminister bewußt fälschlicherweise darzustellen sucht, sondern, auf der Grundlage der Wissenschaft (vgl. die wissenschaftlichen Gutachten von Richter, Brückner, Spazier, die dem KuMi seit langem vorliegen) eine notwendige, zwangsläufige Konsequenz aus den bestehenden Mißständen in der Krankenversorgung in Eigeninitiative der Patienten, wie sie vergleichweise in den USA und England seit langem bestehen. Die Äußerung des KuMi ... kann nur als systematische Pogromhetze und bewußte Liquidierung von psychisch Kranken (= Euthanasie) verstanden werden.[28]

Mit den öffentlich geführten Angriffen verschlechterten sich nicht nur die objektiven Bedingungen für das SPK. Auch Geduld und Souveränität, mit denen Konflikte hätten ausgehalten werden können, schwanden. Tatsächlich radikalisierte sich das SPK mit den zunehmenden existentiellen Schwierigkeiten. Potentielle Bündnispartner wurden vor den Kopf gestoßen, wenn sie nicht bereit waren, sich auch »Patienten« zu nennen, berichtet Klaus Jünschke.[29]

Die Geschichte der Auflösung

Das Kultusministerium erstritt am 14.November 1970 ein erstes Räumungsurteil, das jedoch von Universitätsrektor Rendtorff angefochten wurde. Am 13. Mai 1971 erging das zweite, vollstreckbare, jedoch nicht schriftlich zugestellte, Räumungsurteil.[30] Für einige Patienten begannen mit dem bevorstehenden Verlust der Gruppe dramatische Zeiten. Jünschke nennt den Selbstmord einer Patientin eines der sich nun häufenden Eskalationsmomente:

Eine junge Frau, Marlies hieß sie, brachte sich um. Sie war von mehreren herkömmlichen psychiatrischen Einrichtungen mit der Diagnose »Schizophrenie« als nicht therapierbar aufgegeben worden. Im SPK konnte sie sich stabilisieren, sie fand sogar eine Arbeit. Mit dem herannahenden Frühjahr/Sommer 1971 wurde klar, daß wir es nicht schaffen würden, so viel Solidarität zu mobilisieren, daß wir uns halten können. Sie kam dann wieder in eine Krise und stürzte sich im Heidelberger Wald von einem Turm.

Das SPK entdeckte Parallelen zum Schicksal von Psychiatrie-Patienten in der Zeit des Nationalsozialismus. Klaus Jünschke:

Der Tod von Marlies war eine wichtige Erfahrung für uns alle: Patienten sind in dieser Gesellschaft vernichtenswert und haben kein eigenes Existenzrecht. Da hat sich dann ja auch aus der Identifikation heraus mit dem, was mit Patienten im Dritten Reich in den geschlossenen Anstalten passierte, eine Übersensibilität entwickelt. Also jetzt ist es wieder soweit, wir werden sozusagen bedroht, vernichtet. Und das bedeutet für einige, daß sie in die geschlossene Psychiatrie kommen, weil sie sich im »normalen« Leben nur halten können, weil sie das SPK in der Rohrbacherstraße haben. Da ist immer jemand am Telefon, sie können jederzeit kommen, Tag und Nacht. Wenn das kaputt geht, dann hat das Konsequenzen. Und wenn den Bürokraten das egal ist, dann ist es auch uns egal, welche Folgen unser Protest hat. Wenn ihr uns nicht laßt, dann hilft eben nur noch Gewalt.

Im SPK-Quartier in der Rohrbacherstraße 12 reagierte man auf die Krise mit der Flucht nach vorn: Anstatt der bevorstehenden Auflösung des SPK mit einem Netz von Betreuungsstellen für die Patienten die lebensbedrohliche Schärfe zu nehmen, wurde der militante Widerstand beschlossen. Jünschke:

Wir haben gesagt, wir können nicht verantworten, aus unseren Wohnungen Notadressen zu machen, wo jeder jederzeit hinkommen kann. Sondern wir schlagen zurück. Das war die Endphase des SPK, wir hatten schon aufgegeben, Bündnispolitik zu betreiben. Wer uns nicht von sich aus unterstützt, sagten wir, ist gegen uns, und wer das nicht kapiert, ist ein Rassist.

Daß noch nicht die Gewalt des bewaffneten Kampfes gemeint war, darauf weisen die ersten Bewaffnungsversuche hin. In einem Sportwaffengeschäft erstanden Jünschke und seine Freundin Elisabeth von Dyck zwei frei verkäufliche Luftdruckgewehre und einen Karabiner. Man wollte sich, die Black Panther imitierend, mit der Waffe im Arm vor den Eingängen postieren. Eher symbolisch sollten so die Räume des SPK vor drohendem Polizeizugriff geschützt werden. In den Nummern 49 vom 2. Juli (Titel: »Die Lücken der revolutionären Theorie schließen – die Selbstverteidigung vorbereiten«) und 50 vom 4. Juli 1971 (»Sieg im Volkskrieg hier !!!«) des »Patienten-Info« gab das SPK sein Vorhaben bekannt:

Diese Gewalt und Brutalität kann nur durch Gegengewalt, durch Selbstverteidigung eliminiert werden. Das bedeutet, daß wir uns die Verhältnisse und damit auch uns selbst zum Objekt machen müssen, weil wir eh nur Objekte des Kapitals sind, wenn wir nichts tun. ... Das bedeutet auch, daß wir uns Gewehre kaufen. Jeder hat das Recht, ab 18 Jahren ohne Waffenerwerbsschein Gewehre und Munition zu kaufen und auf Schießplätzen zu lernen, wie man damit umgeht.[31]

An anderer Stelle wird deutlich, daß nicht zur bewaffneten Auseinandersetzung gerüstet wurde:

Wir sind überzeugt, daß eine Konfrontation zwischen revolutionären Kranken und Bourgeoisie zum jetzigen Zeitpunkt nur zu einer blutigen Zerschlagung der proletarischen Kräfte führen muß, zu einer neuen »Pariser Kommune«. Ein großer Teil der Kapitalistenschweine wünscht diese Auseinandersetzung, und genau das ist die Falle, in die man nicht gehen darf.[32]

Der riskante Plan wurde nicht realisiert. Am 13. Juli 1971 zog sich die Gruppe aus den Räumen in der Rohrbacherstraße zurück.[33] Am Tag zuvor war das letzte »Patienten-Info« erschienen. Unter der Überschrift »Dialektik von Krankheit und Knast« heißt es:

...Die innere Schranke (=Krankheit) haben wir in unserer Praxis soweit aufgehoben, daß uns die äußere Schranke (=Gefängnis) nicht schrecken kann. Wir wissen, daß die Justiz unsere Mitarbeit braucht. Sie benötigt Material von uns, um den Unterschied zwischen Schuldigen und Unschuldigen, Kranken und Gesunden, Politischen und Patienten aufrechterhalten zu können[34]

Einige der Aktiven wollten den Therapieansatz des SPK über seine Existenz hinaus retten und gründeten das »Informationszentrum Rote Volksuniversität«, abgekürzt IZRU. Andere schlossen sich dem Heidelberger »Komitee gegen die Folter« an.[35] Die große Mehrheit der Patienten entfloh den abzusehenden Gefahren, wandte sich traditionellen Therapieeinrichtungen zu oder verzichtete auf Behandlung.

Dramatisierung

Die entscheidende Phase der Eskalation hatte am 24. Juni 1971 begonnen. Bei einer nächtlichen Fahrzeugkontrolle in Wiesenbach bei Heidelberg schossen Unbekannte auf einen Polizeiposten, der PKWs zum Anhalten aufgefordert hatte. Dreihundertfünfzig Beamte durchkämmten daraufhin noch in der Nacht die Wälder um Wiesenbach, ohne den Schützen ausfindig machen zu können. Statt dessen erschien anderntags die Polizei beim SPK. Ein Großaufgebot von mehreren Hundert zum Teil mit Maschinenpistolen bewaffneten Beamten durchsuchte die Räume in der Rohrbacherstraße und verschiedene Privatwohnungen. Binnen kurzem schaltete sich eine Sonderkommission der Sicherungsgruppe Bonn in die Ermittlungen ein. Wolfgang und Ursula Huber und sechs weitere Mitglieder des SPK wurden festgenommen.[36]

Unter den Festgenommenen befinden sich die SPK-Sekretärin Susanne Hermighausen und Werner Schork, SPK-Patient, Musiklehrer am Mannheimer Moll-Gymnasium. Die Polizei hatte in ihren Wohnungen falsche Pässe entdeckt, deshalb fällt auf sie der Verdacht der »Unterstützung« der Baader-Meinhof-Leute. Während das Ehepaar Huber und vier Patienten nach dem Verhör gehen können, bleiben Schork und Herminghausen unter verschärften Bedingungen in Untersuchungshaft.

Schon in den ersten Hafttagen wird deutlich, daß für sie nicht die Rechtsgarantie der Unschuldsvermutung gilt. Beiden werden ungewöhnliche Einschränkungen der Kommunikation auferlegt: Werner Schork darf nicht mit seiner Ehefrau sprechen, weil, so das Amtsgericht Heidelberg am 30.6.71,

nach den bisherigen Ermittlungsergebnissen die Gefahr (besteht),daß der Untersuchungsgefangene den Besuch benutzen wird, um Kontakt zu Mittätern und Gesinnungsfreunden herzustellen und Verdunkelung zu betreiben. Ferner ist – wie die Erfahrungen mit dem Sozialistischen Patientenkollektiv und den diesem nahestehenden Personenkreis in jüngster Zeit zeigen – zu befürchten, daß der Besuch zum Anlaß genommen wird, gröblich entstellende Behauptungen über die Anstaltsverhältnisse aufzustellen.[37]

Bei Susanne Herminghausen, der die Planung eines Sprengstoffdelikts vorgeworfen wird, praktiziert das Heidelberger Amtsgericht wegen der Befürchtung der »Aufreizung dritter Personen« eine Radikalzensur. Der Beschluß vom 1.7.71 lautet:

Das Schreiben der U-Gefangenen Susanne Herminghausen vom 29.6.71 an das Sozialistische Patientenkollektiv wird nach fernmündlicher Anhörung der Staatsanwaltschaft Karlsruhe beanstandet, beschlagnahmt und zu den Akten genommen.
Gründe: Der Inhalt des über dreiseitigen Briefes ist zwar zum Teil unverständlich, enthält aber in seiner Gesamtheit eindeutig aggressive politische Bezüge, die in ihrer Grundtendenz zweifelsfrei gegen die verfassungsmäßige Ordnung der Bundesrepublik Deutschland gerichtet sind; dies bedarf keiner weiteren Begründung. Im übrigen wird erkennbar, daß dem Brief bösartige und staatsfeindliche Motive zugrunde liegen. Die Aufreizung dritter Personen ist mit Sicherheit beabsichtigt. Allein die Formulierungen »Denn ein Gefangener schafft 1, 2, 3, 4 Revolutionäre« und »wir sind solidarisch und das heißt Kampf« rechtfertigen

Beanstandungen und Beschlagnahme. Die Entscheidung beruht auf § 119 StPO, Ziff. 34 UVollzO.[38]

Am 16. Juli 1971 wird Klaus Jünschke nach einer Protestaktion gegen die Gefangennahme von Werner Schork und Susanne Herminghausen zum ersten Mal festgenommen. Er hatte seinen Personalausweis, als Anspielung auf die bei Schork und Herminghausen versteckten illegalen Pässe, mit einem Mao-Bildchen ungültig gemacht. Jünschke:

Wir anderen aus dem SPK solidarisierten uns, indem wir aus unseren Ausweisen die Originalfotos entfernten und andere Fotos reinklebten. Wir lebten in einer Zeit der Polizeikontrollen, in der wir täglich damit rechnen mußten, festgenommen zu werden. Wenn das geschieht, hatten wir verabredet, auf Gleichbehandlung zu bestehen. Ich hatte aus meiner kleinen roten »Mao-Bibel« das Mao-Foto von der ersten Seite rausgetrennt und in meinen Paß geklebt. Von meinem Bild hab ich die Ecke mit dem Stempel dringelassen. Sah sehr gut aus, aber war natürlich keine Fälschung, die man übersehen konnte. Das hat viel Heiterkeit auf dem Polizeipräsidium ausgelöst. Die kamen aus allen Sälen und wollten meinen Paß sehen.

Doch die Heiterkeit hält nicht vor; gegen das SPK wird derweil nach § 129 StGB ermittelt. Die Sonderkommission der Kriminalpolizei, eingerichtet nach den Schüssen von Wiesenbach, sieht im Heidelberger Kollektiv eine »kriminelle Vereinigung«. Nach den Ermittlungsakten sollen einige Beteiligte gegen Ende des Jahres 1970 mit der Herstellung von Sprengstoff begonnen haben.[39]

Am 19. Juli 1971 wird das Räumungsurteil vom Mai des Jahres zugestellt, zwei Tage danach das SPK endgültig geräumt. Schutz- und Kriminalpolizei rücken mit drei Hundertschaften und elf Haftbefehlen in der Rohrbacherstraße und einigen Privatwohnungen an. Die betroffenen SPK-Mitglieder, die nach polizeilichem Dafürhalten einem »inneren Kreis« angehören, stünden in »hinreichendem Verdacht«, an zwei versuchten Brandanschlägen beteiligt gewesen zu sein: In der Neujahrsnacht 1971 auf das Psychiatrische Landeskrankenhaus Wiesloch und am 10. März 1971 auf das Finanzamt Heidelberg.[40] Bei den Durchsuchungen stellen die Einsatzkräfte folgende Materialien sicher: »Zwei Gewehre, ein Karabiner 98 K und ein kleinkalibriges Gewehr mit Zielfernrohr, einsatzbereit mit Munition« und »umfangreiches Propagandamaterial des SPK«.[41] Sieben Personen werden festgenommen, darunter die Eheleute Huber, Siegfried Hausner, Kristina Berster und Klaus Jünschke. Laut staatsanwaltschaftlichem Bericht werden bei Huber Grundsubstanzen für die Sprengstoffherstellung sichergestellt. Drei Tage darauf sei, schreibt der Staatsanwalt, in einer Wohnung, die von Frau Huber angemietet wurde, »umfangreiches Beweismaterial« gefunden worden, darunter angeblich abermals Behälter mit Säuren für die Sprengstoffherstellung.[42]

»Geisteskranke ans Gewehr«, schrieb der »Bayernkurier« am 24. Juli 1971, und am 11. August 1971 diffamierte »Quick«: »In Heidelberg probten Irre den Aufstand«.[43] Von besonderem Kaliber aber war, was »Bild am Sonntag« am 22. August 1971 unter der Schlagzeile »Radikale planten Attentat auf Heinemann« brachte:

Unter der Führung von 1000 geschulten Polit-Revoluzzern sollten Stoßtrupps aus Berufsverbrechern im kommenden Jahr Elektrizitätswerke sprengen, Brücken in die Luft jagen, Rathäuser stürmen und die gesellschaftliche Ordnung in der Bundesrepublik zerstören. Der Bundespräsident sollte ermordet werden. Dieser Staatsstreich des Heidelberger Arztes und Chefs eines »Sozialistischen Patienten-Kollektivs«, Dr. Wolfgang Huber (35), wurde gestern aufgedeckt. 260 Schutzpolizisten und 50 Kriminalbeamte hatten den Arzt und dessen Ehefrau Dr. Ursula Huber sowie weitere fünf Rädelsführer Ende Juli verhaftet. Vier Komplicen Hubers konnten fliehen. ... Der Aufstand durch das »Sozialistische Patienten-Kollektiv« war nach den Ermittlungen der Kripo »spätestens bis zur Jahreswende 1972/73« vorgesehen. Wörtlich erklärte ein früheres Mitglied des »Inneren Kreises« vor der Kripo (der Name ist der Redaktion bekannt, wird aber aus Gründen seiner persönlichen Sicherheit nicht veröffentlicht): »Hubers Frau drängte ihren Mann, einen möglichst frühen Zeitpunkt dafür zu wählen, die Macht in der Bundesrepublik zu ergreifen...«[44]

Das war ein Artikel, der sogar im Boom der »Baader-Meinhof-Fahndung« jede Phantasie befriedigen konnte. Wer wollte da noch nach der Zuverlässigkeit des Informanten fragen? Wie maßgeschneidert kommt die Deutung des Staatsanwalts hinterher, mit den Brandanschlagsversuchen vom 1. Januar und 10. März 1971 habe die Gruppe »den Ernstfall geprobt«.[45]

Ihrem vorläufigen Höhepunkt strebt die terroristische Inszenierung zu, als am 21. Oktober 1971 die Staatsanwaltschaft SPK-Verteidiger Eberhard Becker der Komplizenschaft beschuldigt. Staatsanwalt und Kriminalbeamte durchsuchen Büro- und Privaträume des Anwalts und seiner Ehefrau, sowie die Kanzlei des Mitverteidigers Laubscher, wegen des angeblichen Verdachts der »Zugehörigkeit zu einer kriminellen Vereinigung« – ohne Ergebnis.[46] Dennoch wird am 22. November Becker als Verteidiger vom Verfahren ausgeschlossen. Die beiden Mitverteidiger werden acht Tage später ebenfalls ausgeschlossen, weil sie eine gemeinsame Anwaltssozietät betreiben. Den dubiosen Sippenhaftbeschluß vom 30. November begründet das Amtsgericht Karlsruhe mit der »Natur« einer Anwaltssozietät:

Bei der Natur einer Anwaltssozietät, die auf einem engen Vertrauensverhältnis der an ihr beteiligten Rechtsanwälte beruht, läßt sich die Gefahr von Verdunkelungshandlungen des Ausgeschlossenen über die Mitglieder der Sozietät nicht ausschließen, selbst wenn diese nicht bereit sind, derartige Handlungen zu unterstützen.[47]

Sogar ein Kronzeuge steht zur Verfügung. Bereits im Sommer 1971 hatte sich jemand finden lassen, der die Polizei-Theorie vom »Inneren Kreis« der angeblich kriminellen Vereinigung bestätigt: SPK-Mitglied Hans Bachus, der sich wegen einer akuten Enttäuschung von der Gruppe abgewandt hatte. In umfangreichen Aussagen bezeichnet er in den polizeilichen Vernehmungen SPK-Freund Ewald Goerlich als den »Chefideologen« der Gruppe,[48] dementiert aber neun Monate später seine Aussagen. Die Polizei habe ihn unter Druck gesetzt, erklärt Bachus am 15. April 1972 in einem schriftlichen Widerruf:

Zuerst wurde ich von zwei Personen in der Nacht vom 7. auf den 8. Juli 1971, von denen sich eine mir als KOK Wolff herausstellte, vor meiner Wohnung in Heidelberg, Blumenstr. 34, gegen 4.00 Uhr morgens angesprochen. Mir wurde ein Zettel gezeigt, der die Handschrift (dem Anschein nach) der mir ehemals befreundeten Carmen Roll trug. Erst später kamen mir Zweifel an der Echtheit der Handschrift. Sinngemäß stand auf dem Zettel: »Hans weiß zuviel; man sollte sich überlegen, was mit ihm geschehen soll.« Durch Herrn Wolff wurde dieser Zettel als eine unmittelbare Drohung mit Mord bezeichnet. Auch andere Polizeibeamte waren dieser Ansicht. Hierauf wurde ich in »Schutzhaft« genommen und nach Bad Godesberg in das Hotel »Quellenhof« verbracht. Dort wurde ich zwei bis drei Wochen täglich bis zu achtzehn Stunden verhört, das heißt, ich wurde täglich in das Bürogebäude der Sicherungsgruppe Bonn des Bundeskriminalamtes gebracht, bzw. in der letzten Zeit dorthin vorgeladen. ... Ich war während dieser ganzen Zeit der Ansicht, daß nur eine Aussage im Sinne der Polizei mir deren Schutz und Hilfe gegen Angriffe von Kranken aus dem ehemaligen SPK gewährleisten könnte. Außerdem wies mich damals schon Herr Wolff und später auch Herr Textor darauf hin, daß zwischen dem SPK und der sog. Baader-Meinhof-Bande Beziehungen bestünden, sodaß ich auch mit der Rache dieser Gruppe zu rechnen hätte. Nur die Polizei könne mich bei einer Aussage vor dieser Bedrohung schützen.[49]

Mit der Zeit waren Bachus aber Zweifel an der Echtheit der angeblichen Roll-Notiz gekommen, besonders, nachdem die Beamten der Kriminalpolizei seinen Fragen ausgewichen waren. Bachus:

Später, als ich Herrn Textor nochmals nach diesem Zettel fragte, wollte er von ihm nichts mehr wissen. Ich nehme daher an, daß dieser Zettel eine Fälschung war.[50]

Folgen

Zurück zum Juli 1971. Der extreme Verfolgungsdruck, die Haftbefehle und Festnahmen wurden für einige SPK-Mitglieder zum unmittelbaren Anlaß für den Absprung in die Illegalität. Klaus Jünschke, der im Anschluß an sein Verhör im Heidelberger Polizeipräsidium nach Hause gehen durfte, berichtet:

Dann ging alles sehr schnell. Carmen Roll und Gerd Müller waren schon untergetaucht und wurden gesucht. Ich wurde kurz darauf, schon unter konspirativen Bedingungen, beim Spaziergang in Heidelberg angesprochen und eingeladen, zu einem Treffen der RAF nach Frankfurt mitzukommen. Das hab ich getan und lernte dort Jan Raspe, Holger Meins und Ulrike Meinhof kennen. Ja, die haben gesagt, wir brauchen dich. Zunächst mal haben wir hier ne Menge Sachen, die du besser kannst als wir, weil wir als Gesuchte ein größeres Risiko haben. Ich hab »ja« gesagt, mit der vagen Idee, ich könnte dazu beitragen, die Gefangenen zu befreien. Aus dem SPK waren damals über zehn Leute in Haft.

Das war das Ende der ersten Patienten-Selbsthilfeorganisation der Bundesrepublik, der Schlußpunkt einer Ausgrenzung, die angefangen hatte mit der Verweigerung von wissenschaftlicher Auseinandersetzung und praktisch-technischer Hilfe von seiten der Fachkompetenzen und sich fortsetzte in der Feinderklärung der Politiker und einer erbarmungslosen Verfolgung durch Polizei und Justiz.

»Jetzt hilft nur noch Gewalt«, sagten einige SPK-Mitglieder, und so bekam die RAF im Untergrund vertrauenswürdigen Nachschub mit medizinischen Kenntnissen. Jünschke:

Wenn man im Untergrund ist, kann man nicht einfach, wenn man krank ist, zum nächsten Arzt gehen. Oder ins nächste Krankenhaus. Und wenn mal jemand krank wird, richtig

Fieber hat, wo man normalerweise sagen würde, müßte ins Krankenhaus, was macht man da? Da braucht man eben Fachleute. Das war auch ein Grund, überhaupt zu sagen, SPK, das ist ja auf jeden Fall mal etwas, was man sich ansehen muß. Von daher kann man sagen, es gab diesen Zufall des Zusammentreffens von SPK und RAF. Wären die nicht nach Heidelberg gekommen und hätten nicht den Kontakt zu uns gesucht, hätten wir vom SPK uns vielleicht mit kleineren militanten Aktionen gegen die Zerschlagung des SPK gewehrt. Die Situation war zwar aufgeheizt und gewaltbereit, aber daß wir ne eigenständige bewaffnete Gruppe gebildet hätten, das halte ich für ausgeschlossen.

Am 22. Oktober 1971 wird SPK-Mitglied Margit Schiller, der Jünschke in den Untergrund gefolgt war, in Hamburg festgenommen. Mit brutaler Gewalt wird die Psychologie-Studentin, von »Bild am Sonntag« als »Freundin« des Chefs der »Huber-Clique« denunziert,[51] gegen ihren Willen vor Journalisten, Pressefotografen und Kameraleuten des Fernsehens zur Schau gestellt. Zwei Polizisten tragen die Dreiundzwanzigjährige mit Knebelketten gefesselt in den Saal mit den Fotoreportern. Während sich die Frau in den harten Griffen der Beamten windet, wird ununterbrochen fotografiert; ein Polizist versucht ihren Kopf zu heben und reißt ihn an den Haaren nach hinten, ein Fotograf ruft: »Haare aus dem Gesicht!«, Polizistenhände greifen nach Margit Schillers Haaren, bis Polizeipräsident Redding dazwischenfährt und seine Beamten stoppt. Diese »makabren Szenen«[52] drohen dem Ansehen der Polizei zu schaden.[53] Flugs wird der Fototermin beendet und den irritierten Journalisten eine Minute später klar, daß es gar nicht ums Fotografieren gegangen war. Ein Beamter der Presseabteilung versorgt sie mit einwandfreien aktuellen Fahndungsfotos von Margit Schiller, aufgenommen am Vortag im Polizeipräsidium anläßlich ihrer Vernehmung.[54]

Auch SPK-Mitglied Carmen Roll taucht unter. Sie wird am 2. März 1972 festgenommen. Als sie sich gegen die Aufforderung von zwei Kriminalbeamten, dem Arzt und einer Krankenschwester in der JVA Aichach, sich Fingerabdrücke nehmen zu lassen, sperrt, wird sie unter Protest und heftiger Gegenwehr von den beiden Beamten gepackt, auf einen gynäkologischen Stuhl gesetzt und mit Ledergurten an Armen und Beinen gefesselt. In Liegeposition gebracht wirft Carmen Roll den Kopf hoch. Alles weitere übernimmt das Krankenhauspersonal: Die bereits anwesende Krankenschwester fixiert Carmen Rolls Kopf, eine weitere Person überrumpelt sie. Die unbekannte Person schleicht sich an Carmen Roll, die sich inzwischen in höchster Aufregung befindet, mit einer Äthermaske heran. Unter lebensgefährlichen Bedingungen, ohne vorherige beruhigende Medikamentierung, wird die junge Frau betäubt.[55]

So wurde die »Staatsfeindin« besiegt und der Daumenabdruck gesichert. Ein Ermittlungsverfahren gegen den Anstaltsarzt wegen Körperverletzung im Amt wird am 21. August 1972 eingestellt. »Die Beschaffung von Fingerabdrücken der Anzeigeerstatterin als Vergleichsmaterial war in diesem Verfahren dringend erforderlich, um die Ermittlungen erfolgversprechend weiterbetreiben zu können«, schreibt Oberstaatsanwalt Dr. Peischer.[56] – Am 23. Juli 1973 wird Carmen Roll vom Landgericht Karlsruhe wegen »Mitgliedschaft in einer kriminellen Vereinigung, Vorbereitung von Sprengstoffanschlägen u.a.« zu vier Jahren Haft verurteilt.[57]

Gegen zehn Mitglieder eines sogenannten »Inneren Kreises« des SPK erhebt die Staatsanwaltschaft im April 1972 Anklage wegen »Gründung und Beteiligung an einer kriminellen Vereinigung, versuchter Brandstiftung, Sprengstoffherstellung, versuchter Sprengstoffanschläge, Urkundenfälschung und Begünstigung,« weitere zehn stehen unter Verdacht. Offenbar vertraut der Staatsanwalt auf die vorverurteilende Wirkung von Presseberichten, denn er lädt zuerst zur Pressekonferenz, bevor er den Beschuldigten und ihren Verteidigern die Anklageschrift zustellt.[58] Die angeklagten SPK-Mitglieder verweigern jede Art der Kooperation mit der Justiz. In einem Flugblatt heißt es:

Die inhaftierten SPK-Mitglieder haben gegen diese Verfolgung die Solidarität der Aussageverweigerung gesetzt. Mit ihrer Aussageverweigerung dokumentieren sie zugleich ihre Ansicht über die Justiz, der sie unterworfen sind, und die sie doch nicht beugen kann.[59]

Vom 7. November bis 19. Dezember 1972 wird vor dem Landgericht Karlsruhe gegen die zehn SPK-Mitglieder, von denen vier in Untersuchungshaft sind, verhandelt. Werner Schork und Susanne Herminghausen waren im April 1972 von der Haft verschont worden, weil angeblich die Fluchtgefahr inzwischen »nicht mehr so groß«[60] war. Alle Angeklagten sollen dem kriminellen »Inneren Kreis« angehört haben. Das Ehepaar Huber wird wegen »Beteiligung an einer kriminellen Vereinigung, Sprengstoffherstellung und Urkundenfälschung« zu je viereinhalb Jahren Haft verurteilt. Siegfried Hausner erhält eine dreijährige Jugendstrafe wegen »Mitgliedschaft«. Er wird im Dezember 1974 freigelassen und geht in die Illegalität. Werner Schork, der im Februar 1972 wegen seiner Zugehörigkeit zum SPK vom Schuldienst suspendiert worden war, weil für das Oberschulamt Nordbaden »eine auf Hochverrat gerichtete Tätigkeit des ehemaligen SPK inzwischen allgemein bekannt geworden und erwiesen« war,[61] nimmt sich später das Leben. Susanne Herminghausen taucht unter und erscheint fortan auf der Liste der vierzig meistgesuchten Terroristen.[62]

Am 4. Februar 1974 werden Margit Schiller, die nach ihrer ersten Verurteilung vom 9. Februar 1973 zu zwei Jahren und drei Monaten während der Haftverschonung untergetaucht war, und Rechtsanwalt Eberhard Becker, dem u.a. Unterstützung des »Info-Systems« der inhaftierten RAF-Gefangenen vorgeworfen wird, in Hamburg festgenommen. Auch Ekkehard Blenck wird an diesem Tag festgenommen. Er hatte sich nach Holland abgesetzt. Gemeinsam mit acht weiteren Festgenommenen werden sie vom BKA als Mitglieder der ersten RAF-Nachfolgeorganisation, »Gruppe 4.2.«, eingestuft.[63]

Mit der Verhaftung einiger SPK-Mitglieder beginnt für andere SPK-Mitglieder eine neue Praxis: Solidarität mit den Gefangenen, die unter völlig neuartigen Bedingungen inhaftiert sind. Organisiert will ein Teil der nicht inhaftierten ehemaligen SPK-Leute die Öffentlichkeit über die katastrophalen Haftbedingungen in Kenntnis setzen. Zu ihnen gehören Hanna Krabbe, Siegfried Hausner, Lutz Taufer,

Sieglinde Hofmann und Elisabeth von Dyck, die mit Klaus Jünschke in Heidelberg zusammengelebt hatte. In der Folge erfahren sie, wie viele andere aus den Solidaritätsgruppen und »Anti-Folter-Komitees«, Ohnmacht und Wirkungslosigkeit der Öffentlichkeitsarbeit. Sie geraten in das Zentrum eines in der Geschichte der Bundesrepublik beispiellosen Kesseltreibens und damit in einen Ausnahmezustand, der ihr Alltagsleben völlig bestimmt. Sie werden verdächtigt, in großem Stil offen überwacht, ihre Wohnungen immer wieder durchsucht. Sie werden denunziert und inhaftiert, ihre Angehörigen von Observationsgruppen der Sonderpolizeikommandos bedrängt und beschattet. Den kurzen Schritt aus der Belagerung in die Illegalität unternimmt Elisabeth von Dyck, die fünf Jahre lang ihren Verlobten Klaus Jünschke regelmäßig im Gefängnis Zweibrücken besucht hatte, im August 1977. Weniger als zwei Jahre später ist Elisabeth von Dyck tot. Beamte eines Nürnberger Sonderkommandos, darauf vorbereitet, mit einer der angeblich »gefährlichsten Terroristinnen« konfrontiert zu werden, erschießen sie am 4. Mai 1979 von hinten beim Betreten ihrer Wohnung. Auf Fragen eines Fernsehreporters erklärt der Nürnberger Polizeichef: »Sie muß versucht haben, noch die Waffe zu ziehen.«[64] Den tödlichen Schuß bewertet er als »Bombenerfolg« für die Nürnberger Polizei.[65] Zwei Tage nach dem Tod der Frau gibt die Bundesanwaltschaft gegenüber Journalisten zu, ein »dringender Tatverdacht, der zur Ausstellung eines Haftbefehls gegen sie gereicht hätte, habe ... nicht bestanden.«[66]

Vierzehn Tage vor ihrem Tod hatte sich Elisabeth von Dyck mit einigen RAF-Mitgliedern im Jemen aufgehalten. Zugegen war auch Peter-Jürgen Boock. Jahre danach erinnert sich Boock an eine für Untergrundbedingungen ungewöhnliche Äußerung Elisabeth von Dycks: »Meine Waffe ist für mich wertlos, ich könnte sie nie gegen jemand benutzen.«[67]

Am 24. April 1975 beteiligen sich die vier ehemaligen SPK-Mitglieder Lutz Taufer, Hanna Krabbe, Siegfried Hausner und Bernhard Rössner gemeinsam mit Ulrich Wessel und Karl-Heinz Dellwo an der Besetzung der deutschen Botschaft in Stockholm. Die Gruppe nennt sich »Kommando Holger Meins«, sie nimmt zwölf Geiseln und fordert die Freilassung von 26 in bundesdeutschen Gefängnissen inhaftierten RAF-Genossen. Um ihren Forderungen Nachdruck zu verleihen erschießen sie zwei Botschaftsangehörige, den Militärattaché Andreas von Mirbach, später den Wirtschaftsattaché Heinz Hillegaart. Freigepreßt werden sollten nicht nur Andreas Baader, Gudrun Ensslin, Ulrike Meinhof und Jan-Carl Raspe, sondern auch ein paar Heidelberger: Rechtsanwalt Eberhard Becker, Klaus Jünschke, der am 8. Juli 1972 in Offenbach festgenommen worden war, Carmen Roll und Margit Schiller.

Am 25. April ist die Aktion beendet. Das Botschaftsgebäude explodiert, Ulrich Wessel kommt dabei ums Leben, Siegfried Hausner erleidet schwere Verbrennungen, wird aber ungeachtet seines lebensgefährlichen Zustands in die BRD transportiert. Er stirbt am 4. Mai 1975 in der JVA Stuttgart-Stammheim. Taufer, Krabbe, Rössner und Karl-Heinz Dellwo werden festgenommen. Am 20. Juli 1977 bestraft sie das Oberlandesgericht Düsseldorf mit jeweils zweimal lebenslanger Haft.[68]

8. Klaus Jünschke

Gefangennahme

Am 8. Juli 1972 werden bei einer Großaktion der Polizei in Offenbach zwei RAF-Mitglieder festgenommen: der 24 Jahre alte Klaus Jünschke und die 25 Jahre alte Irmgard Möller. Am Blumenkiosk vor dem Offenbacher Stadtkrankenhaus wird als erster Jünschke von Polizeibeamten gegriffen, die schon seit mehreren Stunden auf den Ruhebänken vor dem Krankenhaus und in der Nähe des Kiosks gewartet hatten, zwei Stunden später Irmgard Möller. Kriminaloberrat Textor geht auf Jünschke zu, zieht seine Dienstwaffe und ruft »Polizei«; Polizisten der Sonderkommission ziehen ihm von hinten die Beine weg, Jünschke schimpft und wehrt sich, aber Textor hält ihm die Pistole an den Hals. Im Verlauf der Rangelei verliert Jünschke seine Kollegmappe und heraus rutscht eine Waffe. Später wird ihm die vierte Strafkammer des Kaiserslauterner Landgerichts dafür vier Jahre und zehn Monate extra verpassen. Noch später muß diese Zusatzstrafe zum »lebenslänglich« als Argument dafür herhalten, daß Jünschke nicht nach fünfzehn Haftjahren entlassen werden kann.[1]

Den Fahndungserfolg verdankt die Polizei Hans-Peter Konieczny, einem knapp zwanzig Jahre alten Drucker, der die RAF mit gefälschten Papieren und Dokumenten versorgt hatte. Er war von der Polizei am Vortag festgenommen, unter Druck gesetzt und »umgedreht« worden.[2]

Nur wenige Wochen vor Jünschke, am 15. Juni 1972, war Ulrike Meinhof verhaftet worden, am 1. Juni 1972 hatte die Polizei Andreas Baader, Holger Meins und Jan-Carl Raspe und am 7. Juni 1972 Gudrun Ensslin gefaßt. Alle waren vor ihrer Festnahme als »besonders brutale Gangster« öffentlich vorverurteilt, auch Klaus Jünschke. Jünschke war ferner als möglicher Baader-Nachfolger[3] und als »Bankräuber von Kaiserslautern« gehandelt worden.[4]

Klaus Jünschke im Interview, einige Monate vor der Haftentlassung:

Daß ich der Bankräuber von Kaiserslautern sein soll, das hat mich schon begleitet, als wir noch draußen waren. Und mit dieser Darstellung, wir würden sofort von der Schußwaffe Gebrauch machen, zeichneten sie ein Bild von uns, als wären wir Monster. Das war eben so, das gehörte zu den Bedingungen, daß man in dieser Gesellschaft nicht gegen den Staat kämpfen und dennoch erwarten kann, von den Medien nicht zum Feind erklärt zu werden.[5]

Jünschke wird in die Justizvollzugsanstalt Zweibrücken eingeliefert. Dort, so glaubt er, werde er im Laufe der Verhöre gefoltert werden. Es gab am Beginn des »bewaffneten Kampfes« der RAF keine Erfahrungen mit dem Verhalten der staatlichen Verfolger in Polizei und Justiz. Die Gruppe hatte sich mit ihren Aktionen an den Tupamaros orientiert – deshalb lag die Befürchtung nahe, die Justiz werde, wie in Lateinamerika, versuchen, mit Hilfe der Folter an Geständnisse und vor allem an Namen zu kommen.

Was Jünschke dann erlebt, ist anders geartet. Es gibt weder nächtliche Verhöre noch Schläge auf die Fußsohlen. Stattdessen Kontaktverbot, Abschirmung vom Anstaltsleben, Neonlicht bei Tag und Nacht in der neun Quadratmeter-Zelle, ein verkettetes Zellenfenster, das sich nur einen Spaltbreit öffnen läßt, und das alles, wie es heißt, aus »Sicherheitsgründen«. Permanenter Kopfschmerz und die Angst, wegen des Sauerstoffmangels ersticken zu müssen, machen Jünschke schwer zu schaffen. Bis zum Juli 1973 bleiben Anträge und Beschwerden der Verteidiger gegen die Fensterkette erfolglos, wo doch keiner ernsthaft daran glauben kann, dem Gefangenen könnte die Flucht durch ein geöffnetes Fenster gelingen: Vor dem Fenster befinden sich dicke Betonstreben. Hier kommt kein Mensch heraus.[6]

Als Jünschke nach drei Jahren Sonderhaftbedingungen vor Gericht gestellt wird, ist er »kaputt durch die Haft«:

Das ging manchmal bis zur Sprachlosigkeit. Bis zur Unfähigkeit, sich zu artikulieren.

Die Staatsanwaltschaft wirft Jünschke[7] Mittäterschaft bei einem Überfall auf die Kaiserslauterner Bayerische Hypotheken- und Wechselbank am 22. Dezember 1971 vor, bei dem der Polizeiobermeister Herbert Schoner erschossen worden war, außerdem Mittäterschaft an dem Bombenanschlag auf das 5. US-Corps im IG-Farben-Hochhaus in Frankfurt/Main am 11. Mai 1972, bei dem der Oberstleutnant Bloomquist von einem Bombensplitter tödlich getroffen wurde. Von dem zuletzt genannten Vorwurf wird Klaus Jünschke am 2. Juni 1977 freigesprochen.[8]

Bildererkennung

An dem Überfall auf die Bayerische Hypotheken- und Wechselbank in Kaiserslautern waren nach Zeugenaussagen sechs Personen beteiligt. Fünf sollen im Gebäude gewesen sein, eine soll im Fluchtfahrzeug gewartet haben.[9] Die fünf Räuber hatten sich mit einheitlich grünen Parkas und über die Gesichter gezogenen Wollmützen unkenntlich gemacht, was dazu führte, daß die Angaben der Augenzeugen – Bankangestellte und Passanten – praktisch unbrauchbar waren. Einige versuchten sich im Schätzen von Körpergröße, Geschlecht und Stimme, andere glaubten, nachdem sie sich bei der Polizei Fahndungsfotos angesehen hatten, eine ganze Reihe der bekannten Gesichter der »Baader-Meinhof-Gruppe« wiederzuerkennen. Ulrike Meinhof und Holger Meins sollen dabei gewesen sein, ebenso wie Klaus Jünschke und Manfred Grashof. Mitunter überschlugen sich Vorurteil, Phantasie und Zeugeneifer. Einer sagte:

Ich habe mir immer in den Kopf gesetzt, nachdem ich das Bild gesehen habe, der Grashof war der Fahrer von dem Fahrzeug...[10]

Es war die Zeit, in der die »Baader-Meinhof-Fahndung« für die einen zum täglichen Nervenkitzel und für die anderen zur Abendunterhaltung geworden war.

Daß manche Zeugen in dieser Situation glauben, das Abenteuer ihres Lebens überstanden zu haben, bleibt nicht aus. Eine Zeugin fürchtet, »eines Tages umgebracht zu werden«, weil sie der Meinung ist, eine »Kronzeugin« der Anklage zu sein,[11] von einer anderen wird berichtet, sie sei nach dem Überfall »unverständliche Worte stammelnd durch die Straße getorkelt«.[12] Von »Identifizierung« konnte unter diesen Umständen keine Rede sein.

Doch das Gericht hat mit den unbrauchbaren Angaben vom Tattag keine Probleme:

Daß jedoch der Angeklagte Jünschke an der Durchführung des Banküberfalls unmittelbar und der Angeklagte Grashof zumindest im Stadium der Vorbereitungen als Helfer beteiligt war, steht aufgrund der weiteren in der Hauptverhandlung erhobenen Beweise zur Überzeugung des Gerichts aus den nachstehenden Gründen fest.[13]

Die »nachstehenden« erwiesen sich allerdings als sehr kümmerliche Gründe. Im einzelnen bestand die Verlegenheitsrechnung, die nur aufging, weil Terroristen als Täter vermutet wurden, aus:

a) einer Wohnung von RAF-Mitgliedern im Kaiserslauterner Almenweg, vom Gericht »Stützpunkt der Täter«[14] genannt, in der sich nach Ansicht der Richter Ulrike Meinhof und Klaus Jünschke aufgehalten hatten. – Jünschke war tatsächlich in der Wohnung Almenweg. Aber mußte er deshalb ein Bankräuber sein? War er infolgedessen notgedrungen Mittäter eines Polizistenmordes?

b) Beobachtungen zweier Kaiserslauterner Bürger, einer Frau Schmidt und eines Herrn Meier,[15] vor dem Tattag.

c) Einem Wiedererkennungsverfahren knapp elf Monate nach der Tat.

Zum Beweismittel »Almenweg« ist nichts weiter zu sagen, aber umso mehr zu den Wiedererkennungszeugen. Am 11. Januar 1972 melden sich die beiden Kaiserslauterner Bürger Schmidt und Meier bei der Polizei. Tags zuvor, am 10. Januar, hatten beide in ihrer Tageszeitung, der »Rheinpfalz«, einen Bericht gelesen mit dem Titel: »Kaiserslautern: Verbrecher eingekreist«, in dem auch ein Fahndungsfoto von Jünschke zu sehen war. Den Mann auf dem Foto glauben beide schon einmal, und zwar vor Wochen, in der Karlruher Innenstadt gesehen zu haben.

Den Beamten auf dem Polizeirevier gibt der 43 Jahre alte Zeuge Meier zu Protokoll, bei welcher Gelegenheit er dem mutmaßlichen Bankräuber begegnet sein will. Am frühen Morgen des 20. Dezember 1971, zwei Tage vor dem Banküberfall, sei er, Meier, in die Stadt gegangen, um Weihnachtsgeschenke einzukaufen. Zwischen acht Uhr und acht Uhr zehn sei ihm in der Fackelstraße, vor der Bayerischen Hypotheken- und Wechselbank, ein PKW im Halteverbot mit laufendem Motor aufgefallen. Meiers Interesse galt den Angeboten im Schaufenster eines Porzellangeschäfts neben der Bank. Er muß die Straßenseite wechseln, kommt auf dem Weg zur Porzellan-Auslage an dem vorschriftswidrig parkenden PKW vorbei und wirft einen Blick auf die beiden Insassen, Fahrer und Beifahrer. Alsdann setzt sich der PKW mit quietschenden Reifen in Bewegung.

Die Beamten legen dem Zeugen eine Lichtbildmappe mit Fotos von RAF-Mitgliedern vor. Auf dem Foto in der Mappe sieht Klaus Jünschke genauso aus wie auf dem Foto in der Zeitung. Meier ist sicher: Das ist der Mann im Auto vor der Bank.

Psychologen nennen das, was Meier unterlief, einen »unbewußten Transfer«.[16] Das heißt: Der Zeuge glaubte, auf dem Fahndungsfoto aus der Lichtbildmappe den PKW-Fahrer von der Fackelstraße wiederzuerkennen. In Wirklichkeit hatte er den vermeintlichen Bankräuber vom Foto in seiner Tageszeitung wiedererkannt. Alltägliches Zeugenschicksal, aber von welcher Brisanz in der Terroristenhysterie!

An jenem Morgen, an dem Meier Geschenke kaufen wollte, hatte es laut Wetterbericht gegen halb sieben zu regnen begonnen. Es regnete mit einigen kurzen Unterbrechungen noch bis zum Vormittag. Die Sicht war schlecht morgens um acht, der Himmel tiefverhangen, es war noch ziemlich dunkel. Der Zeuge entsinnt sich, daß die Scheiben des verdächtigen PKW beschlagen waren, dennoch will er einen kurzen Moment lang durch den Wischerbereich in ein Gesicht geblickt – und Klaus Jünschke gesehen haben.[17]

Am 30. November 1972 wiederholt Meier seinen unbewußten Transfer, als ihm in zwei Durchgängen Klaus Jünschke gegenübergestellt wird. Jünschke im Interview:

Ich wurde für die Gegenüberstellung zwangsrasiert und zurecht gemacht, damit ich aussehe wie auf den Fahndungsphotos. Fünf Beamte hielten mich fest, an jedem Bein und an jedem Arm war einer, und einer hat von hinten meinen Kopf gehalten und mit dem Daumen auf meine Nase gedrückt, bis ich Ruhe geben mußte. Dann bin ich rasiert worden. Ich hab noch versucht, dem Frisör ins Gesicht zu spucken, das war schon alles sehr irre. In mehreren Durchgängen wurden wir dann den Zeugen gegenübergestellt, einfache Leute, die von der Hysterie, die damals herrschte, angesteckt worden waren. Das war ja ein Ereignis für Kaiserslautern, dieser Banküberfall.

In beiden Durchgängen identifiziert Meier den »richtigen«: Klaus Jünschke. Der hatte sich – erstens – so benommen, wie sich nur ein Beschuldigter benehmen konnte: er tanzte als einziger aus der Reihe, wehrte sich gegen seine Vorführung, während sich die Vergleichspersonen, sämtlich Polizisten, entweder ruhig vorführen ließen oder Jünschkes Verhalten wenig überzeugend zu kopieren versuchten. Zweitens hatte sich Jünschke am Vortag die Haare unübersehbar angesengt. Es war also kein Problem für einen Zeugen, auch im zweiten Durchgang den »richtigen« herauszufinden. Diese »Wiedererkennung« konnte nicht schief gehen.

In der Hauptverhandlung wird Meier gefragt, wen er wiedererkannt habe: »Haben Sie das Foto aus der Mappe, die Ihnen gezeigt wurde, wiedererkannt, weil Sie das Fahndungsfoto (in der Zeitung, M.O.) nun gesehen hatten oder weil Sie sich an den Fahrer erinnert haben?« Der Zeuge antwortet: »Nein, weil ich mich auch an den Fahrer erinnert habe.«[18] Steckte darin nicht eine unüberhörbare Relativierung? Erlaubte nicht das ausdrückliche »auch« den Umkehrschluß, daß es ohne Foto nicht geklappt hätte?

Doch den Richtern war geholfen.

Daß er (Meier, M.O.) sich dabei nicht von dem in der Zeitung vorher gesehenen Bild, sondern von den tatsächlichen Gesichtszügen des beobachteten Fahrers leiten ließ, hat der

Zeuge glaubhaft zum Ausdruck gebracht. Es besteht daher kein Anlaß, die Zuverlässigkeit seiner Beobachtungen und anschließende Identifizierung in Zweifel zu ziehen.[19]

Kein Anlaß bestand deshalb, weil sich niemand für eine ernsthafte Prüfung des Beweiswerts, der wissenschaftlichen Kriterien zufolge gleich Null war, interessierte.[20] Nicht viel anders verhielt es sich bei der Zeugin Schmidt. Was sie erlebt hatte und wie aus ihrer harmlosen und alltäglichen Beobachtung ein Beweismittel wurde, mit dem Richter ein »lebenslänglich« begründeten, muß zu denken geben.

Die Zeugin Schmidt war Anfang Dezember 1971 – den genauen Tag erinnerte sie nicht – in der Kaiserslauterner Innenstadt unterwegs. Als Wochen später Fahndungsfotos im Fernsehen gezeigt werden und tags darauf die »Rheinpfalz« das Foto vom angeblichen Bankräuber bringt, meint Frau Schmidt, sich zu erinnern. Den Mann aus der Zeitung glaubt sie schon einmal gesehen zu haben, und zwar bei jenem Spaziergang vor vier bis fünf Wochen. Frau Schmidt geht zur Polizei.

Den Beamten beschreibt sie den Mann, der ihr, wie sie berichtet, beim Fotografieren von Straßenzügen aufgefallen war, als etwa einmetersechzig bis einmetersiebzig groß. Daß Klaus Jünschke diese Person um zwanzig Zentimeter überragt, kann sie nicht wissen. Die Beamten zeigen ihr die Lichtbildmappe, sie erkennt Klaus Jünschke und behauptet, er sei der Fotograf. Tatsächlich war es ihr ergangen wie dem Zeugen Meier: Ihr Gedächtnis hatte nicht den beobachteten Mann, sondern den im Zusammenhang mit Fahndungsfotos als Bankräuber bezeichneten Jünschke abgerufen. Sie konnte Klaus Jünschke unmöglich Anfang Dezember in Kaiserslautern gesehen haben, weil der sich in der fraglichen Zeit bei Bekannten im Ruhrgebiet aufhielt.[21]

Weiter geht es wie gehabt: Bei der Gegenüberstellung steckt Frau Schmidt schon so sehr in den Fängen ihres »unbewußten Transfers«, daß sie, nachdem sie Jünschkes Länge von 1,84 Meter bemerkt, den Größenunterschied zu deuten versucht. »Männer sind ja an sich groß«,[22] sagt sie zur Erklärung. Das reicht den Richtern ebenfalls.

Wir wollen sehen, was die beiden Zeugen für die Wahrheitsfindung hergaben. Zu fragen ist: Warum sollte Jünschke in Kaiserslautern die Straßen fotografieren? Weshalb sollte er zwei Tage vor dem Überfall im Halteverbot vor der Bank parken?

Das Gericht:

Er hat die Fluchtwege ausgekundschaftet und zwei Tage vor der Tat noch eine Probefahrt durchgeführt.[23]

Und wie kann ein 1,60 bis 1,70 großer Fotograf identisch sein mit dem 1,84 Meter großen Angeklagten? Indem behauptet wird, in beiden Fällen handele es sich um »Durchschnittsgrößen«.[23]

Zuletzt: Wie wird aus einem Mann, der angeblich beim Fototgrafieren und beim Parken beobachtet wurde, ein Mörder? Durch die zweifelhafte Konklusion, daß, wer auskundschaftet, auch Täter ist. In diesem Fall Mittäter am Polizistenmord.

Das Urteil folgert:

Diese Überzeugung des Gerichts beruht darauf, daß Jünschke schon bei der Vorbereitung des Banküberfalls eingeschaltet war... Aufgrund dieser Umstände steht für das Gericht fest, daß die Ortskenntnisse des Angeklagten bei der Tatausführung auch verwendet wurden, und zwar auf die Weise, daß Jünschke am eigentlichen Tatort eingesetzt wurde; denn so konnten seine Ortskenntnisse am wirkungsvollsten genutzt werden.[25]

Verurteilung ganz ohne Fakten ist nach der Rechtsordnung nicht erlaubt, so bleibt verurteilungsentschlossenen Richtern nur die zweckrationale Konstruktion.

Von Schuld oder Unschuld

Die wirkliche Geschichte ist bis heute nicht bekannt. Mit Klaus Jünschke jedenfalls hatte die Staatsanwaltschaft den falschen angeklagt. Dennoch verteidigt sich Jünschke vor Gericht nicht, aus verschiedenen Gründen. Da ist zunächst seine körperliche Verfassung. Jünschke hat, als am 2. September 1975 der Prozeß vor der vierten Strafkammer des Landgerichts Kaiserslautern beginnt, mehr als drei Jahre Untersuchungshaft unter extremen Bedingungen hinter sich.[26] Schwere Kreislaufstörungen sind die Folge. Beim Duschen muß sich Jünschke, trotz starker Kreislaufmedikamente, auf den Boden der Wanne setzen. Tut er das nicht, kippt er um. Das Alleinsein hat ihm alle Energie geraubt. Oft ist Jünschke am Ende, und nur mit größter Disziplin kommt er durch diese, wie er sagt, »mörderische Zeit«. Zweieinhalb Jahre war er der Tortur der Einzelisolation ausgesetzt, das bedeutet vierundzwanzig Stunden allein sein am Tag, über Jahre in einem sozialen Vakuum leben müssen, keine Möglichkeit, spontan zu sein, lebendig zu sein, zu kommunizieren. Bis zum Prozeßbeginn hatte er nur seinen Angehörigen schreiben, nur von Angehörigen besucht werden dürfen, zu Anfang eine halbe Stunde, später eine Stunde pro Monat. Und das jahrelang unter Bedingungen, die jede der 720 Stunden eines Monats endlos werden lassen. Zur Vorbereitung der Verhandlung sieht er nach zweieinhalb Jahren Alleinsein zum erstenmal seine beiden Mitangeklagten Manfred Grashof und Wolfgang Grundmann. Erlaubt wird eine Stunde täglicher Gemeinschaftshofgang, bei strengster Abschirmung vom Allgemeinbereich der Anstalt. Aber das ist keine Erholung. Es kommen Zeiten, in denen diese Stunde zur zusätzlichen Belastung wird.

Wir waren manchmal so unter Spannung, daß wir gesagt haben, du gehst die Woche morgens mal allein in die Freistunde, und ich geh nachmittags. Damit wir uns nicht sehen. Um uns nicht weh zu tun. Kleingruppe, das ist eine andere Form von Isolation. Aber kein Vergnügen.

Mehrfach hatten die RAF-Gefangenen mit Hungerstreiks versucht, normale Haftbedingungen für sich durchzusetzen. Im November 1974, im Verlauf des dritten Hungerstreiks, war Jünschke in Lebensgefahr geraten.[27] Sein Körpergewicht war um ein Drittel reduziert, am 11. November fand der untersuchende Arzt Dr. Jacobs einen »stark abgemagerten« Patienten mit »deutlichem Azetongeruch in der Atemluft vor – ein Zeichen dafür, daß körpereigenes Eiweiß in erhöhtem Maße abgebaut wird.« Obwohl Jünschke zwangsernährt wurde, drohte ihm der Hungertod. Sein Arzt stellte fest, daß die Menge der Nährlösung im Gefängnis zum Überleben nicht ausreicht und drängte auf sofortige Einweisung in ein Krankenhaus. Erst zwei Tage danach, Jünschke war bereits stimmlos, wurde die ärztliche Forderung erfüllt. Mehrere Kliniken in der Umgebung von Zweibrücken, die städtischen Krankenhäuser Kaiserslautern und Pirmasens und eine Klinik in Ludwigshafen hatten wegen der enormen Sicherheitsauflagen des Bundeskriminalamtes die Aufnahme abgelehnt. Das BKA wollte zweihundert teilweise mit Maschinenpistolen bewaffnete Beamte in und um die Klinik postieren: Bedingungen, die den Klinikbetrieb lahmgelegt hätten. Erst mit Nachdruck, nämlich mit der Drohung, den Haftbefehl aufzuheben, bewegte der zuständige Richter das Justizministerium Rheinland-Pfalz dazu, Jünschkes Verlegung in die Mainzer Universitätsklinik anzuordnen. Per Hubschrauber wurde Jünschke in Mainz eingeliefert.[28]

Die Qual war vergebens, es gab keine Änderung der Haftbedingungen, weder Normal- noch Gruppenhaft.

Infolge seiner Erschöpfung ist Jünschke mit dem Geschehen im Verhandlungssaal überfordert. Die Anträge seiner Verteidiger, das Verfahren wegen der »menschenunwürdigen und lebensgefährdenden Haftbedingungen« einzustellen, lehnt das Gericht mit der Begründung ab, die Angeklagten hätten »sich vorsätzlich und schuldhaft in diesen Zustand versetzt«. Im Urteil heißt es dazu später:

Nach den Gutachten der Sachverständigen Prof. Dr. Frey, Dr. Kreiter und Stöwsand ist die beschränkte Verhandlungsfähigkeit eine Folge der Haftbedingungen. Diese haben die Angeklagten sich selbst zuzuschreiben. Ihre besondere Gefährlichkeit hat sich noch in der Untersuchungshaft gezeigt, in der sie noch ihre verfassungswidrigen Ziele weiterverfolgten.[29]

Die Richter hatten bequemen kombiniert, daß, wer gegen seine Haftbedingungen mit Hungerstreik protestiert, die Fortsetzung der Sonderhaft selbst zu verantworten und infolgedessen seine Gesundheitsstörung »vorsätzlich und schuldhaft«[30] selber herbeigeführt habe. Damit hatten sie sich in Widerspruch zu anerkannten Gutachtern begeben, wie dem Oberarzt der Medizinischen Klinik des Städtischen Krankenhauses Kaiserslautern, Dr. H. Kreiter. In seiner Beurteilung heißt es:

Bei den drei Untersuchungsgefangenen Grashof, Grundmann und Jünschke werden folgende übereinstimmende Diagnosen gestellt:
1. Ausgeprägte vegetative Regulationsstörungen mit hypotoner Kreislaufstörung
2. Psycho-physischer Erschöpfungszustand
3. Untergewicht.
... Unter Berücksichtigung aller aufgeführten Daten ergeben sich somit meines Erachtens keine Hinweise auf eine wesentliche Mitverursachung des derzeitigen Gesundheitszustandes durch den vor zehn Monaten abgebrochenen Hungerstreik. Da, wie bereits mehrfach ausgeführt, auch keine anderen organischen und psychischen Erkrankungen vorliegen, liegt meines Erachtens die Ursache der festgestellten Gesundheitsstörungen in den Haftbedingungen. Die Angeklagten sind seit 45 bzw. 41 Monaten in Untersuchungshaft. Sie befinden sich seither in einer ungewöhnlich strengen Isolierung. Die in anderen Haftanstalten übliche

Kommunikation mit den übrigen Untersuchungsgefangenen entfällt, die Teilnahme an sämtlichen Gemeinschaftsveranstaltungen einschließlich Gottesdienst wird nicht gestattet. Die Zellen der Untersuchungsgefangenen in Zweibrücken sind durch spezielle Gitter vor den Fenstern gesichert...[31]

Ebenso hatte sich der Gutachter Dr. Folker Stöwsand geäußert:

Es handelt sich bei den drei Gefangenen um eine schwere vegetative Dysregulation mit Hypotonie und hypotonen Regulationsstörungen sowie um einen körperlich-psychischen Erschöpfungszustand. Bei den drei Gefangenen fällt im Gespräch nach einer Dauer von zwei bis drei Stunden ein schneller Verlust der Konzentrationsfähigkeit auf, der sich im Nachlassen der Aufmerksamkeit und Teilnahmebereitschaft sowie Gedächtnis- und Artikulationsschwäche äußert. Für Jünschke und Grundmann mußte die Auskultation (Abhören von Geräuschen, die im Körperinnern entstehen, M.O.) wegen Kollapsgefahr abgebrochen werden, ein für den Kliniker völlig ungewöhnliches Ereignis. Kreislaufverhalten und angegebene Beschwerden deuten vorwiegend auf vegetative Dysregulationsstörungen.[32]

Am 9. Mai 1976, acht Monate nach Prozeßbeginn in Kaiserslautern, wird Ulrike Meinhof in der Justizvollzugsanstalt Stuttgart-Stammheim tot aufgefunden. Zutiefst erschüttert macht Klaus Jünschke den für ihre Haftbedingungen zuständigen Richter, den Vorsitzenden des Stammheimer Verfahrens, Theodor Prinzing, verantwortlich. Im Juli 1976 – Jünschke ist als Zeuge in Stammheim geladen – springt er auf den Richtertisch und will Prinzing ohrfeigen.

Ich habe das getan, weil er verantwortlich war für ihren Tod. Hätte sie normale Haftbedingungen gehabt, wäre das nicht passiert. Ich hab das gemacht als Aussage sozusagen, weil ich nicht reden konnte. Ich bin dann noch mal geladen worden, eine Woche später. Da habe ich wieder nicht reden können.

Doch danach hat keiner gefragt. Der Sprung beweise, heißt es später im Urteil, seine »von fanatischem Haß geprägte Einstellung gegen den Staat und seine Einrichtungen«.[33]

Der Himmel voller Galgen

Jünschke hatte auch ein Motiv, sich nicht zu verteidigen: Er hielt sein eigenes Verfahren für nicht so wichtig. Von allererster Bedeutung war für ihn der Prozeß gegen die RAF-Gründer in Stuttgart-Stammheim, und dorthin schickte er seine Vertrauensverteidiger. In Stammheim bestand aufgrund des relativ großen Interesses der internationalen Medien die größte Chance, das Selbstverständnis der Gruppe transparent zu machen.

Andreas Baader an die inhaftierten Freunde im Brief vom 8. Juni 1974:

daß wir über strategie und politik der raf (was dazu in prozessen zu sagen ist) grundsätzlich nicht in jeder dieser veranstaltungen reden – weil es sinnlos ist – sondern nur in einem prozeß: in stuttgart.[34]

Außerdem hatte sich dort die Situation zugespitzt. Mit Hilfe konstruierter Anschuldigungen war in Stammheim ein Verteidiger nach dem anderen ausgeschlossen worden. Jünschke:

Man mußte damit rechnen, daß es dem Gericht gelingen wird, alle Anwälte rauszuwerfen. Dann wäre die Verteidigung erledigt gewesen. In dieser Lage haben wir entschieden, daß sämtliche Anwälte, die verfügbar sind, nach Stammheim gehen sollen. Aber unsere Anwälte weigerten sich. Sie wollten in Kaiserslautern bleiben und uns verteidigen. Da haben wir gesagt, wenn ihr das tut, entziehen wir euch das Mandat. So haben wir sie praktisch verjagt. Das Gericht hat sie später entpflichtet, weil sie ihr Mandat nicht mehr wahrnahmen, und der Prozeß konnte wegen der Anwesenheit der Zwangsanwälte, die aber nichts wußten, ganz einfach fortgeführt werden. Das spielte sich etwa ein halbes Jahr nach Prozeßbeginn ab. Die Beweisaufnahme hatte gerade begonnen.

Den Rest der Hauptverhandlungszeit verbringt Jünschke, nicht willens, von der desolaten Beweislage zu profitieren, auf seiner Zelle. Regelmäßig liest er die Abschriften der Verhandlungsprotokolle, die mit einem Zeitverzug von einer Woche an seine Gefängnisadresse zugestellt werden. So bleibt er auf dem Laufenden. In der letzten Phase der Hauptverhandlung, es ist die Zeit, in der er zur Gruppe innerlich auf vorsichtige Distanz geht, wächst der Wunsch heran, dazwischenzurufen, zu sagen, daß alles total falsch ist:

Einfach rausgehen aus der Zelle, in die Verhandlung, und sagen, was wirklich war. Da war auch die Vorstellung dabei, die alle zu beschämen. Einfach mal so eine Abschlußerklärung abgeben und sagen, alles, was ihr hier gemacht habt, war Humbug. Das habe ich überlegt. Aber das wäre nicht so einfach gewesen, denn erstens hätte man eine neue Beweisaufnahme machen müssen, und wir hätten belegen müssen, was wir sagen. Das hätte bedeutet, wir hätten Namen von Leuten preisgeben müssen, bei denen wir, in ganz anderen Orten, gewohnt haben. Zweitens war das Klima gegen uns. Der Himmel hing voller Galgen. Buback war erschossen worden, wir hatten keine Aussicht auf eine faire Berichterstattung durch die Presse. Da haben wir uns dann gesagt, wir gehen hier ohne zu Kreuze zu kriechen aufrecht wieder raus. Vor dieser Justiz geben wir jetzt nicht mehr klein bei.

Am 2. Juni 1977 verkündet das mit drei Richtern und zwei Schöffen – einem Arbeiter und einem Elektroingenieur – besetzte Gericht seinen Schuldspruch: lebenslange Freiheitsstrafe wegen gemeinschaftlichem Mord in Tateinheit mit gemeinschaftlichem schweren Raub. Der Grundgedanke des Urteils ist klar: Jünschke muß einer der Bankräuber gewesen sein, entweder am Tatort oder anderswo:

Ist davon auszugehen, daß nicht Jünschke, sondern ein anderes Mitglied der Gruppe den VW-Bus auf der Flucht gefahren hat, so war er einer der Täter, die in die Bank eingedrungen sind. Eine andere Möglichkeit scheidet aus.[35]

Eine peinliche »sowohl-als-auch-Lösung«, von der weder sowohl noch als auch stimmten, die aber der Zustimmung des Publikums gewiß sein konnte. Gut drei Monate später verlangt die RAF im Gegenzug zum entführten Arbeitgeberpräsidenten Hanns-Martin Schleyer die Freilassung ihrer inhaftierten Genossen. Der Name von Klaus Jünschke steht nicht auf der Liste.

Am 7. Juni 1978 verwirft der Bundesgerichtshof Jünschkes Antrag auf Revision. Das Urteil wird rechtskräftig.[36]

Schlußrechnung

Weil Jünschkes Post überwacht, das heißt, von Justizbeamten gelesen wird, sind die offiziellen Stellen früh von seiner politischen Umorientierung informiert. Im Februar 1979 wird Klaus Jünschke in die Justizvollzugsanstalt Diez an der Lahn verlegt. Dort erwartet ihn ein neues Sonderprogramm mit dem Namen »schrittweise Integration in den Normalvollzug«.[37] Er wird aufgefordert, sich offen von der RAF zu distanzieren, weigert sich jedoch. Auf den Schacher, bessere Haftbedingungen für irgendwelche Distanzierungserklärungen, läßt er sich nicht ein. Jünschke heute:

Wäre ich gesund gewesen 1977/78, das heißt auch innerlich stark und gefestigt, eine politische Auseinandersetzung zu führen mit meinen ehemaligen Genossinnen und Genossen der RAF, hätte ich gleich eine Wiederaufnahme versucht. Ich hätte also direkt versucht, meine Entlassung vorzubereiten. Statt dessen hab ich mit den kümmerlichen Bedingungen hier in Diez versucht, mich selbst wiederzufinden. Das hat gedauert. 1980 hab ich dann angefangen, in der Knastwäscherei zu arbeiten. Damit begann eigentlich die Zeit, wo ich zum erstenmal existieren konnte ohne Medikamente. Im Frühjahr, Sommer 1980 habe ich dann noch ein paar Monate lang Beruhigungsmittel nehmen müssen, weil ich Platzangstanfälle bekam, die fürchterlich waren.

Lange noch quält ihn die Frage, ob er mit seiner Umkehr eine autonome Entscheidung traf oder Opfer eines Gehirnwäscheprogramms wurde. In einem Leserbrief an die »taz« schreibt er:

Ich habe an mir selbst erlebt, daß es unmöglich ist, gerade in den Phasen, in denen ich glaubte wahnsinnig zu werden, eine Diskussion um eine Neuorientierung zu führen. Selbst mit den engsten Freunden war es unmöglich, weil es für einen selbst unmöglich ist, unter diesem Wahnsinnsdruck zu bestimmen, ob man es selbst ist, der sich selbstbestimmt vom Konzept des bewaffneten Kampfes verabschiedet, oder ob man fremdbestimmt diesem Druck nachgibt, als gleichsam ferngesteuertes Produkt von Gehirnwäschemaßnahmen. Die totale Verunsicherung läßt keine freie Entscheidung zu.[38]

Für die Justizbehörden bleibt Klaus Jünschke acht weitere Jahre ein Terrorist; erst im Januar 1987 fällt die letzte Einschränkung des »Normalvollzugs«, die Trennscheibe.

Zwei Jahre zuvor, am 22. Januar 1985, hatten zwei Beamte des Bundeskriminalamtes Jünschke und Grashof ein Angebot gemacht: neue Existenz im Ausland gegen Verrat von Namen.[39] Aber die beiden lassen sich nicht einkaufen. Ein Jahr später schickt die Vollstreckungsstelle der Staatsanwaltschaft Kaiserslautern Klaus Jünschke eine Rechung: »In Ihrer Strafsache schulden Sie der Staatskasse DM 262.361,83«. Die Summe von sieben Einzelposten besteht aus DM 20.804,85 für Zeugenentschädigung, DM 223.360,39 für Pflichtverteidiger und fünf weiteren Beträgen. Zahlkarte liegt bei.[40]

Im Juni 1988 wird Klaus Jünschke nach einem Gnadenakt des rheinland-pfälzischen Ministerpräsidenten Bernhard Vogel aus der Haft entlassen, nachdem die zuständigen Gerichte in zwei Instanzen seine Entlassung auf dem Rechtsweg wegen der »besonderen Schwere der Schuld« abgelehnt hatten.[41]

Die Rechnung der Staatskasse bleibt noch bis Ende September 1990 offen. Dann wendet das rheinland-pfälzische Justizministerium eine, Justizminister Peter Caesar zufolge, »bei allen Lebenslänglichen übliche Praxis« an: den teilweisen Schuldenerlaß. Statt einer Viertelmillion muß Klaus Jünschke nur noch 25.200 DM begleichen.[42]

9. Der Prozess gegen »Reinders u.a.« (Lorenz/Drenkmann-Prozess), seine Vorgeschichte und seine Begleitung in den Medien

Lesehinweis

Der Prozeß gegen sechs mutmaßliche Mitglieder der »Bewegung 2. Juni« ist, obwohl eine Fundgrube der Kritik der Politischen Justiz, ein untypisches Verfahren, weil er wegen der Person des Vorsitzenden aus dem Rahmen der üblichen Terroristenprozesse fällt. Den Vorsitz im Prozeß vor dem Kammergericht – der Berliner Variante bundesdeutscher Oberlandesgerichte – in dem es um die Ermordung des höchsten Berliner Richters, des Kammergerichtspräsidenten Günter von Drenkmann, und um die Entführung des Berliner CDU-Vorsitzenden Peter Lorenz ging, führte der ehemalige Leiter einer Großen Strafkammer am Berliner Landgericht, Friedrich Geus. Der Prozeß begann am 11. April 1978 und endete am 13. Oktober 1980 mit der Verkündung von hohen Zeitstrafen in der Entführungs-, jedoch Freisprüchen in der Mordanklage. Zu zeigen ist, wie in diesem Prozeß die Bundesanwaltschaft mit zurückgehaltenen und manipulierten Beweismitteln ein Urteil nach eigenem Belieben durchzusetzen versuchte. Doch obwohl Wunschvorsitzender des Generalbundesanwalts, richtete Friedrich Geus sich nicht nach dem Karlsruher Kalkül.

Angeklagt waren sechs Männer: Ralf Reinders, Ronald Fritzsch, Till Meyer, Fritz Teufel, Gerald Klöpper und Andreas Vogel. Meine Recherche wurde von fünfen unterstützt, zwei von ihnen waren in Freiheit: Fritz Teufel seit dem Tag der Urteilsverkündung; Gerald Klöpper, der als Gefangener im Bezirk Tiergarten für die Alternative Liste (AL) kandidiert hatte und gewählt wurde, war zwei Jahre nach Teufel aus der Haft entlassen worden.[1] Till Meyer hatte mit einer Ausbildung außerhalb der Haftanstalt begonnen, mußte aber allabendlich in seine Zelle zurück. Ralf Reinders und Ronald Fritzsch waren noch in Haft. Mit ihnen sprach ich in der Besucherzelle der Moabiter Haftanstalt.[2] Zwei Justizbeamte hörten abwechselnd mit, nachdem mir der Leiter der JVA weder ein unüberwachtes Gespräch noch ein Tonbandinterview erlaubt hatte.

An Spezialitäten der »Feind-Justiz«[3] gab es in dem insgesamt sechs Jahre dauernden Ermittlungs- und Strafverfahren gegen die Mitglieder der »Bewegung 2. Juni« keinen Mangel. Weil keine Phase von der Kritik ausgenommen werden kann, erscheint ein chronologisch gegliederter, umfassender Blick angezeigt. Dabei habe ich auf die vollständige Wiedergabe des Geschehens während der Beweisaufnahme zugunsten der Darstellung von Randereignissen verzichtet. Weitgehend ausgespart bleiben diverse Raubüberfälle sowie die Beweiserhebung im Entführungsfall Peter Lorenz, mit Ausnahme der »Beweisführung« gegen Fritz Teufel.

In dem Berliner Prozeß zog die Terroristen-Justiz alle Register ihres Könnens. Da sind unerlaubte Ermittlungsmethoden zu nennen, da ist der Handstreich zu nennen, mit dem die Angeklagten um eine sinnvolle Verteidigung gebracht werden sollten. Es ist zu nennen der Versuch der Bundesanwaltschaft, mit Hilfe eines Anklagestandards Urteile von der Stange produzieren zu lassen. Die Rede ist von der »Kollektivitätsthese«, die fehlende Beweise durch die Annahme ersetzt, eine bewaffnete Gruppe sei nach innen demokratisch und kollektiv organisiert. Wenn dem so wäre – so die Logik der Bundesanwaltschaft -, dann wären alle Mitglieder dieser Organisation in gleicher Weise für die Taten der Gruppe verantwortlich. Es ist weiter zu nennen eine intensive Kooperation von Verfolgungsbehörden und interessierter Presse zum Zweck der öffentlichen Vorverurteilung der Angeklagten. In Berlin bewegte der Prozeß gegen Reinders u.a. über Jahre hinweg die Gemüter. Nicht nur die Springer-Presse mit ihren besonderen Methoden, »Wirklichkeit« zu produzieren, trug ihren Teil dazu bei. Es ist der systematische Aufbau und der anschließende Abbau eines Kronzeugen zu beobachten, der aus Angst vor der Mordanklage seine ehemaligen Genossen belastete. Und nicht zuletzt sind die Sonderhaftbedingungen zu zeigen, die allerdings erst im streckenweise parallel laufenden Prozeß gegen Gabriele Rollnick u.a. mit entwürdigenden Entkleidungszeremonien auf die Spitze getrieben wurden.

Anschlagsphase

9. November 1974: In der Justizvollzugsanstalt Wittlich stirbt der RAF-Gefangene Holger Meins an den Folgen eines Hungerstreiks für bessere Haftbedingungen.

10. November 1974: Berlins höchster Richter, Kammergerichtspräsident Günter von Drenkmann, wird in seiner Wohnung erschossen, als er sich gegen mehrere Männer, die ihn offensichtlich entführen wollen, zur Wehr setzt. Einer der Täter hatte vorgetäuscht, ein Fleurop-Blumenbote zu sein. Drenkmann ist der erste Repräsentant der bundesdeutschen Justiz, der einem Attentat zum Opfer fällt. Am folgenden Tag schaltet Bundesinnenminister Maihofer das Bundeskriminalamt in die Fahndung ein. Nach den Tätern, die in den Kreisen der RAF vermutet werden, wird in West-Berlin und im Bundesgebiet gesucht. Auf mehrere Polizeieinrichtungen in Berlin werden Brandanschläge verübt.[4]

12. November 1974: Beim Berliner Landesbüro der Deutschen Presseagentur geht eine mit »Bewegung 2. Juni« unterschriebene Erklärung ein, in der der Mord am Kammergerichtspräsidenten damit begründet wird, daß von Drenkmann »zum harten Kern der Verantwortlichen« gehört habe. Schon beim Beginn des Hungerstreiks der Häftlinge sei gewarnt worden:

Wenn die Vernichtungsstrategie erneut das Leben eines Revolutionärs kostet, werden die Verantwortlichen selber mit dem Leben bezahlen.

Der Brief ist jedoch kein Bekennerbrief im üblichen Sinn; die Verfasser übernehmen nicht die Verantwortung für die tödlichen Schüsse. Die Erklärung lautet wörtlich, zitiert nach der Anklageschrift des Generalbundesanwalts vom 29. Juni 1977 (1 BJ2 20/75; 1 StE 2/77), Teil E:

als petra schelm ermordet wurde, haben wir gesagt: rache für petra. als georg von rauch ermordet wurde, haben wir wieder gesagt: rache für georg; und wir sagten es auch bei allen weiteren morden: tommy weissbecker, mcloed, jürgen jendrian,[5] *günther routhier, richard epple und allen »verstorbenen« der deutschen knäste. sie alle wurden in gemeinschaftlicher verantwortung von justiz, staatsanwaltschaft, verfassungsschutz und polizei erschossen und erschlagen. unsere parolen blieben in wahrheit nur ohnmacht. wir waren nie in der lage, eine antwort auf diese gesetzlich geschützten verbrechen zu geben. in allen gefängnissen der brd werden häftlinge misshandelt und gequält. hier mehr, dort weniger. nur die gröbsten »übergriffe« werden bekannt: mannheim, klingelpütz, glocke, isolierstationen. manch einer stirbt, und keiner weiß warum. gestern ist der revolutionär holger meins dem justizmord zum opfer gefallen. er war mit 42 anderen häftlingen im hungerstreik für die aufhebung der folter durch isolation und die sonderbehandlung der politischen gefangenen. nach 58 tagen ist holger meins verhungert, da ihm nicht genug künstliche nährmittel zugeführt wurden. holger meins hat für das volk gekämpft. auch wenn es heute noch nicht alle begreifen. als der hungerstreik der häftlinge begann, haben wir gesagt: wenn die vernichtungsstrategie erneut das leben eines revolutionärs kostet, werden die verantwortlichen selber mit ihrem leben bezahlen. günter von drenkmann war der oberste richter in berlin. er gehörte somit zum »harten kern« der verantwortlichen. unsere forderungen nach erfüllung der von den gefangenen gestellten bedingungen lehnte richter drenkmann ab. damit nahm er in kauf, daß noch weitere revolutionäre in deutschen haftanstalten sterben.* wer gewalt sät, wird gewalt ernten!!! *wir fordern: aufhebung der unmenschlichen haftbedingungen in allen gefängnissen der brd und westberlins !!! bewegung 2. juni*

An einem Abend im November 1974 vertraut der von der Polizei gesuchte Reiner Hochstein in einem Chinarestaurant am Stuttgarter Platz in Berlin einem guten Freund an, Kontakt zur »Bewegung 2. Juni« aufgenommen zu haben. Hochstein erzählt, es sei ihm aber nicht gelungen, vom »2. Juni« aufgenommen zu werden, weil er »nicht genügend auf dem Kasten«[6] habe. Erst im Mai 1980 gibt Hochsteins Restaurantpartner als Zeuge die Unterredung zu Protokoll. Doch schon am 2. Dezember 1974 präsentiert die »Bild«-Zeitung den Möchtegern-Untergrundkämpfer Reiner Hochstein als ersten Tatverdächtigen. »Bild« bringt Hochsteins Foto und behauptet seine Ähnlichkeit mit dem »Blumenboten«.[7] Zwei Wochen danach, am 16. Dezember 1974, unternimmt »Bild« mit dem Artikel: »Polizei kennt Richter Drenkmanns Mörder« die erste direkte Vorverurteilung. Im Text heißt es: »Jetzt kennt die Kripo die Mörder, die am 10. November Berlins höchsten Richter in seiner Wohnung im Westend erschossen haben. TERRORIST RALF REINDERS UND SEINE BANDE...« Am folgenden Tag zieht die »BZ« nach. Titel ihres Beitrags: »Der blutige Weg des Terroristen Ralf Reinders.«[8]

Januar 1975: Bei der Fahndung nach den Drenkmann-Attentätern kommt die Sonderkommission aus Berliner Kriminalbeamten und fünf Beamten des Bundeskriminalamtes trotz der knapp tausend Hinweise aus der Bevölkerung nicht weiter.[9]

26. Februar 1975: In der Nacht vom 26. zum 27.2.75 wird der seit zwei Jahren gesuchte Reiner Hochstein in Hamburg verhaftet. Mit seiner Freundin Sabine Böhmert war er in einem Opel Rekord mit falschem Kennzeichen unterwegs. An einer Kreuzung mußten die beiden vor einer »rot« zeigenden Ampel warten. Sie küßten sich und übersahen deshalb, daß die Ampel auf »grün« umsprang. Eine Funkstreife hatte sich inzwischen hinter den Opel Rekord plaziert. Ein Beamter stieg aus und wollte den unbekannten verliebten Autofahrer zum Weiterfahren auffordern. Hochstein sah den Polizisten, raste aufgeschreckt in wilder Fahrt davon, stieß aber bald mit einem entgegenkommenden Fahrzeug zusammen. Darauf lief er mit gezogener und entsicherter Pistole auf einen anderen Wagen zu, zwang den Fahrer und seine Begleiterin zum Aussteigen und wollte mit dem gekaperten Auto fliehen. Doch der Fahrer hatte die Zündschlüssel mitgenommen. Wenig später werden die beiden von der Streifenbesatzung gestellt, überwältigt und festgenommen. Auf der Wache wird sein Blutalkoholwert gemessen, er beträgt 2,5 bis 2,6 Promille. Reiner Hochstein wird zunächst die Beteiligung an Anschlägen gegen den Hamburger Justizsenator Klug und den Gefängnisarzt Mairose und an einem Sprengstoffattentat im Bremer Hauptbahnhof vorgeworfen. Als Mittäterinnen gelten seine ebenfalls festgenommene Ehefrau Inga und seine Freundin Sabine Böhmert.[10]

27. Februar 1975: In Berlin wird der CDU-Landesvorsitzende Peter Lorenz von Mitgliedern der »Bewegung 2. Juni« entführt. Es ist die erste Geiselnahme eines deutschen Politikers seit Kriegsende. Bundesinnenminister Werner Maihofer sieht Parallelen im Tatgeschehen zwischen der Ermordung Günter von Drenkmanns und der Entführung von Peter Lorenz.

28. Februar 1975: Im Landesbüro der Deutschen Presse Agentur (dpa) Berlin und im Abgeordnetenhaus Rathaus Schöneberg treffen Briefe ein, die mit »Bewegung 2. Juni« unterschrieben sind. Den Briefen liegt jeweils ein Foto von Peter Lorenz als »Gefangener der Bewegung 2. Juni« bei, dem Brief an das Abgeordnetenhaus außerdem der Abgeordnetenausweis und der Führerschein von Lorenz. Es werden die Bedingungen für die Freilassung des Berliner CDU-Vorsitzenden genannt: Sechs Häftlinge sollen, ausgestattet mit jeweils zwanzigtausend DM, in ein Land ihrer Wahl ausgeflogen werden. Die Forderungen sollen binnen 72 Stunden erfüllt werden.[11]

Am gleichen Tag machen Staatsschutzbeamte Reiner Hochstein im Hamburger Untersuchungsgefängnis ein Angebot. »Draußen sind zwei Herren aus Bonn. Wenn Sie denen sagen, wo Lorenz ist, können Sie sofort nach Hause gehen.«[12] Dieser erste Versuch, Hochstein zur Zusammenarbeit zu bewegen, bleibt erfolglos.

3. März 1975: Die fünf Häftlinge Ingrid Siepmann, Verena Becker, Rolf Pohle, Rolf Heißler und Gabriele Kröcher-Tiedemann werden, gemäß den Forderungen der Lorenz-Entführer, mit einer Maschine der Deutschen Lufthansa nach Aden (Demokratische Volksrepublik Jemen) ausgeflogen. Horst Mahler, dessen Freilas-

sung ebenfalls gefordert worden war, verzichtet auf seine Befreiung. Die Vertreter von vier Landesregierungen (Nordrhein-Westfalen, Berlin, Bayern – dort saßen die Häftlinge ein – und Hessen – von dort startete das Flugzeug), die Vorsitzenden der vier großen Parteien, die Vorsitzenden der drei Bundestagsfraktionen und der Bundeskanzler stehen als Mitglieder des Krisenstabs in Bonn gemeinsam für die getroffene Entscheidung ein.[13] Von Helmut Kohl, damals rheinland-pfälzischer Ministerpräsident, wird der Satz überliefert:

Entweder ziehen wir alle an einem Strang, oder wir können den Staat zumachen.[14]

Der ehemalige Regierende Berliner Bürgermeister Pastor Heinrich Albertz begleitet, entsprechend den gestellten Forderungen, die fünf Freigepreßten auf dem Flug. Zuvor war sein Gespräch mit ihnen in einem kleinen Raum des Frankfurter Flughafens auf Anweisung des Bonner Krisenstabes vom Bundesgrenzschutz abgehört worden. Als Pfarrer Albertz später von der Abhöraktion in Kenntnis gesetzt wird, spricht er enttäuscht von der Verletzung der »Rechte eines Pfarrers«, die »in diesem Land anscheinend vergessen worden waren.«[15] Am 3. März 1975 erscheint der »Spiegel« mit der Einschätzung, die Bundesrepublik sei durch das Berliner Entführungsdrama »wie nie zuvor« provoziert worden: »Seit dem Anschlag der ›Bewegung 2. Juni‹ auf den Berliner CDU-Spitzenkandidaten Peter Lorenz scheint eine politische Folge unvermeidlich: daß der Staat mehr Macht hervorkehrt.«

Fahndungs- und Ermittlungsphase

5. März 1975: Peter Lorenz ist wieder frei, nachdem Pastor Albertz aus dem Jemen zurückgekehrt ist und vor Fernsehkameras eine Erklärung der Ex-Häftlinge verlesen hat, die mit dem Losungswort »So ein Tag, so wunderschön wie heute«, und der Parole »Wir werden siegen!« endet. Lorenz ist von den Entführern unverletzt und mit Telefongroschen versorgt in einem Park freigelassen worden.

Unterstützt von 300 Beamten aus der Bundesrepublik und der alliierten Militärpolizei wird in Berlin die größte Fahndung seit Kriegsende eingeleitet. Während in der Stadt 175 Personen vorübergehend festgenommen werden,[16] machen die Berliner Springer-Zeitungen aus Lorenz' Freilassung eine Jubelfeier. Tenor der Berichte: Berliner tanzten auf den Straßen.

Mit dem polizeilichen Aufruf »Wir fordern die Bevölkerung zur Mithilfe auf«, und dem Zusatz »auch jede noch so kleine Information ist wichtig«, werden der Denunziation Tür und Tor geöffnet. Wichtigtuer und Möchtegernzeugen erscheinen auf der Bildfläche; Unangepaßte werden von Angepaßten denunziert, sogar im eigenen Bekannten- und Familienkreis gerät mancher Querkopf in Verdacht. Bei den Ermittlern sammeln sich die Denunziantenbriefe. In den Stapel unheimlicher Dokumente dürfen die Verteidiger später Einblick nehmen. Wie im Fokus zeigt sich die losgetretene Denunziantenlawine am Beispiel Fritz Teufel. Teufels

Mutter berichtete von »langen Beschimpfungen und Morddrohungen«, die Tag und Nacht gekommen seien.[17] dpa zufolge bekommt die Polizei innerhalb von wenigen Tagen etwa fünftausend Hinweise aus der Bevölkerung.[18]

Anfang März 1975: In der Presse werden Namen von mutmaßlichen Mitgliedern der »Bewegung 2. Juni« genannt. Die »Frankfurter Rundschau« schreibt, daß sich die Staatsschutzbehörden bereits sehr sicher sind, wer als Täter in Frage kommt. Verschiedene Presseorgane präsentieren ihren Lesern die Mutmaßungen der Verfolgungungsbehörden, als seien sie Ergebnisse umfangreicher Ermittlungen.[19] Berlin sei eine andere Stadt geworden, schreibt die Süddeutsche Zeitung. »Nichts ist mehr so, wie es noch vor drei Tagen gewesen war in dieser Stadt.« Verändert habe sie »der Zwang, über Tage hinweg mit politischen Gangstern über die Befreiung von Peter Lorenz öffentlich verhandeln zu müssen...«[20]

6. März 1975: Die Medien als Fahndungshelfer: von acht im Zusammenhang mit der Lorenz-Entführung gesuchten »Hauptverdächtigen« werden Namen und Fahndungsfotos veröffentlicht. Bei den Gesuchten handelt es sich um Fritz Teufel, Inge Viett, Werner Sauber, Ralf Reinders, Norbert Kröcher, Angela Luther, Till Meyer, Andreas Vogel. Einen Haftbefehl gibt es zu dieser Zeit nur für Meyer. In Reinders vermutet die Polizei einen Anführer der »Kampfgruppe Berlin«. Der Presse wird zugetragen, Reinders habe Ende der sechziger Jahre in der Berliner »Kommune eins« gelebt. Bundesweit »gejagt« wird der neunzehn Jahre alte Andreas Vogel aus Hamburg, verkündet »Die Welt«: Bei der Fahndung nach »›Andy‹ Vogel und seinen Komplizen wird die Berliner Polizei seit gestern mittag von zwölf Hamburger Kriminalbeamten unterstützt.«[21] Am 7. März wird gegen Vogel und Angela Luther Haftbefehl erlassen.

Von den acht steckbrieflich Gesuchten hätte ein großer Teil mit der Sache überhaupt nichts zu tun gehabt, erfahre ich bei meiner Recherche von einem der später Verurteilten:

Die Ermittlungsbehörden hatten ausgerechnet, daß bei der Lorenz-Entführung und Bewachung fünfzehn Leute dabei waren. Das muß sie unheimlich in Druck versetzt haben. Tatsächlich hätte die Rechnung bei Lorenz ganz anders aussehen müssen, denn es waren wesentlich weniger Leute dabei, als die Ermittler glaubten.[22]

Der »Tagesspiegel« berichtet am 6. März über den Ablauf des Polizeieinsatzes vom Vortag im Jugendwohnkollektiv »Thomas-Weißbecker-Haus« in Kreuzberg. Der Bericht vermittelt den Eindruck, daß Polizeibeamte ihre Wut über die Entführung von Peter Lorenz an Jugendlichen ausgelassen haben, in denen sie Sympathisanten der »Bewegung 2. Juni« vermuteten. In anderen Jugendwohnkollektiven (Mariannenplatz 1a und Belziger Straße 4-6) ging die Polizei ähnlich rabiat vor.

7. März 1975: Mitarbeiter der Freien Universität Berlin erkundigen sich bei den betroffenen Jugendlichen nach dem Wahrheitsgehalt des Tagesspiegel-Berichts. Prof. Dr. Theodor Ebert notiert:

Über den Ablauf des Polizeieinsatzes im Weißbecker-Haus berichtete uns der 21jährige Bauarbeiter Lutz Lorenz. In seinem Zimmer hatten sich die Jugendlichen an der Wand aufstellen müssen. Ein Polizeibeamter habe sie mit der Maschinenpistole bedroht und wiederholt folgendes gesagt: »Eins, zwei, drei, vier, fünf, sechs, sieben, acht fette kleine Scheißhausratten. Ich hab für jeden von euch eine Kugel im Lauf.« Lorenz berichtete ferner, daß in einen anderen unbeleuchteten, etwa 45 qm großen Schlafraum zehn Tränengasbehälter geworfen worden seien. Wir haben mehrere der Wurfkörper gesehen und einen an uns genommen. Er trägt die Aufschrift ›Nur im Freien zu verwenden‹! – Über das Vorgehen in einem Schlafraum (des Georg-von-Rauch-Hauses, M.O.) berichtete Rainer Scharain (kaufmännischer Angestellter, 23 J.): ›Die Bewohner mußten sich eine viertel Stunde lang splitternackt mal an die eine, mal an die andere Wand stellen. Das eine Mädel haben sie schikaniert. Die haben vorne an der Maschinenpistole so nen Gummipfropfen und sie haben sie damit hin und her geschoben. Die Leute mußten hin und her hüpfen. (...)‹ Polizeipsychiater sollten auch unseres Erachtens einmal darüber nachdenken, warum in einer Toilette des Weißbecker-Hauses kopfgroße Löcher in mehrere unverschlossene Klosettüren geschlagen worden sind.[23]

Die Durchführung der Großfahndung stößt auf breite Kritik in der Öffentlichkeit. Professor Ossip K. Flechtheim, Mitglied des Bundesvorstandes der Humanistischen Union, ruft auf, den Anfängen zu wehren:

Bei einem solchen Masseneinsatz in Westberlin setzte sich die Polizei souverän über alle Gesetze hinweg – und erntete dafür nicht etwa Tadel, sondern Lob von unseren führenden Politikern.[24]

Wegen der massiven Vorwürfe gegen die Polizei setzt Polizeipräsident Hübner am 7. März eine Untersuchungskommission ein. Ihr gehören zwei Juristen, ein Beamter der Schutzpolizei, einer der Kripo und ein Vertreter des Gesamtpersonalrates an. Sofort beginnt eine heftige Debatte, angeheizt durch eine Erklärung des Polizeipräsidenten, mit der das Ergebnis der soeben eingesetzten Kommission vorweggenommen wird. Es werde sich zeigen, so Hübner, daß die Beschuldigungen nur »auf eine Verunsicherung der polizeilichen Einsatzkräfte hinzielen.«[25] Der Sicherheitsausschuß des Abgeordnetenhauses spricht sich gegen die Einberufung der Kommission aus. Darüber zeigt sich die Polizeigewerkschaft im Deutschen Beamtenbund befriedigt. »Nach einstimmiger Auffassung der Personalvertreter« führe ein solcher Untersuchungsausschuß lediglich dazu, »die Berliner Polizei in der Öffentlichkeit zu diffamieren und zu demütigen.« Die Forderung nach einer Untersuchung des Großeinsatzes richte sich nicht gegen die Polizei, sondern gegen einzelne Beamte, hält der Berliner F.D.P.-Vorsitzende Emig dagegen.[26] Im Sender Freies Berlin verteidigt der Vorsitzende des Landesbezirks der Gewerkschaft der Polizei (GdP) West-Berlin, Brosius, die Einsatzkräfte:

In erster Linie sind ja hier betroffen die Kollegen von den geschlossenen Einheiten, und die befinden sich in der Tat in einer gewissen Streßsituation. Es ist ja so, daß die Beamten in der Regel jetzt bis zu 100 Überstunden zu leisten hatten allein im Monat März. An den bewußten Tagen standen die Einheiten stundenlang marschbereit in den Unterkünften...[27]

Viele Menschen wurden von den Fahndungsmaßnahmen in Mitleidenschaft gezogen, einige machten Aufzeichnungen über ihre Erlebnisse. Auszüge aus 49 solcher Protokolle bringen die Internationale Liga für Menschenrechte Sektion West-Berlin und die Humanistische Union Landesverband Berlin in einer Broschüre heraus.

Drei Beispiele:

Die Polizisten kamen um kurz nach 2 Uhr morgens, ohne zu klingeln haben sie dann unsere Wohnungstür (aus Eisen!) aufgebrochen. Dabei ist immerhin eine Spitzhacke kaputtgegangen. Sie stürmten dann ins Schlafzimmer, rüttelten uns wach und brüllten: »Raus! Aufstehen! Und keine Faxen!« Dabei fuchtelten sie mit ihren MPs herum, um uns noch mehr einzuschüchtern. Wir wurden dann halb nackt auf den Flur getrieben und mußten uns mit erhobenen Händen an die Wand stellen. Wir haben nach einem Durchsuchungsbefehl gefragt, worauf sie geantwortet haben: »Wir haben einen für ganz Berlin!«[28]

1.20 Uhr. 60 bis 80 Polizeibeamte mit MP und Stahlhelm stürmten in den Hof. Sie wollen die Haustür aufbrechen. Wir öffnen. Wir (4 Frauen, 5 Männer, 1 Kind von 2 1/2 Jahren) werden einzeln ohne Begründung, Haftbefehl oder sonstigen Nachweisen in den Hof abgeführt. Mutter und Kind werden von uns getrennt. ... Wir hörten, wie sie im Haus die Türen einschlagen. Umsonst rufen wir, daß Schlüssel da sind. Später im Polizeigewahrsam: ... Gegen 5 Uhr sind wir nur noch Frauen. Polizisten vor der Tür reißen Witze über unser Aussehen. Laute Sprüche: »Jetzt die Tür zumachen und hier drin lassen.« – »...einer ist erschossen worden...«. Wir bekommen Angst.[29]

Kein Durchsuchungsbefehl. Auf dem Durchsuchungsprotokoll stand nachher »Verdacht auf unbefugten Waffenbesitz«. Kompletter Unsinn. Wir haben noch nie eine Waffe besessen, waren noch nie in einem Waffengeschäft, auch nicht mal zum Taschenmesser kaufen. Die Durchsuchung verlief ohne Erfolg. Es wurde in der Wohnung nichts kaputt gemacht. Dann sollten wir festgenommen werden zwecks erkennungsdienstlicher Behandlung. Ich bin 48 Jahre alt, meine Frau 33 Jahre alt und unser Kind 3 Jahre alt. Das Kind war krank,... Ich ging allein mit. Erst unten sah ich die zerschlagene Tür und Kristallscheiben und den Riesenaufwand der Polizei. Die Kristallnacht der Nazis kam mir in Erinnerung. Ich hatte sie schon bewußt erlebt. Diese Erinnerung paßte zu diesem bürgerlichen Haus. Die jüdischen Rechtsanwälte, die früher hier wohnten, wurden auch so herausgeholt wie ich.[30]

11. März 1975: In der ZDF-Sendung »Kennzeichen D« berichtet Pfarrer Heinrich Albertz über seine Gespräche mit den ausgetauschten Häftlingen während des Fluges nach Aden:

Wir haben nicht über politische Theorien oder Ideologien gesprochen. Das war ja auch vollkommen sinnlos. Wir haben über das gesprochen, was notwendig war. Wir haben natürlich auch über die eine oder andere persönliche Sache gesprochen. Wir haben uns bewegt, wie sich Menschen sonst miteinander verhalten, natürlich unter dem besonderen Druck und Streß. Und ich habe dabei auch das wieder erfahren, was ja auch dieser Gesellschaft immer wieder nochmal gesagt werden muß. Es handelt sich ja bei allen um junge Leute, die aus sogenannten guten bürgerlichen Häusern kommen, Humanistisches Gymnasium besucht haben und die Bildung dieses Staates also genossen haben. Diese seltsame Schizophrenie zwischen dem, was sie getan hatten und was sie sicher weiter zu tun bereit sind, und den Verhaltensweisen, in denen sie mich fast wie einen Vater behandelt haben, ist schwer öffentlich zu erklären.[31]

Albertz kritisiert in der Sendung die Fahndungsmaßnahmen der Berliner Polizei als »Ausschreitungen der Staatsgewalt«.

17. März 1975: Polizeipräsident Klaus Hübner stellt der Presse den Bericht der von ihm eingesetzten Untersuchungskommission vor. Danach habe »die Schwere der Tat, die kriminelle Intensität und die besondere Gefährlichkeit der

Gesuchten sowie die Unübersichtlichkeit zumindest der größeren Objekte ... einen dieser Lage angemessenen Einsatz erforderlich (gemacht).«[32] Durchsucht wurden 79 Wohnungen, Wohnkollektive und Geschäftsräume. Für keine der 53 durchsuchten Wohnungen wurde ein Durchsuchungsbefehl vorgelegt. Etwa 180 Personen wurden vorläufig festgenommen.[33]

Ende März/Anfang April 1975: »Lorenz-Entführer immer noch nicht gefaßt« – so oder ähnlich lauten in diesen Tagen die Schlagzeilen der Berliner Zeitungen. Die Polizei wird wegen ihrer erfolglosen Arbeit kritisiert. »...werden die Lorenz-Entführer doch noch gefaßt?« drängt am 28. März auch die »Zeit«.

27. März 1975: In Telefonzellen und Wohnhäusern in Berlin tauchen Kopien von Selbstdarstellungen der »Bewegung 2. Juni« auf.

Wir sind keine Phantome und auch nicht krankhaft genial, wie Parteien, Presse und Polizei sich und der Bevölkerung einreden wollen, um ihre eigene Erbärmlichkeit zu bemänteln,

schreiben die Verfasser. Die Lorenz-Entführung sei »eine perfekte Aktion« gewesen, denn

wir sind listig, das heißt wir schlagen nicht wild um uns, sondern schätzen unsere Möglichkeiten realistisch ein, um dann zu handeln. Wir lernen aus der Praxis.[34]

31. März 1975: Kriminalbeamte äußern im »Spiegel« ihren Unmut über die Fahndung nach den Lorenz-Entführern:

Wir, gut 400 Beamte aus den verschiedensten Bundesländern ... haben, nach langen Selbstzweifeln, welcher Beamte kennt das nicht, diesen Weg gewählt, um Kritik zur Diskussion zu stellen...

Die Kripo-Beamten führen Klage darüber, daß sie »zumeist ohne Hintergrundwissen« mit Obervations- und Fahndungsaufträgen alleingelassen wurden. Es habe keinen übergreifenden »Informationsaustausch zwischen Fahndern und sachbearbeitender Dienststelle« gegeben. »Das scheint hier Prinzip«, vermuten die Beschwerdeführer. »Daß man sich zusammensetzt, bespricht, die Polizei aktiviert, insbesondere die Schutzpolizei, die ist ja draußen – Fehlanzeige«.

24. April 1975: dpa resümiert die Fahndungsgeschichte der vergangenen zwei Monate: »Trotz eines bisher für West-Berlin einmaligen Aufwandes an Beamten und Material hatten die Fahnder in der Nacht nach der Freilassung des entführten Peter Lorenz und später keinen Erfolg.«[35]

Die Bevölkerung nimmt, so dpa, an den Sicherheitsmaßnahmen des Staates großen Anteil. Die große Zahl der Hinweise – achttausend seit der Lorenz-Entführung am 27. Februar 1975, darunter jedoch keine »heiße« Spur – besage jedoch, »daß sich der einzelne Bundesbürger von dem Thema ›Innere Sicherheit‹ stark berührt fühlt.« Prominente Politiker wie die CSU-Abgeordneten Alfred Dregger und Richard Jäger rufen bereits nach der Todesstrafe für bestimmte Fälle wie Geiselnahme mit tödlichem Ausgang. Die laut dpa »logische Folge« ist, daß der Anteil der Befürworter der Todesstrafe in der Bevölkerung wächst. Eine Mindermeinung wird gleichsam über Nacht zur Mehrheitsmeinung. Je nach Alter und schulischer Bildung sprechen sich zwischen 37 Prozent (Befragte mit Abitur) und 66 Prozent (Befragte mit Volksschulabschluß ohne Lehre) für die Todesstrafe aus[36]. Experten haben die Entführung von Lorenz bereits als einen »Test« für weitere Aktionen bewertet und die Frage aufgeworfen: Was tun, wenn eine Anarchistengruppe nun ein Kind entführt und die Freilassung von Ulrike Meinhof verlangt?[37]

28. April 1975: Die Berliner Polizei nimmt vier junge Männer fest: Ronald Fritzsch, Gerald Klöpper, Hendrik Reinders und Paul Revermann. Sie stehen in dem Verdacht, möglicherweise zum Kreis der Lorenz-Entführer zu gehören. Gegen Revermann ergeht am folgenden Tag Haftbefehl wegen Unterstützung einer kriminellen Vereinigung, gegen die übrigen wegen dringenden Verdachts erpresserischen Menschenraubes, Geiselnahme und Mitgliedschaft in einer kriminellen Vereinigung.

In der Moabiter Untersuchungshaftanstalt werden in diesen Tagen die Zellentüren der neu Eingelieferten, die einer Beziehung zu der »Bewegung 2. Juni« verdächtigt werden, mit schwarzen Punkten markiert.

Anfang Mai werden die vier jungen Männer Peter Lorenz gegenübergestellt. Der CDU-Politiker kann keinen als Entführer identifizieren. Hendrik Reinders wird nach achteinhalb, Paul Revermann nach einem Monat Untersuchungshaft entlassen; Fritzsch und Klöpper bleiben in Haft. Am 22. April 1980 werden Reinders und Revermann von der 2. großen Strafkammer des Landgerichts Berlin freigesprochen.

Gerald Klöpper berichtet im Interview von seiner Überraschung, als er später mit dem Vorwurf konfrontiert wurde, einer der Drenkmann-Mörder gewesen zu sein:

Als ich das gesehen hab, da konnte ich das gar nicht ernst nehmen. Bis zum Ausbruch von Inge Viett, Gabriele Rollnick, Juliane Plambeck und Monika Berberich aus der Frauenhaftanstalt Lehrter Straße am 7. Juli 1976 hatten Ronald Fritzsch und ich in den Akten der Staatsanwaltschaft keine besonders große Rolle gespielt. Nachdem die Frauen weg waren, fehlten offensichtlich Angeklagte, jedenfalls gehörten auch wir danach zu den Haupttätern.[38]

9. Mai 1975: In der Nacht zum 9. Mai kommen bei einer Schießerei in Köln der Polizeihauptwachmeister Walter Pauli und Werner Sauber, der verdächtigt wurde, Mitglied der »Bewegung 2. Juni« zu sein, ums Leben. Werner Sauber wird von den Ermittlungsbehörden zum Kreis der Lorenz-Entführer gezählt. In Saubers Begleitung sind Karl-Heinz Roth und Roland Otto. Roth wird bei der Schießerei lebensgefährlich verletzt.[39]

6. Juni 1975: Till Meyer wird in Berlin als mutmaßlicher Lorenz-Entführer festgenommen.

Ich hatte schon seit Januar 1974 das Gefühl, daß ein Zielfahndungskommando hinter mir her war. An dem Tag meiner Verhaftung war ich auf dem Weg zu einem Plenum der »Bewegung 2. Juni«. Wir wollten die weitere strategische Ausrichtung der Gruppe diskutieren. Man wußte nicht so genau, wie es weitergehen soll, nach der Lorenz-Entführung. An diesem Abend stand eine sehr wichtige Diskussion bevor, zu der auch Leute eingeladen waren, die dem Kern der Gruppe nicht so nahe standen, die also keine Vollaktivisten waren.

Die aber alle zum Funktionieren der Gruppe beigetragen hatten, und von daher mitreden konnten. Ich lebte ja damals im Untergrund, kam also aus einer konspirativen Wohnung, und war unterwegs zu einer anderen konspirativen Wohnung. Ich war nicht allein, sondern in Begleitung von Gabriele Rollnick. Gabriele war unbewaffnet, aber ich hatte eine Waffe dabei. Als die beiden Fahnder auf uns zustießen, hab ich noch die Waffe gezogen, hab aber nicht geschossen. Die waren zu zweit, und wenn ich geschossen hätte, hätte ich höchstens einen erwischt, aber sie hätten uns beide zusammengeschossen. Das hab ich in diesem Moment realisiert, in der Situation des Aufeinandertreffens. Es passierte oben am Eingang in einen U-Bahnhof in der Yorckstraße, nicht weit vom Präsidium der Politischen Polizei. Ich habe Gabriele weggeschubst, hab gesagt, hau du ab, die sind nur hinter mir her, und so war es auch. »Laß die Alte laufen« haben sie sich noch zugerufen, und auf der U-Bahn-Treppe haben sie mich auch schon erwischt. Es kam zum Schußwechsel, sie haben hinter mir hergeschossen und mich ins Bein getroffen.[40]

Till Meyer wird in den folgenden Wochen zweimal von Staatsschutz-Beamten verhört. Der erste Vernehmungsversuch habe noch im Krankenhaus stattgefunden, berichtet Till Meyer im Interview.

Ich lag mit meiner Schußverletzung im Krankenhaus. Zwei Typen kamen rein, ich nehme an, Verfassungsschützer, die sagten kurz, was sie wollten. »Raus« hab ich geschrieen, »raus!«. Den zweiten Versuch unternahmen zwei Ermittler, beide seit langem den Leuten vom 2. Juni auf den Fersen. Sie brachten mich ins Polizeipräsidium. Dort boten sie mir Vergünstigungen an, wenn ich aussage. Es war die Rede von »tätiger Reue«. Sie sagten, ich sei doch verheiratet und hätte ein Kind, und wenn ich lebenslänglich kriege, dann sei mein Sohn ja schon uralt, wenn ich wieder draußen bin. Ich soll mir das doch mal überlegen. Drei Stunden ging das so. Die beiden Beamten redeten, aber ich hab kein Wort gesagt, nicht mal »guten Tag« oder »nein« oder »danke«, überhaupt nichts.

9. September 1975: Die als Lorenz-Entführer gesuchten Ralf Reinders und Inge Viett werden in Berlin-Steglitz gemeinsam mit Juliane Plambeck festgenommen.[41]

Unter den Hinweisen aus der Bevölkerung befand sich auch der auf die Parterre-Wohnung in der Birkbuschstraße 48 in Steglitz.[42] Die Fahnder vermuteten zunächst, der entführte Peter Lorenz sei hier gefangen gehalten worden – eine falsche Annahme, wie sich wenige Wochen später herausstellen wird. Die Birkbuschstraße 48, in der Fingerabdrücke sichergestellt wurden, blieb dennoch als sogenannte »Zentralwerkstatt der Bewegung 2.Juni« eine der Hauptbeweisquellen.

Staatsanwalt Müllenbrock macht Reinders und Fritzsch einen Vorschlag. Er könne einen Kontakt zu jemandem herstellen, der »keine Offenlegungspflicht« habe. Sie lehnen ab. Es sei ein »Routineangebot« gewesen, sagen die beiden heute. Mehrmals wird Ronald Fritzsch in der Folgezeit zum Polizeipräsidium am Tempelhofer Damm gebracht. Er soll dort aussagen, aber daraus wird nichts. Statt dessen unternimmt er einen Ausbruchsversuch, der jedoch mißlingt. Er springt aus dem Auto, während sein Bewacher an der Pforte des Moabiter Untersuchungsgefängnisses klingelt, und wird sofort gegriffen. Weil er keine Handfesseln trug, habe er sich schon im Gewühl einer Demonstration, die er aus dem Auto heraus beobachtet hatte, untertauchen sehen, erzählt er später.[43]

13. September 1975: Fritz Teufel und Gabriele Rollnick werden in Berlin festgenommen. Beide sind bewaffnet. Teufel hat Personalausweis und Führer-

schein von Erhard Oestreich, einem Lehrbeauftragten der Fachhochschule für Wirtschaft, bei sich. Die Fotos waren ausgetauscht. Am 18. September 1975 stellt sich Erhard Oestreich freiwillig der Polizei. Am folgenden Tag ergeht Haftbefehl gegen ihn wegen Unterstützung einer kriminellen Vereinigung. Bis zum 24. Mai 1976 wird Oestreich in Untersuchungshaft gehalten.

Einige Monate nach der Festnahme von Fritz Teufel plaudern Beamte gegenüber der Berliner Morgenpost:

Teufel fühlte sich damals offenbar so sicher, daß er fast einen Schock erlitt, als er in die Pistolen der Beamten blickte. Er konnte einige Zeit kein Wort herausbringen.[44]

Die Berliner Presse reagiert auf die Gefangennahme siegesgewiß:

Fritz Teufel – das »Gehirn« der Lorenz-Entführer
»Negerkuß-Bande« stand unter Teufels Befehl
Der 32 Jahre alte ehemalige Student gilt als Hirn der Entführung des Berliner CDU-Vorsitzenden...
Die »Festnahme des Teufels«
Teufels Handschrift
Vom Politclown zum Terroristen
Wollte Teufel auch Schütz entführen?[45]
Beweise: Teufel entführte Lorenz![46]

Die »Zeit« schreibt am 19.9.75, Teufel habe als intelligenter Spaßmacher angefangen, sei dann in den Kreis von Andreas Baader geraten und später »im terroristischen Untergrund« verschwunden.

18. September 1975: Ralf Reinders wird in einem Raum, der durch einen venezianischen Spiegel vom Nebenzimmer getrennt ist, ohne Vergleichspersonen der Witwe des ermordeten Kammergerichtspräsidenten Günter von Drenkmann gegenübergestellt. Frau von Drenkmann gibt zunächst zu Protokoll, sie glaube, Reinders als den Mann zu erkennen, den sie am Tag des Mordes durch den Türspion gesehen hat. Zwei Monate später, in einer richterlichen Vernehmung, korrigiert sie ihre Formulierung. Sie behauptet nun, »in der ihr gegenübergestellten Person mit absoluter Sicherheit den Blumenboten wiedererkannt« zu haben.[47] In der Anklageschrift des Generalbundesanwalts, Teil E, werden die Umstände der Identifizierung nicht erwähnt. Da heißt es nur: »Frau von Drenkmann hat den Angeschuldigten Reinders als den Blumenboten identifiziert.«

Die Gegenüberstellung durch einen venezianischen Spiegel ist alles andere als eine »übliche Wahlgegenüberstellung«. Der Beschuldigte sieht zwar sich in dem Spiegel, jedoch nicht den Zeugen hinter dem Spiegel, der ihn wiedererkennen soll. Er wird also getäuscht und um die Wahrnehmung seiner Rechte gebracht – angefangen bei dem Recht, diese Form der Gegenüberstellung zu verweigern, bis hin zu dem Recht auf anwaltlichen Beistand während der Prozedur. Das Gericht wird sich später mit diesen Fragen befassen, und es wird in seiner schriftlichen Urteilsbegründung die Gegenüberstellung durch den Spiegel problematisieren.[48]

22. Oktober 1975: Die Berliner Morgenpost zieht eine »Terroristen-Bilanz der Justiz: Von 20 Lorenz-Entführern sind schon 14 in Haft.«

14. November 1975: Die Polizei entdeckt im Keller der Schenkendorfstraße 7 in Berlin-Kreuzberg das Versteck, in dem Lorenz gefangen gehalten wurde. Nach der Veröffentlichung eines Fotos der festgenommenen Gabriele Rollnick hatte sich ein Zeuge bei der Polizei gemeldet, der angab, Gabriele Rollnick zur Zeit der Lorenz-Entführung in dem Kreuzberger Trödelladen im Parterre gesehen zu haben. Die Polizei legt daraufhin elf Hausbewohnern eine Lichtbildmappe mit Fotos von Verdächtigen vor. Außer Gabriele Rollnick wird kein Verdächtiger »wiedererkannt«. Vier Tage danach, am 18. November, versucht es die Polizei noch einmal. Nun gibt Frau Z., eine ältere Mieterin, an, Fritz Teufel gesehen zu haben. Sie sei ihm zwar nur ein einziges Mal begegnet, aber er sei ihr gleich wegen seiner Augen aufgefallen, protokolliert die Kriminalkommissarin B. am 18. November 1975. Die Begegnung habe sich im Hof der Schenkendorfstraße 7 zugetragen, notiert die Beamtin.

Im Keller des Hauses finden Polizeibeamte eine liegengebliebene Bierflasche. Bei der Laboranalyse zeigen sich auf der Flasche Fingerabdrücke von Ralf Reinders.[49]

Januar 1976: Reiner Hochstein wird in ein Flugzeug gesetzt und unter scharfen Sicherheitsvorkehrungen nach Berlin geschafft. Dort, in der Untersuchungshaftanstalt Moabit, nimmt Michael Grünhagen Kontakt zu ihm auf. Grünhagen ist beim Berliner Landesamt für Verfassungsschutz der Spezialist für besondere Fälle.[50] Der Geheimdienstmann setzt dem Untersuchungshäftling auseinander, daß dieser sich in einer unerfreulichen Lage befinde. Bei seiner Verhaftung war der Polizei Hochsteins Notizbuch mit einer Reihe harmloser Adressen und Telefonnummern, aber auch einem verschlüsselten Hinweis auf einen »Toten Briefkasten« in die Hände gefallen. Grünhagen sagt, der Hinweis in seinem Notizbuch habe die Polizei auf die Spur von Reinders, Viett und Plambeck gebracht. Die Gruppe könnte ihm das übel nehmen. Der zweite ungünstige Umstand bestehe darin, daß er sich zur Zeit des Attentats auf von Drenkmann in Berlin aufgehalten habe. Er müsse also damit rechnen, wegen der Mordes am Kammergerichtspräsidenten angeklagt zu werden. In diesem Fall drohe ihm »Lebenslänglich«. Hochstein solle sich überlegen, ob er in einem Gespräch Aussagen machen wolle, die vom Landesamt stillschweigend behandelt, also nicht justitiabel gemacht würden. Das Amt arbeite mit seinen Aussagen nur im operativen Bereich. Für ihn, Reiner Hochstein, könne dabei etwas herausspringen, möglicherweise eine vorzeitige Entlassung.[51]

Reiner Hochstein nimmt sich einen Tag Bedenkzeit, dann stellt er sich – unter der Bedingung, daß seine Aussagen vertraulich behandelt werden – in den Dienst der Verfolgungsinstanzen.[52] In den kommenden vierzehn Tagen spricht er jeweils stundenlang mit Grünhagen, der ab Februar »umfangreiche Gedächtnisprotokolle« anfertigt.[53] Drei Gesprächstage lang beschäftigte man sich mit dem Mord an Günter von Drenkmann. Hochstein schildert dem Verfassungsschützer die angebliche Tatplanung und -vorbereitung. Es liege nahe, wird das Gericht später in seinem Urteil sagen, »daß er sich zu einer Aussage gegenüber dem Verfassungsschutz, in der er sich selbst der Verabredung zu einem schweren Verbrechen bezichtigte, nicht ohne Gegenleistung entschlossen hat.«[54] Im Anschluß an die Gesprächsserie wird Reiner Hochstein nach Hamburg zurückverlegt.

Von Stund an beteiligen sich Verfassungsschutz und Staatsanwaltschaft mit vereinten Anstrengungen an der Vertuschung von Hochsteins Aussagen.[55]

»Die Tätergruppe, die beide Verbrechen begangen hat, ist identifiziert«, stellt die FAZ am 22. Januar 1976 ihre hellseherischen Fähigkeiten unter Beweis. Probleme scheint allenfalls die Frage zu bereiten, ob Berliner Staatsanwälte in der Lage sind, die Anklage zu einem erfolgreichen Ende zu führen. »Wann kommt der Generalbundesanwalt«, fragt die FAZ, denn wegen des Vier-Mächte-Status von Berlin ist noch ungeklärt, ob die Karlruher Bundesanwaltschaft die Anklagevertretung vor dem Berliner Kammergericht übernehmen wird. Sie wird es – die Entscheidung dafür fällt im August 1976 und fordert die Verteidigung am Prozeßbeginn zu einem Antrag auf Einstellung des Verfahrens heraus.[56]

9. März 1976: Ein Jahr nach der Lorenz-Entführung verarbeitet »Die Welt« Ermittlungsergebnisse der Polizei zu einer ausführlich begründeten Vorverurteilung von Fritz Teufel. Der Artikel trägt die Überschrift: »Für die Polizei ist Fritz Teufel die Schlüsselfigur.«

26. März 1976: Andreas Vogel, einer der Hauptverdächtigen im Entführungsfall Peter Lorenz, wird zusammen mit Eberhard Dreher in Berlin gefaßt. Vogel trägt einen Revolver der Marke Smith & Wesson, Kaliber 38 spezial, bei sich. Die Polizei stellt fest, daß mit diesem Revolver die tödlichen Schüsse auf von Drenkmann abgegeben wurden. Am folgenden Tag wird gegen Dreher ein Haftbefehl mit der Begründung ausgestellt, er sei in Begleitung von Andreas Vogel angetroffen worden.

24. Juni 1976: SPD und F.D.P. setzen die »Anti-Terror-Gesetze« im Bundestag durch. Das Strafgesetzbuch, die Strafprozeßordnung, das Gerichtsverfassungsgesetz und die Rechtsanwaltsordnung werden zu Lasten der Verteidigung von Terroristen geändert. Der neue Straftatbestand der »Terroristischen Vereinigung« entsteht. In Zukunft darf der Schriftwechsel zwischen Beschuldigtem und Verteidiger überwacht werden. Die Möglichkeiten, Verteidiger vom Verfahren auszuschließen, werden erweitert.

Die Union kann ihre Forderung, auch den mündlichen Verteidigerverkehr zu überwachen, nicht durchsetzen. Die CDU wird dennoch den Gesetzen in der Bundesratsitzung vom 29. Juli zustimmen. Für die CSU bleiben sie »unbrauchbar«.[57]

6. Juli 1976: In der Nacht vom 6. zum 7. Juli flüchten Inge Viett, Gabriele Rollnick, Juliane Plambeck[58] und Monika Berberich aus der Berliner Frauenhaftanstalt Lehrter Straße.

9. Juli 1976: Für Hinweise zur Ergreifung der fünf gegen Peter Lorenz ausgetauschten und in den Südjemen ausgeflogenen Häftlinge und von neun weiteren Gesuchten setzt das Bundeskriminalamt eine Belohnung von DM 700.000 aus.[59]

28. Januar 1977: Fritz Teufel wird ohne Vorankündigung aus der Zelle geholt und zum Zwecke einer Zeugengegenüberstellung »hergerichtet«: Ihm wird das

Haar gegen seinen Willen abgeschnitten, er wird zwangsrasiert und umgekleidet. »Gefängnisfrisör fräste ihm das dichte Barthaar aus dem Gesicht«, schreibt die »Welt« am 2. Februar 1977.[60] »Als der Bart ab war, wurde er erkannt«, betitelt die »BZ« ihren Artikel über die Gegenüberstellung.[61] Der Zeuge, ein Taxifahrer, erkennt in dem nach seinen Erinnerungen frisierten Fritz Teufel den Mann wieder, der Peter Lorenz in einem Auto »in Schach gehalten« haben soll, vermeldet die »Welt«. Mit dem Ergebnis der Gegenüberstellung habe sich der Verdacht der Justiz gegen Teufel, Bandenchef der »Bewegung 2. Juni« gewesen zu sein, bestärkt.

Der Mann, der Fritz Teufel »einwandfrei« identifizieren konnte, war einer jener Wichtigtuer, die ihren Namen in der Zeitung lesen wollen. Das wußte auch die Polizei, die das Vernehmungsprotokoll des angeblichen Zeugen mit dem Vermerk »Erscheint nicht relevant« zu den Akten gelegt hatte. Der Zeuge hatte den Dienst-Mercedes mit dem entführten CDU-Vorsitzenden und Fritz Teufel im Fond auf der »falschen« Straße vorbeifahren sehen – als Fluchtweg kam diese Straße nicht in Frage. Den Fluchtweg hatte die Polizei längst rekonstruiert, als der Mann seine angebliche Beobachtung zu Protokoll gab. Dennoch lies die Bundesanwaltschaft knapp zwei Jahre nach der peinlichen Wiedererkennungsprozedur in der Not ihrer desolaten Beweislage den falschen Belastungszeugen »zu neuen Ehren« kommen, wie es Teufels späterer Verteidiger Detlef Wittenberg in seinem Plädoyer formulierte: Sie übernahm seine unmögliche Beobachtung als Beschreibung des Fluchtweges der Lorenz-Entführer in ihre Anklage. Aber der Weg stimmt nicht. Mit einem Entführungsopfer im Fond im Zickzack von Zehlendorf nach Tiergarten[62] – ein solches Risiko ginge kein Fahrer auf der Flucht ein. Folgerichtig fiel der Zeuge als Beweismittel für Teufels Beteiligung an der Lorenz-Entführung aus.

Fritz Teufels Verteidiger betonen im Informationsgespräch dennoch die große Bedeutung des Zeugen:

Er hatte eine Straße genannt, auf der er das Geschehen beobachtet haben wollte, die zufällig nicht stimmte. Ebenso hätte er zufällig die richtige Straße nennen können, was dann? Solche Zeugenaussagen wiegen schwer, denn normalerweise hat der Angeklagte keine Entlastungsmöglichkeit.[63]

1. März 1977: Teufel zeigt die an der Gegenüberstellung beteiligten Beamten und den verantwortlichen Bundesrichter Kuhn wegen »Körperverletzung im Amt, Nötigung und unbefugter Aufnahme von Tonbandaufzeichnungen« an, weil er »gewaltsam und mit rechtswidrigen Mitteln für die Gegenüberstellung präpariert worden« sei.[64] Nach geltendem Gesetz sind Zwangsmaßnahmen gegen einen Beschuldigten verboten. Jede erzwungene Mitwirkung, und sei es auch durch Gegenüberstellung, mache den Verdächtigten automatisch zum Beweismittel gegen sich selbst, schreibt der »Spiegel« zu dem Ereignis; die Strafprozeßordnung garantiere ohne Einschränkung »die Freiheit der Willensbetätigung des Beschuldigten während der Vernehmung.« In einem vergleichbaren Fall von Zwangsgegenüberstellung habe der Frankfurter Rechtsanwalt Rupert von Plottnitz im Namen seines Mandanten Roland Mayer Verfassungsbeschwerde eingelegt, berichtet der

»Spiegel«. Mayer, der verdächtigt wird, Mitglied der RAF zu sein, war für eine Zeugengegenüberstellung zwangsweise »von Maskenbildern des Stadttheaters Köln blondiert worden.«[65]

März 1977: Reiner Hochstein erklärt sich bereit, gegenüber dem Staatsanwalt auszusagen. Sein Gesprächspartner vom Januar 1976, der Verfassungsschützer Michael Grünhagen, hatte ihm mitgeteilt, er habe dem Staatsanwalt nicht klarmachen können, daß Hochstein keiner der Drenkmann-Täter war. Grünhagen hatte geblufft: Die Bundesanwaltschaft hatte das Verfahren wegen gemeinschaftlichen Mordes gegen Hochstein bereits eingestellt. Ermittelt wurde nur noch wegen »Nichtanzeige eines geplanten Verbrechens«.[66] Am 51. Verhandlungstag im Lorenz/Drenkmann-Prozeß, neunzehn Monate später, wird die Staatsanwalt dies den überraschten Beteiligten »kühl« bekanntgeben.[67]

Am 17. März beginnt Hochstein gegenüber Staatsanwalt Müllenbrock mit Aussagen über die »Bewegung 2. Juni«. Müllenbrock formuliert in verschleiernder Absicht: »Hochstein ... erklärt: Ich habe mich nunmehr entschlossen, zu dem Mordfall von Drenkmann nach reiflicher Überlegung Angaben zu machen.« Das Protokoll über die staatsanwaltliche Hochstein-Vernehmung weicht an einer Stelle vom Protokoll der vorherigen Aussage ab: Fritz Teufel kommt nicht mehr vor.[68]

In Bezug auf das Hamburger Verfahren[69] stellt der Verfassungsschützer Grünhagen Hochstein in Aussicht, von den voraussichtlich etwa zehn Jahren Haft nur drei Jahre absitzen zu müssen. Hochsteins Vertrauen in dieses Versprechen wird nicht enttäuscht werden.

29. März 1977: In der Stuttgart-Stammheimer Hauptverhandlung gegen »Baader u.a.« kündigt Gudrun Ensslin den Beginn des vierten kollektiven Hungerstreiks der RAF-Gefangenen an. Im Laufe der folgenden Tage schließen sich Gefangene aus anderen Gruppen an, unter ihnen auch die Berliner. Das Bundesinnenministerium meldet zeitweise 55 Beteiligte.[70] Ziel des Hungerstreiks ist die Zusammenlegung von jeweils mindestens 15 Gefangenen zu interaktionsfähigen Gruppen. Die Forderung orientiert sich an der Empfehlung der Sachverständigen-Gutachten aus dem Stammheimer Prozeß. Der Hungerstreik dauert bis zum 30. April 1977 an. Die Gefangenen geben ihren Protest auf, nachdem das Justizministerium Baden-Württemberg am 30. April seinen Entschluß bekanntgibt, »eine gewisse Konzentration von Gefangenen, die wegen Straftaten nach den § 129, 129a StGB verfolgt werden, in Stuttgart-Stammheim vorzunehmen.«[71]

Die Verlegung wird noch im Spätsommer 1977 wieder rückgängig gemacht.

Am 6. April 1977 leitet Fritz Teufels Vertrauensverteidiger Henning Spangenberg eine Hungerstreikerklärung seines Mandanten und anderer Gefangener an das Berliner Büro von dpa weiter. In einem Begleitbrief schreibt Spangenberg:

> *Als Verteidiger des Untersuchungsgefangenen Fritz Teufel teile ich mit, daß mein Mandant und seine Mitgefangenen Ronald Fritzsch, Gerald Klöpper, Till Meyer, Ralf Reinders und Andreas Vogel sich seit dem 5. April 1977 im Hungerstreik befinden. Von den Gefangenen werden folgende Forderungen erhoben* (Es folgt die Hungerstreikerklärung im Wortlaut, M.O.).[72]

Am Tag darauf, dem 7. April 1977, werden Generalbundesanwalt Buback und seine beiden Begleiter von einem RAF-Kommando erschossen. Unter der Überschrift »Teufel ruft zur Gewalt auf« zieht die »Berliner Morgenpost« von der Hungerstreikerklärung zum Buback-Attentat eine direkte Linie:

Gleichzeitig mit der Nachricht von der Ermordung des Generalbundesanwalts Siegfried Buback teilte der Verteidiger Fritz Teufels gestern mit, daß sein Mandant und andere Gefangene der »Bewegung 2. Juni« zu bewaffneter Gewalt aufrufen. Der Terrorist Teufel und seine Genossen erklären sich mit allen solidarisch, die angefangen haben, sich gegen das Elend und die brutale Ausbeutung in den Gefängnissen der Bundesrepublik und West-Berlin zu wehren. Der von Rechtsanwalt Henning Spangenberg verbreitete Aufruf seines Mandanten schließt mit der Forderung: »Den Widerstand bewaffnen, den anti-imperialistischen Kampf führen gegen Faschismus und bürgerliche Gewalt – bewaffneter Kampf, wir werden siegen«.[73]

Fritz Teufel:

Wir haben damals den Hungerstreik zusammen mit den Gefangenen aus der RAF gemacht, und es stimmt, daß ich mitgehungert habe. Mit dem Attentat auf Buback hatte die Erklärung natürlich nicht das Geringste zu tun. Sie stammte auch nicht von mir, sondern von der Minderheitsfraktion innerhalb unserer Angeklagtengruppe, die der RAF damals näherstand. Da waren einige Parolen drin in einer Sprache, die ich sowieso überhaupt nicht leiden kann. Wegen der Formulierungen haben wir uns damals auch nicht einigen können über den Text der Hungerstreikerklärung. Es wurden sogar verschiedene Entwürfe gemacht, wie das eben in den politischen Gruppen öfters mal so ist. Die beiden Leute, die die Minderheitsfraktion bildeten, haben dann ihren Entwurf als gemeinsame Erklärung ausgegeben. So ist es gewesen, das ist die Vorgeschichte. Und mein Anwalt hat dann die Presse über unseren Hungerstreik informiert, indem er die Hungerstreikerklärung der Gefangenen weitergegeben hat.[74]

Am 9. November 1977 wird den Ermittlungsbehörden angeblich »dienstlich bekannt«, die inhaftierten »mutmaßlichen Terroristen oder Sympathisanten der kriminellen Vereinigung ›Bewegung 2. Juni‹« hätten ähnlich wie in Stammheim ein Informationsnetz untereinander und zu ihren Anwälten aufgebaut (Vorwurf der Unterstützung gemäß § 129a StGB). Zwei Tage später werden zehn Zellen, vier Anwaltspraxen, sieben Wohnungen und ein »Prozeßbüro« von uniformierter Polizei und Beamten des Staatsschutzes durchsucht, umfangreiches Material, darunter Briefe, Notizen und Flugblätter beschlagnahmt, vier Anwälte vorübergehend festgenommen und erkennungsdienstlich behandelt. Dieser Versuch der Staatsanwaltschaft, den Arbeits- und Kommunikationszusammenhang der Verteidiger zu kriminalisieren, geht ins Leere.[75] Das Verfahren gegen Rechtsanwalt Henning Spangenberg kommt dagegen erst richtig in Gang. Zunächst durchsucht die Staatsanwaltschaft wegen des »Verdachts der Unterstützung einer kriminellen Vereinigung« (§ 129 StGB) Spangenbergs Büro- und Privaträume. Aus den beschlagnahmten Verteidigungsunterlagen konstruiert sie Spangenbergs angebliche Beteiligung an einem »Informationssystem« der »Bewegung 2. Juni«. Die Kriminalisierung des Verteidigers beginnt. Sie wird zu einem beeindruckenden Beleg für den Glauben der Justiz an eine von ihr selbst produzierte Realität.

Spangenberg muß die Aktivitäten, die sich aus dem Mandat ergeben, einstellen. Am 17. November 1977 wird er entpflichtet und auf Beschluß des Ermittlungsrichters am Kammergerichts mit einem vorläufigen Verbot der »Ausübung des Rechtsanwaltsberufs, soweit es sich um Verteidigung in Strafsachen handelt...«, belegt. Nach Spangenbergs Beschwerde wird das Verbot im Februar 1978 »auf die Verteidigung von Personen beschränkt, gegen die ein Verfahren wegen einer der in §§ 74a Abs.1, 120 Abs.1 GVG genannten Straftaten anhängig« ist (Staatsschutzverfahren, M.O.).[76] Zur Begründung des Verteidigungsverbots vom November 1977 heißt es, Spangenberg habe

gewissermaßen im eigenen Namen zu verbrecherischen Terrorhandlungen gegen den Staat und seine Bürger aufgerufen.[77]

Später wird bekannt, daß der die Entscheidung verantwortende Richter Hansgeorg Bräutigam seit mehreren Jahren unter dem Pseudonym »Georg Riedel« Kolumnen und Kommentare für die im Springer-Verlag erscheinende »Berliner Morgenpost« schreibt, in denen er gegen Verteidiger in sog. Terrorismusprozessen polemisiert. Zum Beispiel in der Ausgabe vom 30.7.76:

Der Eingriff in die Verteidigerrechte aber ist nicht zuletzt eine Antwort darauf, daß der erst 1964 eingeführte freie Schriftverkehr zwischen Verteidigern und Mandanten von einigen Anwälten mißbraucht wird und sich der Anwaltsstand nicht selbst von seinen schwarzen Schafen befreit.

Oder am 29.4.77:

Die von der Verteidigung pervertierte Diskussion muß wieder in geordnete Bahnen gelenkt werden. Für den Gesetzgeber heißt es, endlich das Verfahrensrecht zu straffen und zu beschleunigen. Für die Justiz heißt es, künftig erfolgreicher der Versuchung zu widerstehen, in jedem Terroristenprozeß eine politisch-soziologische Dokumentation zu schreiben.[78]

Im Juni 1978 erhebt die Staatsanwaltschaft beim Berliner Kammergericht Anklage gegen den Vertrauensverteidiger von Fritz Teufel. Sie wirft Spangenberg vor, für die »Bewegung 2. Juni« geworben und sie unterstützt zu haben. Mindestens zwischen Januar und Juli 1977 soll der Anwalt als Verteidiger von Fritz Teufel an einem »Informationssystem« mitgewirkt und »Öffentlichkeitsarbeit« für die Gruppe betrieben haben.

Inzwischen waren Bräutigams publizistische Aktivitäten bekannt geworden. Rechtsanwalt Spangenberg lehnt den Ermittlungsrichter Bräutigam wegen Befangenheit ab, weil dieser in seiner Funktion als Springer-Kolumnist Vorverurteilungen von Verteidigern in politischen Prozessen betrieben habe, jedoch halten die Kollegen Richter des 1. Strafsenats Bräutigam nicht für befangen, weil er diese Artikel vor Beginn seiner Richtertätigkeit geschrieben habe. »Er habe auch »nur ganz allgemein über die ›Verstrickung von Rechtsanwälten‹ gesprochen, ›ohne bestimmte Anwälte zu nennen‹. Aus der Gesamttendenz sei nicht zu entnehmen, daß er auch Spangenberg gemeint habe.«[79]

Am 6. April 1979, genau zwei Jahre nach der »Tat«, verurteilt der 5. Strafsenat des Kammergerichts unter dem Vorsitz von Richter Zelle Rechtsanwalt Spangenberg wegen »Werbung für eine terroristische Vereinigung nach § 129a Abs. 1 Nr. 1 und 2 StGB in Tateinheit (§ 52 StGB) mit verfassungsfeindlicher Befürwortung von Straftaten nach § 88 a Abs. 1 Nr. 1 StGB« zu einer Freiheitsstrafe von zehn Monaten, deren Vollstreckung zur Bewährung ausgesetzt wird. Als sei Spangenbergs ehemaliger Mandant längst überführt und verurteilt, verteidigt der 5. Senat die »besonderen Haftbedingungen« für Teufel, die Anlaß für den Hungerstreik waren. Teufel gehöre

ebenso wie fünf weitere Festgenommene ... zu den Mitgliedern der »Bewegung 2. Juni« ...(die) sich in eigens hergestellten Flugschriften der Erschießung des Kammergerichtspräsidenten Günter von Drenkmann bei einem Überfall am 10. November 1974 und der Entführung des Landesvorsitzenden der Berliner CDU, Peter Lorenz, am 27. Februar 1975 (rühmte).

Teufel und seine Mitangeklagten hätten die Vereinigung, deren Existenz »offenkundig«[80] sei, was »insbesondere für die ... beiden schwersten und spektakulärsten Gewalttaten (gilt)«, »in der Haft fortgeführt«, was dem Verteidiger nicht entgangen sein könne. Wenn er dennoch eine Erklärung der Gruppe verbreite, die Parolen mit »eindringlicher und anfeuernder Wirkung, wie sie Kampfrufen und Angriffsbefehlen eigen ist«, enthalte, die »für jeden Leser erkennbar ... sowohl die Gewinnung von Anhängern und Sympathisanten als auch eine Stärkung und Unterstützung der Vereinigung mit den Mitteln der Propaganda (bezweckten)«, habe er den Tatbestand des Werbens im Sinne des § 129a StGB erfüllt.

Der Senat kommt zu dem Schluß, daß Rechtsanwalt Spangenberg mit der »Verbreitung der inkriminierten Schrift ... einer Propagierung künftiger bewaffneter Straftaten (diente)«. In den übrigen Anklagepunkten – Unterstützung einer terroristischen Vereinigung und Unterhaltung eines illegalen Informationssystems – wird Spangenberg freigesprochen.[81]

21. Mai 1977: Neun Untersuchungsgefangene, denen die Entführung von Peter Lorenz bzw. die Unterstützung der Entführer vorgeworfen wird, werden ins Polizeipräsidium zur Zeugen-Gegenüberstellung gebracht. Sie werden dort gegen ihren Willen und ohne anwaltlichen Beistand unter dem Einsatz von körperlicher Gewalt mehreren Gruppen von sechs bis zwölf Zeugen gegenübergestellt; an beiden Tagen nehmen etwa 200 Personen an der Wiedererkennungsveranstaltung teil[82]. Ihre Vernehmungsprotokolle hatte die Polizei zum Teil bereits vorgedruckt; sie enthielten die Passage: »Ich erkenne die Person mit der Nummer ... einwandfrei wieder.« Es wird eine zweitägige gespenstische Veranstaltung, gegen die später die Anwälte der betroffenen Untersuchungsgefangenen und mit ihnen bekannte Strafrechtler sowie amnesty international protestieren werden. In der Hauptverhandlung werden einige der Zeugen die »einwandfreie« Wiedererkennung relativieren. Sie werden angeben, sich nicht ganz sicher gewesen zu sein.[83]

Den Ermittlungsbeamten war es nicht gelungen, Frau von Drenkmann zu einer erneuten Gegenüberstellung zu bewegen. Sie weigerte sich mit der Begründung, sie »habe während des Tatablaufs nur das Gesicht eines Mannes, nämlich des Blumenboten, wahrgenommen. Diese Person habe sie bei der Gegenüberstellung vom 18. September 1975 bereits ohne jeden Zweifel wiedererkannt; eine weitere Gegenüberstellung könne also kein anderes oder zusätzliches Ergebnis erbringen. Wenn sie der geplanten Gegenüberstellung fernbleibe, so handele es sich ausschließlich darum, sich nicht unglaubwürdig zu machen.«[84]

Über den Ablauf der Wochenendveranstaltung macht sich Till Meyer am folgenden Tag Notizen. In seinem Protokoll hält er fest:

dort (im Polizeipräsidium, M.O.) wurde ich in einen raum, der die kennzeichnung D trug, gebracht. in dem raum befanden sich außer mir 2 mit maschinenpistole und funkgerät ausgerüstete uniformierte polizisten und ein beamter des ss (Staatsschutz, M.O.). die beamten in zivil trugen, wie ich später genau feststellen konnte, eine gelbe binde um den arm, auf der »kriminalpolizei« stand. ich wurde auf einen stuhl gesetzt und man übergab mir den beschluß des ermittlungsrichters am BGH kuhn, aus dem hervorging, daß ich und die anderen 5 heute und morgen einer gegenüberstellung beizuwohnen hätten. der satz »die fesselung ist auch während des aufenthalts im präsidium gestattet« wurde von mir sofort angezweifelt, weil er ganz offensichtlich nachträglich eingesetzt wurde. die fesseln wurden zu keinem moment, weder am 21. noch am 22.5. abgemacht. das gereichte essen sowie der gang zur toilette wurden von mir in handschellen, die äußerst stramm gestellt waren, durchgeführt. am 21.5. mußte ich 6 durchgänge machen: ein durchgang dauerte etwa 25 bis 30 minuten jeweils. das lief so ab: die polizisten holten mich aus dem raum ab und tauschten erstmal die handschellen gegen eine sog. knebelkette (die knebelkette ist ein folterinstrument. es besteht aus einer kette, die ca. 30 cm lang ist mit sehr groben gliedern und am jeweiligen ende handlichen griffen. die kette wird nun um das handgelenk gelegt und die enden übereinander geschlagen und umgedreht. der polizist hält die kette zwischen den fingern durchgeführt und den beiden enden in der geschlossenen faust. die kleinste umdrehung der ohnehin schon sehr stramm angelegten kette verursacht unerträgliche schmerzen, zumal die kette an diesem tag bewußt direkt auf die handgelenkknochen gelegt wurde). der raum, in dem alle gegenüberstellungen stattfanden, hat in der mitte einer wand einen sog. venezianischen spiegel. die gegenüberstellung fand an beiden tagen mit mir, andreas vogel und eberhard dreher sowie 5 sog. füllpersonen statt. wir standen jeweils in einer reihe mit einer ständig wechselnden nummer um den hals vor diesem spiegel. während jedes durchganges wurde von einer auch anwesenden fotografin mindestens an die 50 aufnahmen aus allen blickwinkeln gemacht in der reihe hinter uns standen jeweils ein staatsschutzbeamter, der die knebelkette hielt und dafür sorgte, daß wir den kopf oben behielten und die augen offen oder nicht die zunge rausstreckten. auch hinter den sog. füllpersonen stand ein beamter. wir mußten uns in eine reihe stellen und still halten. wenn ich den kopf senkte, drehte der sek-beamte sofort die kette an, sodaß ich mehrfach vor schmerz laut aufschrie. geschrieen haben e. dreher und a. vogel auch. die kette war ohnehin so stark angespannt, daß ich mehrmals meinte, vor schmerz ohnmächtig zu werden. die beamten drehten die kette bei jedem durchgang an, auch dann, wenn ich den kopf oben und die augen offen hielt. nach jedem durchgang hatte ich tiefe blaue einschnitte im handgelenk derart, daß die kettenglieder ganz deutlich zu sehen waren. ... das ganze wiederholte sich am 21.5. 6 mal und am 22.5. 2 mal. die schmerzen waren so unerträglich, daß ich schon nach dem 2. durchgang keinerlei bewegungen mehr machte. ... ich sagte vor dem 2. durchgang zu den abholenden beamten: was wollen sie, mich festhalten oder foltern? er verstand mich nicht oder tat so, sagte dann aber: beides. ... ich möchte noch hinzufügen, daß ich am ersten tag verlangte, einen anwalt anzurufen. der polizist verweigerte mir das. am 2. tag sprach ich gegenüber dem staatsanwalt dörfler (Bundesanwaltschaft, M.O.) ebenso den wunsch aus. das wurde mir verweigert mit den worten: sie glauben doch nicht, daß sie jetzt hier einen anwalt sprechen können. der kann auch noch einen tag später, am montag, mit ihnen sprechen. bei dieser aktion hier hat ein anwalt nichts zu suchen.[85]

Ralf Reinders und Ronald Fritzsch erlebten das »Folterwochenende« wie einen Test der Polizei. Man habe herausfinden wollen, wie weit die Polizei gehen kann, und wie die Öffentlichkeit auf solche Behandlungsmethoden reagiert. Die Gelegenheit sei günstig gewesen, denn kurz zuvor war Generalbundesanwalt Buback von der RAF erschossen worden. Trotzdem waren Reinders und Fritzsch »überrascht über die Freude, mit der uns die Polizisten quälten. Sie gingen systematisch an uns ran, und zwar mit Lust.« Beide leisteten passiven Widerstand: sie verzogen ihre Gesichter und drehten sich weg. Das Ergebnis der Pressionen durch die Beamten waren stark blutende Verletzungen an den Handgelenken und den Fingernägeln, Hämatome, Hautverletzungen und Gefühlsstörungen an Daumen und Zeigefingern mit Ausstrahlungen bis in den Unterarm.[86]

Reinders verklagt die gewalttätigen Beamten und verlangt ein Schmerzensgeld von eintausend DM als Entschädigung. Im August 1979 wird der 9. Zivilsenat des Berliner Kammergerichts die Forderung zurückweisen, nachdem der 4. Strafsenat des Kammergerichts die Umstände der gewaltsamen Gegenüberstellung als rechtmäßig bezeichnet hat. Der Beschuldigte habe zwar keine Pflicht zur Mitwirkung, jedoch eine zur Duldung der Maßnahme. Daraus folgert der Senat: »Wenn eine Gegenüberstellung zu dulden ist, muß sie auch mit Zwangsmitteln durchgesetzt werden können.«[87]

Fritz Teufel:

Wir waren Opfer so einer Art Polizeivolksfestes. Man hatte sogar drei Polizeiärzte dabei. Nur an das Wichtigste hatte man nicht gedacht: unsere Anwälte zu informieren. Am Abend des ersten Tages hab ich mir in der Zelle so eine Art Glatze mit der Rasierklinge geschnitten, und morgens, bevor es wieder los ging, hab ich mir das Gesicht mit Zahnpasta und Schuhwichse geschminkt. In dieser Form hab ich Widerstand geleistet. Eine Polizistin mußte versuchen, mich mit Watte und irgendwelchen Tinkturen zu reinigen.

Jemand hat Mitleid mit den Beschuldigten. Auf diese Weise erfahren die Verteidiger von den Gegenüberstellungen:

In einer der Kanzleien ging ein anonymer Anruf ein, vermutlich aus dem Polizeipräsidium. Es wurde nur kurz gesagt, die Anarchisten sind am Tempelhofer Damm (Sitz des Polizeipräsidiums, M.O.) und werden da mißhandelt oder gefoltert. Auf diese Weise erfuhren wir von den Gegenüberstellungen. Das ist absolut unkorrekt und ein schwerer Ermittlungsfehler. Wenn in einem »normalen« Verfahren eine Gegenüberstellung gemacht wird, dann erfährt man das vorher. Da fragt der Staatsanwalt, ob der Mandant einverstanden ist, und so weiter. Da geht man als Verteidiger dann hin und versucht, darauf einzuwirken, wer als Vergleichsperson genommen wird. Es ist zum Beispiel häufig so, daß den Zeugen Lichtbilder vorgelegt werden, und die Zeugen dann sagen, dieser hat eine gewisse Ähnlichkeit und jener ist ein ähnlicher Typ. Und manchmal erreicht man als Verteidiger, daß diese Leute von den Lichtbildern, sofern sie greifbar sind, als Vergleichspersonen hinzugenommen werden. Im Fall der Lorenz-Beschuldigten hat man jedoch mit der Begründung, der Ermittlungszweck dürfe nicht gefährdet werden, die Benachrichtigung der Rechtsanwälte ganz unterlassen. Die Ermittlungsbehörden sind in Verfahren mit angeblich anarchistischen Beschuldigten gewohnt, daß die Gerichte in solchen Dingen nicht so genau hinsehen. Da wird auch dann, wenn eine Gegenüberstellung unkorrekt abgelaufen ist, gesagt, das Ergebnis wird schon richtig sein, schließlich gibt es auch noch dieses und jenes Indiz. Man verurteilt eben trotzdem.[88]

Am 25. Mai 1977 informieren Angehörige der Untersuchungsgefangenen Dreher, Fritzsch, Klöpper, Meyer, Reinders, Teufel und Vogel die Medien über das Geschehene. Berichtet wird jedoch kaum.[89]

Exkurs: Haftbedingungen und Kontaktsperre

Die Haftbedingungen für die Angeklagten im Lorenz/Drenkmann-Verfahren hatte der Bundesgerichtshof festgelegt. Aus dem Beschluß vom 7. Oktober 1976 ergibt sich, daß BGH-Ermittlungsrichter Kuhn die Unschuldvermutung bereits verworfen hatte. In dem genannten Beschluß begründet der Richter den Sonderstrafvollzug damit, daß es sich bei den Angeklagten um »terroristische Gewalttäter« handele.[90]

Seine Haftbedingungen im Zeitraum seit Juni 1975 beschreibt Till Meyer in einem Bericht für die Vorbereitung des dritten internationalen Russell-Tribunals, das 1978 in Frankfurt stattfand:[91]

am 6.6.75 festnahme nach schußverletzung. bis zum 27.7.75 im haft-krankenhaus moabit. einzelzelle und keinen kontakt zu mitgefangenen. die beinverletzung verlangte intensives geh- und lauftraining; der hofgang wurde mir aber über den ganzen zeitraum des krankenhausaufenthaltes untersagt. ... am krankenbett fanden auch mehrfach verhörversuche der politischen polizei statt. durch häufige nachtbeobachtung unter einschaltung des lichts wurde ich im schlaf gestört.

Vom 27.7.75 bis 15.9.75 war Meyer im A-Flügel der Untersuchungshaftanstalt Berlin-Moabit.

dort hatte ich täglich 30 minuten hofgang und einmal wöchentlich duschen mit der station. ... stündliche nachtbeobachtung unter einschaltung des lichts und klopfen gegen die zellentüre.

Am 15.9.75 wurde er in die JVA Tegel gebracht und blieb dort bis zum 21.11.76.

ich kam dort sogleich in die sicherheitsabteilung des HS 2 im 4. stock. dieser teil ist durch einen maschendraht-zaun noch mal vom übrigen teil der anstalt abgetrennt. meine zelle lag dem wachturm gegenüber (turmeinsicht) und wurde nachts alle 30 min. mit dem scheinwerfer angestrahlt. im rhytmus von ca. vier wochen wurden die zellen rechts und links neben mir neu belegt, sodaß sich ein längerer kontakt ausschloß. im ersten jahr war ich von allen gemeinschaftsveranstaltungen ausgeschlossen. dann durfte ich für die letzten zwei monate einmal die woche am gemeinschaftlichen fernsehen sowie an dem einmal wöchentlich für drei stunden stattfindenden umschluß teilnehmen. ... gefangene, die mehr als einmal mit mir sprachen, wurden zum sicherheitsinspektor bestellt, ausgefragt und »verwarnt«. die zellen dieser gefangenen wurden dann genauso oft und gründlich durchsucht wie meine.

Vom 29.6.76 bis zum 15.8.76 habe er »Totalisolation« gehabt.

radio- und zeitungsentzug, postsperre, einzelhofgang- und baden, anwalts- und privatbesuchssperre, ständig einen beamten vor der zellentüre, der kontaktaufnahme von/zu anderen gefangenen verhindern sollte. die anwaltssperre wurde nach 14 tagen wieder aufgehoben. ausschluß von allen kontaktmöglichkeiten über den ganzen zeitraum.

Ab 22.12.76 bekommt Meyer, inzwischen nach Moabit verlegt, das gleiche Haftstatut wie die fünf später Mitangeklagten:

totale ausgrenzung vom anstaltsleben – kleingruppenisolation.

Zweimal sei die Kleingruppenisolation unterbrochen und Einzelisolation durchgeführt worden: im Februar 1977 für einen Monat nach einer Auseinandersetzung mit Justizbeamten, und im September 1977 für sechs Wochen während der Kontaktsperre zur Zeit der Schleyer-Entführung.

in dieser kleingruppe wird zwar ein minimum an kommunikation ermöglicht – eine stunde am tag – aber zu wenig, um von interaktion zu sprechen, zu viel, um es als total-isolation zu bezeichnen. auf die eine stunde am tag konzentriert sich quasi der ganze tagesablauf. D.h. das eigene kommunikationsbedürfnis stellt sich auf die eine stunde derart ein, daß die befriedigung dort erzwungen werden will. dadurch, und weil in dieser einen stunde eine unmenge von eindrücken, andeutungen, überlegungen usw. vermittelt und angeregt wird, die nicht klar und eindeutig sind und nicht ausführend erklärt werden können, geht man unbefriedigt/unzufrieden (und enttäuscht) in die zelle zurück, hat den rest des tages dadran zu beißen und kann es nicht verarbeiten. ... ich empfinde es als eine form der folter, die schwer zu beschreiben ist, weil ihre folgen nur langfristig sichtbar werden. ... die kleingruppe, so isoliert und total ausgegrenzt wie hier, fördert und entwickelt eine konkurrenzsituation, in der ein teil den anderen ausbeutet, zwangsläufig; in der ein teil sich durchzusetzen versucht, sich auch durchsetzt, ein anderer blockiert wird. ... nach all unseren erfahrungen und wissen darüber ist die kleingruppe eine bewußt inszenierte und praktizierte konstruktion der politischen justiz, um einmal die proteste und den widerstand, der sich gegen die isolationsfolter entwickelt hat, zu unterlaufen – das zeigt, das die jetzt überall im bau oder schon fertiggestellten sondertrakte für kleingruppen angelegt werden – und zum anderen, das ziel der isolationshaft überhaupt, uns physisch und psychisch zu vernichten. ... wir befinden uns ständig wie in einer käseglocke, aus der die luft abgepumpt wird, man also erstickt und ersticken soll.

Zwei oder dreimal kommt es zu Prügeleien mit Vollzugsbeamten. Im Februar 1977 – die Sechsergruppe hat »Gemeinschaftsfreistunde« – entzündet sich der Konflikt an einem mit Wolle umwickelten Papierknäuel, mit dem die Gefangenen Fußball spielen. Das sei verboten, meint der Aufsichtsbeamte, nimmt ihnen das Knäuel weg und schickt sie zur Strafe auf die Zellen zurück. Doch die Gefangenen sind nicht gewillt, den Hof zu verlassen. Der Beamte telefoniert Verstärkung herbei. Fritz Teufel:

Plötzlich war der ganze Hof voll Grüner, die haben uns dann mit Gewalt reingeschleppt. Immer zwei auf einen, an Händen und Füßen gepackt, dann in den Bunker, die sogenannte Beruhigungszelle im Krankenbau. Mancher hat von sich aus sehr zugelangt, mancher hat zurückgegeben, wenn einer von uns einem besonders verhaßten Beamten bei der Gelegenheit eine reingehauen hat. Es gab immer Bullen, mit denen man irgendwie ein Hühnchen zu rupfen hatte, weil sie was besonders Gemeines gemacht hatten. Einer hat mir mal mein Weihnachtspaket zurückgeschickt, weil es angeblich Übergewicht hatte. In dem Jahr hab ich gar keins gekriegt.

Im »Bunker« werden die verletzten Gefangenen Stunden später, teilweise im

Beisein ihrer Verteidiger, ärztlich versorgt. Alle erstatten Strafanzeige. Nachdem die Berliner Zeitungen den Vorfall zum Anlaß nehmen, die Kondition der Gefangenen zu preisen, denen es doch »angeblich« in der Haft so schlecht ginge, schreibt Fritz Teufel:

Vielleicht habe ich mir das alles eingebildet, es kam mir so vor, als würden sie mich in den Keller schleppen, als würde mir dabei der muskulöse Unterarm von jemand mit aller Kraft die Luft abdrücken... Es kam mir so vor, als würde ich gleich ersticken, und daß es eigentlich schade um mich wäre. Glücklicherweise konnte ich zwischendurch mal wieder nach Luft schnappen, als mir einer an den Haaren riß. Dann würgte er wieder. Ich versuchte oben mit aller Kraft Luft zu kriegen, kriegte aber keine, dafür ging unten was in die Hose, was mir in diesem Moment keinerlei Erleichterung verschaffte.[92]

Fünf Monate später, im Juli 1977, werden die Ermittlungen gegen die beteiligten Justizbeamten eingestellt.

In den Interviews berichteten mir die Gefangenen auch, wie sie die Zeit der Kontaktsperre erlebten. Till Meyer:

Am 5. September (1977, M.O.), nachts um ein Uhr, kam der Staatsschutz in die Zelle. Sie kamen mit Waffen rein und sagten »Sofort raus, nackt ausziehen«. Ich bin sofort raus, die Hosen runtergelassen, abgetastet und dann in eine Leerzelle gesteckt worden. Nach zwei Stunden ungefähr konnte ich zurück in meine Zelle. Die war total auf den Kopf gestellt worden, alle Informationsträger raus, Radio raus, Fernseher, den ich zu der Zeit hatte, auch raus. Das Knastradio war abgeklemmt worden. Mir wurde keine Erklärung gegeben. Auf meine Frage, was los sei, kam die Antwort: »Das werden Sie schon hören, das kriegen Sie noch mit.« Es wurde kein Beschluß vorgelegt, gar nichts. Ich hatte am nächsten Tag einen Haftprüfungstermin beim Ermittlungsrichter. Dort wurde mir kurz eröffnet, daß ich unter Kontaktsperre stehe, und man gab mir ein Informationsblatt. Ich habe sofort protestiert, wurde zurückgebracht in meine Zelle, und der Haftprüfungstermin fand gar nicht statt. Es wurde Einzelfreistunde angesetzt und wir sechs Gefangene haben uns dann nicht mehr gesehen. Aber noch hatte ich keine Vorstellung, was das bedeutet, von allem abgeschnitten zu sein.

Zu Anfang war also ein großes Rätselraten. Mein Pech war, daß ich keinen Rufkontakt hatte zu anderen Gefangenen, weil ich keine Gegenüber-Zellen hatte. Ich hab also vier Wochen lang überhaupt nichts gewußt. Die Schließer kamen immer zu zweit, die sagten auch nichts. Einmal hab ich einen Pfarrer kommen lassen, weil ich kein Einkaufsgeld mehr hatte. Der ist gekommen, aber den haben sie nicht reingelassen. Der durfte nur bis an die Tür, ein Beamter stand hinter ihm. Ich hab den Pfarrer gebeten, bei meiner Familie anzurufen, weil ich Geld brauchte. Der Einkauf war das einzigste, was noch lief. Es kam auch keine Post, keine Zeitung mehr. Ich hab immer nur die zwei gleichen Beamten gesehen.

Sechs Wochen, das ist ne ganz schön lange Zeit. Ich hab ganz viel Haß und Wut entwickelt, hab mir alle möglichen Attentate durch den Kopf gehen lassen, und das hat mir ne gute Stimmung gegeben. Ich hab bis ins Detail Anschläge gegen politisch Verantwortliche geplant, theoretisch natürlich. Das war meine Hauptbeschäftigung, das mußte ich machen, um den Haß und die Wut und die Hilflosigkeit abzubauen. Wir leben noch, hab ich gedacht, und die kriegen das zurück. In der Nacht zum 18. Oktober, als die Stammheimer tot waren, kamen sie gleich rein: Schuhe, Schnürsenkel, Gürtel, Rasierklingen, alles sofort raus. Wir wußten doch gar nicht, was los war. »Jetzt haben sich eure Chefs ja endlich umgebracht« und solche Sprüche kamen von den Schließern.

Fritz Teufel erlebte die Kontaktsperre wie ein »Wirklichkeitsloch«:

Es wurde kein Besucher mehr reingelassen. Aber das Einschneidenste war, daß auch der Anwaltsbesuch, der jedem Untersuchungsgefangenen zu jeder Zeit erlaubt sein müßte, verweigert wurde. Das einzige, was man von der Welt mitgekriegt hat, waren hin und wieder Aufforderungen der Knastbeamten, sich umzubringen oder so was. Oder irgendwie die Genugtuung darüber, daß schon wieder irgendwo ein Gefangener draufgegangen sei. Es gab einen einzigen Bewacher, der hat mit mir geredet. Er hat mir mal im Hof die Bundesliga-Ergebnisse gesagt.

Die Anklage

Während im »normalen« Ermittlungsverfahren zunächst das Beweismaterial zusammengetragen und gesichert wird, bevor Einzelpersonen in einen konkreten Tatverdacht kommen, ist die Reihenfolge im Lorenz/Drenkmann-Verfahren auf den Kopf gestellt. Relativ schnell waren Beschuldigte gefunden, doch es mangelte an den passenden Beweismitteln. Untersuchungshaftzeiten von drei bzw. zweieinhalb Jahren unter extremen Bedingungen bis zum Beginn der Hauptverhandlung sind die Folge. Die Ermittlungsbehörden haben sich zudem auf Ergebnisse festgelegt – zum Nachteil der Beschuldigten.

29. Juni 1977: Der Generalbundesanwalt klagt an: Ralf Reinders, geboren 1948, Ronald Fritzsch, geboren 1951, Gerald Klöpper, geboren 1953, Till Meyer, geboren 1944, Fritz Teufel, geboren 1943, Andreas Vogel, geboren 1956, gemeinschaftlich als Mitglieder einer kriminellen Vereinigung Peter Lorenz entführt und Günter von Drenkmann getötet zu haben, und fortgesetzt gegen das Verbot des Alliierten Kontrollrats über den Besitz und das Führen von Waffen und Munition verstoßen zu haben. Zur Verhandlung sollen darüber hinaus eine Reihe von Sprengstoffanschlägen und Banküberfällen in Berlin kommen. Die Anklageschrift umfaßt 230 Seiten. 599 Zeugen und 34 Sachverständige sollen gehört werden. Die Anklage stützt sich hauptsächlich auf Angaben ehemaliger Mitglieder der »Bewegung 2. Juni«; der Hauptbelastungszeuge für die Mordanklage, »Kronzeuge« Reiner Hochstein, wird jedoch nicht genannt. Wichtigste Beweismittel für die Sprengstoff- und Raubdelikte sind die Ex-Mitglieder Heinz Brockmann (verhaftet 3. Mai 1973), Harald Sommerfeld (verhaftet 7. Mai 1972) und Rudolf Putnik (verhaftet 27. Juli 1973). Auch die Protokolle der Vernehmungen von Ulrich Schmücker, der am 5. Juni 1974 unter gerichtlich niemals geklärten Umständen ermordet wurde, dienen als Beweismittel.

Heinz Brockmann hatte gegenüber der Staatsanwaltschaft nicht nur detaillierte Angaben über Planung und Ausführung von Sprengstoffanschlägen und Banküberfällen gemacht, sondern auch wichtige Informationen über die Logistik der »Bewegung 2. Juni« verraten. »Er war als Belastungszeuge ebenso eiskalt wie als Stadtguerillero«, schildert ihn ein mit der Materie bestens vertrauter Strafverteidiger.[93] Gegenüber dem »Spiegel« hatte der Berliner Justiz-Pressesprecher, Staatsanwalt Walter Böhmann, den »Tag für Tag« gestehenden Brockmann als besonders wertvoll eingeschätzt: »Unter allen, die bisher was gesagt haben, ragen Ruhland und Brockmann raus.«[94] Brockmanns Redseligkeit war auch von Sommerfeld, der unter anderem einzelne Funktionen von Ex-Genossen preisgegeben hatte, nicht übertroffen worden.

Der Staatsanwaltschaft gestand der »einstige Mechaniker« und spätere Überläufer Heinz Brockmann, die Bombe gebaut, jedoch nicht gelegt zu haben, die am 2. Februar 1972 im britischen Yachtclub Gatow in einem Bootsschuppen explodierte und den 66 Jahre alten Bootsbauer Erwin Beelitz tötete.[95] Das Urteil des Berliner Landgerichts vom 18. Dezember 1973 fiel vergleichsweise milde aus: Wegen (u.a.) gemeinschaftlichen schweren Raubes in fünf Fällen und gemeinschaftlicher Herbeiführung einer Explosion, jeweils in Tateinheit mit Beteiligung an einer kriminellen Vereinigung sollte Brockmann für sechs Jahre und sieben Monate hinter Gitter. Nach Verbüßung der Halbstrafe entließ ihn die Berliner Justiz.

Kein klassischer »Kronzeuge«, jedoch ebenfalls Belastungszeuge der Anklage, war Rudolf Putnik, auch er ein früheres Mitglied der »Bewegung 2. Juni«. Nachdem Putnik vom Staatsanwalt erfolglos vernommen worden war, habe man seinen Vater dazu gebracht, am Telefon dem Sohn gegenüber einen Herzanfall vorzutäuschen, berichtet Rechtsanwalt Rainer Elfferding.[96] Unter dem Eindruck dieses Schockerlebnisses gestand und verriet Putnick.

In der Anklageschrift beruft sich die Bundesanwaltschaft auf mehrere Textstellen eines angeblichen »Programmes« der »Bewegung 2. Juni«, das im Sommer 1972 verfaßt worden sei. Von diesen Textstellen wird eine grundsätzliche Kollektivität innerhalb der Gruppe abgeleitet. Auf Seite 81 der Anklage heißt es zum Beispiel:

In der Erkenntnis, daß »der Erfolg der revolutionären Praxis der Bewegung von der dauernden, direkten und persönlichen Teilnahme der Mitglieder abhängt« und »daß man zusammenhalten, sich organisieren muß, wenn man etwas erreichen will«, bildeten die Angeschuldigten Fritzsch, Klöpper, Meyer, Reinders und Teufel sowie die drei weiblichen Gruppenmitglieder (gemeint sind Inge Viett, Juliane Plambeck und Gabriele Rollnick, M.O.) von Anfang an eine festgefügte Einheit, in die der Angeschuldigte Vogel im Herbst 1974 aufgenommen worden ist. Damit gaben sie ihr ursprüngliches Konzept auf, die Aktionen der »Bewegung 2. Juni« auf mehrere im wesentlichen selbständig handelnde Gruppen aufzuteilen. Alle Mitglieder der neugebildeten Gruppe beteiligten sich deshalb an dem spätestens Anfang des Jahres 1974 begonnenen Wiederaufbau einer umfassenden Logistik sowie – jeweils bis zu ihrer Verhaftung – an der Planung, der Vorbereitung und der Durchführung der in den Teilen D bis F dargestellten Straftaten.[97]

Die Annahme von »Kollektivität« innerhalb der Gruppe ermöglicht der Anklage entscheidende Vereinfachungen. Sie erlaubt zum Beispiel, den sechs Angeklagten etliche ungeklärte Straftaten zuzurechnen, die sie angeblich kollektiv geplant und ausgeführt haben sollen – seit dem Herbst 1974 sieben an der Zahl. Einzelne Tatnachweise werden nach dieser Logik entbehrlich. »Entsprechend dem von allen Gruppenmitgliedern gefaßten Plan ...«, oder »aufgrund eines gemeinsamen Tatentschlusses aller Gruppenmitglieder...«, sollen bis hin zum Gruppenrest, der nach einem »entsprechend dem von den noch in Freiheit befindlichen Gruppenmitgliedern gefaßten Plan«[98] gehandelt habe, alle Angeklagten beweisvereinfachend »überführt« werden.

Am 1. Juli 1977 tritt der bisherige Staatssekretär im baden-württembergischen Justizministerium, Kurt Rebmann, sein Amt als Generalbundesanwalt an. Sein erster Antrittsbesuch bei einer Landesregierung führt ihn nach Berlin. Mit dem Berliner Justizsenator Baumann und weiteren Mitgliedern der Justizexekutive erörtert Rebmann Personalprobleme. Es geht darum, einen »geeigneten Richter« für den Vorsitz des Verfahrens gegen »Reinders u.a.« zu finden. In die engere Wahl kommt der bisherige Landgerichtsdirektor Friedrich Geus. Ihm wird »die nötige praktische Erfahrung und Straffheit sowie das erforderliche Durchsetzungsvermögen« zugetraut.[99]

1. Juli 1977: Das Landgericht Hamburg verurteilt Reiner Hochstein zu elf Jahren Haft, sein Frau Inga zu 10 Jahren, u.a. wegen Mitgliedschaft in einer kriminellen Vereinigung. Sechs Wochen nach der Urteilsverkündung wird Hochstein nach Berlin verlegt, zunächst nach Moabit, dann in die relativ offene Jugendstrafanstalt Plötzensee. In Hamburg hatte Hochstein noch seinen »fanatischen Willen zum bewaffneten Kampf bekundet«,[100] in Berlin bringt der Verfassungsschutzbeamte Geld – alle 14 Tage etwa 150 DM.[101]

Weder die Beschuldigten noch deren Rechtsanwälte werden über das wichtigste Beweismittel des Staatsanwalts in Kenntnis gesetzt. Reiner Hochstein sagt später im Lorenz/Drenkmann-Prozeß gegen die Angeklagten aus. Er wird behaupten, selbst an der Planung des Drenkmann-Attentats beteiligt gewesen zu sein.

August 1977: Reiner Hochstein entzieht seiner Rechtsanwältin das Mandat. Als neuen Verteidiger schlägt der Verfassungsschutzbeamte Grünhagen den Berliner Rechtsanwalt Herbert Dulde vor. Dieser Empfehlung folgt Hochstein. Später wird Hochsteins Verteidigerwechsel einem anderen Verteidiger signalisieren, daß der Verfassungsschutz seine Hände im Spiel hat: Rechtsanwalt Wolfgang Panka, dem Vertrauensverteidiger von Till Meyer.[102]

13. August 1977: Die Berliner Medien bringen erste Informationen über einen Kronzeugen im Lorenz-Drenkmann-Ermittlungsverfahren. »Die Welt«: »Terrorist gesteht: So wurde Drenkmann erschossen«, »Berliner Morgenpost: »Sensationelle Wende: Gericht nicht auf Indizien angewiesen. Kronzeuge für den Mord an Drenkmann packt jetzt aus.« Erstmals tritt Hochstein namentlich und öffentlich in Erscheinung; die Verteidiger der sechs Lorenz-Drenkmann Angeklagten werden auf diese Weise mit dem wichtigsten Beweismittel der Mordanklage, dem »Kronzeugen«, konfrontiert.

1. September bis 21. September 1977: In einer 16-teiligen Serie veröffentlicht »Die Welt« unter dem Titel »Das Geständnis« angebliche »bisher unbekannte Querverbindungen der Drenkmann-Mörder« im »Netz des Terrorismus«. Es sind die Aussagen Reiner Hochsteins, aus denen die Geschichte gestrickt ist. Daß Hochstein zuerst mit dem »besten Mann« des Berliner Verfassungsschutzes gesprochen hatte, verschweigt die Serie allerdings. Auch von den versprochenen Gegenleistungen des Amtes wird in den Artikeln nichts verraten.[103]

Das Verbrechen an Günter von Drenkmann und die Entführung von Peter Lorenz vier Monate darauf gelten heute als aufgeklärt. Der Prozeß wird im kommenden Frühjahr erwartet.

Mit dieser Einschätzung schließt der Verfasser. Reiner Hochstein habe sich mit seinem Geständnis »das Erlebnis jenes Abends (des 10. November 1974, M.O.) und seine Folgen von der Seele« geredet.

Bis auf die Beteiligten kannte zu dieser Zeit niemand das Mischungsverhältnis von Dichtung und Wahrheit oder Ausrede in dem vermeintlichen Geständnis. Ein neues Geschütz der Vorverurteilung war in Stellung gebracht worden war, abermals unter tätiger Mithilfe eines Presseorgans. Rainer Hochsteins ominöse Aussagen vor dem Verfassungsschützer Grünhagen und der Staatsanwaltschaft standen in der Zeitung, noch ehe einer der Verteidiger über ihre Entstehungsgeschichte informiert, geschweige denn in der Lage war, dagegen zu halten.

Verteidigeraussperrung und Zwangsverteidiger

Am 22. und 23. März 1977 hatte der Bundesgerichtshof in zwei Grundsatzbeschlüssen im Zusammenhang mit Terroristen-Prozessen das Verbot der anwaltlichen Verteidigung mehrerer Mandanten bekräftigt. (§ 146 StPO: »Die Verteidigung mehrerer Beschuldigter durch einen gemeinschaftlichen Verteidiger ist unzulässig«).

Damit begann das Berliner Verteidigungs-Drama, denn das Kammergericht legt den Paragraphen besonders weit aus. Alle Aktivitäten der RAF von 1970 an und der »Bewegung 2. Juni« seit 1972 gelten nach seiner Auslegung als Taten im Sinne der Strafprozeßordnung. Zum lebenslangen Ausschluß eines Rechtsanwalts von einer Terroristen-Verteidigung sollte schon ein einmaliges Anbahnungsgespräch, aus dem kein Mandat entstand, führen. Doch das war nicht alles. Der 1. Strafsenat des Berliner Kammergerichts begnügt sich bei der Anwendung des neuen Ausschluß-Paragraphen mit geringerem als einem Kontaktgespräch. Er erklärt bereits die Unterschrift eines Anwalts unter einen öffentlichen Appell zur Verbessung der Haftbedingungen für unvereinbar mit der Vergabe eines Pflichtmandats und verzögert auf diese Weise monatelang die Beiordnung des jeweils zweiten rechtmäßig erlaubten Vertrauensverteidigers pro Angeklagtem.

Allein in Berlin fallen von insgesamt ca. 250 Strafverteidigern 89 aus, weil auf sie der §146 angewendet wird.[104]

Ihren Höhepunkt erreicht die Blockade im September/Oktober 1977. Es ist Kontaktsperrezeit, die Häftlinge sind von der Außenwelt total abgeschnitten, es gibt nicht die geringste Chance, etwas über ihren Zustand zu erfahren. Diese vollkommene Isolation war vom Gesetzgeber in beispielloser Eile legitimiert worden. Kaum ein anderes Gesetzgebungsverfahren in der Geschichte der Bundesrepublik hatte erregtere Diskussionen ausgelöst als das Verfahren zum Kontaktsperregesetz. Von einem »Gewaltakt« war die Rede, von einem »ausgesprochenen

Notstandsgesetz« und einem Gesetz, das die Diskriminierung des Anwalts freigebe, denn »es bedarf keines individuellen Verdachts mehr gegen ihn. Das Gesetz hat ihn ein für allemal zum Verdächtigen per Mandat erklärt.«[105]

Aus Sorge um die Gesundheit der Gefangenen schickten Berliner Strafverteidiger während der Kontaktsperre an die Justizbehörden der Stadt und den Bundesjustizminister ein Telegramm. Alle Unterzeichner dieses Telegramms fallen nach der Berliner Auslegung unter den neuen Prozeßordnungsparagraphen, das heißt sie sind für Mandate in Verfahren gegen Mitglieder bewaffneter Gruppen »verbraucht«. Einige der beschuldigten mutmaßlichen Mitglieder der »Bewegung 2. Juni« finden deshalb lange keine Verteidiger. Auch die von den Angeklagten ausgewählten Rechtsanwälte aus fremden Städten lehnt das Gericht als Vertrauensverteidiger ab.

Für die Angeklagten entsteht ein akuter Verteidigungsnotstand. »Unverbrauchte« Verteidiger stehen aus verschiedenen Gründen kaum zur Verfügung. Meist sind sie überlastet oder trauen sich ein Engagement in dem anstehenden Verfahren, in dem die Angeklagten von Teilen der Medien massiv vorverurteilt wurden, nicht zu. Fritz Teufel wird schließlich per Zeitungsinserat nach einem Anwalt suchen; bereits bevollmächtigte Anwälte werden bei Kollegen »Klinken putzen«. Den Rechtsanwälten, die auf diese Weise schließlich noch gefunden werden – es sind zum Teil Berufsanfänger, die bereit sind, die Verteidigung zu übernehmen – werden im Prozeß Anklagevertretern gegenübersitzen, die über jahrelange Erfahrungen in Staatsschutzprozessen verfügen. Praktisch steht damit in Berlin das Recht des Beschuldigten, einen Anwalt seiner Wahl zu haben, nur noch auf dem Papier.[106]

Am 23. November 1977 bringt die Post Fritz Teufels zweitem Vertrauensverteidiger Henning Spangenberg den Beschluß des Ermittlungsrichters Bräutigam, der für den Rechtsanwalt das vorläufige Ende seines Engagements als Strafverteidiger bedeutet. Am gleichen Tag werden Teufel vom momentanen Vorsitzenden des 1. Strafsenats am Kammergericht, Egbert Weiß, die Rechtsanwälte Bufe und Raible als Pflichtverteidiger beigeordnet. Teufel erfährt von der Beiordnung der ihm unbekannten Anwälte durch Pressemeldungen am 24. November. Wenige Tage später ordnet Weiß auch den übrigen fünf Angeklagten jeweils zwei fremde Pflichtverteidiger bei. Die Angeklagten lehnen sie als »Zwangsverteidiger« ab, die verbliebenen Vertrauensverteidiger kritisieren ihre Bestellung als rechtswidrig. Teufels Verteidiger Wieland schreibt an den Strafsenat: »Das Bundesverfassungsgericht (BVerfG 9, 36-38) führt aus, daß Verteidigung Vertrauen voraussetze und deshalb dem Beschuldigten grundsätzlich der Verteidiger beizuordnen sei, der von ihm benannt werde.«[107] Von Vertrauen zwischen diesen zwangsweise beigeordneten Pflichtverteidigern und den Mandanten konnte tatsächlich keine Rede sein, waren sich doch die Parteien, in diesem Fall: die Kontrahenten, bisher nicht einmal begegnet. Der Aufwand, mit dem das Gericht bestimmte Verteidiger herauszuhalten versucht, legt ohne Frage den Verdacht nahe, daß über die Beiordnung das Verfahren manipuliert werden sollte.

16. und 19. Dezember 1977: Die Anträge auf Beiordnung der vier Vertrauensverteidiger Kolb, Lohstöter, Remé und Müllerhoff werden vom amtierenden Vorsitzenen Egbert Weiß zurückgewiesen. Die Verteidiger verfolgten mit ihren Beiordnungsanträgen verfahrensfremde Zwecke, schreibt Richter Weiß. Sie seien in erster Linie nicht an einer Verteidigung ihrer Mandanten, sondern einer Hetzkampagne gegen staatliche Stellen in der Bundesrepublik interessiert. Zur Begründung führt Weiß das Telegramm der Berliner Verteidiger vom 18. Oktober an, von dem bereits die Rede war.

Eine Äußerung von Golo Mann im Verlauf eines »Panorama«-Interviews vom Vortag hatte die Verteidiger alarmiert und zu dem Telegramm veranlaßt. Von Dagobert Lindlau aufgefordert, zu seinem etwa fünf Wochen zurückliegenden Aufruf in der »Welt«, die Kriegserklärung der Terroristen anzunehmen, Stellung zu nehmen, hatte Golo Mann in der »Panorama«-Sendung gesagt:

Der Moment kann kommen, in dem man jene wegen Mordes verurteilten Terroristen, die man in sicherem Gewahrsam hat, in Geiseln wird verwandeln müssen, indem man sie den Gesetzen des Friedens entzieht und unter Kriegsrecht stellt.[108]

Daß der in Rede stehende »Welt«-Artikel des Historikers Golo Mann vom 7. September 1977 ein großes Echo hervorgerufen hatte, war der Zeitungausgabe vom 8. September 1977 zu entnehmen:

Golo Mann hat in einem Artikel für die »Welt« gestern davon gesprochen, daß wir uns in einem Krieg befinden. ... Der Ruf nach der Todesstrafe wird laut, sogar der Ruf nach dem Standrecht oder der Erschießung von verhafteten Terroristen im »Austausch« gegen die Ermordung von Geiseln...[109]

Soviel zur Vorgeschichte des Telegramms der Verteidiger, dessen inkriminierte Passage lautete:

Wir glauben nicht an die Behauptung, Andreas Baader, Gudrun Ensslin, Irmgard Möller und Jan-Carl Raspe hätten in Stuttgart-Stammheim Selbstmord begangen bzw. versucht. Wir befürchten, daß unsere Mandanten die totale Kontaktsperre nicht überleben. Wir haben den Eindruck, daß die Erwägung von Golo Mann in der Panorama-Sendung am 17. Oktober 1977, politische Gefangene als Geiseln zu erschießen, bereits in die Tat umgesetzt worden ist.[110]

Die Furcht der Anwälte, das Geschehen könne – nach Mogadischu, dem Mord an Schleyer und den Stammheimer Toten – eskalieren, erscheint unter den gegebenen Vorzeichen verständlich. Expressis verbis hatte Golo Mann zwar nicht von »Erschießen« gesprochen, mit seinem Geiselvorschlag hatte er jedoch eine Praxis angeregt, die seit den Genfer Vereinbarungen über die Behandlung von Kriegsgefangenen von 1949 völkerrechtlich geächtet ist.[111]

Nach dem Beschluß von Richter Weiß steht Gerald Klöpper ohne einen einzigen beigeordneten Vertrauensverteidiger da. Im Dezember 1977 findet Andreas Vogel einen zweiten Vertrauensverteidiger, den Münchner Rechtsanwalt Frank Niepel. Niepel beantragt am 10. Dezember bei Richter Egbert Weiß die Beiordnung. Da die Berliner Justiz keine Nicht-Berliner-Verteidiger beiordnet, erklärt er sich bereit, für die Dauer des Verfahrens nach Berlin zu übersiedeln. Am 19. Dezember nimmt die Bundesanwaltschaft zu Vogels Antrag Stellung. Sie schreibt dem Kammergericht, daß in diesem Verfahren

die Wünsche des Angeklagten bei der Auswahl des zu bestellenden Verteidigers nicht zu berücksichtigen

seien, da vorhersehbar sei,

daß seine Wünsche einseitig auf die Berücksichtigung der persönlichen Interessen gerichtet seien und die dem Vorsitzenden bei der Auswahl darüberhinaus obliegende Sorge um die Gewährleistung eines prozeßordnungsgemäßen Verfahrens von dem Angeklagten außer Acht gelassen würde.[112]

Wessen Wünsche, wenn nicht die des Angeklagten, spielen bei der Auswahl des Verteidigers eine Rolle? Die Wünsche des Gerichts? In der deutschen Geschichte waren Kriterien dieser Art bisher nur aus der Praxis des Volksgerichtshofs und anderer NS-Gerichte bekannt. Allzu leicht konnte bei dieser Argumentation der Eindruck entstehen, daß – zumindest für Berlin – vergleichbare Einschränkungen vorbereitet würden.

Weiß lehnt am 21. Dezember Niepels Beiordnungsantrag ab, weil der Rechtsanwalt angeblich auch dann ein auswärtiger Verteidiger bleibe, wenn er nach Berlin übersiedle. Maßgebend sei nicht der Wohnort, sondern der Ort des Gerichts, bei dem er zugelassen sei.[113]

Eine solche Begründung ist neu. Bisher waren auswärtige Verteidiger mit dem Argument nicht beigeordnet worden, daß das Verfahren wegen der dann erforderlichen Reisetätigkeit, die einen großen Zeitaufwand mit sich bringe, zu sehr belastet würde.

Dezember 1977: Der Richterwahlausschuß wählt den Vorsitzenden Richter am Landgericht, Friedrich Geus, zum neuen Vorsitzenden des 1.Strafsenats beim Berliner Kammergericht, dem Senat, der über die Lorenz-Denkmann-Angeklagten zu Gericht sitzen soll. An der »gezielten Beförderung« von Geus entzündet sich rasch heftige Kritik. Geus steht in dem Ruf, ein besonders strenger Vorsitzender zu sein. Der »Spiegel« spricht von Manipulation bei der Besetzung des Senats:

...abermals stellt sich die Frage, ob nicht durch derart gezielte Beförderung und Geschäftsverteilung das anstehende Verfahren schon vor der Eröffnung belastet wird.[114]

11. Januar 1978: Die wenigen bisher beigeordneten Vertrauensverteidiger treffen sich mit dem neuen Vorsitzenden in dessen Dienstzimmer im Kammergericht. Man bespricht die Probleme, die sich durch die spezielle Berliner Auslegung des § 146 (Verbot der Mehrfachverteidigung) ergeben haben. Geus zeigt sich überrascht, daß bereits die Unterzeichnung eines Telegramms für den unterzeichnenden Rechtanwalt die Ablehnung seiner Beiordnung nach sich zog.

Er erklärte dazu, er könne nicht erkennen, was diese Telegrammunterzeichnung mit der Frage der Beiordnung zu tun habe.[115]

Die Vertrauensverteidiger verlassen das Dienstzimmer an der Witzlebener Straße mit dem Gefühl, »endlich einen Schritt voran gekommen« zu sein. Doch der Eindruck täuscht.

Februar 1978: Der für Ralf Reinders als Pflichtverteidiger gegen dessen Willen beigeordnete Rechtsanwalt Dr. Lignitz bittet um seine Entpflichtung, weil zwischen ihm und dem Mandanten kein Vertrauensverhältnis bestehe. Seine Bestellung, schreibt Lignitz an den Senat, verstoße »gegen den obersten Grundsatz der gesamten gesetzlichen Regelung der Verteidigung, da die freie Wahl des Verteidigers durch den Beschuldigten (§§ 137, 138 Strafprozeßordnung) verletzt ist.« Dem Antrag wird nicht stattgegeben und die Entpflichtung mit dem Argument verweigert, es bestehe kein Recht des Angeklagten auf freie Wahl des Verteidigers.

Das Institut der notwendigen Verteidigung dient nicht nur dem Interesse des Angeklagten, sondern soll im staatlichen Interesse den prozeßordnungsgemäßen Ablauf sicherstellen.[116]

22. Februar 1978: Die Berliner Rechtsanwälte Eschen und Heger beantragen ihre Beiordnung als Vertrauensverteidiger für die Angeklagten Teufel und Fritzsch. Am 15. März 1978 lehnt der Vorsitzende Richter Geus beide Anträge ab. Seine Begründung: die Angeklagten seien bereits ausreichend mit Verteidigern bestückt.

24. Februar 1978: Für Andreas Vogel konnte noch immer kein zweiter »genehmigungsfähiger« Vertrauensverteidiger gefunden werden. Sein bisher beigeordneter Vertrauensverteidiger Nicolas Becker beantragt deshalb aus Protest seine Entpflichtung. Für einen einzigen Verteidiger sei ein solch umfangreiches Verfahren nicht zu führen, schreibt Becker. Sein Antrag wird vom Vorsitzenden Richter Geus abgelehnt.

10. April 1978: Einen Tag vor Prozeßbeginn bestellen drei Angeklagte vier ihnen vom Vorsitzenden gegen ihren Willen beigeordnete Pflichtverteidiger zur Besprechung in die Untersuchungshaftanstalt. Doch statt des erwarteten ersten Gesprächskontaktes greifen sie die Rechtsanwälte tätlich an: In den Moabiter Sprechzellen schlagen die Angeklagten ihre ungewollten Verteidiger mehr oder weniger heftig ins Gesicht. Die Presse berichtet in den folgenden Tagen ausführlich über »Tumulte« (FAZ), bei denen Terroristen ihre Anwälte verprügelten (Abendzeitung München), und »mit brutaler Gewalt gegen ihre Anwälte« vorgingen (Spandauer Volksblatt; alle 12.4.78). Drei der betroffenen Anwälte mahnen nach der Schlägerei, durch die das fehlende Vertrauensverhältnis demonstrativ vorgeführt wurde, beim Vorsitzenden ihre Entpflichtung an. Mehrfach versuchen sie auf unbürokratische Weise den Vorsitzenden von der Rechtswidrigkeit ihrer Verpflichtung zu überzeugen. Es kommt zu einer Reihe von Telefongesprächen, in deren Verlauf der Vorsitzende die verpflichteten Anwälte mit der Bemerkung überrascht, wenn sie als Verteidiger ausfielen, könne das Verfahren platzen, weil die Vertrauensanwälte seiner Meinung nach keine rechtsstaatlich orientierten Verteidiger seien.[117]

Am 16. April 1978 gibt die »Vereinigung Berliner Strafverteidiger« zum Problem der Beiordnung eine Presseerklärung ab, in der betont wird, daß sich »standeswidrig« verhält, »wer sich von einem Gerichtsvorsitzenden gegen den Willen des Angeklagten beiordnen läßt, obwohl Vertrauensverteidiger zur Verfügung stehen...« In der Erklärung werden die gegen den Willen der Angeklagten beigeordneten Pflichtverteidiger aufgefordert, »ihre Entpflichtung zu beantragen und notfalls, sofern die Entpflichtung abgelehnt wird, das Verfahren ohne Billigung des Gerichts zu verlassen.«

18. April 1978: Am dritten Verhandlungstag im Lorenz/Drenkmann-Prozeß wird bekannt, daß fünf zwangsweise verpflichtete Verteidiger ihre Entpflichtung beantragt haben. Um dem »rechtlich nicht mehr lösbaren Gewissenskonflikt« nicht weiter ausgesetzt zu sein, verlassen sie nach entsprechenden Erklärungen den Verhandlungssaal oder kündigen ihr Fernbleiben an. Später eingeleitete Ehrengerichtsverfahren werden eingestellt. Der Vorsitzende ändert nun angesichts der Gefährdung des Verfahrens seine Linie und gibt den Widerstand gegen die Beiordnung eines zweiten Vertrauensverteidigers für jeden Angeklagten auf. Die ferngebliebenen Zwangsverteidiger werden am 5. und 6. Verhandlungstag durch neue ersetzt.[118] Damit bleibt es bei zwölf nach wie vor unbeschäftigten Zwangsverteidigern. Am 27. April 1978 kommentiert Enno von Löwenstern in der »Welt« die Auseinandersetzung um das Rechtsinstitut der freien Verteidigung. Er gibt vor, zu wissen, welche unheimlichen Motive den Streit in Wahrheit ausgelöst haben:

Der Terror gegen die Pflichtverteidiger hat erkennbar den Zweck, sie aus den Terroristenprozessen hinauszugraulen. Dann liegt es in der Hand der »Vertrauensanwälte«, die Verteidigung nach Belieben zu sabotieren und den Prozeß platzen zu lassen. Irgendwann müßte man dann die Terroristen auf freien Fuß setzen, da niemand ewig ohne Urteil festgehalten werden kann. So läßt sich die Befreiung von Mördern simpler veranstalten als durch Geiselnahmen, die vorher im Verein mit den Inhaftierten betrieben wurden, durch die Härte des Staates aber den Zweck nicht immer erreichten.

Unterstützer-Prozesse

Etwa zwanzig Untersuchungsgefangene saßen mittlerweile in den Berliner Haftanstalten. Die meisten wurden nicht der Mitgliedschaft und Mittäterschaft beschuldigt, sondern hatten Verfahren wegen »Unterstützung« der »Bewegung 2. Juni« zu erwarten. Das Besondere an den Unterstützer-Prozessen war, daß sie das Hauptverfahren gegen die mutmaßlichen Drenkmann-Mörder und Lorenz-Entführer in verkürzter Form vorweg nahmen. Das heißt, die Richter mußten schon in diesen Prozessen – mit mehr oder weniger simplen Methoden – herausbekommen, was erst Jahre später von einem anderen Strafsenat festgestellt werden würde: Ob nämlich die Verbrechen tatsächlich von den Leuten begangen worden waren, deren »Unterstützung« bereits als kriminelle Tat zur Verhandlung stand. Es sei »absurd und absolut unzulässig, in dieser Reihenfolge zu verfahren«, hatten die Verteidiger der Hauptangeklagten und ihre Kollegen, die in den Unterstützer-Prozessen verteidigten, immer wieder kritisiert, doch ihre Argumente wurden permanent ignoriert. Offensichtlich wollte die Berliner Justiz diese Fälle »vom Tisch haben«, ohne das Ergebnis des Hauptverfahrens abzuwarten, an dem ohnehin keiner zweifelte.

Der Beginn der Hauptverhandlung gegen »Reinders u.a.« stand noch in den Sternen, erst recht der Termin der Urteilsverkündung, als der erste große »Unterstützerprozeß« gegen Waltraud Siepert am 17. Mai 1977 zu Ende ging. Waltraud Siepert war am 12. November 1975 mit acht weiteren Personen wegen des Verdachts der Unterstützung der Lorenz-Entführer festgenommen worden. Die acht anderen wurden bald wieder freigelassen, nur Waltraud Siepert, die lange mit Inge Viett befreundet war, blieb als einzige in Untersuchungshaft. Die Verfolgungsbehörden waren offenbar über ihre enge Freundschaft mit Inge Viett, die zur Entführer-Gruppe gerechnet wurde, bestens informiert. »Der Staatsanwalt war wohl davon ausgegangen«, meint Rechtsanwalt Jürgen Block, der sie später verteidigte, »daß Frau Siepert mehr weiß als andere und auch an Dingen beteiligt war, die man erst herausbekommen wollte.«[119]

Die Anklage warf Waltraud Siepert vor, die »Bewegung 2. Juni« mit der Anmietung von Unterkünften unterstützt zu haben. Am 17. Mai 1977 sprach der Vorsitzende der 2. Großen Strafkammer des Berliner Landgerichts, Fritjof Kubsch, das Urteil: viereinhalb Jahre Freiheitsstrafe für Frau Siepert, zwölf Monate zur Bewährung für die Mitangeklage Christine Doemeland.

Zum ersten Mal hatte ein Gericht die Existenz einer kriminellen Vereinigung namens »Bewegung 2. Juni« festgestellt, noch bevor die vermuteten Mitglieder der Bewegung vor Gericht gestanden hatten. Aus Protest dagegen hatten sich die beiden Angeklagten nicht verteidigt. Vom Gericht waren zwei »Zwangsverteidiger« verpflichtet worden, die jedoch kein Vertrauensverhältnis zu ihren Mandantinnen aufbauen konnten. Wegen Verfahrensfehlern – das Gericht war nicht vorschriftsmäßig besetzt – hob der Bundesgerichtshof das Urteil am 21. Juni 1978 auf und verwies die Sache zur Neuverhandlung an eine andere Strafkammer des Landgerichts. Im Wiederholungsprozeß, den die 4. große Strafkammer des Berliner Landgerichts unter dem Vorsitz von Richter Chomse durchführte, wurde Waltraud Siepert am 8.Februar 1979 zu drei Jahren und acht Monaten Haft wegen Unterstützung der kriminellen Vereinigung »Bewegung 2. Juni« verurteilt.[120] Sie hatte, so die Kammer, Wohnungen angemietet, um sie Fritz Teufel nebst Freunden als »geheimen Unterschlupf«[121] zur Verfügung zu stellen. In diesem zweiten Durchgang hatte sich Waltraud Siepert von dem jungen Rechtsanwalt Jürgen Block, der erst wenige Wochen zuvor zugelassen worden war, verteidigen lassen. Hauptziel der Beweisaufnahme sei – so Jürgen Block – auch hier der Nachweis gewesen, daß die »Bewegung 2. Juni« als kriminelle Vereinigung existiert. Der Prozeß gegen »Reinders u.a.« hatte zwar inzwischen begonnen, das Ergebnis der Beweisaufnahme war jedoch noch offen. Tagelang seien Beamte des Bundeskriminalamtes als Zeugen verhört worden, die ihre Erkenntnisse über diese Gruppe vortrugen, erinnert sich der Verteidiger.[122] Manche von ihnen seien gleichzeitig als Zeugen und als Sachverständige aufgetreten, wenn es zum Beispiel um Spuren ging, die angebliche Mitglieder der Gruppe hinterlassen haben sollen. Aus grundsätzlichen Erwägungen habe er sich an dieser Spurensuche nicht beteiligt. »Ich lehnte die Beweiserhebung darüber, ob es eine kriminelle Vereinigung »Bewegung

2. Juni« gibt, wegen der zu erwartenden Vor-Verurteilung der im Lorenz-Drenkmann-Prozeß Angeklagten ab«, berichtet Block.

In der 107 Seiten starken Urteilsbegründung geht es folgerichtig weniger um Waltraud Siepert als um die damals Hauptverdächtigen Reinders, Teufel, Viett und Rollnick. Das »Geschehen um das Mietverhältnis und die Beteiligung von Gabriele Rollnick, Fritz Teufel, Ralf Reinders und Inge Viett an der Entführung des Zeugen Lorenz stehen fest,«[123] schreibt die Kammer, unbeschwert von der Aussicht, vom bevorstehenden Urteil gegen Reinders, Teufel und die anderen widerlegt zu werden.

Am 26. März 1976 war Eberhard Dreher verhaftet worden; zwei Jahre später, am 23. März 1978, wird er von der Staatsschutzkammer des Berliner Landgerichts zu vier Jahren Haft wegen Unterstützung der kriminellen Vereinigung »Bewegung 2. Juni« verurteilt. Bei seiner Festnahme war Dreher mit Andreas Vogel zusammen, den die Anklage zu »einem der führenden Köpfe der Bewegung 2. Juni«[124] erklärte. Damit stellte die Staatsanwaltschaft Hypothesen über Andreas Vogels Position innerhalb der Gruppe auf, die ihr zugleich als Begründung für die besondere Gefährlichkeit des Angeklagten Dreher dienten. Das Landgericht schloß sich dieser merkwürdigen Logik an. Drehers Unterstützerhandlung soll in der Beschaffung eines Autos für die »Bewegung 2. Juni«, mit dem Andreas Vogel gefahren sei, bestanden haben.[125] Seine Verteidiger hatten den Vorsitzenden Richter Frithjof Kubsch mehrfach erfolglos wegen Befangenheit abgelehnt.

Zu den Anklagepunkten hatte sich Eberhard Dreher vor Gericht nicht geäußert, wohl aber zu den Zielen der »Bewegung 2. Juni« bekannt. Till Meyer:

Bestimmte Unterstützer, zu denen auch Eberhard Dreher gehörte, haben wir auf eine Prozeßstrategie ausgerichtet. Das heißt, wir haben ihnen die Direktive gegeben, daß sie sich bekennen sollen. Wir haben das nicht als Befehl gemeint, aber letztendlich kann man es so sehen. Wir haben damit die Leute zum Teil ins Feuer geschickt. Die haben Prozeßstrategien führen »müssen«, die ihnen sicherlich zwei Jahre mehr eingebracht haben. Dahinter steckte unsere Überlegung, für alle Leute, die angeklagt werden, die Fäden zu ziehen, damit das politische Niveau, das wir erreicht hatten, nicht verloren geht.

Die anderen »Unterstützerprozesse« gehen mit ähnlich strengen Strafen zu Ende. Am 12. Mai 1977 waren Heinz Herlitz und Harry Stürmer als mutmaßliche »Unterstützer« in Berlin festgenommen worden. Vom 14. April 1978 an standen die beiden vor Gericht, Anfang Mai 1978 werden sie zu viereinhalb Jahren (Herlitz) und zu vier Jahren Haft (Stürmer) verurteilt.

Am 22. April 1980 wird Erhard Oestreich wegen Unterstützung einer kriminellen Vereinigung zu einem Jahr Haft verurteilt.[126] Seine Papiere hatte die Polizei bei Fritz Teufel gefunden. Nach Teufels Verhaftung am 13. September 1975 hatte sich Oestreich freiwillig der Polizei gestellt. Die 2. Große Strafkammer des Berliner Landgerichts unter dem Vorsitzenden Richter Hüller ging davon aus, daß Oestreich der »Bewegung 2. Juni« seinen Ausweis und Führerschein freiwillig überlassen hatte. Vor Gericht machte er keinerlei Angaben, weder zur Person noch zum Vorwurf der Unterstützung. Daß gegen die Hauptangeklagten mutmaßlichen Lorenz-Entführer noch verhandelt wurde, hinderte auch die 2. Strafkammer nicht daran, problematische Feststellungen zu treffen. In der schriftlichen Urteilsbegründung heißt es lapidar:

Der Umstand, daß die Angehörigen der »Bewegung 2. Juni« selbst bisher nicht verurteilt worden sind, steht der Verurteilung des Angeklagten Oestreich als Unterstützer der Bande nicht entgegen. Es gibt keinen Rechtssatz, daß der Unterstützer erst nach den Mitgliedern der unterstützten Vereinigung verurteilt werden darf (so auch Urteil des LG Berlin vom 15.9.78 (502) 2 PKLs 3/77 (36/76) unter Hinweis auf den Beschluß des BGH vom 21.6.78 – 3 Str 81/78 (S)-).

Keinen Zweifel hatte das Gericht daran, daß der unterstützte Fritz Teufel zur »Bande« gehörte, denn »seit dem Sommer 1973 (wurde) intensiv nach organisierten terroristischen Gewalttätern wie Fritz Teufel, Ralf Reinders und Inge Viett gefahndet..«[127] Teufel habe »zur Identitätstarnung nur völlig ungefährliche Ausweispapiere verwenden« können, keine gestohlenen also, da

Fritz Teufel nach den Bekundungen des Zeugen Blank (Kripobeamter, M.O.), nach den in Augenschein genommenen Fahndungsplakaten vom August 1973 und März 1975 sowie aufgrund der Lichtbildveröffentlichungen vom 6. März 1975 in den Berliner Tageszeitungen »Spandauer Volksblatt«, »Der Tagesspiegel«, »Die Welt« und »Berliner Morgenpost« im Frühjahr und Sommer 1975 zu einem der öffentlich am meisten gesuchten Terroristen gehörte.[128]

Zum Beweis von Teufels terroristischer Existenz beruft sich der Senat auf die Presse, die sich ihrerseits ihre Informationen von der Justizverwaltung holt. Ein Teufelskreis besonderer Machart!

Im Kapitel »Beweiswürdigung zur Tat des Angeklagten Ostreich« heißt es resümierend zum Schluß:

Die Strafkammer ist überzeugt davon, daß der Angeklagte die sich nach den Umständen des Zeitgeschehens aufdrängende Gedankenverbindung gezogen hat, daß seine zur freien Verfügung weggegebenen Ausweispapiere samt Legende möglicherweise einem Angehörigen der für die Entführung von Peter Lorenz verantwortlichen und gerade unter besonderem Fahndungsdruck stehenden »Bewegung 2. Juni« als Tarnungsmittel zugute kommen könnten, und daß er damit auch einverstanden gewesen ist.[129]

Auftakt zum Terroristen-Prozeß

11. April 1978: Vor dem Berliner Kammergericht beginnt der Prozeß gegen sechs mutmaßliche Mitglieder der »Bewegung 2. Juni«, denen die Entführung des Berliner CDU-Vorsitzenden Peter Lorenz im Februar 1975 und die Ermordung des Kammergerichtspräsidenten Günter von Drenkmann im November 1974 zur Last gelegt wird: Ralf Reinders, Fritz Teufel, Ronald Fritzsch, Gerald Klöpper, Till Meyer, Andreas Vogel. Das Gerichtsgebäude war zuvor für 3,5 Millionen Mark umgebaut worden. Im Innern des Gebäudes werden im Bereich der Verhandlungssäle spezielle Sicherheitszonen eingerichtet. Die Angeklagten sitzen zu dritt in nach allen Seiten geschlossenen Kästen aus Panzerglas (Fritz Teufel: »Eich-

mann-Kasten«),[130] die Zuhörer werden intensiven Kontrollen unterworfen. »Eine große Schar von Polizisten strömt frühmorgens schwerbewaffnet ins Kriminalgericht«[131] und beansprucht Zuhörerplätze im Verhandlungssaal, die der interessierten Öffentlichkeit sodann nicht mehr zur Verfügung stehen. Über hundert Beamte wird die Berliner Polizei an jedem Verhandlungstag aufbieten. Berittene Beamte halten sich vor dem Gebäude auf; allmorgendlich bezieht im Innern des Gerichts ein Spezialkommando mit Sandsäcken, Stahlhelmen und Maschinenpistolen in verschiedenen Räumen Stellung.[132]

Zu Prozeßbeginn erscheinen abermals Berichte in der Presse, die eine massive Vorverurteilung der Angeklagten enthalten. In manchen Artikeln wird die Gelegenheit genutzt, eine ganze Jugend-Subkultur zu kriminalisieren. So schreibt die »Welt« am 11.4.78:

Der Entschluß, erst »Mollys« zu schmeißen und dann die »Knarre« in die Hand zu nehmen, war auf den Matratzenlagern Berliner Kommunen geboren worden.

Die »Zeit« klagt über Teufels Späße, die

keine Heiterkeit mehr erzeugen. Teufel ist beinahe 35 Jahre alt. Er muß wie seine Mitangeklagten mit einer lebenslangen Freiheitsstrafe wegen Mordes rechnen.

Die Medien stehen weitgehend auf der Seite der Verfolger. Sicherheitsbedürfnisse werden mobilisiert; man erinnert daran, daß der Staat fast am »Rand des Bankrotts« gestanden habe.[133] Auch außerhalb der Springer-Presse läßt die Berichterstattung den Eindruck entstehen, daß wenig Interesse an der Beweisaufnahme im Verfahren, umsomehr jedoch an der Verurteilung besteht. Ohne jeden Zweifel daran, daß die Mörder des Kammergerichtspräsidenten mit den Angeklagten identisch sind, sagt zum Beispiel die »Zeit« voraus,

daß auch eine Indizienkette ohne fehlendes Glied um sie geschlossen werden kann, selbst wenn niemand sie erkannt hat. Und sie werden – vielleicht – wissen, daß dies mit Recht so geschieht. Sie sehen ihrem Begräbnis hinter Gefängnisgittern entgegen oder dem Entschluß, es aus eigenem Willen vorzuverlegen.[134]

Jedem Angeklagten wurden inzwischen ein Pflichtverteidiger seines Vertrauens und zwei Zwangspflichtverteidiger beigeordnet. An der grundsätzlichen Position der Angeklagten, keinem der zwangsweise beigeordneten Verteidiger das Vertrauen zu schenken, hat sich nichts geändert. So liegt die Verteidigung eines Mandanten de facto in den Händen jeweils eines einzigen Anwalts.

Die Hauptverhandlung zeichnet sich über weite Strecken durch eine feindselige Atmosphäre aus. Damit war zu rechnen, denn die Akteure waren frühzeitig in eindeutiger Weise definiert: als Terroristen und Terroristenverteidiger die einen, als »Handlanger« der Staatsschutzjustiz und Urteilsvollstrecker die anderen. Das Verhandlungsprotokoll vermerkt:

– für den Zuhörerraum: 614 mal Beifalls-, Mißfallenskundgebungen, Unruhe, Klatschen, Lachen; 10 Tumulte; 11 Räumungen;[135] 211 Ermahnungen zur Ruhe. 36 Zuhörer wurden verwarnt, 78 für einen oder mehrere Tage ausgeschlossen, 16 mit insgesamt 50 Tagen Ordnungshaft bestraft;

– für die Angeklagten: 282 Störungen, 164 Verwarnungen, 7 Tumulte in den Anklageboxen, 14 Ordnungsstrafen von insgesamt 70 Tagen.[136] Über lange Strekken wird ohne Angeklagte verhandelt, weil diese gegen ihren Willen von der Verhandlung ausgeschlossen wurden. Permanent beantragen sie ihre Wiederzulassung.[137]

Als Terroristen definiert sehen sich die Angeklagten nicht nur von den Medien. Ralf Reinders nimmt dazu am 25. April 1978 in einer Prozeßerklärung Stellung:

Der dickste Hammer aber war bis jetzt, daß der Vorsitzende es zuließ, daß Völz (Bundesanwalt, M.O.) dieses Verfahren als Terroristenprozeß bezeichnet, damit uns als Terroristen hinstellt. Daß sich das ein Mann wagt, der hier nichts anderes tut, als ein System zu verteidigen, ein System, das 12-jährige Kinder zur Kriminalität treibt, das 12-jährige Kinder ans Heroin treibt, das Millionen von Alkoholikern produziert, das täglich Menschen aus Profitinteresse verkrüppelt, ermordet, das zwei Millionen Menschen die Arbeit verwehrt, das tausende Berufsverbote ausgesprochen hat.[138]

Für die Angeklagten, die seit Jahren in Untersuchungshaft sitzen, bringt die plötzliche Umstellung von der Einsamkeit der Haft auf den Trubel einer großen öffentlichen Verhandlung erheblichen Streß mit sich. Zum Beispiel Till Meyer:

Da bist du erst mal sofort durchgedreht. Ich hab das immer Reizüberflutung genannt. Dann warst du hektisch, ohne daß du etwas gesagt oder getan hast. Allein schon die vielen Leute sehen ist sehr anstrengend. Ich war immer total kaputt, ohne da ein Wort gesagt zu haben. Ich hab nur dagesessen und es hat mich total ermüdet. Nach fünf, sechs Stunden Verhandlung war ich wie zerschlagen. Nach der Kontaktsperre war es besonders schlimm. Für mich war die Zeit in der Isolation, also bevor wir als Kleingruppe in den Hochsicherheitstrakt kamen, ohnehin viel schlimmer als später im Trakt. Bei Prozeßbeginn hatte ich beinahe drei Jahre lang 23 Stunden Einschluß hinter mir. Das heißt 23 Stunden auf der Zelle, keine Kontaktmöglichkeiten mit anderen Gefangenen, außer unter uns in den Umschlußzeiten.

Ähnliche Erfahrungen machten Ralf Reinders und Ronald Fritzsch:

Du siehst die vielen Leute, darunter auch Freunde, und stehst so unter Streß, daß du nicht mehr aufmerksam zuhören kannst. Du kriegst nicht mit, was gesagt wird, und bist nicht in der Lage, dich selbst richtig zu verteidigen. Du bist gezwungen, Trubel zu machen, damit der Verhandlungstag abgebrochen wird. Dann kannst du auf die Zelle zurück und in Ruhe nachdenken und dich vorbereiten.

17. April 1978: Der Leiter der Untersuchungshaftanstalt Moabit erläßt neue Vorschriften für die Durchsuchung von Gefangenen, die wegen des Verdachts politisch-motivierter Straftaten einsitzen. Bisher waren die Gefangenen vor und nach Verteidigerbesprechungen, Besuchen, Zusammenkünften untereinander und nach jeder Freistunde mit einer Metallsonde kontrolliert worden. Ab sofort werden sie zusätzlich auch abgetastet. Die Verfügung gilt für insgesamt 19 Gefangene in Moabit, nämlich die drei Frauen Waltraud Siepert, Monika Berberich, Ilse Jandt und die 16 Männer Wolfgang Weßlau, Wolfgang Strüken, Eberhard Dreher, Heinz Herlitz, Harry Stürmer, Gerhard Foß, Heinrich Weyer, Ralf Reinders, Fritz Teufel, Ronald Fritzsch, Gerald Klöpper, Till Meyer, Andreas-Thomas Vogel, Günter Elbert, Eric Grusdat, Willi Räther. Die neue Maßnahme wird von den Gefangenen als demütigend empfunden. Einige widersetzen sich dem Abtasten des Körpers

durch Vollzugsbedienstete. Die Anstalt bittet daraufhin das Landgericht Berlin um die »Genehmigung der erforderlichen Anwendung leichten körperlichen Zwanges.« In Zukunft werden die weiblichen Gefangenen von männlichen Bediensteten festgehalten. Die Abtastung wird weiterhin durch weibliches Personal vorgenommen.[139]

Einige Wochen später entsteht der folgende Bericht des Justizvollzugshauptsekretärs Jürgen Treu, 36 Jahre alt:

Ich hatte am Sonntag, den 14. Mai 1978 Frühdienst. Die weiblichen Häftlinge Siepert, Jandt und Berberich hatten gemeinsam von 8.50 bis 9.50 die Freistunde abgehalten. Gemäß Anordnung sind sie bei der Rückkehr in das Haus von weiblichen Bediensteten einzeln abzutasten und abzusonden. Diese Durchsuchung findet im Durchgang vom C-Flügel zum Hof IV in einer Art Vorraum statt. Die Beamtinnen werden regelmäßig von männlichen Kollegen begleitet, da mit Widerstandshandlungen zu rechnen ist. Am 14. Mai 1978 begleitete ich die Beamtinnen zusammen mit den Kollegen Bakowski, Göthling, Wahlis, Claus Schulz und Rühl. Wir warteten zunächst auf dem Flur. Da sich die Untersuchungsgefangene Siepert nicht abtasten lassen wollte, habe ich sie zusammen mit anderen Kollegen festgehalten. Je ein Beamter hat jeweils einen Arm und ein Bein gehalten, ich hielt das rechte Bein. Die Gefangene wurde dabei angehoben. Nachdem die Kollegen sie abgetastet und abgesondet hatten, wurde sie wieder auf die Füße gestellt. Frau Siepert stand auf der zweiten Stufe von unten und ich stand darunter zu ebener Erde, und zwar Frau Siepert frontal gegenüber. Beim Ansetzen der Festhaltegriffe und während des Festhaltens hat sie kräftig mit den Beinen gestrampelt. Nachdem sie losgelassen worden war und wieder stand, trat sie mich mit dem beschuhten Fuß sehr kräftig in das Geschlechtsteil. Ich habe drei bis vier Tage infolge dieses Trittes erhebliche Beschwerden gehabt. Ich stelle Strafantrag.[140]

Der Staatsanwalt schaltet sich ein und klagt Waltraud Siepert wegen Körperverletzung an. In einem kurzen Prozeß wird sie zu drei Monaten Gefängnis verurteilt.[141] Ihre Strafe wird sie im Anschluß an ihre Haftstrafe wegen Unterstützung der »Bewegung 2. Juni« absitzen. Im Interview erinnert sie sich:

Ich habe mich acht Monate lang nicht freiwillig abtasten lassen. Für mich war das der Versuch, meine Würde zu behalten. Aber sie wollten mich brechen, so hab ich es erlebt. Sie haben alles versucht. Sie haben mich zum Beispiel hochgehalten, waagerecht, und haben die Kniekehlen nach innen gedrückt. Das tut verdammt weh. Einmal kamen sie plötzlich von hinten, als sie mich im Griff hatten, rissen mir die Arme nach hinten und kniffen in die Brustwarze. Das hat wahnsinnig weh getan. Da konnte ich nicht anders, ich mußte zutreten. Dafür hab ich dann drei Monate bekommen.[142]

Ablehnungsanträge

In den ersten Hauptverhandlungswochen stellen die Vertrauensverteidiger einige Dutzend Ablehnungsanträge gegen den Vorsitzenden des Senats, Friedrich Geus, und gegen ein Mitglied des Senats, Egbert Weiß. Dem Vorsitzenden wird vorgeworfen, er habe sich für den Vorsitz des Senats geradezu angedient und damit seine »richterliche Unabhängigkeit« verloren. Er habe sich wissend an dem »Richtergeschiebe« beteiligt, das schließlich zu seiner Bestellung führte. Er habe außerdem »im Zusammenwirken mit der Bundesanwaltschaft, die dieses Ziel seit Anfang proklamiert hatte, eine sachgerechte Verteidigung durch Beiordnung eines weiteren Verteidigers des Vertrauens« verweigert.[143] Weiter heißt es in dem zitierten Ablehnungsantrag:

Der abgelehnte Richter weiß sehr gut, daß die Verteidiger des Vertrauens aufgrund des Wunsches ihrer Mandanten mit den Zwangsverteidigern nicht zusammenarbeiten dürfen, daß sie sogar, falls sie es tun würden, sich einer straf- und ehrengerichtlichen Verfolgung aussetzen würden. Der abgelehnte Richter weiß insbesondere durch die Lektüre des Ordners »Verteidiger allgemein« sehr gut, daß in Berlin ein weiterer Verteidiger, insbesondere mit Erfahrung, wegen der zahlreichen anhängigen 2. Juni-Verfahren nicht ohne weiteres gefunden werden kann. ... All diese Umstände lassen nur den Schluß zu, daß der abgelehnte Richter die Angeklagten und die Verteidiger hinsichtlich der Frage der Beiordnung eines weiteren Vertrauensverteidigers hingehalten hat und daß er in seinen Entscheidungen bei der Verteidigerbestellung nicht frei ist, sondern sich von den Richtlinien der Bundesanwaltschaft hierzu leiten läßt.

»Eine inhaltliche Auseinandersetzung findet um die Befangenheitsanträge schon gar nicht mehr statt«, berichtet der Reporter der Süddeutschen Zeitung.

In der Regel werden sie von vorneherein als »unzulässig« oder »unbegründet« zurückgewiesen. ... Neutrale Beobachter verweisen darauf, daß auf diese Weise auch schon einmal ein Ablehnungsantrag unter den Tisch fällt, der in jedem »normalen« Strafprozeß durchaus hätte erfolgreich sein können.[144]

Keiner der gestellten Ablehnungsanträge führt zum Ziel, der Ablösung des Vorsitzenden Friedrich Geus.[145] Die Entscheidungen des Senats zur Frage der Befangenheit sind revisionsrechtlich nicht anfechtbar – selbst dann nicht, wenn sie offensichtlich falsch sind.

Die Verteidiger über Richter Geus:

Geus kam vom Landgericht. Für ihn war es durchaus üblich, mit Anwälten auf einer persönlichen Ebene über bestimmte Dinge zu sprechen. Auch wir Verteidiger schätzten diese Praxis, während wir das mit Richtern am Kammergericht sehr ungern taten. Unser Eindruck nach dem Gespräch in seinem Büro war, daß er nicht die harte Linie durchsetzen wollte, die prozessual in solchen Verfahren üblich war. Von seiner Persönlichkeit her war er ein konservativer preußischer Richter, der kraftvoll und überzeugend, man kann auch sagen stur und bisweilen autoritär eine Verhandlung führen konnte. Nun kam er ans Kammergericht, und da schien er die ungewohnte Erfahrung zu machen, daß er sich, obwohl Vorsitzender, mit seinen eigenen Überzeugungen nicht durchsetzen konnte. Zum erstenmal zeigte sich das an der Frage der Beiordnungen, denn es ist der Vorsitzende, der entscheidet, welcher Verteidiger beigeordnet wird oder nicht. Diese Anfangsphase hat dann den Prozeß in einer fürchterlichen Weise geprägt. Wir hatten den Eindruck, daß er von seinen Richtern, d.h. den vier anderen Mitgliedern des Senats, zurückgepfiffen worden war. Er hat seine Befangenheit in dieser Phase nicht verbergen können; es wurde eine Unsicherheit deutlich, die nicht zu ihm paßte. Hinzu kam der Eindruck, daß er auch von der Bundesanwaltschaft unter Zugzwang gesetzt wurde, was sicher eine Folge der Besetzung des Postens war. So etwas schafft gewisse Verbindlichkeiten, die man vielleicht selbst nicht wahrnimmt, die jedoch als Mechanismus während so einer Prozeßführung zum Tragen kommen. Im Laufe der Hauptverhandlung gewann er jedoch sehr an eigener Sicherheit und eigener Durchsetzungskraft innerhalb des Senats.

In seinem Abschlußplädoyer wird Rechtsanwalt Wittenberg das folgende Resümee ziehen:

Von Anfang an hatte ich den Eindruck, einem befangenen Gericht gegenüberzusitzen, und zwar befangen sowohl gegenüber den Angeklagten als auch gegenüber den Vertrauensverteidigern, den einzigen Verteidigern, die die Angeklagten gehabt haben. Die Befangenheit zeigte sich mir nicht nur in dem häufig so rigiden Vorgehen des Gerichts. Man konnte sie sogar an der Körpersprache der Richter ablesen, an dem ständigen Kopfschütteln des Richters Dr. Nöldecke; Richter Weiß, der aufstöhnte und sich in die Stuhllehne zurückfallen ließ, wenn die Verteidigung wieder einmal einen Antrag stellte, der ihm nicht gefiel; Richter Weiß, der über lange Strecken der Beweisaufnahme keine andere Frage an die Zeugen zu stellen wußte, als die, ob sie auch einmal einen Drohbrief erhalten hätten; Richter Weichbrodt, dem immer dann zum Lachen war, wenn es den Verteidigern und den Angeklagten besonders ernst war.[146]

Die Verteidiger beschreiben den Senatsvorsitzenden Friedrich Geus als schillernde Persönlichkeit:

Wenn man selbst impulsiv war, konnte man sich täglich wieder mit ihm anbrüllen, wenn er zum Beispiel dem Mann am Regiepult die Anweisung gab, uns den Strom für die Mikrofone abzudrehen. Er allein bestimmte, wer Strom bekam und wer nicht – so war er, so verstand er sich. Aber er war auch in der Lage, eine Verhandlung transparent zu führen, das heißt, man wußte, woran man bei ihm war. Was außerdem sehr wichtig war für die Atmosphäre: Geus schuf keine »Stammheimer Verhältnisse« im Gericht, das heißt, er ordnete keine Körperkontrollen für die Verteidiger an. Auch später nicht, nachdem einer der Angeklagten, Till Meyer, aus der Haftanstalt geflohen war und die Öffentlichkeit sofort einen Zusammenhang zwischen den Verteidigern und der Flucht herstellte.

Mit der Zeit entwickelte Geus zu jedem einzelnen von uns durchaus ein persönliches Verhältnis, etwa in dem Sinn des Schulmeisters und seiner Schüler. Der Verhandlungssaal war das Klassenzimmer, in dem die Verteidiger die Rolle der eher unbotmäßigen Schüler zu spielen hatten. Man konnte aber auch den Eindruck gewinnen, daß er den einen oder anderen von uns gemocht hat und daß daraus gewisse Verbindlichkeiten entstanden. In einem politischen Verfahren von dieser Bedeutung darf man so etwas nicht unterschätzen. Es ist ja bekannt, daß vergleichbare Verfahren geradezu maschinell und technokratisch abgewickelt werden.

Manchen Ablehnungsantrag gegen Geus haben wir mit dem stummen Wunsch verbunden, er möge zurückgewiesen werden. Das hat weniger mit unserer Erfahrung zu tun, daß jeder durchschnittliche Strafrichter, zumal im politischen Prozeß, befangen ist und es als Niederlage empfindet, freisprechen zu müssen. Es hätte vielmehr damit zu tun, daß wir Geus nicht gegen den beisitzenden Richter Weiß tauschen wollten. Richter Egbert Weiß hätte im Fall einer erfolgreichen Ablehnung von Geus den Vorsitz des Senats übernommen, und der war für uns Verteidiger und für die Angeklagten der am wenigsten Akzeptable.[147]

Egbert Weiß gehört zweifellos zu den umstrittensten deutschen Nachkriegsrichtern. Als Berichterstatter und beisitzender Richter war Weiß an zahlreichen, zum Teil spektakulären Entscheidungen der Berliner Justiz maßgeblich beteiligt.[148] Zu trauriger Berühmtheit gelangte er als Mitglied eines Schwurgerichtes unter Vorsitz des Kammergerichtsrates Ernst-Jürgen Oske, das im Dezember 1968 Hans-Joachim Rehse, ein ehemaliges Mitglied des nationalsozialistischen Volksgerichtshofes, vom Vorwurf der Mittäterschaft an drei vollendeten und vier versuchten Morden freisprach. Zuvor, im Juli 1967, war Rehse wegen dieser Taten als Gehilfe zu fünf Jahren Zuchthaus verurteilt worden. Staatsanwalt und Verurteilter hatten Revision eingelegt, und das Urteil war vom Bundesgerichtshof aufgehoben worden.

Als Freislers Beisitzer hatte Rehse an mindestens 231 Todesurteilen des Volksgerichtshofes mitgewirkt.[149] Die »Prozesse« verdienten ihren Namen nicht, in denen Rehse »Recht« zu sprechen hatte, denn ihr einziger Zweck bestand darin, dem politischen Gegner das Leben zu nehmen. Der Vorsitzende Kammergerichtsrat Dr. Oske und sein Berichterstatter Weiß hatten jedoch weder gegen die Verhandlungsführung des Volksgerichtshofes noch gegen seine Urteilspraxis etwas einzuwenden. Der zweite Beisitzer des Schwurgerichts, Richter Klaus Olowson, erklärte später in Zuschriften an die Presse, er habe gegen den Freispruch gestimmt. Dr. Oske, der die Urteilsbegründung von Weiß als »richtungsweisend« einstufte, und Weiß, der im Berliner »Tagesspiegel« bekannte: »Ich stehe hundertprozentig zu diesem Urteil« hielten Rehse für einen »unabhängigen Richter« eines »unabhängigen, nur dem Gesetz unterworfenen Gerichts«[150] im Sinne der damals und heute geltenden Rechtsordnung; seine Todesurteile seien deshalb keine Straftaten. Richter Weiß im »Tagesspiegel«: »Politiker wie Publizisten werden sich damit abfinden müssen, daß die junge Richtergeneration frei von Schuldkomplexen älterer Jahrgänge, aber auch frei von blindem Haß auf ›Nazis‹ die Vergangenheit nüchtern und sachlich betrachtet.«[151]

Zur Verhandlung vor dem Berliner Schwurgericht standen 1968 sieben jener 231 Todesurteile. Mit dem Tode bestraft worden waren durchweg Menschen, die ihre Zweifel am »Endsieg« zum Ausdruck gebracht hatten. Weiß hatte an diesen Urteilen nichts auszusetzen, die Beweisführung des Volksgerichtshofes habe sich »im Rahmen sachlicher Überlegungen« gehalten.[152] Er kritisierte sogar im Nachhinein die zweifelnde Haltung der Hingerichteten. Sie habe

bei den Gesprächspartnern und im Falle der Weiterverbreitung auch bei unbestimmt vielen weiteren Personen Zweifel an den charakterlichen, politischen und militärischen Fähigkeiten der führenden Personen des Staates und der Wehrmacht wecken oder verstärken (können), die Siegeszuversicht und den Willen zum weiteren Durchhalten sinken lassen und damit die Einsatzbereitschaft der in das Kriegsgeschehen einbezogenen Zivilbevölkerung lähmen (können), was sich auf die kämpfende Truppe auswirken mußte.[153]

Die Angeklagten mußten aus diesem Freispruch, der letzten Endes zur Absolution für die gesamte Nazi-Justiz führte,[154] den Schluß ziehen, daß Weiß zu jenen Richtern gehört, die ohne Wenn und Aber an der Seite der staatlichen Autorität zu finden sind. Schlechte Aussichten für erklärte Staatsfeinde![155]

Am 9. Mai 1978 lehnt Rechtsanwalt Nicolas Becker für seinen Mandanten Andreas Vogel Richter Weiß wegen Besorgnis der Befangenheit ab. Seinen Ablehnungsantrag begründet Becker mit dem besagten Freispruch für den Volksgerichtshof-Richter Rehse. Acht Tage später schließen sich die Rechtsanwälte Venedey und Wieland für die Angeklagten Reinders und Teufel dem Becker-Antrag an. Wieland ergänzt seinen Ablehnungsantrag mit einer Reihe von Beschlüssen des

Richters in dem laufenden Verfahren, aus denen hervorgehe, daß der angeklagte Teufel als »politischer Gegner angesehen wird und damit die notwendige Unvoreingenommenheit des Richters nicht mehr vorhanden ist.«

Der Senat lehnt alle Anträge ab.

Der Ausbruch

27. Mai 1978: Zwei unbekannte Frauen befreien Till Meyer mit Waffengewalt aus der Berliner Untersuchungshaftanstalt Moabit. Mit gefälschten Anwaltsausweisen verschaffen sie sich den Zutritt zur Besucherzelle, in der Till Meyer und Andreas Vogel mit ihren Verteidigern Müllerhoff und Becker sitzen. Mit vorgehaltener Pistole zwingen sie die Justizwachtmeister Mausolf und Leuchsner, die Ausgangspforte aufzuschließen. Auch Meyer hat jetzt eine Waffe. Jemand schießt den Beamten Mausolf ins Bein. Zeugen werden später Till Meyer belasten, der Schütze gewesen zu sein. Vogels Flucht scheitert am Widerstand des Anstaltspersonals.

29. Mai 1978: Das Büro der Klöpper-Verteidigerin Lohstöter wird von einer Spezialeinheit der Polizei gestürmt. Die Rechtsanwältin wird wegen des Verdachts, an der Verabredung zur Befreiungsaktion beteiligt gewesen zu sein, in die Frauenhaftanstalt Lehrter Straße gebracht. Sie kann am frühen Abend des folgenden Tages wieder nach Hause gehen. Ein Haftbefehl war nicht beantragt worden. Kurz zuvor erklärt Justizsenator Jürgen Baumann auf einer Pressekonferenz, ein Justizbeamter habe im Gerichtssaal ein Gespräch zwischen der Verteidigerin und ihrem Mandanten Gerald Köpper mitbekommen, in dem es um Gefangenenbefreiung gegangen sei. Der Verdacht habe sich aber nicht bestätigt.[156] Die »Welt« erscheint am 30. Mai mit der Schlagzeile: »Meyer Ausbruch – Anwältin in Haft«. Auch die »Heute«-Nachrichten des ZDF melden den angeblichen Fahndungserfolg nach den Meyer-Befreiern.[157]

30. Mai 1978: Im Prozeß stellt die Bundesanwaltschaft den Antrag, die Rechtsanwälte Becker und Müllerhoff als Verteidiger von Vogel und Meyer und die Rechtsanwältin Lohstöter als Verteidigerin von Klöpper zu entpflichten und von der Verhandlung auszuschließen. Es bestehe der Verdacht, sie seien an der Befreiung beteiligt gewesen. Becker und Müllerhoff schildern die Vorfälle aus ihrer Sicht und weisen den Verdacht zurück. Andreas Vogel, dessen Befreiung nicht gelungen war, erklärt, daß es keinerlei Absprachen mit den Verteidigern gegeben habe. Der Antrag wird abgelehnt.[158]

Am 2. Juni 1978 stellt Hansgeorg Bräutigam einen Haftbefehl gegen Till Meyers Vertrauensverteidiger Müllerhoff aus. Der Ermittlungsrichter verdächtigt Müllerhoff der »Unterstützung einer kriminellen bzw. terroristischen Vereinigung.« Der Verteidiger soll gewußt haben, daß sein Mandant zu einem bestimmten Zeitpunkt aus der Haftanstalt befreit werden sollte und sich deshalb zu der vereinbarten Zeit in der Anstalt aufgehalten haben. In der Begründung des Haftbefehls verwertet

Bräutigam seine durch diverse »Morgenpost«-Kommentare bereits bekannt gewordenen Vorbehalte gegenüber Strafverteidigern in politischen Prozessen:

Daß der Beschuldigte seine berufliche Entwicklung als junger Anwalt zerstört, liegt bei der Art des Tatvorwurfs – wie die Erfahrung zeigt – nicht außerhalb jeder Wahrscheinlichkeit.[159]

Über die Auseinandersetzungen nach der Befreiung Till Meyers berichten die Verteidiger:

Der Amtsgerichtspräsident hatte als Hausherr nach der Meyer-Befreiung unsere Durchsuchung angeordnet. Bis zu diesem Tag hatten wir das Gericht immer unkontrolliert betreten können. Natürlich haben wir das abgelehnt, weil uns das sofort in den Ruch der Komplizenschaft mit den Meyer-Befreiern brachte. Wir haben uns geweigert und sind an diesem Tag nicht in den Saal gegangen. Dann war es Geus, der sich auf unsere Seite gestellt und beim Amtsgerichtspräsidenten die Aufhebung der Maßnahme erreicht hat, indem er persönlich die Verantwortung übernahm. Er hat sozusagen für uns gebürgt. Das war in dieser allgemeinen Hysterie, in der es hieß, die Anwälte haben das Signal zur Befreiung gegeben, eine bewundernswerte und entspannende Geste uns gegenüber. Bemerkenswert war auch seine Behandlung des Antrages der Bundesanwaltschaft, die Verteidiger Becker und Müllerhoff auszuschließen. Über diesen Antrag mußte der gesamte Senat entscheiden. Gleichzeitig stand die Frage zur Entscheidung, ob die Verteidiger im Hinblick auf diesen Vorwurf entpflichtet werden. Darüber hatte Geus allein zu entscheiden. Das wurde sehr interessant gelöst, denn der Gesamtsenat schloß RA Becker zunächst aus, während Geus jedoch seine Beiordnung nicht aufhob. Das heißt, er hat sich in dieser Frage offen gegen seinen Senat gestellt.

7. Juni 1978: Der 1. Strafsenat des Kammergerichts verwirft den Ausschlußantrag der Bundesanwaltschaft gegen die Rechtsanwältin Ingrid Lohstöter als »nicht schlüssig«. Auch gegen Rechtsanwalt Nicolas Becker kann die Bundesanwaltschaft den Ausschluß letztendlich nicht durchsetzen. Becker war von der Bundesanwaltschaft unterstellt worden, er habe sich selbst in Verdacht gebracht, weil er »im bisherigen Prozeßverlauf seinen Mandanten so entschieden verteidigt habe«.[160] Becker beantragt nun seinerseits die eigene Entpflichtung, weil sich die Staatsanwaltschaft infolge der Durchsuchung seiner Kanzlei Einblick in die gesamte Verteidigungskonzeption verschafft habe. Unter diesen Umständen sei eine sachgerechte Verteidigung nicht mehr gewährleistet. Außerdem, so Becker, habe sich ein Entpflichtungsgrund aus dem Mandatsverhältnis ergeben. Er gibt bekannt, daß er künftig nicht mehr an der Hauptverhandlung teilnehmen werde.[161] Rechtsanwalt Müllerhoff muß wegen angeblicher Verdunkelungsgefahr weiter in Haft bleiben.[162]

21. Juni 1978: Till Meyer, Gabriele Rollnick, Gudrun Stürmer und Angelika Goder werden in Bulgarien gefaßt und an die Bundesrepublik ausgeliefert.

11. Juli 1978: Der Haftbefehl gegen Rechtsanwalt Müllerhoff wird vom 4. Strafsenat des Kammergerichts aufgehoben, weil »keine Beweisanzeichen« für seine Beteiligung an der Meyer-Befreiung »erkennbar« sind. Müllerhoff saß wegen Bräutigams Verdächtigungen 39 Tage in Untersuchungshaft.

Verteidiger und Angeklagte

Bis in den Sommer 1978 hinein werden für Fritz Teufel und Andreas Vogel Rechtsanwälte gesucht. Im August 1978 verfügen schließlich alle Angeklagten über zwei Verteidiger ihres Vertrauens. Jeder Angeklagte hat nun vier Verteidiger: zwei, die er sich ausgesucht hat, und zwei, die ihm aufgezwungen wurden, angeblich, um im Falle eines Auszugs der Vertrauensanwälte den Fortgang des Verfahrens zu sichern. Die Zwangsverteidiger sind von den Vertrauensverteidigern daran zu unterscheiden, daß niemand das Wort an sie richtet und sie auch nicht darum bitten. »Ansonsten kassieren sie ihr Sitzungsgeld von mehreren hundert Mark pro Tag und schweigen«, vermerkt der Berichterstatter der »Süddeutschen Zeitung«.[163]

Die Gruppe der Vertrauensverteidiger hatte sich auf eine gemeinsame Prozeßstrategie festgelegt, die sich, dem aktuellen Stand des Verfahrens entsprechend, auf vier Schwerpunkte konzentrierte. In der zeitlichen Reihenfolge waren dies die Punkte:

1. den zweiten Vertrauensverteidiger durchzusetzen und die Zwangsverteidigung infrage zu stellen,
2. den Mordvorwurf zu entkräften,
3. die Haftbedingungen zu verbessern, vor allem den Hochsicherseitstrakt zu problematisieren,
4. die drohende Sicherheitsverwahrung abzuwehren.

Für alle Verteidiger war die zweieinhalb Jahre dauernde Hauptverhandlung eine enorme physische, psychische und finanzielle Belastung, bis hin zur existentiellen Bedrohung für einen Teil der Anwaltspraxen. Andere Mandate konnten kaum noch übernommen werden, weil die Zeit fehlte. Über das Ende der Hauptverhandlung hinaus traten Probleme auf, wieder »ins Geschäft« zu kommen. Hinzu kam das Risiko einer persönlichen Bedrohung durch die Justizbehörden: Als engagierter Verteidiger in diesem Verfahren mußte man durchaus mit Strafverfolgung oder zumindest mit Überwachung – auch des privaten Lebensbereichs – rechnen.

Der Prozeß wurde von der Verteidigung nach den Regeln üblicher kriminalistischer Ermittlungen geführt. So bediente man sich eines Großcomputers, den man mit allen für die Verteidigung relevanten Daten bestückte. Innerhalb kürzester Zeit konnten Zusammenhänge jeder Art, Beweismittel, Aussagen, etc. abgerufen und präsent gemacht werden. Die Verteidigergruppe betrieb eine weitgehende Arbeitsteilung, die sich besonders bei der Demontage des »Kronzeugen« der Mordanklage, Reiner Hochstein, bewähren sollte. Auf Grund des Informationsvorsprungs einiger Zeitungen war klar geworden, daß der Verteidigung von seiten der Anklage wesentliche Beweismittel und Beurteilungsmöglichkeiten vorenthalten wurden. Infolge der Arbeitsteilung bestand nun die Möglichkeit, daß Verteidiger sich auf eigene Initiative monatelang um die Beschaffung des vorenthaltenen Materials bzw. adäquaten Ersatzmaterials kümmern konnten.

Mit der kontinuierlichen Abstimmung und weitgehenden Arbeitsteilung waren auch die verspätet hinzugekommenen Verteidigerkollegen einverstanden – es gelang sogar, die pragmatische Verteidigungskonzeption in schwierigen Zeiten, die seit Beginn des Ermittlungsverfahrens wiederholt eintraten, durchzuhalten.

Problematisch waren die Zeiten, in denen bewaffnete Gruppen Anschläge verübten (Buback-Attentat, Ponto-Ermordung, Schleyer-Entführung und Ermordung, versuchter Raketenwerferanschlag auf die Karlsruher Bundesanwaltschaft), denn Öffentlichkeit und Politik verlangten in solchen Phasen regelmäßig nach härterer Behandlung, schärferen Gesetzen und unerbittlichen Strafen für Terroristen. Belastungen entstanden auch durch die lange Zeit bevorstehende und schließlich vollzogene Verlegung der Angeklagten in den neuerbauten Hochsicherheitstrakt im Januar 1980.

Wir Verteidiger trafen uns regelmäßig und diskutierten alle Einzelprobleme. Mit der Zeit wurde der Kreis immer größer, es kamen immer mehr Kolleginnen und Kollegen dazu, zum Beispiel auch die aus den Unterstützerverfahren, mit denen wir einen interessanten und für uns wichtigen Austausch gepflegt haben. Das ging über ideologische Grenzen unserer Mandanten hinweg. Bei der gemeinsamen Vorbereitung der Verteidiger spielten diese Grenzen keine Rolle.

Nach Prozeßbeginn zerbrach die Gruppe der Angeklagten wegen ideologischer Abgrenzungen in zunächst zwei, später drei Fraktionen. Selbst dies habe, berichteten die Verteidiger im Interview, nicht zu Krisen innerhalb der Verteidigung geführt. Während sich die Angeklagten untereinander manifest verfeindeten – bis hin zur Einstellung jeglicher Kommunikation außerhalb der Kleinstgruppen – blieb der sachbezogene und handlungsorientierte Arbeitszusammenhang der Anwälte intakt.

Die Feindschaft der Sechsergruppe entzündete sich an der Frage, wie man sich in der Öffentlichkeit des Prozesses zu Anschlägen der RAF verhalten solle. Sollte man zum Beispiel die Entführung von Hanns-Martin Schleyer begrüßen, oder sollte man sie wegen der Brutalität, mit der Tote in Kauf genommen worden waren, kritisieren? Auch in den Fragen von Selbstverständnis und Selbstdarstellung klafften die Positionen auseinander. Die Meinungspole lagen zwischen dem Eintreten für eine antiautoritäre Spaßguerilla auf der einen und einem Kämpferbewußtsein, das sich mit Staat und Justiz im Krieg weiß, auf der anderen Seite. Daraus hätten sich, so die Angeklagten später, große interne Probleme ergeben, denn man habe vor der Justiz auf der Hut sein müssen, die versucht habe, die Spaltung auszunutzen.

Die beiden Exponenten der »Kämpferlinie« waren Till Meyer und Andreas Vogel. Till Meyer:

Für uns war der Prozeß Teil der Propagandaarbeit. Unsere Idee war, wir haben das Ding hier als Forum für unsere revolutionäre Politik zu nutzen, für die Propagierung des bewaffneten Kampfes jetzt und hier. Die juristische Verteidigung ist Sache unserer Anwälte, die kriminalistische Indizienführung Sache des Gerichts. Du als Kämpfer hast die Aufgabe, das Gericht in Widersprüche zu bringen, aber ansonsten die Richtigkeit des bewaffneten

Kampfes zu propagieren. Sozusagen das Gericht als propagandistische Bühne für den bewaffneten Kampf zu benutzen. Wir hatten doch tausende Zuschauer, wir haben Papiere gemacht, und selbstverständlich auch die Aktionen, die sie uns hier ankreiden, gerechtfertigt. Das war unsere Hauptlinie. Ob wir das wirklich getan hatten, das war egal. Hauptsache, die Propaganda stimmt. Wir sind Revolutionäre, haben wir gesagt, und die Revolution kann man nicht mit juristischen Mätzchen anfangen. Ob in dieser Wohnung ein Abdruck von mir war oder in jener ein Fettpapier, was soll das! So war unsere Selbstdarstellung, und so sahen auch unsere Erklärungen aus.

Die Linie von Teufel, alles ins Lächerliche zu ziehen mit seinen Albernheiten, das war für uns kontraproduktiv, das paßte uns überhaupt nicht. Er hatte mit allem nichts zu tun, aber seine Erklärungen füllten täglich die Presse. Er war sozusagen der Liebling der Medien, im negativen Sinne natürlich. Aber Berichte über unsere ernsthaften Ausführungen, die wesentlich brisanter waren, für meine Begriffe auch wesentlich besser, haben wir in der Presse vergeblich gesucht. Mir paßte diese Rolle, die Teufel da übernommen hatte, die nach politischer Verantwortung aussah, damals gar nicht.[164]

Unsere Verteidigungslinie fuhren wir sozusagen zweigleisig. Unterhalb der öffentlich vorgetragenen Strategie der politischen Verantwortlichkeit haben wir selbstverständlich etwas ganz anderes getan, nämlich in der Prozeßvorbereitung unsere Verteidiger über die realen Fakten informiert und haben ihnen alle Möglichkeiten gegeben, uns richtig traditionell mit 'ner kontroversen juristischen Linie zu verteidigen. Ich habe zum Beispiel eine Erklärung zum Drenkmann-Mord abgegeben, das war selbstverständlich eine Zustimmung zu dem Attentat, eine politische Rechtfertigung.[165] *Daraus konnten aber doch die Richter nicht schließen, daß wir beide, Andreas und ich, die Drenkmann-Mörder waren. Die Ankläger haben es versucht. Bundesanwalt Völz war der Meinung, wenn sie sich politisch dazu bekennen, indem sie sagen, der Mord war korrekt, dann sind sie es auch gewesen. Aber das war nach unserem Selbstverständnis die Aufgabe der Anwälte, diesen Behauptungen den Boden zu entziehen. Natürlich war uns das Risiko bewußt, das wir mit dieser Strategie eingehen. Wir waren allerdings von vorneherein davon ausgegangen, daß wir verurteilt werden, ohne Frage. Das heißt, wir rechneten mit dem Lebenslänglich.*

Meyers Bekenntnis zur politischen Verantwortung war riskant. Es gab zwar keinerlei Beweise, die auf eine Beteiligung Meyers am Drenkmann-Mord schließen ließen. Doch man konnte mit Recht annehmen, daß die Bundesanwaltschaft auch in diesem Verfahren – wie in vielen anderen Verfahren gegen RAF-Mitglieder, angefangen im Prozeß gegen Horst Mahler wegen Rädelsführerschaft in der sog. »Baader-Mahler-Meinhof-Gruppe«[166] – ihre Beweisvereinfachungsmethode anwenden würde, nach der juristisch verantwortlich ist, wer sich politisch nicht distanziert. Mit etlichen Staatsschutzsenaten hatte sie in dieser Beziehung schon gute Erfahrungen gemacht. Das Gericht im Lorenz/Drenkmann-Prozeß war, wie sich zeigen sollte, zu solchen argumentativen Kurzschlüssen nicht bereit und trug damit wesentlich dazu bei, daß sich Meyers politisches Selbstverständnis schon während der Hauptverhandlung grundlegend wandelte:

Die Bundesanwaltschaft hatte in der Anklage mit der »Kollektivität« innerhalb der Gruppe argumentiert. Und wir haben praktisch bis fast zuletzt geglaubt, daß sie damit durchkommt. Das war eine grobe Fehleinschätzung, wie sich gezeigt hat. Und diese katastrophale Fehleinschätzung ist nicht zuletzt auch der Grund dafür, daß wir alle aus diesem Verfahren fürchterlich verunsichert rausgegangen sind. Weil die Justiz so, wie wir sie gesehen hatten, in diesem Verfahren nicht war. Wir hatten es mit einem Ausnahmerichter zu tun. Irgendwann hab ich das kapiert, ich kann nicht sagen, wann es war. Es kam aus dem Prozeßgeschehen heraus, allen ging es so, aber keiner hat sich das eingestanden, und keiner hat mit dem anderen darüber gesprochen. Mit meinem Verteidiger konnte ich darüber reden, aber in der Gruppe nicht, dazu hatten wir uns zu sehr festgelegt. Wenn du immer gesagt hast, Schwein bleibt Schwein, kannst du einfach nicht zugeben, daß du Unrecht hattest. Das wäre überhaupt nicht revolutionär gewesen. In meiner Schlußerklärung hat sich das schon niedergeschlagen. Ich wußte schon Wochen vorher, daß ich die Politik des bewaffneten Kampfes so nicht mehr vertreten kann. Natürlich habe ich das sehr vorsichtig formuliert. Ich hab da gestanden als Stadtguerillero und ich wollte mich nicht aus der politischen Verantwortung stehlen. Eingeweihte haben verstanden, was ich zu sagen hatte, die Richter nicht. So bin ich einerseits aus der Untergrundkorrespondenz rausgeflogen und hab andererseits zwei Jahre extra draufgekriegt. Weil ich angeblich der Kopf der Gruppe gewesen sei.

Für Gerald Klöpper hatte der »bewaffnete Kampf« schon bei Prozeßbeginn seine Berechtigung verloren:

Wir Angeklagten hatten in der Phase der Vorbereitung unserer Verteidigung vereinbart, uns nicht von den Taten zu distanzieren. Für mich war aber schon 1978 klar geworden, daß unsere Politik, das heißt alles, was bisher gelaufen ist an Guerilla-Aktionen in Berlin, keine Zukunft mehr haben kann. Ich bin dann in der Hauptverhandlung angetreten und habe eine Politik gerechtfertigt, die ich für mich schon überwunden hatte. Mit meinem Kopf war ich schon ganz woanders. Der Prozeß war insofern die beste Schauspielerausbildung, die man sich wünschen kann.[167]

Eine eigenwillige Rolle unter den sechs Angeklagten spielte Fritz Teufel:

Die Gruppenspaltung und Fraktionierung wurde später im Hochsicherheitstrakt noch forciert. Unter dem Einfluß der Trakt-Haftbedingungen hat einer von uns sehr schnell abgeschworen, das heißt, er hat seine Wandlung deutlich gemacht. Mit dem hat dann gar keiner mehr geredet, außer mir. Ich hab zwischen allen möglichen Leuten zum Schluß noch vermittelt, auch zwischen denen, die mich meiner eigenwilligen Erklärungen wegen ziemlich beschimpft hatten.

Fritz Teufel hatte schon vor Jahren Erfahrungen mit besonderen Haftbedingungen machen müssen:[168]

Ich saß 1972 in Landsberg in Bayern im Gefängnis und mich hat nur noch der Haß bewegt gegen die Leute, die meine Haftbedingungen diktiert hatten, die mich tagtäglich Einzelhofgang machen ließen, die im Laufe eines Jahres meine totale Isolation aufrecht hielten, wegen einer Lappalie. Im Amtsgericht München waren irgendwelche harmlosen Brandsätze gefunden worden, die nicht mal hochgegangen waren. Man klagte mich an, machte mir den Prozeß und verurteilte mich, ohne daß die geringste Notwendigkeit bestanden hätte.[169] *Damals, da habe ich mich über jede Bombe gefreut, die hochging. Aber dann gab es irgendwann die niederschmetternde Erfahrung, daß diese Art zu kämpfen nun nicht etwa den »neuen Menschen« produziert hätte, sondern im Gegenteil genau die alten menschlichen Formen des Zwists und der gegenseitigen Anmache reproduzierte. Das, wovon man mal geträumt hat, nämlich daß es immer mehr werden, das sah dann so aus über die Jahre hinweg, daß es immer mehr wurden, die in den Knast kamen. Auf der anderen Seite wurden neue Formen des Widerstands von Leuten ausprobiert, die sich durch blödsinnige Gesetze nicht verschrecken lassen, zum Beispiel Greenpeace und die sogenannte Öko-Guerilla. Es geht einfach darum, aus der Geschichte zu lernen, und zu sehen, was gut war und was auf keinen Fall wieder passieren sollte, nämlich, daß Blut fließt.*

Für Anklagevertreter und die Medienöffentlichkeit war Fritz Teufel der intelligente »Kopf« der »Bewegung 2. Juni«. Teufel war der einzige Intellektuelle der Gruppe, er hatte als einziger das Abitur gemacht und ein Studium begonnen. Die fünf anderen Angeklagten wurden von der Presse gern als »gescheiterte Existenzen« vorgeführt: »Eines von vier Kindern ... ohne geregelte Arbeit; jüngstes von fünf Kindern; eines von sieben Kindern eines trunksüchtigen Mannes... abgebrochene Lehre; wegen Herzklappenfehler ausgemustert ... berufslos; Eltern zwei Jahre nach der Geburt geschieden ... kam schon früh mit Fürsorge und Jugendamt in Berührung ... berufslos...«[170]

Tatsächlich hatte die Staats- und Bundesanwaltschaft mit der Anklage gegen Fritz Teufel nur eins unter Beweis gestellt: einen Verfolgungs- und Verurteilungswillen, der sich geradezu leidenschaftlich und unter Verlust jedes Fingerspitzengefühls gegen Staatsfeinde richtete. Zu zeigen, daß dies Methode hat, fühlte sich Teufel herausgefordert. Er hatte ein Alibi, das er aber erst nach den Strafanträgen der Bundesanwälte preisgab. Mit dieser Verzögerung gelang es Teufel, die Glaubwürdigkeit einer Anklagebehörde zu erschüttern, der kein Indiz zu dürftig war, wenn es nur für Belastungszwecke brauchbar erschien.

Teufels Verteidiger Wolfgang Wieland und Detlev Wittenberg:

Die Bundesanwaltschaft sagte in ihren Plädoyers, daß Teufel ein führendes Mitglied dieser Bande und einer der Lorenz-Entführer gewesen sein muß. Sie sagte es im Brustton der Überzeugung, daß man einen so fähigen Mann nicht außen vor läßt.

Die Augenzeugin

Im Oktober 1978 wird Christel von Drenkmann, die Witwe des ermordeten Kammergerichtspräsidenten, mehrmals als Zeugin in der Hauptverhandlung gehört. Auf die Frage des Vorsitzenden, ob sich der Mann, den sie am 18. September 1975 durch den venezianischen Spiegel wiedererkannt haben will, im Gerichtssaal befinde, deutet sie »nach einer Gedankenpause«[171] auf Ralf Reinders. Dann wird sie um Aufklärung darüber gebeten, warum sie ihre Aussage vom 18. September, sie glaube, Reinders zu erkennen, zwei Monate nach der Gegenüberstellung korrigiert habe. Die dann folgende Erörterung wird die einzige Augenzeugin der Tat als Beweismittel wertlos machen. Frau von Drenkmann sagt, in ihrem Sprachgebrauch habe »glauben« die gleiche Bedeutung wie »absolut überzeugt sein«. Kurz darauf fragt einer der Verteidiger, ob die damals gegenübergestellte Person einen Bart getragen habe. Das wisse sie nicht mehr, antwortet die Zeugin, sie »glaube aber, ja«.[172] Somit hatte sich Frau von Drenkmann innerhalb kürzester Zeit widersprochen und unversehens demonstriert, daß das Wörtchen »glauben« für sie doch die umgangssprachliche Bedeutung von »ich weiß nicht genau« hat.

Und noch eine Widersprüchlichkeit kam hinzu:

Sie behauptete in der Befragung, niemals ein Foto von Reinders gesehen zu haben. Wir konnten aber durch die Vorlage der Zeitung, die sie abonniert hatte, nachweisen, daß sie

Bilder von ihm gesehen haben mußte. Sie hatte selber gesagt, den Tagesspiegel lese sie ständig, den habe sie abonniert. Der Tagesspiegel aber hatte wenige Tage vor der Einzelgegenüberstellung dreimal mit Fotos über Reinders berichtet; zuletzt mit einem neuen Foto auf Seite eins. Als Verteidiger rechnet man trotzdem mit einer Verurteilung, auch wenn gehäuft Unwägbarkeiten auftreten und die Fragezeichen immer größer werden. Man rechnet damit, daß das Gericht mit dem Argument verurteilen wird, die Zeugin sei in dieser Schicksalsfrage besonders gewissenhaft.

Daran, daß das Gericht die Fragezeichen nicht übersah, zeige sich beispielhaft die Einzigartigkeit des Berliner Verfahrens, verglichen mit üblichen Terroristenprozessen. Dazu die Verteidiger:

Drenkmann war in Berlin Kammergerichtspräsident, er wurde in Berlin umgebracht, seine Witwe trat in der Hauptverhandlung auf, stellte sich vor Reinders hin und sagte, er ist es gewesen. Gleichwohl haben sie Reinders freigesprochen. Da gibt es wohl nichts vergleichbares.

In der mutmaßlichen Hoffnung, mit der massiven Belastung einer Wiedererkennung die Hauptverhandlung durchzustehen, habe die Staatsanwaltschaft mit »schlichtweg unzulässigen Methoden« gearbeitet: »Die Staatsanwälte gingen davon aus, daß sowieso alles abgesegnet wird, was sie machen, also auch eine rechtswidrige Einzelgegenüberstellung.« Im Prozeß habe die Zeugin wegen ihrer Weigerung, an einer Wahlgegenüberstellung teilzunehmen, Anlaß zum Nachdenken darüber geliefert, ob sie Reinders wirklich »erkannt« hat. Daß der Geus-Senat bereit war, sich solche Gedanken zu machen, bewahrte Ralf Reinders vor dem »Lebenslänglich«.

Der Kronzeuge

1. November 1978: Reiner Hochstein betritt die Szene, der »Kronzeuge« für den Drenkmann-Mord. Durch die 16-teilige »Geständnis«-Serie in Springers »Welt« im September 1977 war die Verteidigung erstmals mit seiner Existenz konfrontiert worden. Bis dahin hatte die Anklage ihr Hauptbeweismittel unterschlagen. Erst im Dezember 1977 hatte die Verteidigung die Protokolle von Hochsteins Vernehmungen durch Staatsanwalt Müllenbrock von März und April 1977 bekommen.

»Um den Personenschutz, unter dem Reiner Hochstein in den Saal eskortiert wird, könnte ihn manch Prominenter beneiden«, bemerkt der Reporter der »Welt«.[173] »Begleitet von vier Schutzpolizisten und zwei Justizbeamten, abgesichert von einem halben Dutzend Kriminalbeamter eilt der 39jährige Hochstein ohne einmal nach links oder rechts zu den Anklagebänken zu blicken, zu seinem Stuhl vor dem Richtertisch.« Richter und Verteidiger wissen noch nichts von dem Deal zwischen Hochstein und seinen Gesprächspartnern aus Verfassungsschutz und Staatsanwaltschaft. Für sie ist Hochstein zunächst einmal der Zeuge der Anklage, für mindestens einen der Richter gar der Zeuge, der weiß, »wie es wirklich war«.[174]

Am Tag des ersten Hochstein-Auftrittes verblüfft Ralf Reinders die Prozeßöffentlichkeit mit einem überraschenden Geständnis. Er berichtet von drei gleichzeitig ausgeführten Banküberfällen im September 1970 in Berlin. Bisher waren Justiz und Öffentlichkeit davon ausgegangen, daß alle drei Banken von der RAF überfallen worden waren, denn Karl-Heinz Ruhland, der legendäre RAF-»Kronzeuge«, hatte im Prozeß gegen Horst Mahler diese Version geliefert. Es sei ganz anders gewesen als von Ruhland berichtet, verrät Reinders. Er schildert die Überfälle als Gemeinschaftsaktion der »Tupamaros Westberlin« – aus denen später die »Bewegung 2. Juni« hervorging – und der RAF; die RAF habe zwei und die Tupamaros eine Bank überfallen, nämlich die in der Altonaer Straße in Tiergarten. Reinders zeigt sich über Einzelheiten in bezug auf Planung und Ausführung der Überfälle bestens informiert (»Die bei allen drei Aktionen benutzten Perücken ... stammten aus Friseurläden in der Bundesallee und der Katzbachstraße«). Mit seiner Erklärung wolle er, so Reinders, »zeigen, wie sogenannte Kronzeugen auftreten und daß das, was sie sagen, nicht das ist, was sie wissen. Daß sie Sachen sagen, von denen sie nicht die geringste Ahnung haben, sondern vom Staatsschutz für die Aussagen präpariert werden.«[175] Von Reinders' Geständnis nimmt die Berliner Presse keine Notiz.

Im Oktober 1974 war Hochstein nach Berlin übergesiedelt, nachdem die Polizei eine von ihm und Andreas Vogel mitbenutzte illegale Wohnung in der Bremer Pappelstraße entdeckt hatte.[176] Vier Monate später war er in Hamburg von der Polizei gestellt worden. Die Berliner Ermittlungen gegen ihn wegen seiner möglichen Beteiligung am Drenkmann-Attentat am 10. November 1974 waren stillschweigend eingestellt worden. Zur Erinnerung: Hochstein hatte sich in den etwa drei Tage dauernden Gesprächen mit Grünhagen selbst belastet, an der Planung des Attentats beteiligt gewesen zu sein. In der Anklage des Generalbundesanwalts wurde er dennoch an keiner Stelle erwähnt.

Für Beobachter wurde bald klar, daß Hochstein entweder für seine Aussage belohnt worden war, indem seine Beteiligung an *dieser* Tat ignoriert wurde, oder weil er der Anklage mit einer erfundenen Geschichte den Zugriff auf eine ganze Reihe »bekannter Terroristen« ermöglicht hatte. In diesem Fall mag die Belohnung in der Nichtbeachtung einer *anderen* Tat bzw. der frühzeitigen Entlassung nach dem Hamburger Urteil bestanden haben. Wie es tatsächlich war, wurde niemals bekannt.

Im Protokoll des Berliner Verfassungsschutzbeamten Grünhagen, das zu Beginn von Hochsteins Vernehmung weder Richtern noch Verteidigern bekannt ist, liest sich sein Geständnis zum Thema »Vorbereitung und Ausführung der Tat« so:

Am Sonnabend, dem Todestag von Holger Meins (9.11.74), rief Inge Viett in der Martin-Luther-Straße an und fragte, ob Hochstein und Vogel allein seien, »da wir mal vorbeikommen wollen«. Nach ca. einer Stunde erschienen Inge Viett und Ralf Reinders und berichteten über den Tod von Holger Meins. Sie erklärten, daß da »unbedingt etwas geschehen« muß. Reinders sagte dazu: »Wir wollten später einen holen. Auf alle Fälle müssen wir jetzt etwas machen.« In dieser Gesprächsphase haben weder Reinders noch Viett über konkrete Planun-

gen berichtet. Reinders erklärte noch, daß man Hochstein und Vogel für die bevorstehende Aktion brauchen würde, »weil einige bei ihren Tanten sind, und die kriegen wir jetzt nicht.« Ralf Reinders ist dann für ca. eine Stunde weggefahren und kam kurz vor Mitternacht zurück. Er bemerkte wieder, daß er »an keinen herangekommen sei« und daß man doch vielleicht erst eimal losfahren könne, um sich die Adressen anzusehen. In dieser Gesprächsphase erklärte Reinders, daß man sich ein »Justizschwein« holen müsse und daß eigentlich nur der Richter Zelle, der für das Mahler-Urteil verantwortlich sei, sowie der Kammergerichtspräsident von Drenkmann in Frage kämen. Etwa gegen Mitternacht fuhren dann Inge Viett, Reinders, Vogel und Hochstein mit dem schon erwähnten Fiat los, um die Adresse des Richters Zelle abzuklären. Hochstein hat den Weg wie folgt beschrieben: Martin-Luther-Straße, Schloßstraße, »dann an einer großen amerikanischen Kaserne vorbei und danach rechts von der Hauptstraße abgebogen«. Dann wurde der Wagen abgestellt, und die vier gingen etwa fünf Minuten zu Fuß. Es wurde festgestellt, daß alle Jalousien des Hauses von Richter Zelle heruntergelassen waren. Viett und Reinders erklärten, daß sie die Umgebung nicht gut fänden und man zu der Adresse des von Drenkmann fahren würde. (...) Danach fuhren die vier nach Charlottenburg. Hochstein erinnert sich nur, daß in unmittelbarer Nähe der Wohnung des von Drenkmann an der Ecke ein Zeitungskiosk war. Während Reinders und Hochstein im Wagen sitzen blieben, sind Inge Viett und Vogel ausgestiegen und kehrten nach ca. fünf Minuten mit der Bemerkung zurück: »Das bringt jetzt nichts im Dunkeln.« Reinders und Viett brachten dann die beiden wieder in die Martin-Luther-Straße zurück. Man verabredete sich für den nächsten Tag (Sonntag den 10.11.1974), 15.00 Uhr, am Viktoria-Luise-Platz. Zum vereinbarten Zeitpunkt waren Hochstein und Vogel am Viktoria-Luise-Platz. Ralf Reinders und Inge Viett erklärten den beiden, daß nur einer mitzumachen brauchte, worauf sich Vogel sofort in den Wagen setzte. Reinders und Viett akzeptierten die Entscheidung von Vogel sofort, und Hochstein ist »unheimlich frustriert« wieder zur Martin-Luther-Straße zurückgegangen. Bis zu diesem Zeitpunkt waren Hochstein nähere Einzelheiten der Planung und Durchführung nicht bekannt. Am Montag gegen 06.00 Uhr kam Vogel in die Wohnung Martin-Luther-Straße zurück und weckte Hochstein auf. Vogel war sehr aufgeregt und sagte, daß »trotz der vielen Bullen« alles klargegangen sei. Ohne daß Hochstein konkrete Fragen stellte, erzählte Vogel, daß sie »zu viert« zur Wohnung des von Drenkmann hochgegangen seien. Er sei als erster die Treppen hochgestiegen und hätte die Blumen in der Hand gehabt. Vorher hätte er sich einen Bart angeklebt. Nach dem Klingeln »haben wir die Tür aufgedrückt und sind gleich auf die drauf«. Weiter führte Vogel dann aus, indem er auf Kratzspuren an der rechten Hand hinwies: »Die Alte ist auf mich drauf und hat unheimlich gekratzt.« Dann hätte »Ralf (Reinders) geschossen«, und »ich habe auch einen in die Wand abgegeben«. Danach seien alle die Treppe hinuntergelaufen, und er sei mit »Paul« in dem blauen Fiat 127, »den du kennst«, abgefahren. Des weiteren bemerkte Vogel, daß er »Scheiße gebaut« hätte, weil er beim Hinauswerfen eines Stadtplanes aus dem Handschuhfach die Zulassung mit hinausgeworfen hätte. Danach hätten sich dann alle noch getroffen, und es hätte »einen unheimlichen Krach« gegeben, weil »die Sache schiefging«. Er sei dann noch bis zum Morgen bei »Paul« geblieben und danach zur Martin-Luther-Straße gefahren. Vogel erzählte noch, daß außer »Paul« und »unseren beiden« (damit waren Reinders und Viett gemeint) auch noch »Konrad« (Fritz Teufel) mit dabei war. Aufgrund der Schilderung des Vogel gegenüber Hochstein müssen an der Tat sieben Personen teilgenommen haben, wovon die nachfolgend aufgeführten Hochstein namentlich bekannt wurden: Inge Viett, Ralf Reinders, Fritz Teufel, Andreas Vogel und »Paul«. Hochstein ist eine einzige Äußerung von Reinders erinnerlich, in der dieser indirekt seine Beteiligung an der Erschießung des von Drenkmann gegenüber Hochstein zugab: Er sagte einmal auf von Drenkmann bezogen: »Der Typ wollte einfach nicht umfallen. Der hat sich irre gewehrt.« Außerdem bemerkte Reinders in diesem Zusammenhang noch, daß dabei seine Brille »total zerkratzt« worden sei.[177]

Rechtsanwalt Wolfgang Panka, Verteidiger von Till Meyer, hatte sich gemäß der vereinbarten Arbeitsteilung der Verteidiger auf den Kronzeugen Hochstein spezialisiert. Für Panka war Hochsteins Wechsel des Verteidigers im August 1977 (Hochstein hatte seiner Anwältin das Mandat entzogen und Rechtsanwalt Dulde neu verpflichtet) der entscheidende Hinweis dafür, daß mit dem Zeugen »etwas faul ist«.

An den ersten Vernehmungstagen berichtet Hochstein über seinen Werdegang. Beobachter beschreiben ihn als »ruhig, konzentriert, und ohne einmal ins Stocken zu geraten« und vergleichen die Präzision seiner Aussage mit der eines Schweizer Uhrwerks.[178] Bis auf die Beteiligten weiß in diesen Tagen niemand, wem Hochstein seine Sicherheit verdankt.

Hochsteins Selbstsicherheit scheint noch eine Weile stabil, doch als er in der Hauptverhandlung mit seinen achtzehn Monate zurückliegenden Aussagen gegenüber dem ermittelnden Staatsanwalt Müllenbrock konfrontiert wird, zeigen sich erste Probleme. Anfang 1978 hatte ihm sein Verteidiger die Aussageprotolle für ein paar Tage in die Zelle geschickt; Hochstein war also recht gut vorbereitet.[179] Erinnerungsprobleme hat er im Zeugenstand nicht, vielmehr zeigt sich, daß Einzelheiten aus seinem »Geständnis« nicht mit den ermittelten Fakten übereinstimmen. Zum Beispiel zur Rolle von Andreas Vogel in der Tätergruppe. Vogel hatte zwar bei seiner Verhaftung den Tatrevolver bei sich, völlig ungeklärt war jedoch, wer ihn im Flur der Wohnung des Kammergerichtspräsidenten benutzt hatte. Als »Blumenbote« war Vogel bisher nur von Hochstein genannt worden; niemand sonst hatte ihn belastet, weder die Witwe noch andere Zeugen aus dem Wohnhaus der Drenkmanns in der Bayernallee. Auch die Einschußstelle – laut Hochsteins Aussage in der Hauptverhandlung soll Vogel in die Decke geschossen haben[180] – war nicht gefunden worden. Von großer Bedeutung war auch, daß Hochstein in seinem »Geständnis« zwei Schützen mit zwei verschiedenen Waffen genannt hatte – Andreas Vogel mit einem Revolver Walther PKK 7,65 und Ralf Reinders mit einer Heckler und Koch -, tatsächlich waren jedoch alle drei Schüsse aus nur einem Revolver der Marke Smith & Wesson, Kaliber 38, Spezial abgefeuert worden. Zwei Geschosse hatten von Drenkmann getroffen, das dritte stellte die Kriminalpolizei auf dem Fußboden des Hausflures sicher. In der Hauptverhandlung wiederholt Hochstein die »Geständnis«-Version: »Andreas trug noch seine 7.65er-Pistole bei sich, als wir uns an jenem Morgen unterhielten.«[181]

Auf die Frage an Hochstein, weshalb er, wenn schon so gut informiert, nicht an der Tat beteiligt wurde, gab es zwei verschiedene Antworten. Laut Grünhagen-Protokoll (das im Moment, weil geheimgehalten, in der Verhandlung noch keine Rolle spielt) mußte Hochstein hinnehmen, daß nicht er, sondern Andreas Vogel ohne Diskussion seinen Einsatz durchsetzen konnte. Diese Darstellung hatte Hochstein in der Vernehmung durch Staatsanwalt Müllenbrock am 17. März 1977 bestätigt und vor einem Richter wiederholt. Fünf Wochen danach, am letzten Tag der Vernehmungsserie des Staatsanwalt, veränderte Hochstein seine Aussage. Er behauptete nun und sagt nochmals in der Hauptverhandlung, durch »dreimaligen Münzwurf von der Aktion ausgeschlossen worden«[182] zu sein. Am 7. November schließlich will sich Hochstein nicht einmal mehr daran erinnern können, daß sich Andreas Vogel am Morgen nach der Tat bezichtigt hatte, der »Blumenbote« gewesen zu sein. Inzwischen war Frau von Drenkmann, die nicht Vogel, sondern Ralf Reinders als Blumenbote erkannt haben wollte, als Zeugin in der Verhandlung gehört worden.[183] Ähnliches passiert mit dem angeblichen Fluchtwagen, dem blauen Fiat 127: Hochstein sagt, er erinnere sich nicht. Seine Geschichte erscheint von Vernehmung zu Vernehmung unglaubwürdiger; der »gute Eindruck«, den Pressebeobachter ihm bescheinigt haben, schwindet kontinuierlich. Zu erkennen ist, daß sich Hochsteins Aussagen »dort, wo es um angebliche eigene Wahrnehmungen ... geht, grundsätzlich widersprechen.«[184] Der Strafsenat wird später in seiner Urteilsbegründung feststellen, ihm sei

der nicht zu beseitigende Verdacht entstanden, daß Hochstein sein Aussageverhalten in der Hauptverhandlung dem Ergebnis der Beweisaufnahme anpassen wollte, so wie er es aus Presseberichten über die Bekundungen der Augenzeugen verstanden hatte. Er hat nämlich eingeräumt, aus der Presse entnommen zu haben, Frau von Drenkmann habe in der Hauptverhandlung den Angeklagten Reinders als den Todesschützen identifiziert und nach den Bekundungen der Augenzeugen komme ein Fiat 127 nicht als Fluchtfahrzeug in Frage.[185]

Doch so weit ist es noch nicht in jenen ersten Novembertagen 1978. Noch ist das Gericht bereit, dem Zeugen Hochstein zu glauben. Immerhin kennt Hochstein Teile der Logistik der »Bewegung 2. Juni«; seine verschlüsselte Notiz im Adressenbüchlein war nicht erfunden, sondern hatte sich für die Polizei als brauchbar herausgestellt. Schon eine Woche nach Beginn der Hochstein-Vernehmung aber legt die Verteidigung Dokumente vor, die Hochsteins Glaubwürdigkeit den ersten Stoß versetzen.

Mehrfach hatte Rechtsanwalt Panka in der Vergangenheit beantragt, Akten aus anderen Verfahren gegen Hochstein sowie Hinweisordner der Ermittlungsbehörden beizuziehen.[186] »Die Verteidigung kann sich nicht damit zufrieden geben, daß die Ermittlungsbehörden in eigener Machtvollkommenheit entscheiden, welche Hinweise brauchbar und welche unbrauchbar sind«, hatte Panka schon am 17. Januar 1978 kritisch festgestellt. Im Beweisantrag vom 26. Oktober 1978 fordert Panka zum wiederholten Mal Einsicht in eine Reihe von Vorstrafenakten. »Es versteht sich von selbst«, schreibt der Verteidiger verärgert, »daß der Zeuge Hochstein umfassend nur befragt werden kann, wenn der Verteidigung der Inhalt der o.a. Akten bekannt ist. Ich verweise darauf, daß ich bereits vor mehr als neun Monaten den größten Teil der hier benötigten Akten beizuziehen beantragt habe.«

Panka bekommt die Hochstein-Akten, aber sie sind unvollständig. Es fehlen zwei Vernehmungsniederschriften vom 17. März 1977 und ein ursprünglich unter VS-Schutz »Geheim« gestellter staatsanwaltlicher Vermerk über Vorbesprechungen zwischen Hochstein und dem Staatsanwalt. Der Vermerk solle weiterhin der

Verteidigung vorenthalten werden, fordert die Bundesanwaltschaft, er enthalte »keine für die Beurteilung der Glaubwürdigkeit des Zeugen bedeutsamen Ausführungen«, heißt es in dem entsprechenden Schreiben vom 9. November 1978; »Umstände, die Zweifel an dieser Aussage begründen könnten, sind weder dargetan noch ersichtlich.« Was keineswegs stimmte, denn tatsächlich hätte der Vermerk der Verteidigung verraten, daß Hochstein schon viel früher abgesprungen war, nämlich schon im Januar 1976. Gerade das sollte vertuscht werden.

Eine Woche nach Beginn der Hochstein-Vernehmungen präsentiert die Verteidigung überraschend zwei in Eigeninitiative recherchierte medizinische Gutachten über Hochsteins Alkoholmißbrauch. Panka hatte sich die Unterlagen »selbst besorgt«, erklärt er dem verduzten Vorsitzenden.[187] In den Akten war nicht zu lesen gewesen, was nun offenbar wird: »massive Trunksucht« des Zeugen, mit der Folge »hirnorganischer Ausfallerscheinungen«.

Hochstein wird, nachdem er seine Geschichte erzählt hat, innerhalb von zwanzig Tagen im Block vernommen. Es geht um seine Persönlichkeit, und um die steht es nicht gut. Mehrere Zeugen, unter ihnen die Gutachter, charakterisieren ihn als »großsprecherisch und wankelmütig«, Hochstein wird als »Hochstapler« bezeichnet, er sei »hochgradig alkoholabhängig« gewesen, er habe in der Vergangenheit »delirante Züge« gezeigt, ihm sei bis Juli 1974 Sozialhilfe gewährt worden, weil er infolge seines »chronischen Alkoholabusus« arbeitsunfähig krank gewesen sei. Der jahrelange Alkoholmißbrauch – es waren Alkoholkonzentrationen bis zu 3,3 Promille festgestellt worden – verbunden mit seiner zusätzlichen Medikamentenabhängigkeit (»zeitweilig über 30 Tabletten Distraneurin täglich«) »habe bei Hochstein zu einer schweren physischen und psychischen Schädigung geführt.« Es kommt außerdem heraus, daß Hochstein stolz auf seine Charakterisierung als »windiger Zeuge« ist, die ein Richter in einem anderen Verfahren vorgenommen hatte.[188]

In der Hauptverhandlung versucht Reiner Hochstein scheinbar unbeeindruckt, seinen Giftkonsum herunterzuspielen. Ab und zu habe er getrunken, aber so schlimm sei es nicht gewesen. Für den Tag der Festnahme gibt er ein oder höchstens zwei Glas Rotwein zu, die polizeiliche Blutprobe hatte jedoch eine Konzentration von 2,5 Promille an den Tag gebracht. Hochstein hatte gelogen, wie so oft schon. Die Verteidigung nennt sein Lügen eine »alkoholbedingte Verdrängung der Tatsachen«.[189]

Es ist nicht schwer, einen Alhoholabhängigen zum Reden zu bringen. Man stelle sich einen alkoholisierten Festgenommenen vor, dem Polizisten den Flachmann aus der Jackentasche nehmen und auf den Tisch des Vernehmungszimmers stellen. Man stelle sich weiter vor, daß dieser Festgenommene darum bittet, einen Schluck aus dem Flachmann trinken zu dürfen, was ihm *für die Dauer der Vernehmung* verboten wird. Keine Fiktion, sondern so geschehen am 4. März 1972 auf einer Hamburger Polizeiwache. Bei dem Festgenommenen handelte es sich um Reiner Hochstein, der im Laufe der Vernehmung seine beiden Mittäter schwer belastete und die eigene Tatbeteiligung herunterspielte. Die Dreiergruppe war damals verdächtigt worden, gemeinschaftlich einen Molotow-Cocktail gegen ein Strafgebäude in Hamburg geworfen zu haben. Mit Bezug auf ein ärztliches Gutachten wurde Hochstein am 28. November 1975 freigesprochen. Das Gericht hatte sich der Meinung des Arztes angeschlossen:

Die Aussicht, vielleicht doch etwas trinken zu dürfen, stellt bei einem Alkoholabhängigen, wie dem Angeklagten Hochstein, einen beträchtlichen Anreiz dar, der großen Einfluß auf seine Aussagebereitschaft gehabt haben könne.[190]

Damit war Hochsteins Misere eindeutig beschrieben. Und außerdem: War auszuschließen, daß er sich in Berlin in ähnlich desolater Lage befand?

Stück für Stück wird der Kronzeuge in diesen Tagen von der Verteidigung demontiert. Aber immer noch ist nicht geklärt, wann und unter welchen Umständen Hochstein zum Zeugen der Anklage wurde. Hochstein terminiert auf Nachfragen den Beginn seiner inneren Wandlung vom sogenannten Stadtguerillero zum Belastungszeugen auf den Mai 1976. Er sagt, der Tod von Ulrike Meinhof im Mai 1976 habe ihn entscheidend beeinflußt. In der Untersuchungshaft sei er danach

zu der Überzeugung gelangt, daß der bewaffnete Kampf kein geeignetes Mittel revolutionärer Politik sei, weil er den Faschismus in der Bundesrepublik provoziere. Dieser Wandlungsprozeß sei Anfang 1977 abgeschlossen gewesen und habe dann dazu geführt, daß er in der Vernehmung durch den Staatsanwalt Müllenbrock am 17. März 1977 erstmalig Angaben zu Namen und Tatkomplexen im vorliegenden Verfahren gemacht habe.[191]

Das war – guten Gewissens und auf Empfehlung von Staatsschutzbehörden – gelogen. Mit der Vertraulichkeits-Zusage seines Beschützers Grünhagen wähnte sich Hochstein amtlich abgesichert.[192]

Verteidigern und Angeklagten ist bekannt, daß das Berliner Landesamt für Verfassungsschutz über einen Spezialisten für »besondere Fälle« verfügt. Sein Name ist Michael Grünhagen – aus dem Fememord-Verfahren gegen die Wolfsburger Wohngemeinschaft um Ilse Jandt ein Begriff. Grünhagen war es nicht nur im Vorfeld dieses Verfahrens gelungen, einen, dem die Anklage wegen Mittäterschaft ins Haus stand, umzudrehen und zur Aussage gegen seine früheren Freunde zu bewegen: den späteren »Kronzeugen« des Staatsanwalts, Jürgen Bodeux.[193] Nicht ausgeschlossen ist, daß Grünhagen sogar von der Tatplanung wußte; möglicherweise lieferte er der Tätergruppe, der auch der Kronzeuge Bodeux angehörte, die Munition, jedenfalls nahm er die Waffe nach der Tat vom V-Mann Weingraber in Verwahrung.[194] Und auch in einem weiteren spektakulären Fall hatte Grünhagen Material zu seiner Berühmtheit geliefert: wegen seiner unwahren Behauptung, er und ein Polizeibeamter seien am Abend des 10. Februar 1971 von dem damaligen RAF-Mitglied Astrid Proll gezielt beschossen worden, war Astrid Proll acht Jahre lang von einer Verurteilung wegen Mordversuch bedroht. Der Verfassungsschützer und der Polizist hatten den falschen Tatvorwurf, festgehalten in Grünhagens als Beweismittel anerkanntem Vermerk, wider besseres Wissen in die Welt gesetzt.[195]

Inzwischen gab es mehrere Eigentümlichkeiten, die auf eine diskrete Kooperation zwischen Hochstein und dem Verfassungsschutz hindeuteten. Da war als erste der Wechsel des Verteidigers ohne vorherige Auseinandersetzung, da waren die fehlenden Seiten in einigen Akten, die der Verteidigung inzwischen überlassen worden waren. Zur Erinnerung: Staatsanwalt Müllenbrock hatte einige Blätter seines Vermerks unter »VS-Geheim« gestellt; es handelte sich um zwei Protokolle von Hochstein-Vernehmungen vom 17.3.77. Aus einer anderen Notiz ergab sich, daß vier Seiten einer Geheimakte gegen »Fehlblätter« ausgetauscht worden waren.[196] Es kam hinzu, daß sich Hochstein acht Wochen nach dem »offiziellen« Beginn seiner Aussagen seinem Freund Manfred Adomeit noch als ungebrochener Kämpfer präsentierte:

dass man in der gefangenschaft das ziel nicht ausm auge verliert – ne erfahrung, die wohl jeder von uns gemacht hat. und da hat natürlich die isolation ihre funktion – desorientierung, gehirnwäsche -, ne funktion, die man sich permanent bewusst machen muss, um wirkungsvoll dagegen kämpfen zu können. der punkt ist da die eigene erfahrung, die erfahrung mit sich selbst – ne sache, die du natürlich theoretisch nicht im Griff hast, weil: theoretisch haben wir das ja alle gewußt, was in den knästen auf uns wartet.[197]

Hochstein hatte in der Tat praktische Erfahrungen mit den besonderen Bedingungen der Einzelhaft für terrorismusverdächtige Gefangene. Nach seiner Festnahme im Februar 1975 kam er in den B II-Trakt der Hamburger U-Haft-Anstalt am Holstenglacis. Dorthin, wo die Gefangenen der terroristischen Szene sitzen. Nach etwa sieben Monaten wurde seine Isolation schrittweise aufgehoben. Vierzig Minuten am Tag durfte er nun mit anderen Gefangenen aus dem Umfeld der RAF auf dem Hof umhergehend sprechen.[198] Doch diese harten Zeiten waren vorbei; Hochsteins Beschreibungen galten nicht mehr. Kurzum: er hatte gelogen. Vielleicht zur Sicherheit, und damit Adomeit der revolutionären Gesinnung des vermeintlichen Freundes gewiß bleibt, hatte Hochstein seinem Brief eine Liste mit Buchempfehlungen angehängt,

die ich stark gefunden hab + woraus ich ne menge geschnappt hab:

Frantz Fanon (»Die Verdammten dieser Erde«), Ernesto Che Guevara (»Ökonomie und Neues Bewußtsein«, und »Guerilla – Theorie und Methode«) gehören ebenso dazu wie Ho Tschi Minh (»Revolution und nationaler Befreiungskampf«). Den Genossen präsentiert sich Hochstein nach wie vor als überzeugter Revolutionär. Daß Hochsteins Wandlungsprozeß in der Tat schon viel früher als Anfang 1977 abgeschlossen war, kommt im Spätsommer 1980 ans Licht.

Anfang Mai 1980 wird in Hamburg Hochsteins Vertrauensperson aus dem Chinarestaurant kommissarisch vernommen. Was der Zeuge zu Protokoll gibt, paßt genau ins Bild: Hochstein habe sich in dem Gespräch im November 1974 »echt abbrechen müssen«, daß die Leute vom »2.Juni« ihn nicht gebrauchen konnten, weil es »bessere als ihn« gab.[199]

Im gleichen Monat bringt die Zeitschrift »Konkret« einen Bericht über die Rolle des Verfassungsschutzes im Mordfall Ulrich Schmücker mit einem Foto von Michael Grünhagen. Der Verfassungsschützer, dem Hochstein schon im Januar 1976 Rede und Antwort stand, ist enttarnt. Andreas Vogel erinnert sich, den Mann schon einmal gesehen zu haben – vor Jahren im Hamburger Polizeipräsidium. Das war, noch bevor Hochstein mit dem Staatsanwalt zu reden begonnen hatte. Vogel und Hochstein waren damals am selben Tag zur Vernehmung ins Präsidium gebracht worden.[200] Es lag nahe, aus dieser Kombination der Ereignisse die richtigen Schlüsse zu ziehen. Des Rätsels Lösung lag buchstäblich auf dem Tisch, weiterer Hinweise bedurfte es nun nicht mehr.

Am 1. August 1980 stellt die Verteidigung den folgenden Beweisantrag. Es sei der »entscheidende letzte Antrag« gewesen, der den Kronzeugen unbrauchbar gemacht habe.[201] Rechtsanwalt Panka trägt vor:

In der Strafsache gegen Reinders u.a. wird beantragt, den Mitarbeiter des Landesamtes für Verfassungsschutz, Herrn Michael Grünhagen, 1000 Berlin 47, Dörchläuchtingstr. 48, als Zeugen zu laden und zu vernehmen. Der Zeuge wird bekunden, Reiner Hochstein habe ihm gegenüber in Kenntnis des Umstandes, daß er – der Zeuge – für den Verfassungsschutz arbeite, bereits im Jahre 1976 umfangreiche Angaben hinsichtlich seiner vermeintlichen Kenntnisse über die Bewegung 2. Juni und ihre Mitglieder gemacht. Die Beweisaufnahme wird ergeben, daß der Zeuge gelogen hat, als er in der Hauptverhandlung in diesem Verfahren bekundete, er habe erst im Jahre 1977 begonnen, Aussagen zu machen. Der Zeuge Grünhagen besitzt keine besondere schutzwürdige Verfahrensstellung, da seine wahre Identität allgemein bekannt und daher nicht mehr zu verbergen ist. Abgesehen von dem öffentlichen Auftreten dieses Zeugen in dem Strafverfahren gegen Astrid Proll[202] *ist die Identität dieses Zeugen auch bekannt, da er zumindest 1978 und 1979 Elternsprecher der Klasse 3.1 der Fritz-Karsen-Gesamtschule in 1000 Berlin 47, Onkel-Bräsig-Str. 76, gewesen ist.*

Nicht Michael Grünhagen kommt in die Hauptverhandlung, sondern sein Chef, der Leiter des Berliner Landesamtes für Verfassungsschutz, Franz Natusch. Innensenator Peter Ulrich hatte Grünhagen keine Aussagegenehmigung erteilt. Der Vorsitzende Geus begnügt sich mit der Auskunft, Grünhagen lebe unter einem anderen Namen außerhalb Berlins und sei als Beweismittel unerreichbar. Innensenator Ulrich hält außerdem immer noch einen zehnseitigen Vermerk über eine Zeugenaussage Grünhagens sowie Notizen über seine Gespräche mit Hochstein von Anfang 1976 zurück. Auch Natusch verrät nicht den Inhalt des Vermerks, gibt jedoch immerhin zu, daß Hochstein bereits Anfang 1976 den Verfassungsschutz »informiert« hatte. Welche Demütigung für das Gericht!

Hochstein versteckt sich inzwischen zunehmend hinter angeblichen Erinnerungslücken; Fragen von Gericht und Verteidigern blieben entsprechend unbeantwortet. Ihm sei damals Vertraulichkeit zugesichert worden, wirbt er um Verständnis.[203] Doch warum? Was hatte sich der Zeuge versprochen? Oder – war ihm etwas versprochen worden? Fragen, auf die es in der Hauptverhandlung keine Antworten gibt.

Die Verhandlung müsse aufgrund der fortgesetzten Geheimhaltungsmaßnahmen ausgesetzt werden, fordert RA Harald Remé am 9. und 10. September 1980. Richter Geus droht »verfahrensrechtliche Konsequenzen« für den Fall an, daß dem Gericht bisher geheimgehaltenes Material weiter vorenthalten wird. Schließlich werden acht der gesperrten zehn Seiten freigegeben, und zwar jene, die

Hochsteins Angaben zum Drenkmann-Mord enthalten. Im Vergleich mit der Müllenbrock-Vernehmung besteht die eklatanteste Abweichung darin, daß Hochstein in der Grünhagen-Vernehmung Fritz Teufel als Mittäter genannt hatte.

Der Senat verkündet seinen Beschluß am 200. Verhandlungstag, dem 19. September 1980. Er beginnt mit der Feststellung, daß der »Antrag, die Hauptverhandlung auszusetzen, ... unbegründet« sei, und setzt mit außergewöhnlicher Offenheit fort:

Nach der sehr umfangreichen Beweisaufnahme zur Glaubwürdigkeit des Zeugen Hochstein bestehen erhebliche Zweifel an der Richtigkeit seiner Bekundungen. Diese Zweifel beziehen sich sowohl auf seine allgemeine Glaubwürdigkeit als auch auf einzelne Aussagen im vorliegenden Verfahren.

Hochstein habe seit seinem 16. Lebensjahr bis zu seiner Festnahme am 26. Februar 1975 immer wieder im Übermaß Alkohol getrunken, seit 1965 sei er in diesem Zusammenhang ca. 10 mal auch strafrechtlich in Erscheinung getreten, heißt es weiter.

Seinen Alkoholmißbrauch hat der Zeuge in der Hauptverhandlung nur zögernd eingeräumt und zu bagatellisieren versucht. Soweit es den Alkoholgenuß am Tage seiner Festnahme betrifft, ist seine Bekundung falsch. Er hat hierzu angegeben, lediglich ein bis zwei Glas Rotwein getrunken zu haben, hatte aber eine Blutalkoholkonzentration von etwa 2,5 Promille. – Einige Zeugen haben ihn glaubhaft als großsprecherisch und wankelmütig geschildert. (...)

Im Laufe der mehreren Vernehmungen im Ermittlungsverfahren hat der Zeuge Hochstein seine Angaben in zwei wesentlichen Punkten geändert. Er hatte zunächst den Entschluß der Beteiligten, einen Richter zu töten, sowie seinen eigenen Ausschluß von der Aktion durch einen Münzwurf verschwiegen. Erst in einer späteren Vernehmung im Ermittlungsverfahren hat er diese beiden Tatsachen bekundet und in der Hauptverhandlung wiederholt.

In der Hauptverhandlung hat der Zeuge in drei wichtigen Punkten, nämlich zu den Fragen, ob nach dem Bericht des Angeklagten Vogel der Angeklagte Reinders die tödlichen Schüsse abgegeben hat, ob Vogel selbst der Blumenbote war und ob die Täter vom Tatort in einem Fiat 127 geflohen sind, seine früheren Aussagen abgeändert. Hierdurch ist der nicht zu beseitigende Verdacht entstanden, daß Hochstein sein Aussageverhalten in der Hauptverhandlung dem Ergebnis der Beweisaufnahme anpassen wollte, so wie er es aus Presseberichten über die Bekundungen der Augenzeugen verstanden hatte.

Auch den Ausführungen zu Hochsteins Wandlungsprozeß schenkt der Senat keinen Glauben mehr.

Im Widerspruch hierzu (dem Beginn der Wandlung mit Ulrike Meinhofs Tod, M.O.) hat er in der Hauptverhandlung nach Vorhalt der Bekundungen des Zeugen Natusch am 5. September 1980 eingeräumt, daß er bereits Ende Januar/Anfang Februar 1976 gegenüber Mitarbeitern des Landesamtes für Verfassungsschutz in bis zu sechs mehrstündigen Gesprächen umfassende Angaben auch zum Tatkomplex von Drenkmann gemacht habe. Damit steht fest, daß seine Darstellung über den zeitlichen Ablauf seines Wandlungsprozesses und den damit verbundenen Entschluß, umfassend auszusagen, falsch ist. Hierdurch entstehen schwerwiegende Zweifel, ob das von ihm für seine Aussagebereitschaft angeführte Motiv richtig ist.

Dieser Zweifel kann nicht durch die Erklärung des Zeugen Hochstein ausgeräumt werden, er habe gemeint, seine Angaben gegenüber dem Landesamt für Verfassungsschutz dienten nur operativen Zwecken und würden vertraulich behandelt; denn auch für die Offenbarung zu diesem Zweck hat der Zeuge ein verständliches Motiv nicht angeben können.

Der Verdacht, daß der Zeuge Hochstein das wahre Motiv nicht oder zumindest nicht vollständig angegeben hat, wird auch dadurch noch verstärkt, daß er am 5. September 1980 bei seiner Vernehmung in der Hauptverhandlung ohne ersichtlichen Grund darauf bestand, daß alle seine Angaben vor dem Landesamt für Verfassungsschutz vertraulich behandelt würden. Erst nach einer Rücksprache mit einem unbekannten Mitarbeiter des Landesamtes für Verfassungsschutz fand er sich am 12. September 1980 dazu bereit, auf den Schutz der Vertraulichkeit zu verzichten, soweit es seine Angaben über den Drenkmann-komplex betrifft. Nach wie vor aber bleibt es undurchsichtig, warum er nicht in vollem Umfang auf die Wahrung der Vertraulichkeit verzichtet hat. Er hat nämlich in der Hauptverhandlung in mehreren ganztägigen Vernehmungen erschöpfend über seinen gesamten Werdegang, insbesondere auch zu seinen Verbindungen mit politischen, anarchistischen und terroristischen Kreisen in Bonn, Hamburg, Bremen und Berlin ausgesagt. Deshalb kann aus seiner Sicht ein Interesse an der Geheimhaltung auch dieser Teile seiner Angaben ebenfalls nicht mehr bestehen, wenn er in der Hauptverhandlung vollständig und richtig ausgesagt hat. Die von ihm gegebene Erklärung, er wolle verhindern, daß Widersprüche konstruiert würden und daß er diffamiert werde, überzeugt nicht. (...)

Die unwahren Angaben zum Wandlungsprozeß, das Fehlen eines einleuchtenden Grundes für die Offenbarung vor dem Verfassungsschutz schon Anfang 1976 und das undurchsichtige Verhalten beim teilweisen Verzicht auf die Wahrung der Vertraulichkeit legen letztlich auch die Annahme nahe, daß dem Zeugen Hochstein irgendwelche Zusagen gemacht worden sind, um seine Aussagebereitschaft zu wecken. Zwar liegen keine Anhaltspunkte dafür vor, daß solche Zusagen gegen § 136 a StPO verstoßen haben könnten. Gleichwohl würde auch dadurch die Glaubwürdigkeit des Zeugen erheblich beeinträchtigt werden, denn er hat auf ausdrückliches Befragen mehrfach beteuert, ihm seien gar keine Zusagen gemacht worden.

Weiterer Beweise bedürfe es nicht, denn

aus den oben...dargelegten Gründen (vermag der Senat) auf die Bekundung des Zeugen Hochstein eine Verurteilung in keiner Weise zu stützen.[204]

Diese souveräne Entscheidung, mit der der Senat den Hauptbelastungszeugen für wertlos erklärte, sucht in Terroristenprozessen ihresgleichen. Die Bundesanwaltschaft war an einen Vorsitzenden Richter geraten, dem eine unabhängige Rechtsprechung mehr galt als die unbedingte Verurteilung. Dem Beschluß folgte ein kläglicher Einspruch der Bundesanwaltschaft. Die Anklagebehörde halte »den Zeugen Hochstein mit gewissen Einschränkungen nach wie vor für glaubwürdig... Auch wenn dieser ›hin und wieder mal geflunkert‹ habe, sei dies kein Grund, ihn als Zeugen ›in Bausch und Bogen abzulehnen‹.«[205]

Till Meyer:

Gegen Ende der Prozesses, als der Gerichtsbeschluß zu Hochstein kam, da haben wir gemerkt, daß wir an einen Vorsitzenden geraten waren, der anders war. Für uns ging es immer darum, das sogenannte rechtsstaatliche Ritual zu zerstören und zu beweisen, daß da überhaupt nichts rechtens ist, daß sie nicht einmal ihrem eigenen Anspruch gerecht werden. Natürlich war da auch ein Haufen moralisierender Krempel bei, sag ich im Nachhinein. Aber für uns war der Gegner diese Justiz, die instrumentalisiert ist, revolutionäre Kämpfer zu vernichten. Für uns war es wichtig, sie immer wieder vorzuführen, zu zeigen, die sind so, wie wir es politisch behaupten. Sie wollen uns um jeden Preis als politische Gegner fertig machen und verurteilen. Die Frage: schuldig oder unschuldig, stand für uns nicht im Mittelpunkt. Für uns stand im Mittelpunkt, zu beweisen, daß Rechtstaatlichkeit gegenüber dem politischen Gegner überhaupt nicht mehr gefragt ist, gar nicht mehr angewandt wird. Wir sind vollkommen zusammengebrochen letztendlich, zu unserem Glück, und dank Geus. Doch die Differenzierung, die kam erst sehr viel später, die kam erst während der Hochstein-Vernehmungen. Da waren wir untereinander aber schon zerstritten und haben nichts mehr gemeinsam gemacht. Das kam erst wieder im Trakt zustande. Im Trakt haben wir uns wieder ausgetauscht. Ganz zum Schluß konnte ich auch mit Ralf und Ronald mal darüber reden, wie es gelaufen ist mit Geus.

Anfang 1981 wird Reiner Hochstein vorzeitig aus der Haft entlassen werden, vom Berliner Landesamt für Verfassungsschutz mit einem Startkapitel von DM 6.300,- ausgestattet.[206] Hochstein, dem aufschneidenden Unglückswurm, ist für seinen Dilettantismus zu danken, der einen Einblick in die Machtbesessenheit des Geheimdienstes zuließ. Da wollte man – nicht zum ersten und nicht zum letzten Mal – ein Gericht am kurzen Band führen, da sollte Rechtsprechung manipuliert werden, da hatte ein geheimes Amt schon längst entschieden, wer Täter zu sein hat – doch alle schönen Techniken führten in diesem Fall einmal nicht zum Ziel. Das Gericht sprach alle sechs Angeklagten vom Vorwurf des Drenkmann-Mordes frei.

Die Sicherungsverwahrung

23. Januar 1979: Nachdem die Chancen einer Verurteilung wegen des Drenkmann-Mordes immer geringer werden, weist der Vorsitzende Geus die vollkommen überraschten Angeklagten und deren Verteidiger auf eine »Ersatzlösung« hin: statt lebenslanger Haft könne die Sicherungsverwahrung angeordnet werden (mit Ausnahme von Vogel, der im November 1974 erst 18 Jahre alt war).[207] Im Namen des Angeklagten Fritz Teufel beantragt RA Wieland am 29. Januar, die Verhandlung um dreißig Tage auszusetzen. Wieland spricht in seinem Antrag von einem »echten Überraschungsangriff«, vor dem der Angeklagte geschützt werden müsse (§ 265 III StPO). In der Geschichte der bundesrepublikanischen Justiz sei »noch niemals eine solche Maßnahme gegen einen politisch motivierten Angeklagten verhängt worden.« Auch in der juristischen Fachliteratur finde sich kein Kommentar, der dem politischen Täter eine »Neigung zum Verbrechen« unterstellt. Mit dem Schuldprinzip, auf dem die Rechtsprechung beruht, hat die Sicherheitsverwahrung – übrigens eine Erfindung der Nationalsozialisten gegen sogenannte »Gewohnheitsverbrecher« – in der Tat nichts zu tun.

Für die Verteidigung war die konkrete Androhung der Sicherungsverwahrung bisher unvorstellbar. Sie ist auf Weiterführung der Hauptverhandlung unter diesem Damoklesschwert nicht vorbereitet...Unter dem Gesichtspunkt der Sicherungsverwahrung stellt sich die Frage der Verteidigungskonzeption, speziell was Erklärungen der Angeklagten angeht, neu unter ganz anderen Kriterien. Dies muß in angemessenem zeitlichen Rahmen zu erarbeiten der Verteidigung ermöglicht werden,

schließt Wieland seinen Antrag,[208] der jedoch erfolglos bleibt.

Das Gericht kündigt Untersuchungen der fünf betroffenen Angeklagten durch einen medizinischen Sachverständigen an.[209]

Der Senat konnte sich, was die ersatzweise Anordnung einer Sicherungsverwahrung betraf, der Zustimmung weiter Teile der Bevölkerung gewiß sein. In der Vergangenheit, speziell im Anschlagsjahr 1977, war mehrfach nach der Sicherungsverwahrung gerufen worden: so am 28.10.77 in der Debatte des Deutschen Bundestages über die »Anti-Terror-Gesetze«. Für die CDU/CSU sagte Alfred Dregger: »Es muß auch bei erstmaliger Verurteilung wegen terroristischer Straftaten möglich sein, die Sicherungsverwahrung der Verurteilten für die Zeit nach der Verbüßung der Strafe anzuordnen.«[210] Der »liberale« Berliner Justizsenator Baumann schlug lt. »Tagesspiegel« vom 9.11.77 eine Neuregelung der Sicherungsverwahrung vor (»Baumann empfiehlt für Terroristen Sicherungsverwahrung«). Sie solle in Zukunft bereits nach einer ersten Verurteilung einer einzigen Tat verhängt werden können. Baumanns Initiative sah vor, Richtern den Ermessensspielraum zu nehmen und die Sicherungsverwahrung für den betroffenen Täterkreis als »Muß-Vorschrift« zu verankern. Der »Spiegel« griff das Thema Anfang Dezember 1977 auf: »Einmal RAF, immer RAF?« Im Interesse der allgemeinen Sicherheit habe Bayerns Justizminister Karl Hillermeier gefordert, daß »nach der Erstverurteilung die ›Anordnung der Sicherungsverwahrung unbefristet möglich sein« müsse.« Bundesjustizminister Hans-Jochen Vogel räumte in der zitierten »Spiegel«-Ausgabe ein, daß es in seinem Haus Überlegungen zur Änderung der Sicherungsverwahrung gebe. Auch der hessische Justizminister Herbert Günther plädierte für die Sicherheitsverwahrung. Nicht zuletzt zeigte auch der »Spiegel« Verständnis und verwies auf die kriminellen Karrieren von Fritz Teufel, Karl-Heinz Dellwo, Gert Schneider und Christof Wackernagel.[211]

Die Anfang 1978 verabschiedetem neuen und verschärften »Anti-Terror-Gesetze« sahen jedoch keine Sicherungsverwahrung für terroristische Ersttäter vor – die konservative Presse zeigte sich entsprechend enttäuscht.[212] Im Juni 1978 forderte der Deutsche Richterbund »bei Verdacht auf weitere terroristische Aktivitäten nach der Haftentlassung« die Sicherungsverwahrung.[213] Nach dem Anschlag auf die Gefängnismauer in Celle im Juli 1978 (»Celler Loch«) kam das Thema erneut auf die Tagesordnung. Der niedersächsiche Ministerpräsident Ernst Albrecht nahm die Celler (Staats-) Bombe zum Anlaß, die Bonner SPD/FDP-Koalition wegen ihrer Weigerung, eine Sicherheitsverwahrung für strafentlassene Terroristen einzuführen, zu attackieren. Generalbundesanwalt Rebmann zog Anfang November 1978 in einem Illustrierten-Interview nach. Aus rechtsstaatlicher Sicht sei der Forderung nach Sicherheitsverwahrung nichts entgegenzusetzen.[214] Zwei Monate später kam die Ankündigung von Richter Geus. Die Verteidiger erinnern sich:

Die Sicherungsverwahrung war eine unerhörte Bedrohung und hätte bedeutet, daß die Angeklagten nach der Verurteilung zu einer Zeitstrafe von einigen Jahren keine Chance gehabt hätten, entlassen zu werden. Sie wären ohne Schuldspruch und ohne Strafe weiterhin in Haft gehalten worden, so war es an die Wand gemalt worden. Das Bild von den schrecklichen blutrünstigen Terroristen war auf Dauer aber nicht haltbar, und so kippte auch die Sicherungsverwahrung.

Entführungszeugen

In der Hauptverhandlung gegen die mutmaßlichen Lorenz-Entführer wird am 3. April 1979 die Teufel-Belastungs-Zeugin Frau Z. vernommen. Zur Erinnerung: Die Polizei hatte am 14. November 1975, dem Entdeckungstag des Verstecks im Keller der Schenkendorfstr.7, elf Hausbewohnern eine Lichtbildmappe mit Fotos von Verdächtigen vorgelegt; außer Gabriele Rollnick war aber niemand wiedererkannt worden. Vier Tage danach, am 18. November 1975, hatte die Polizei es nochmal versucht. Erst dann beschrieb Frau Z. der Kriminalkommissarin, wie sie einmal einen kurzen Augenblick lang Fritz Teufel gesehen habe. Die Beamtin notierte:

Frau Z. gab an, daß sie diesen Mann nur ein einziges Mal gesehen hätte. Er sei ihr gleich wegen seiner Augen aufgefallen. Sie habe ihn damals im Hof, Schenkendorfstr. 7, gesehen.[215]

Am 22. Mai 1977 war Teufel Frau Z. im Polizeipräsidium gegenübergestellt worden, doch bei dieser Gelegenheit hatte die Zeugin ihn nicht erkannt. Wohl deshalb verzichte der Generalbundesanwalt darauf, die Angaben der Frau in die Anklageschrift aufzunehmen. Später fand der Vorsitzende ihren Namen in den Akten und lud sie, nachdem bei der Vernehmung des Taxifahrers B. nichts herausgekommen war, in die Hauptverhandlung. Nun fragt er sie nach ihrer Erinnerung. Das Protokoll ihrer polizeilichen Vernehmung liegt dem Richter vor.

Zunächst korrigiert die Zeugin, nicht im Hof, sondern im Hausflur der Schenkendorfstraße 7 sei sie dem Mann begegnet. Sie hatte dies auch schon im Prozeß gegen die mutmaßliche »Unterstützerin« Waltraud Siepert zu verstehen gegeben. Unklar bleibt, ob die Kommissarin falsch notiert oder Frau Z. sich falsch erinnert hatte. Und noch eine Differenz ergibt sich: Im Siepert-Prozeß hatte Frau Z. laut Urteil »glaubhaft bekundet, um den Jahreswechsel 1974/75 Fritz Teufel im Flur ihres Wohnhauses nahe dem Seiteneingang des Ladengeschäftes begegnet zu sein und ihn, der damals durch ein überraschtes Stutzen und anschließend vertrauliches Lächeln ihre Aufmerksamkeit erregt hatte, anhand von Fahndungsfotos erkannt zu haben.«[216] Nun, vom Vorsitzenden Geus befragt, sagt sie, das Ganze habe nur wenige Sekunden gedauert und habe sich im Herbst 1974 ereignet, also fast ein halbes Jahr vor der Entführung und ein Jahr, bevor die Polizei das Lorenz-Versteck fand und Frau Z. zum ersten Mal Fritz Teufel nach Lichtbildern identifizieren sollte.

War Frau Z. unter diesen Umständen eine brauchbare Zeugin?

Man stelle sich vor, die Verteidigung hätte eine Frau Z., etwa aus München, als Entlastungszeugin präsentiert. Etwa mit der Aussage, sie sei Herrn Teufel an dem Tage eines Banküberfalls im Treppenhaus ihres Hauses in München begegnet. Er sei an ihr vorbeigegangen, als sie das Haus habe verlassen wollen. Ein Jahr später habe sie ihn dann auf einem Foto wiedererkannt. Man hätte uns mit einer solchen Zeugin als Entlastungszeugin nur ausgelacht,

bemerkt Teufels Verteidiger Wittenberg im Abschlußplädoyer. Und weiter:

Wer hier im Saal könnte sich auch noch nach einer Woche an jemanden erinnern, der ihm flüchtig im Hausflur in einer völlig unverfänglichen Situation für einige Sekunden begegnet ist? Die Zeugin will diese Erinnerung noch nach über einem Jahr gehabt haben. Daß dies völlig unmöglich ist, sagt der gesunde Menschenverstand. Der Wert einer solchen Aussage ist gleich Null. Es ist absurd, daß diese Zeugin überhaupt in das Verfahren eingeführt wurde.

Trotz aller Ungereimtheiten ist Frau Z. nach ihrer Vernehmung auch für die Bundesanwaltschaft eine vollwertige Zeugin. Hatten die Ankläger im Fall des Taxifahrers B. das Entführerfahrzeug Phantasiewege fahren lassen und so eine im Prinzip wertlose Zeugenaussage vor der Versenkung gerettet, machten sie es mit dem Termin der angeblichen Begegnung im Hausflur ähnlich. Teufel habe bereits im Jahr 1974 mit den späteren Entführern Kontakt gehabt, glaubt die Bundesanwaltschaft und wird am 15. Mai 1980 für Teufel 15 Jahre Haft mit dem Argument beantragen, es habe im Fall der Lorenz-Entführung »nie eine Beweisnot gegeben«.[217]

Am 8. Mai 1979 beginnt die Befragung von Peter Lorenz als Zeuge in der Hauptverhandlung. »Peter Lorenz steht vor seinen Entführern«, weiß die Berliner Morgenpost am folgenden Tag zu berichten. Doch Lorenz' Zeugenaussage hatte dafür keinerlei Anhaltspunkte ergeben. Er konnte in der Hauptverhandlung vor Gericht nicht einen der Angeklagten als Entführer identifizieren. Lorenz: »Ich kann sie weder wiedererkennen noch ausschließen, daß sie dabei waren.«[218]

Der Hochsicherheitstrakt

19. Januar 1980: Der neu erbaute Hochsicherheitstrakt in Moabit wird belegt. Für die Gefangenen ist dieser Tag mit schweren Ängsten belastet. Einige haben ihre Zellentüren verbarrikadiert; sie werden vom Wachpersonal mit Brechwerkzeugen geöffnet. Freiwillig geht keiner in den neuen Trakt.[219]

»Hochsicherheitstrakt« heißt das neue Zauberwort der Ausgrenzung von Terroristen aus der Gesellschaft. Der Hochsicherheitstrakt wird in diesem Land zum Symbol für den letzten und deutlichsten Fingerzeig auf den Feind. Hochsicherheitstrakte werden die abgeschlossenen Abteilungen innerhalb der Justizvollzugsanstalten genannt, in denen sogenannte terroristische Gefangene untergebracht sind. Die Gefangenschaft in einem Hochsicherheitstrakt stellt sich als Isoliervollzug dar: Die Isolationsabteilung hat eine eigene Betriebsmannschaft und einen eigenen Hof, der oft genug seinen Namen nicht verdient. Till Meyer:

Der Hochsicherheitstrakt war vollkommen exterritorial, da hattest du gar nichts mehr mit dem Knast zu tun. Du hattest deinen eigenen Sanitärbereich, das Essen kam vom Anstaltspersonal statt vom Kalfaktor, du sahst also gar keinen einzigen normalen Gefangenen mehr. Wegen der Klimaanlage in den Zellen[220] *waren wir pausenlos erkältet und hatten immer wieder die Grippe. Der Trakt ist ein grauenvolles Ding, ein Mausoleum mit immer den gleichen Kontaktpersonen. Ich bin im Trakt krank geworden, ich habe abgenommen und war immer matt, verbunden mit großen Konzentrationsschwierigkeiten. Jeder von uns hatte da unten das Zipperlein. Ralf hatte es am Herzen, Ronald an seinem Kreuz und an den Gelenken, ich am Magen. Weil die psychologische Situation schlimm war. Laß dich mal mit drei Leuten ins Klo einsperren, und das ein paar Wochen lang. Dann weißt du, was ich meine. Ich war 34 Monate im Trakt, aber ich schleppe den Trakt heute noch mit mir rum.*

Ralf Reinders und Ronald Fritzsch berichteten, das Verbot, Besucher zu berühren, sei in dieser Zeit besonders belastend gewesen. Weil sie sich nicht an das Verbot halten konnten, wurden Besuche immer wieder rigoros abgebrochen. Eine Kette fast unerträglicher Frustrationen sei entstanden: Unterbringung im Hochsicherheitstrakt, Verbot der Berührung von Besuchern, Abbruch der Sprechstunde durch Bedienstete. Das sei oft genug schon bei der Begrüßung geschehen, also bevor die Sprechstunde begann. Da habe sich Haß aufgestaut gegen manchen Bewacher, der sich bei passenden Gelegenheiten entlud.

Das Berührungsverbot galt für alle Besucher, es galt auch für Till-junior, Meyers Sohn im Grundschulalter. Till Meyer:

Wir durften uns jahrelang nicht berühren, das hatte der BGH so bestimmt in einem Beschluß. Das war ganz finster. Wir saßen an entgegengesetzten Enden dieses langen Tisches. Auch an Weihnachten, immer. Da habe ich dann einmal den Antrag gestellt, ihn wenigstens mal kurz auf den Schoß nehmen zu können. Nein, hieß es, kleine Kinder – kleine Nachrichten. Man hat mir also unterstellt, ich würde meinen Sohn als Kassiberschmuggler mißbrauchen.

Die Gefangenen müssen sich vor und nach jedem Besuch einer strengen Körperkontrolle unterziehen. Fritz Teufel, der dem Berührungsverbot ebenso unterworfen ist wie die anderen terrorismusverdächtigen Beschuldigten, schildert dem Vorsitzenden in einer Stellungnahme »zur Frage des Berührungsverbots«, wie Konflikte entstehen:

...In der sogenannten Durchleuchtung wurde ich gegen meinen passiven Widerstand ausgezogen bis auf die Unterhose. Diese Maßnahme nach einem von drei Augenpaaren überwachten Besuch, der nach wenigen Sekunden abgebrochen war, hatte offensichtlich nur einen Sinn: Schikane, Terror, Einschüchterung als Selbstzweck. Eine Machtdemonstration der Traktgewaltigen. Die Aufforderung, den Mund aufzumachen, war nur noch das Tüpfelchen auf dem i. Ich habe vor Zorn gekocht. Vor diesem Besuchstag hatte ich mich sehr auf den ersten Besuch ohne Trennscheibe von Frau H. seit 2 Jahren gefreut. Nach der Auszieh-Szene im Durchleuchtungs-Nebenraum saß ich dann erstmal etwa 5 Minuten alleine auf dem dort befindlichen Bänkchen, nachdem einer der Beamten angekündigt hatte, man werde die Tür abschließen und mich solange dort sitzen lassen, bis ich den Mund aufmachen würde. Tatsächlich wurde auch die Tür abgeschlossen, bis nach einigen Minuten der Sicherheitsbeauftragte persönlich angegockelt kam. In dieser Zeit habe ich Waffen, Sprengstoff und geheime Mitteilungen, die mir Frau H. unter 6 Beamtenaugen beim Begrüßungskuß blitzschnell in den Mund geschoben hatte, bereits zerkaut und geschluckt. Herr Hahnfeld wandte sich an mich: »Warum machen Sie den Mund nicht auf? Sie wissen doch genau, daß Sie Berührungsverbot haben.« Nicht »wortlos«, sondern mit den Worten »ich habe kein Berührungsverbot!« habe ich daraufhin Herrn Hahnfeld berührt...

Teufel schlug zu und wurde dafür mit Arrest bestraft.[221]

Ein Kuß von Gerald Klöpper und seiner Verlobten Angelika von H. hat schwerwiegende Folgen: Klöpper schlägt zu, als ein Vollzugsbeamter die beiden auseinanderreißen will. Sofort ordnet der Vorsitzende die Trennscheibe auch bei Privatbesuchen und für die Vollzugsbeamten im Trakt das Tragen von Schlagstöcken an.[222] Till Meyer über Trennscheiben-Besuche:

Ganz schlimm ist es, wenn eine Frau zu Besuch kommt. Du weißt, Du kannst sie nicht berühren, aber trotzdem hast Du vorher die große Freude. Und dann siehst Du sie nicht einmal ganz. Du siehst nur die obere Hälfte. Weil der Gefangene erst in die Sprechzelle gebracht wird, wenn der Besuch schon sitzt, auf der anderen Seite der Trennwand. Du hast so selten Besuch von einer Frau, Du weißt beinahe nicht mehr, wie sie aussehen. Und dann dies. Es ist grausam.

Ein Gefangener im Hochsicherheitstrakt sei Stimmungsschwankungen unterworfen, die er sich nicht erklären könne. Diese Erfahrung haben Ralf Reinders und Ronald Fritzsch gemacht.

Man schneidet die Gedanken an Draußen ab, man läßt sie nicht auf sich zukommen, aus Selbstschutzgründen. Das hat den totalen Rückzug zur Folge. Du hast nur noch Dich bzw. die Gruppe. Es gibt Gespräche ohne Worte, man spielt sich aufeinander ein, das braucht viel Disziplin. Wir verstanden uns nicht als Gesamtgruppe, sondern nur als Mitglied dieser oder jener Untergruppe. Es war schwer, die Gruppendynamik aufrechtzuerhalten. Wir haben vereinbart, uns gegenseitig nichts zu tun, keine Gewalt gegeneinander anzuwenden.

Die Berliner Gefangenen hörten den neuen Trakt entstehen. Es war der Lärm einer normalen Baustelle, der über Monate täglich in ihre Zellen drang, und von dem sie wußten, daß er die Begleitmusik für ein Bauwerk war, das von der Normalität weit entfernt sein würde. »Bald schon begannen direkt unter uns die Umbauarbeiten für den Trakt, d.h. täglich bis zu acht Stunden ein Höllenlärm durch Press- und Bohrmaschinen«, beschreibt Waltraud Siepert diese Zeit.[223] Sie saß damals mit drei weiteren Frauen im »Turm«, der Achse des Moabiter Gefängnisses, um die strahlenförmig die einzelnen Vollzugs-Abteilungen herum gruppiert sind. Mit einer Mitgefangenen aus dem »Schmücker-Prozeß« konnte sich Waltraud Siepert im Turm zu Umschluß und gemeinsamem Hofgang treffen. Die beiden beschwerten sich bei der Gefängnisleitung über die zusätzliche psychische und physische Belastung. Zu Hilfe sei ihnen der Versetzungswunsch einiger Aufseherinnen gekommen, die dem Streß ebenfalls nicht gewachsen waren. Siepert:

Ich glaube, daß wir es den Eingaben der Beamtinnen zu verdanken hatten, daß wir vier in einen Seitenflügel verlegt wurden. Wir hatten zwar auch Beschwerden geschrieben, aber da für uns Gefangene keine Reaktion kam, ging ich davon aus, daß da die Justiz wenigstens etwas Rücksicht auf das Aufsichtspersonal nehmen mußte, denn viele haben sich wieder versetzen lassen. Versetzungsgenehmigungen gab es später dann auch nicht mehr. Und Seitenflügel ist schon das richtige Wort. Der Flügel lag abseits von jeglichem Lärm, die Ecke dort war sowieso sehr geräuscharm – vom Höllenlärm in eine Stille. Ich war immer nach dem Sonntag sehnsüchtig, weil nur immer sonntags die Möwen kamen und ich freute mich auf ihr Geschrei. In der Zwischenzeit wurde unter dem Turm der Trakt fertig gebaut.

Für den Bau des Berliner Hochsicherheitstraktes habe die gewaltsame Befreiung von Till Meyer am 27.5.78 den »letzten Anstoß« gegeben, schreibt BKA-Mitarbeiter Alfred Klaus in einer Dokumentation des Bundesinnenministeriums. Doch die herausfordernde Bedrohung der Sicherheit der Anstalten gelang der Dokumentation zufolge an einer anderen Stelle:

Abgesehen von den allgemeinen Empfehlungen der obersten Vollzugsbehörden gab es für die Anstalten auch unmittelbare Anlässe, ihren Sicherheitsstandard zu erhöhen. In Celle war am 25. Juli 1978 die Anstaltsmauer durch eine Sprengladung zerstört worden...[224]

A. Klaus führt als Beleg für die Notwendigkeit zusätzlicher »Sicherheitsstandards« das inszenierte »Celler Loch« an, den Sprengstoffanschlag, der mit Wissen und Billigung des niedersächsischen Ministerpräsidenten Ernst Albrecht von Beamten des niedersächsischen Landesamtes für Verfassungsschutz geplant und von der Bundesgrenzschutz-Spezialeinheit GSG 9 ausgeführt worden war. Jahrelang wird die niedersächsiche Landesregierung die Öffentlichkeit in die Irre führen und sie glauben lassen, die RAF habe das Loch in die Gefängnismauer gebombt. Doch nach und nach sickert die Wahrheit durch, bis schließlich am 25. April 1986 ein Zeitungsartikel den Stein der Aufklärung ins Rollen bringt.[225] In Berlin, im Januar 1980, weiß niemand etwas vom angeblich staatsschützenden Attentat.

Frisch gestrichene Zellen sind's, ja, große Fenster, doppelt so groß wie die alten, wie schön. Bloß lassen die neuen sich nur teilweise öffnen und eine vier Meter hohe Mauer, die zwei Meter vor'm Fenster steht, verhindert eine Aussicht. ... Und damit wir hier nicht vielleicht doch noch einen Eindruck von Entfernungen über zwei Meter bekommen, hat der sogenannte »Gemeinschaftsraum« erst gar keine Fenster. Dafür ist er mit Neonlicht und einer leicht brummenden und schlechte Luft prustenden Klimaanlage ausgestattet. Ein bestialischer Raum, dessen »Annehmlichkeiten« wir alle bereits nach einer Woche verspüren. Kopfschmerzen, Augenschmerzen, Übelkeit, Müdigkeit. Immer ein Gefühl, als ob man gerade eine Grippe hinter sich hat. Morgens wachste mit einem Heuschnupfeneffekt auf, ein Gefühl, als ob das ganze Gesicht geschwollen wäre. Das sind bereits kurzfristige physische Auswirkungen des Trakts.

So beschreiben Reinders, Klöpper, Viehmann, Teufel und Fritzsch die Sonderabteilung.[226] Sieben Männer und vier Frauen, streng voneinander getrennt, sind in dem neuen Trakt untergebracht,[227] der, so der »Spiegel«,

schallisoliert (ist) gegenüber dem übrigen Anstaltsbetrieb, man hört kein Klappern, kein Laufen, keinerlei Geräusch. Man spürt nichts von Vorgängen in den übrigen Abteilungen der Anstalt, die ja Leben vermitteln. Man sieht's vielleicht regnen am Fenster, aber man hört's nicht. Man hat immer nur mit denselben wenigen Personen zu tun. Der Berliner Psychiater Rasch hat das als Mausoleum bezeichnet.[228]

Eine lückenlose Überwachung des Hochsicherheitsbereichs garantieren 43 Bildschirme in einem Observationsraum.

Jeder, der in diesem Trakt sitzt, weiß also, daß Kommunikationsräume und Gänge permanent überwacht werden. Wie muß das auf einen Menschen wirken, der in der Gewißheit lebt, daß jede Lebensäußerung während des gemeinsamen Umschlusses über den Bildschirm observiert wird?

fragt der »Spiegel«. »Trakt ist, wie wir uns Kommune nicht vorgestellt haben«, schreibt Fritz Teufel zwei Wochen nach der Verlegung mit einer erstaunlichen Portion Distanz zum Geschehen.

Jede Bewegung außerhalb der Zelle wird gefilmt, jedes Wort und jeder Furz kann abgehört werden. Daß jedes, aber auch jedes geschriebene Wort gelesen, notiert, registriert und abgelichtet wird – ganz egal, ob wir Gefangene dies als Verteidigungsmaterial bezeichnen oder nicht, das war schon vorher so und ist im Trakt nicht neu. Was Verteidigungsmaterial ist, entscheiden die Sicherheitsbeauftragten der Anstalt, und um das entscheiden zu können, müssen sie sichten. Häufig wird auch Schriftliches beschlagnahmt, was bereits die Kontrolle des Haftrichters passiert hat...[229]

Waltraud Siepert meinte, eine Gruft zu betreten:

Wir Frauen kamen im Juni zum ersten Mal in den Trakt. Ich weiß noch, daß keine von uns ein Wort sprach. Es war diese Gruftatmosphäre, es war schlimmer als Knast. Das hier hatte nichts mehr mit Leben zu tun. Tag und Nacht Neonlicht, vor dem Fenster engmaschiges Fliegengitter, immer hat es vor den Augen geflimmert. Ich mußte anfangen, ganz anders sehen zu lernen. Und ich hab es fertiggebracht, das Fliegengitter in meiner Vorstellung auseinanderzudrücken. Als die Wände auf mich zukamen, da hab ich mich schnell hingehockt und hab gedacht, wenn es schon so ist, dann mußt du auch in der Lage sein, sie wieder wegzuschieben. Verstehst du, ich hatte doch nur die Alternative, entweder Rotz und Wasser zu heulen, an die Klingel zu gehen und zu sagen, laßt mich bitte raus – das wollte ich nicht. Also mußte ich etwas anderes tun, schon, damit die Schmerzen weggehen, denn der ganze Körper schmerzte. Unser Hofgang war morgens um sieben, halb acht. Nach Jahren ließen sie uns mal um halb eins raus, da wußte ich schon gar nicht mehr, wie das ist, wenn die Sonne scheint. Zur Vorbereitung meiner Haftentlassung kam ich in den Normalvollzug vom Frauenknast Lehrter Straße. Da gab es richtige Fenster. Ich konnte die Hände raus halten, den Wind auf der Haut spüren, Regentropfen fühlen – ich weiß noch, daß ich am ganzen Körper gezittert habe.

Gerald Klöpper berichtet im Interview von einer Zellenbesichtigung durch das Gericht:

Ich hatte mich beim Senat beschwert. Richter Egbert Weiß war für unsere Haftsachen zuständig, also kamen er und der Vorsitzende Geus mit einer Gruppe, darunter auch bodyguards, um sich an Ort und Stelle zu informieren. Bei dieser Gelegenheit hatte ich ein aufschlußreiches Erlebnis mit ihm. Es war so, daß ich in der Trakt-Zelle stand, als von außen geöffnet wurde. Geus, Weiß und die anderen stehen halb in der Zelle drin und hören sich meine Beschwerde an. Wir hatten einen Antrag eingebracht wegen des Wasserhahns. Den konnte man im Trakt nicht aufdrehen, sondern der stellte sich innerhalb von Sekunden von alleine wieder ab. Du hattest das Gefühl, vollständig entmündigt zu sein. Die Richter waren schon am Weggehen, Weiß als letzter, als ich zum Wasserhahn griff, um das Problem zu demonstrieren. Ich wollte es ihnen nur vorführen, aber in diesem Moment springt Weiß einen halben Meter zurück. Da hab ich begriffen, daß die in ständiger Angst vor uns leben. Selbst in dieser Situation, in der du als Gefangener völlig wehrlos bist, haben sie eine solche Angst vor Dir, daß sie bei der kleinsten Bewegung losrennen. Das war für mich ein Schlüsselerlebnis, ähnlich dem, das ich an einem Verhandlungstag hatte. An dem Tag stand ein schweres Gewitter bevor, das mußte im Grunde genommen jeder gesehen haben. Es war mitten am Tag schon dunkel, und ich erinnere mich, daß zunächst ein schwerer Regen los ging, und plötzlich fing es zu donnern an. Es hat einen lauten Knall gegeben, und einer der Richter sprang von seinem Stuhl auf und warf sich hinter dem Richtertisch in Deckung. In solchen Situationen wird mir klar, daß sie immer mit einem Angriff rechnen.

Zwangsentkleidung und Siegesfeier

Am 21. Februar 1980 beginnt vor dem 6. Strafsenat des Kammergerichts in Berlin unter dem Vorsitz von Richter Dieter Palhoff die Hauptverhandlung gegen die vier Angeklagten im sog. »Rollnick-Prozeß«: Gabriele Rollnick, Angelika Goder, Gudrun Stürmer und Klaus Viehmann. Auch in diesem Verfahren verfehlt der § 146, das Verbot der Mehrfachverteidigung, nicht seine Wirkung, werden die Angeklagten von jungen, in politischen Prozessen zumeist unerfahrenen Rechtsanwälten verteidigt. »Es wurde händeringend nach Verteidigern gesucht«, erinnert sich Rechtsanwalt Hans Theo Schmitt, der Angelika Goders Mandat übernahm,[230] »im Grunde waren wir alle ziemlich grüne Jungens.« Durch den Vorsitzenden Palhoff – Schmitt nennt ihn vorsichtig eine »negative Vaterfigur« – habe sich in der Hauptverhandlung eine für die Verteidigung nachteilige »Gruppendynamik« eingestellt. Schmitt: »Palhoff führte sich nicht nur auf wie der Herr, sondern wie der Herrscher des Verfahrens. Er gab uns jungen Verteidigern das Gefühl, es sei besser, nicht den Mund aufzumachen.« Rechtsanwalt Frank Asner, Verteidiger von Gudrun Stürmer, bestätigt. Einer der bleibenden Eindrücke sei gewesen, daß Palhoff das Verfahren seiner Karriere zuliebe »besonders gut« machen wollte, so »raste er durch die Hauptverhandlung«. Dabei habe er, der Choleriker, jedoch bisweilen den Überblick verloren, sei hektisch und aggressiv geworden.[231] »Dieser Prozeß hat mich völlig verändert«, sagt Rechtsanwalt Schmitt rückblickend. Nach dem Ende des Verfahrens habe er ein halbes Jahr lang nicht nach Moabit gehen können. »Ich konnte dieses Gericht nicht einmal als Zuschauer einer politischen Strafsache ertragen.« Seine Veränderung beschreibt er als »problematische und radikale Emanzipation als Strafverteidiger«.

Gabriele Rollnick war am 13. September 1975 zusammen mit Fritz Teufel festgenommen worden. Die Staatsanwaltschaft beim Kammergericht hatte am 27. Juni 1979 Anklage erhoben: Sie wirft Gabriele Rollnick vor, als Mitglied der »Bewegung 2. Juni« an der Ermordung des Kammergerichtspräsidenten von Drenkmann und der Entführung von Peter Lorenz und, gemeinsam mit Angelika Goder und Klaus Viehmann, an der Entführung des Wiener Industriellen Walter Palmers beteiligt gewesen zu sein. Die Anklage lautet weiter auf Lösegelderpressung, Gefangenenbefreiung und zwei Banküberfälle, bei denen 236.000 DM erbeutet wurden. Gudrun Stürmer wird zur Last gelegt, Gabriele Rollnick und dem aus der Haft befreiten Till Meyer Geld und Ausweispapiere nach Bulgarien gebracht zu haben. Alle Angeklagten befinden sich in Untersuchungshaft. Das Verfahren war vom Generalbundesanwalt an die Staatsanwaltschaft beim Kammergericht Berlin abgegeben worden.[232]

Einige Medien kündigen die Hauptverhandlung als »größten Terror-Prozeß« an, den Berlin je zu bewältigen hatte,[233] aber die Öffentlichkeit nimmt, verglichen mit dem »Lorenz-Prozeß«, relativ wenig Notiz. Es habe auch nicht viel zu berichten gegeben, meinen beteiligte Anwälte. Der Vorsitzende habe von Beginn an den Eindruck vermittelt, seine Aufgabe im Schnellverfahren bewältigen zu wollen.

»Es besteht offenbar die Tendenz, hier eine Art ›Militärgerichts-Prozeß‹ abzuhalten«, wird Gabriele Rollnicks Verteidiger Ulrich Thieme in der »Morgenpost« zitiert.[234] Bei 469 geladenen Zeugen aus dem In- und Ausland, 34 Sachverständigen[235] und 470 Überführungsstücken als Beweismittel[236] wird die Beweisaufnahme, für die eine Justizsprecherin bei Prozeßbeginn vier Jahre veranschlagt hatte,[237] im Rekordtempo von nicht einmal 15 Monaten abgewickelt. Die Verhandlungsatmosphäre wird darüber hinaus durch entwürdigende Entkleidungszeremonien belastet. Der Vorsitzende hatte wegen der angeblichen »Gefährlichkeit der Angeklagten« aus, wie es heißt, »Sicherheitsgründen« die vollständige Entkleidung der Angeklagten vor und nach jedem Prozeßtermin angeordnet. Weil die Frauen das nicht freiwillig tun, schreiten männliche Vollzugsbeamte zur Tat und ziehen sie gewaltsam nackt aus. Die Verteidiger protestieren, jedoch vergebens. Sie weisen auf das Parallelverfahren gegen Ralf Reinders u.a. hin, in dem diese Körperkontrollen nicht durchgeführt werden.[238] Die Angeklagten lehnen den Vorsitzenden wegen Befangenheit ab und sie vergleichen die Zwangsmaßnahmen mit Methoden, die in den Konzentrationslagern der Nationalsozialisten praktiziert wurden.

Die gefangenen Frauen schreiben:

Im öffentlichen Bewußtsein und den gesellschaftlichen Wertvorstellungen gibt es eine Art Norm, daß die Würde und Integrität der Frau, ihre »Geschlechtsehre«, wie die Juristen sagen, auch von der staatlichen Gewalt besonders zu respektieren und zu schützen sei. Egal wie diese Norm entstanden ist und welche Funktion sie real hat, Tatsache ist, daß sie im gesellschaftlichen Wertsystem ziemlich weit oben steht und daß, wenn diese Schwelle auf offizielle staatliche Anordnung hin überschritten wurde, es noch immer ein Signal für Faschismus und offene Folter war und ist. Man kennt die Bilder aus den KZ's der Nazis, wo SS-Männer in Uniform nackte Frauen bewachen, man weiß aus den Berichten der Gefangenen, die lebend aus den Folterkellern faschistischer Diktaturen entkommen sind, daß es zum Bestandteil aller Folterprogramme und -methoden gehört, die Gefangenen vor der Tortur nackt auszuziehen – Ausdruck dafür, daß sie den Folterknechten vollkommen ausgeliefert sind.[239]

Daß die Anordnung zur vollständigen Entkleidung im Prinzip unsinnig ist, es jedenfalls nicht um die Sicherheit und Ordnung der Anstalt gehen kann, darauf weisen die Vertrauensverteidiger immer wieder hin. So heißt es in dem Antrag eines Verteidigers:

Die Gefangenen befinden sich im Hochsicherheitsbereich, der vom Rest der Untersuchungshaftanstalt Moabit völlig isoliert ist. Vom Leben in der Anstalt sind die Gefangenen vollständig abgeschnitten. Der Trakttteil ... wird durch zwei Fernsehkameras im sog. Gemeinschaftsraum optisch sowie durch vier an den Wänden und an der Decke angebrachte Abhöranlagen akustisch lückenlos überwacht. In den Zellen befinden sich Gegensprechanlagen, durch die in die Zellen hineingehört werden kann. Der Freistundenhof und die Gänge zu ihm sowie die Gänge zu den über dem Trakt liegenden Anwaltssprechzellen werden durch Fernsehkameras vollständig überwacht. ... Die Zellen der Gefangenen werden täglich kontrolliert, alle zwei Wochen durchsucht und alle zwei Monate wird ihre gesamte Habe unter Verwendung einer Röntgenanlage durchleuchtet. Die Gefangenen verlassen den HSB (Hochsicherheitsbereich, M.O.) ausschließlich zur Teilnahme an der Hauptverhandlung. Ihre Prozeßunterlagen werden vor Verlassen des HSB durchleuchtet, sie selbst abgesondet und abgetastet. Auf dem Weg ins Gericht sind sie unter ständiger Beobachtung und Bewachung durch Vollzugsbedienstete und Polizeikräfte. Während der Verhandlung sitzen sie in Panzerglaskästen, die nach allen Seiten, sogar nach oben, dicht sind. Die Gefangenen werden in den Panzerglaskästen von allen Seiten durch Justiz- und Polizeibedienstete beobachtet. Dadurch ist eine Übergabe von Gegenständen während der Verhandlung ausgeschlossen. ... Privatbesuche finden unter Überwachung durch zwei Staatsschutzbeamte und zwei Anstaltsbedienstete statt, Verteidigerbesuche nur in Zellen mit Trennscheibe. Durch dieses Bündel von Maßnahmen ist die vollständige Kontrolle über die Gefangenen gewährleistet. Sicherheit und Ordnung der Anstalt sind perfekt. Die Entkleidung der Gefangenen ist dazu nicht erforderlich.[240]

Nicht nur in Berlin, auch in den Gefängnissen der Bundesrepublik müssen sich Häftlinge aus sog. terroristischen Gruppen vor Vollzugsbeamten nackt ausziehen. Mitunter wird es mehrmals täglich von ihnen verlangt, so zum Beispiel in der Justizvollzugsanstalt Köln-Ossendorf. Für den Moabiter Hochsicherheitsbereich verfügt die Justizverwaltung kurz nach Prozeßbeginn erste Lockerungen: Die angeklagten Frauen sollen in Zukunft von weiblichem Personal abgetastet werden und dürfen ihre Unterhosen anbehalten.[241] Doch der Vorsitzende zieht nicht mit. Am 28. Februar 1980, es ist der 3. Verhandlungstag, bestätigt er die bisherige Praxis: Wenn die drei Frauen sich nicht freiwillig ausziehen, würden sie weiterhin von männlichen Vollzugsbediensteten gewaltsam entkleidet werden. »Anderslautende Äußerungen seitens der Justizverwaltung verstehe er nicht.«[242] Am vierten Verhandlungstag berichtet der dpa-Prozeßbeobachter von einem Schreiben des Berliner Justizsenators Gerhard Meyer an den Vorsitzenden Palhoff, in dem neue »organisatorische Maßnahmen« für den Ablauf der Entkleidungszeremonie angesprochen werden. Die weiblichen Angeklagten sollen »im Falle, daß sie Widerstand gegen die Anordnung leisten, künftig von männlichen Beamten auf Tragen geschnallt und dann von weiblichen Beamten entkleidet« werden.[243]

Der Konflikt ist vorprogrammiert; Vermerke der beteiligten Vollzugsbeamten über den Verlauf von »Terminrückführungen«[244] geben ihm Gestalt. Der Vermerk vom ersten Verhandlungstag, dem 21. Februar 1980, er sei hier »Protokoll einer Entkleidung« genannt, verrät Namen und Zahl der beteiligten Beamten: Es sind an der eigentlichen Entkleidung vier weibliche und fünf männliche Beamte beteiligt, an der Rückführung in die Zellen im Anschluß an die Hofstunde »unter Anwendung unmittelbaren Zwanges« weitere zehn Beamte und zwei Beamtinnen. Die Gefangenen, heißt es in dem Protokoll, leisteten heftigen Widerstand. Wegen »Bißverletzungen« nehmen zwei Beamtinnen erste Hilfeleistungen des Anstaltsarztes in Anspruch.[245]

Am 26.2.1980 zählt der Vermerk vier beteiligte Beamtinnen und acht Beamte. Die »Terminrückführung« verlief wie gewohnt:

Der Aufforderung durch den VDL VI – bzw. durch SiB –, ihre Bekleidung – bis auf Schlüpfer – freiwillig abzulegen, kamen die Gefangenen nicht nach. Der Gefangene Viehmann ließ sich durch Beamte widerstandslos ausziehen.

Dann nimmt die »Terminrückführung« den modifizierten Verlauf:

Unter Anwendung unmittelbaren Zwangs wurden die weiblichen Gefangenen durch Beamte auf einer Krankentrage festgeschnallt und dann anschließend – bei angelehnter Tür – durch Beamtinnen ausgekleidet. Während der Entkleidung waren nur Beamtinnen anwesend; nach Rückgabe der Kleidung waren die Gefangenen jeweils allein im Raum. Männliche Bedienstete haben keinen Einblick genommen.

Die Rückführung in die Hafträume sei ohne Zwischenfälle verlaufen, heißt es abschließend in dem Protokollvermerk.[246]

Für das Gericht ist die Rechnung einfach: kein Mensch, auch die angeklagten Frauen nicht, hält diese Tortur lange durch,

schreibt die taz.

Entweder sie beenden ihren Widerstand und »fügen sich in ihr Schicksal« oder sie verzichten auf jegliche – u.a. politische – Verteidigung und bleiben dem Prozeß fern.[247]

Letzteres geschah, aus welcher Einschätzung auch immer, ob aus einer Resignations- oder Protesthaltung. Meine Versuche, mit Gabriele Rollnick und Angelika Goder, die am 15. Mai 1981 zu je 15 Jahren verurteilt wurden,[248] ins Gespräch zu kommen, scheiterten. Nach einer Bedenkzeit ließen sie ausrichten, sie seien an unserer Arbeit nicht interessiert.

Knapp drei Jahre nach der Urteilsverkündung im Rollnick-Verfahren wird Richter Palhoff zu zweifelhaftem Ruhm kommen. Er wird am 1. März 1984 die Verurteilung der beiden Gründer bzw. Herausgeber der Zeitschrift »radikal«, Benny Härlin und Michael Klöckner, durch seinen Senat mit größeren Mengen Alkohol feiern. Klöckner und Härlin hatten in ihrer Zeitschrift Texte und Kommandoerklärungen radikaler, sich links verstehender Gruppen, abgedruckt. Daß in »radikal« Texte zu finden waren, die den bürgerlichen Zeitungskonsumenten abgestoßen hätten, hatte mit dem Anspruch der Zeitung zu tun, denn »radikal« wollte ein Forum zur Auseinandersetzung mit diesen Positionen bieten. Das »radikal«-Team griff deshalb mit Beiträgen und Stellungnahmen in die Diskussion ein. Das sei, urteilten Richter Palhoff und der 6. Strafsenat des Berliner Kammergerichts, dem auch Richter Egbert Weiß angehörte, Werbung für eine terroristische Vereinigung (nach § 129a StGB) und Billigung von Straftaten, die den »öffentlichen Frieden stören« (nach § 140 StGB). Beide Angeklagten wurden zu je zweieinhalb Jahren Haft verurteilt, die Zeitschrift »radikal« wurde damit praktisch illegalisiert.[249]

Auf die erfolgreiche Verurteilung stießen Richter Palhoff und andere Beteiligte des Justizpersonals in einer kleinen Feier im Anschluß an die Urteilsverkündung an. Doch dem Umtrunk im Beratungszimmer folgte der Sturz: Noch im Moabiter Kriminalgericht verlor Palhoff die Kontrolle über seine Beine. Er fiel eine Treppe hinunter und zog sich eine schwere Kopfverletzung zu, die seine Einlieferung ins Krankenhaus erforderte.

»Bild« berichtete über die Feier unter dem Titel: »Bierparty in Moabit: Fünf Richter nach Urteil blau?« Empfindlich reagierte darauf der Präsident des Kammergerichts: Er kündigte eine Beschwerde beim Deutschen Presserat an, weil die

Schlagzeile seiner Meinung nach einer »unverantwortlichen Vorverurteilung« gleich komme.[250] Doch diesmal war »Bild« der Wahrheit sehr nahe gekommen. Vor dem Rechtsausschuß gab Justizminister Oxfort zu, daß die feiernde Gesellschaft, bestehend aus Staatsanwalt, Zwangsverteidigern, den fünf Richtern und einigen Justizangestellten sich »eine Flasche Bols« und »in geringem Umfang Bier« genehmigt hatte.[251]

Über ein Nachspiel anderer Art ist noch zu berichten: Gegen sechs Berliner Autoren, die aus Protest gegen das Palhoff-Urteil vor dem Kammergericht Ausgaben von »radikal« verteilt hatten, leitete die Staatsanwaltschaft ein Ermittlungsverfahren wegen des Verdachts der Werbung für eine terroristische Vereinigung nach §129a StGB ein.[252]

Das Alibi

Mitte Mai 1980, nach 175 Verhandlungstagen im »Lorenz/Drenkmann-Prozeß«, an denen über 300 Zeugen gehört wurden, plädieren im Hauptverfahren die Bundesanwälte. Als habe keine Beweisaufnahme stattgefunden, wiederholen sie ihre Vorwürfe gegen die sechs Angeklagten. Die angebliche Fülle von Beweismitteln belege zweifelsfrei die Teilnahme der Angeklagten an den ihnen zur Last gelegten Verbrechen. Zudem hätten sie bei ihren Aussagen in der Hauptverhandlung »keinen Hehl daraus gemacht, welche Ziele sie mit ihrer Bewegung verfolgten.«[253] Die Sitzungsvertreter des Generalbundesanwalts beenden ihre Schlußvorträge mit Strafanträgen von lebenslanger Haft für Ralf Reinders und jeweils fünfzehn Jahren Gefängnis für die übrigen Angeklagten.[254]

Ohne Zweifel wird das höchste Berliner Gericht im wesentlichen den Strafanträgen (der Bundesanwaltschaft) entsprechen

verspricht die »Welt«,[255] als habe es sich bei der Hauptverhandlung nur noch um eine Art »Ratifizierungsverfahren« gehandelt, an dessen Schluß vorprozessuale Vorverurteilungen allenfalls abzusegnen sind. Noch hat man keinen Hinweis, daß es anders kommen könnte. Der Überraschungseffekt ist, der Absicht gemäß, daher riesig: Am 27. Mai 1980 gibt Fritz Teufel in der Hauptverhandlung sein Alibi preis.[256]

Was immer der Angeklagte Teufel pexiert haben mag, auf seine Weise hat er sich um den Rechtsstaat verdient gemacht,

schreibt anerkennend der »Spiegel«.[257] Teufel, der offensichtlich beim Frisör war, beginnt seine Rede an diesem 178. Verhandlungstag mit einem Seitenhieb auf die Presse:

Wie Sie sehen, habe ich mich nach den Blödojes der Bundesanwälte rasiert und mir die Haare schneiden lassen, um der Welt die FRATZE DES TERRORS zu zeigen, die ich bisher hinter Bart und Matte versteckte.

Dann wendet er sich an den Vorsitzenden Friedrich Geus:

Ich hab mir überlegt, was der Vorsitzende Geus sagen wird, wenn ich sage: »Ich habe ein Alibi«. Womöglich wird er sagen: »Herr Teufel, Ihre Witze waren auch schon mal besser«. Mag sein...

Teufel nennt Zeugen, die bestätigen können, daß er von April 1974 bis Mai 1975 unter dem Namen Jörg Rasche in einem Essener Preßwerk als Maschinenarbeiter im Dreischichtbetrieb und Gruppenakkord beschäftigt war und im Essener Stadtteil Frintrop eine Wohnung gemietet hatte.[258] Dem staunenden Publikum beschreibt Fritz Teufel alias Jörg Rasche seinen Arbeitsplatz:

Ich mußte die Preßmaschine von den Mischern holen, ein Gemisch aus Sägespänen und Kunstharz, in großen Holzkisten auf Rädern, und die Masse mit der Schippe in Plexiglaskästen schaufeln, die auf Wagen standen. Mußte (ich glaube es waren 3,2 Kilo) Masse abwiegen, in Holzkästen schmeißen, die hinter dem offenen Maul der Kaltpresse auf Schienen gerollt bereit standen, mußte mit affenartiger Geschwindigkeit die Masse in den Kästen verteilen, die Kästen mit kraftvollen Stößen ins offene Maul der Presse schieben, mit Schwung den zungenartig ausziehbaren Boden aus den Kästen rausziehen, während der Paßmann vorne mit ein paar Besenschwüngen die Masse mit geducktem Kopf in der Paßform verteilte. Dann zu zweit, von beiden Seiten Knöpfe drückend, die Presse zufahren, die von selbst aufgeht nach zwei Minuten oder so, dann muß von vorn die Form hochgefahren und der Rohling rausgenommen, gebrochen und über einer Holzform in einen Metallrahmen gesteckt werden, das zusammengesteckte rohgepreßte Deckenraster im Metallrahmen im Laufschritt zur heißen Presse gegenüber aus dem Metallrahmen in die glühend-heiße Form, ins untere Maul von vorne und ins obere Maul über ein Gerüst von hinten, geschmissen und die Presse wieder durch zweiseitigen Knopfdruck zugefahren werden. Wird das fertige Raster aus der Form gezogen und auf Paletten gestapelt, kann man sich dabei ganz schön die Pfoten verbrennen. Mit der Zeit gewöhnt man sich daran. Höllenlärm der Pressen, Gestank nach Kunstharzmasse und das Plastikzeug für Klodeckel und -brillen in allen Farben. Nach über einem Jahr Ackerei fühlt man sich in so einer Fabrikhalle schon fast wie zu Hause.

Die Bundesanwaltschaft, die vor wenigen Tagen erst 15 Jahre Freiheitsstrafe nach einer angeblich eindeutigen Beweislage gefordert hat, prüft nun, ob der in Essen lebende Teufel sozusagen als Pendler nach Berlin fahren konnte, um dort die angeklagten Taten zu begehen. Flugpläne und Passagierlisten werden gesichtet, Bahn- und PKW-Fahrzeiten rekonstruiert.

Fritz Teufel:

Nach der Überzeugung des Bundeskriminalamtes, der Berliner Polizei, sämtlicher Staatsschutzkoryphäen, der Bundesanwälte und der höchsten Richter gab es gar keinen Zweifel daran, daß ich einer der Lorenz-Entführer war. Ich war seit zwei Jahren illegal, das heißt, ich hatte mich abgesetzt, um mal einem alten, aus der Studentenbewegung herrührenden Bedürfnis nachzugehen, mit der Arbeiterklasse in Kontakt zu kommen. Der Fahndungsapparat war zwei Jahre lang vergebens hinter mir her, obwohl ich damals zu den meistgesuchten Anarchisten gehörte und mit Fahndungsplakaten nach mir gesucht wurde. Derweil hab ich meinen alten Traum in die Tat umgesetzt, in einem Preßwerk in Essen. Als ich dann verhaftet wurde im September 1975, zusammen mit Gabriele Rollnick, konnte ich mir leicht ausrechnen, daß ich ein paar Jahre hinter Gittern vor mir haben werde. Aber ich hatte mal wieder gute Karten, wie so oft schon. Die hab ich ausgespielt, und hatte so die Chance, zu zeigen, wie die Justiz arbeitet: erfolgsorientiert und einseitig. Und mit schmutzigen Methoden, wie bei den sogenannten »Zeugengegenüberstellungen«. Mit der Anklageschrift ging es schon los, die hab ich schon mit einer Mischung aus Stolz und Entsetzen gelesen.

»Natürlich haben wir es uns nicht nehmen lassen, nachdem Teufels Alibi vorlag, den Vorsitzenden und eine Beisitzerin aus dem Unterstützer-Prozeß gegen Erhard Oestreich als Zeugen zu hören,« so die Verteidiger im Rückblick. Für sie sei die Situation »delikat« gewesen, denn höchst selten komme ein Richter in die Lage, mit Argumenten sein Urteil verteidigen zu müssen. »Man kann sich denken, daß der Vorsitzende keine gute Figur machte.«

Fritz Teufel hatte nicht nur das Gericht und die Öffentlichkeit, sondern auch seine »Unterstützer« verblüfft. Weder Oestreich noch Waltraud Siepert, die ihm nach Meinung des Gerichts »weiterhin ein Leben und Agieren im Untergrund«[259] ermöglicht habe, waren auf Teufels Coup vorbereitet. »Es war gut so, daß der Fritz mir nichts von dem Alibi gesagt hat«, rekonstruiert sie später im Interview. »Er hat es mir nicht gesagt, weil er nicht wissen konnte, wie ich damit umgehe. Ob ich die Haft aushalte, oder ob ich vorher damit rausplatze. Dann wäre seine ganze Strategie verpufft.« »Das Gericht scheint insoweit Glück gehabt zu haben«, resümiert die FAZ, »als nun für immer der sicheren Kenntnis entzogen sein wird, welche Auffassung es sich gebildet hatte.«[260]

Fritz Teufel hatte lange gewartet. Seit seiner Festnahme am 13. September 1975 waren beinahe fünf Jahre vergangen: fünf Jahre unter Verdacht, aber auch fünf Jahre unter verschärften Bedingungen in Untersuchungshaft. Der Kritik der Politischen Justiz bescherte der gebeutelte Teufel mit seinem so lange zurückgehaltenen Alibi jedoch eine Sternstunde. Vieles ließ sich an diesem Beispiel zeigen:

Es ließ sich zeigen, daß die Medien – nicht nur die aus dem Hause Springer – dem Verlust der Distanz zu vorverurteilenden Erklärungen der Ermittlungsbehörden erlagen, indem sie Erklärungen oder Verlautbarungen von Ermittlungsbehörden und Bundesanwaltschaft fraglos übernahmen und in einer Weise darstellten, die zur Vor-Verurteilung von Beschuldigten führte. Es ließ sich zeigen, daß die sogenannte Waffengleichheit von Anklage und Verteidigung, eine der Säulen des Strafprozesses, unter den Bedingungen des politischen Prozesses außer Kraft gesetzt und eine Umkehr der Beweislast eingetreten war. Ohne nachprüfbares Alibi wäre Teufel mit großer Sicherheit verurteilt worden. Nicht zuletzt wurde der mangelhafte Beweiswert der sogenannten »Kollektivitätsthese« deutlich, jener Gedanken-Konstruktion des Generalbundesanwalts, die sich eine illegale bewaffnete Gruppe als demokratisches Gebilde ohne Hierarchie vorstellt. Nach dieser These planen alle Mitglieder einer »terroristischen Vereinigung« ihre Taten gemeinschaftlich in intensiven Diskussionsprozessen, bevor sie sie gemeinsam vorbereiten, mit der strafrechtlich idealen Folge, sie auch gemeinsam zu verantworten. Fritz Teufel war bewaffnet und in Begleitung von Gabriele Rollnick festgenommen worden, er mußte also damit rechnen, als Mitglied der »Bewegung 2. Juni« verurteilt zu werden.[261] Ein »an den Ermittlungen beteiligter hoher Polizeibeamter« gab nach dem Alibi zu, daß »die Zuordnung bestimmter Straftaten zu einzelnen bestimmten Personen uns enorme Schwierigkeiten machen würde.«[262] Die Gruppentheorie der Bundesanwaltschaft habe mit dem Alibi »ihr Fiasko erlitten«, sagten die Verteidiger.[263] Nichts desto trotz feiert sie seitdem penetrant und regelmäßig fröhliche Wiederkehr.

Die Frage, ob Richter Friedrich Geus der Bundesanwaltschaft gefolgt wäre, wenn Teufel sein Alibi in dieser Hauptverhandlung für ein zukünftiges Wiederaufnahmeverfahren zurückgehalten hätte, bleibt unbeantwortet. Vielfach war Geus als ein Vorsitzender mit kräftigem Durchsetzungsvermögen gelobt worden. Doch konnte er sich auch in jedem Fall gegen die Richterkollegen seines Senats behaupten? Manches Geschehen während der zweieinhalb Jahre dauernden Hauptverhandlung ruft Zweifel daran hervor, nicht zuletzt seine Drohung, ersatzweise die Sicherungsverwahrung anzuordnen. Nach dem Alibi war auch davon keine Rede mehr. So mag Teufels verspätete Rechtfertigung nicht nur den Kritikern der Politischen Justiz eine Sternstunde beschert haben. Sie hat vielleicht auch einem Richter den Selbstzweifel erspart.

Von Teufels Alibi wußten nur die Angeklagten und die beiden Teufel-Verteidiger Wolfgang Wieland und Detlef Wittenberg:

Wir konnten unsere Verteidigerkollegen nicht einweihen, weil die ganze Sache auf keinen Fall nach außen dringen durfte. Da es sich um eine so schöne Geschichte handelte, die man sehr gerne erzählt, war es notwendig, das Wissen auf möglichst wenige Leute zu beschränken.

Die Schweigsamkeit ging so weit, daß über das Alibi bis zum Zeitpunkt seiner Preisgabe buchstäblich kein Wort gesprochen worden sei. Im Stammheimer Verfahren gegen Baader u.a. waren Gespräche zwischen Verteidigern und Mandanten illegal abgehört worden. Keiner konnte in jener Zeit ausschließen, daß in Berlin gleiches geschah. Wegen der Trennscheibe in den Sprechzellen war es jedoch unmöglich, Schriftstücke auszutauschen.

Wieland/Wittenberg:

Wir mußten uns in Anbetracht der sonstigen Ereignisse so verhalten, als ob wir abgehört würden. Das heißt, dieses große und sehr geheime Thema »Alibi« konnte nicht per Sprache behandelt werden. Wir haben deshalb für alle kleine Schultafeln besorgt, von denen man das Geschriebene wieder wegwischen kann. Wir konnten dann auf dieser Seite der Trennscheibe etwas aufschreiben und die Mandanten auf der anderen Seite, und uns das gegenseitig zeigen. So haben wir uns manchmal stundenlang »unterhalten« mit Hilfe dieser kleinen Tafeln. Die Tafeln nahmen wir als Verteidigerunterlagen offiziell mit in die Haftanstalt. Beim erstenmal gab es Probleme mit dem zuständigen Leserichter. Es tauchte die Frage auf, ob das ein Schriftstück sei, ob es also transportiert werden müsse. Wir schlugen dann dem Richter vor, die Tafeln zu beschriften, dann hätten sie als Schriftstücke transportiert werden müssen. Danach gab es keine Probleme mehr.

Teufels Alibi sei auch für alle anderen Angeklagten von großer Bedeutung gewesen:

Die Beweislage war für alle Angeklagten schlecht, und nach dem Alibi war das Gericht gezwungen, sich für jeden Einzelnen genau zu überlegen, was liegt nun tatsächlich an Beweisen vor? Reicht das zur Verurteilung aus? Wir alle waren fest davon überzeugt, daß Teufel als Lorenz-Entführer verurteilt wird, wenn wir das Alibi in diesem Prozeß ganz zurückgehalten und es erst nach der Verurteilung präsentiert hätten. In diesem Fall hätten wir ein Wiederaufnahmeverfahren in Gang bringen müssen, was nicht ohne Risiko ist. Aber es war ein Gedankenspiel und bezeichnet unsere Erfahrung mit dem Ausmaß an Voreingenommenheit, mit der wir vor und in diesem Mammutverfahren konfrontiert waren. Die Bundesanwaltschaft hatte außerdem in der Anklage mit der These von der Kollektivität innerhalb der Gruppe gearbeitet, was ihr einzelne Beweise von Tatbeteiligungen, die diesen Namen verdient hätten, ersparte. Im Plädoyer hat sie das dann wiederholt. Nach dieser Annahme soll Fritz Mittäter gewesen sein, einfach aus der angeklagten Mitgliedschaft heraus.

Das Gericht beschäftigt sich nach Teufels Eröffnung noch mehrere Wochen mit der neuen Lage. Etliche Zeugen werden gehört, Termine und Schichtpläne überprüft. Als einer der 16 per Fahndungsaufruf mit Lichtbild meistgesuchten Terroristen sei ihm nur die Wahl geblieben, mit falschem Namen von der Bildfläche zu verschwinden, erklärt Teufel. Er sei 1972 aus der Haft entlassen worden und habe sich danach um Freunde gekümmert, deren Namen er nicht nennen könne, ohne sie zu gefährden. Zu dem Vorwurf, Mitglied der »Bewegung 2. Juni« gewesen zu sein, erklärt er:

Wer schon aus dem Sozialistischen Studentenbund rausgeflogen ist wie ich, der eignet sich nicht für irgendwelche noch weitaus sektiererische und elitärere Vereine als den damaligen SDS.[264]

Die Verunsicherung des Senatsvorsitzenden nach dem Alibi macht eine Episode deutlich, von der Ralf Reinders' Verteidiger Walter Venedey später berichtet. Er sei vom Vorsitzenden Geus etwa zehn Tage vor dem Urteil im Gerichtsgebäude teils scherzend, teils besorgt gefragt worden, ob sein Mandant auch noch mit einem Alibi komme.[265]

Teufels überraschendes Alibi bewirkt ein eher verhaltenes Umschwenken der öffentlichen Meinung. Zu Prozeßbeginn hat die Presse weitgehend auf der Seite des Gerichts und der Bundesanwaltschaft gestanden, im Prozeßverlauf hat sie darauf gewartet, die Überführung und Verurteilung der Angeklagten melden zu können, doch das Alibi bringt alle Vorausschau durcheinander. Nun fragt Springers Morgenpost, wie das passieren konnte:

Hat die Bundesanwaltschaft entgegen ihrem Gesetzesauftrag nur die Umstände ermittelt, die zur Belastung dienen, und die zur Entlastung dienenden vernachlässigt und insoweit keine Beweise gesichert?

Doch die mitgelieferte Antwort entlastet nicht Teufel, sondern die Bundesanwaltschaft:

Der Angeklagte Teufel ist nicht besser und nicht schlechter gestellt als die Vielzahl derer, gegen die ein Indizienprozeß geführt wird. Wer in dieser Lage nicht widerspricht oder erst zur Unzeit mit einer Entlastung herausrückt, hat wohl gute Gründe.[266]

Und die »Zeit«, die sich zu Prozeßbeginn empört und angewidert über Teufels Späße auf der Anklagebank geäußert hatte, fragt nun entsetzt: »Hat die Bundesanwaltschaft geschlampt?«[267]

Kein Wort der Selbstkritik findet sich in all den Presseorganen, die sich fleißig an der Vorverurteilung Teufels beteiligt hatten. Rechtfertigungsversuche werden unternommen, zum Beispiel in der »Zeit«: »Aber man darf nicht vergessen: Auch das beharrliche Schweigen Teufels zu den Anklagepunkten galt als Indiz.«[268]

Den Grundsatz »Im Zweifel für den Angeklagten« setzten manche Reporter und Kommentatoren für dieses Verfahren über den Zeitpunkt der Entlastung hinaus außer Kraft. Die Strafprozeßordnung sieht nicht vor, daß ein Beschuldigter sich zum Helfer der Staatsanwaltschaft machen muß. Nach dem Gesetz ist der Angeklagte nur zu einem verpflichtet: Er muß seine persönlichen Daten angeben. Das ist seine einzige Aufgabe. Deshalb ist sein Schweigen kein belastendes Indiz, und mitschuld am Fehlurteil ist er auch nicht. Allein den Ermittlungs- und Anklagebehörden fällt die Aufgabe zu, Schuld oder Nichtschuld herauszufinden.

27. Juni 1980: Einen Monat nach Teufels Coup plädieren die Bundesanwälte zum zweiten Mal. Statt der fünfzehn Jahre fordern sie »nur« noch zehn Jahre Haft für Fritz Teufel. Das Alibi sei zwar richtig, wie sich herausgestellt habe, aber die »Doppelexistenz und die räumliche Trennung von dem Berliner Hauptquartier« (habe) keine Abkehr von der Gruppe und vom bewaffneten Kampf (bedeutet)«. Mit seinem Alibi sei es – man höre – dem »gefährlichen Rechtsbrecher« Teufel gelungen, »unkritische Bürger gegen die Justiz einzunehmen«.[269]

Ihre Zehnjahresforderung begründen die Ankläger außerdem mit zwei Banküberfällen, für die sich Teufel nicht entlasten konnte. Teufel legte ein »B-libi« vor, ein, so Teufel, »Alibi minderer Qualität. Das B-libi ist eine Geschichte, die der Angeklagte nicht beweisen und die das Gericht nicht widerlegen kann.«[270] Und das die Anklagevertreter nicht interessiert, wäre hinzuzufügen. »Wieviel Jahre (von den geforderten zehn, M.O.) entfallen wohl auf den enttäuschten Übereifer der Bundesanwaltschaft?« fragt nun die »Zeit«.[271] Wieder einmal waren die Bundesanwälte in die eigene Falle getappt. Der Strafantrag brachte es an den Tag.

Der Berliner »Tagesspiegel« druckt am 25. Juli 1980 eine vom 400 Menschen unterschriebene Protesterklärung gegen den Strafantrag der Bundesanwaltschaft als Anzeige. 63 Rechtsanwälte gehören zu den Unterzeichnern. Gegen sie leitet die Staatsanwaltschaft beim Kammergericht standesrechtliche Ermittlungsverfahren ein. Sie wirft den Anwälten vor,

gegen das Standesgebot der Sachlichkeit verstoßen, sich unlauterer Mittel bedient, eine standeswidrige Werbung betrieben und sich sensationell herausgestellt sowie sich gegenüber dem Gericht und der Bundesanwaltschaft nicht so verhalten zu haben, wie es Ihrer Stellung als Organ der Rechtspflege entsprochen habe.[272]

Das Urteil

13. Oktober 1980: Wegen Geiselnahme in Tateinheit mit erpresserischem Menschenraub sowie Mitgliedschaft in einer kriminellen Vereinigung verurteilt das Berliner Kammergericht Ralf Reinders zu 15 Jahren, Till Meyer zu 15 Jahren,

Ronald Fritzsch zu 13 Jahren und drei Monaten, Gerald Klöpper zu elf Jahren und zwei Monaten,[273] Andreas Vogel zu zehn Jahren Haft. Fritz Teufel wird wegen Mitgliedschaft in einer kriminellen Vereinigung, Waffenbesitz und Diebstahl zu fünf Jahren verurteilt, die durch die Untersuchungshaft verbüßt sind. Er kann als freier Mann nach Hause gehen. Alle Angeklagten werden vom Vorwurf des Mordes am Kammergerichtspräsidenten von Drenkmann freigesprochen.

»Mit feuchten Augen und wackligen Knien« sei Teufel den wartenden Journalisten begegnet, schreibt der dpa-Korrespondent. Gar nicht clownesk, aber sehr ernst und politisch habe er seine Stellungnahme abgegeben. »Mit gemischten Gefühlen« erlebe er seine Freilassung, denn »auch durch dieses Urteil ist die Welt nicht in Ordnung. Anderswo werden in diesem Land Leute wegen nichts zu lebenslänglich verurteilt.«[274]

Beide Seiten beantragen nach der Urteilsverkündung die Revision beim Bundesgerichtshof. Im Juni 1981 nimmt der Generalbundesanwalt seinen Antrag zurück,[275] kurz darauf ziehen Fritz Teufel, Gerald Klöpper und Andreas Vogel nach.[276]

Nachtrag

Zur gleichen Zeit werden im Düsseldorfer Maidanek-Prozeß die Plädoyers gehalten. In dem Vernichtungslager der Nationalsozialisten waren zwischen Winter 1941 und Sommer 1944 mindestens 200.000 Menschen getötet worden. Alle Angeklagten beteiligten sich als SS- und Polizeikräfte bzw. Aufseherinnen an den Morden. Am 30. Juni 1981 spricht der Gerichtsvorsitzende die Urteile: einmal lebenslange Haft wegen Mittäterschaft an besonders grausamen Selektionen, einmal drei Jahre Haft für Beihilfe zum Mord an 100 fleckfieberkranken Häftlingen, vier Jahre Haft wegen Beihilfe zum Mord an 41 Häftlingen, sechs Jahre Haft wegen Beihilfe zum Mord an 17.000 Häftlingen, acht Jahre Haft wegen Beihilfe zum Mord an 195 Häftlingen, zehn Jahre Haft wegen Beihilfe zum Mord an 141 Häftlingen, und zwölf Jahre Haft wegen besonders grausamer Selektionen von mindestens 50 Häftlingen. Einen Angeklagten, den SS-Mann Strippel, spricht es frei. Seine Beteiligung an der Ermordung von 41 KZ-Häftlingen bleibt ungesühnt. Strippel ist entschuldigt, weil er aus »Interesse für das Berufssoldatentum« in die SS gegangen war.[277]

Ein weiterer Prozeß geht am 8. Juli 1981 zu Ende. Das Landgericht Kiel verurteilt den Judenreferenten der Sipo/SD in Belgien, Kurt Asche, wegen Beihilfe zur Ermordung von 23.000 Juden zu sieben Jahren Gefängnis. Asche war in Freiheit und wird auch nach dem Richterspruch nicht festgenommen. Er legt kurz darauf ein ärztliches Attest vor und wird von der Haft verschont.[278]

Im Januar 1982 weist der 3. Strafsenat des Bundesgerichtshofs die Revisionsanträge von Ralf Reinders, Ronald Fritzsch und Till Meyer zurück. Alle Urteile im Prozeß gegen »Reinders u.a.« sind damit rechtskräftig geworden.[279]

10. Angelika Speitel

Festnahme in Dortmund

Am 6. September 1978 tötet im Düsseldorfer China-Restaurant »Shanghai« ein Polizist mit vier gezielten Schüssen den als RAF-Mitglied gesuchten 28 Jahre alten Willy Peter Stoll. In der Gruppe geht die Angst um, der Staat wolle Schluß mit der RAF machen, indem er die Gruppenmitglieder physisch liquidiere. Tatsächlich wird der tödliche Schuß in Bonner Politikerkreisen als Fahndungserfolg gefeiert: Die Presse berichtet von Gratulationskuren beim Bundesinnenminister.[1]

Zweieinhalb Wochen später, am 24. September 1978, probieren drei RAF-Mitglieder in einem Wäldchen im Dortmunder Naherholungsgebiet »Bittermark« Waffen aus, weil sie einer Verfolgungsstrategie, bei der, wie sie glauben, keine Gefangenen mehr gemacht werden, nicht schutzlos ausgeliefert sein wollen. Es sind Angelika Speitel, Michael Knoll und Werner Lotze. »Man fühlte sich unheimlich verfolgt«, berichtet Angelika Speitel rückblickend.[2]

Die Dreiergruppe ist zunächst nicht einig darüber, ob der Zeitpunkt für Schießübungen günstig gewählt ist.[3] Gegen alle Vernunft zieht man dennoch los, zum vorher ausgesuchten Übungsplatz. Plötzlich erscheinen in dem Wäldchen zwei Streifenpolizisten; rasch versteckt Angelika Speitel ihre Pistole in der Umhängetasche. Beide Polizisten erfassen die Situation; einer von ihnen tritt auf Angelika Speitel zu und setzt ihr die Pistole auf die Brust. Es kommt zu einer Schießerei, an der sich auch Angelika Speitel beteiligt. Durch einen Schuß von Werner Lotze wird Polizeihauptwachtmeister Hans-Wilhelm Hansen getötet, sein Kollege Otto Schneider wird verletzt. Werner Lotze gelingt die Flucht.

Mit einem Bauchdurchschuß bleibt Michael Knoll am Boden liegen; vierzehn Tage später stirbt er an seinen inneren Verletzungen. Auch Angelika Speitel wird verletzt, eine Patrone zertrümmert ihren Oberschenkel. Apathisch wartet sie unter einem Baum auf ihre Festnahme, den Kopf von Michael Knoll in ihrem Schoß.[4]

Für Werner Lotze beginnt nach der Schießerei eine Phase der Verunsicherung. Er gibt seine Waffe zurück, setzt sich allein in eine von Gruppenmitgliedern angemietete Wohnung ab, bewaffnet sich jedoch drei oder vier Wochen später erneut. Bis 1980 macht er weiter mit, um dann mit neun anderen RAF-Mitgliedern in der DDR ein neues Leben anzufangen.[5] Mitte Juni 1990 wird er dort festgenommen.[6] Getrieben von dem Wunsch, »reinen Tisch« zu machen, legt er vor den Ermittlungsbehörden und der Bundesanwaltschaft ein überraschendes Geständnis ab, in dem er sich als den Mörder von Hans-Wilhelm Hansen bezeichnet. In einem Fernseh-Interview sagt Lotze, warum er auf die Polizisten geschossen hat:

Weil ich keine Niederlage für die Gruppe wollte. Ich wollte verhindern, daß wir festgenommen werden. ... Es war die eindeutige Position in der Gruppe, daß es richtig gewesen ist, zu schießen. Weil es andersrum bedeutet hätte, daß wieder Leute von der Gruppe verhaftet worden wären und daß wieder weniger da wären zum Kämpfen.

Über den Ablauf der Schießerei gibt es offiziell nur eine Version, die des überlebenden Polizisten. Es ist die Version, die Gegenstand des Verfahrens wird und die durch Urteil vom 30. November 1979 festgeschrieben ist. Sie hat zum Inhalt, daß einer der beiden Männer, entweder Michael Knoll oder der Geflohene, dessen Name Speitel und Knoll nicht verraten haben, das Feuer eröffnete. Eine inoffizielle Version der verletzten RAF-Mitglieder, die behaupten, daß ohne Vorwarnung sofort auf sie geschossen wurde, bleibt für den Prozeß ohne Bedeutung, weil Angelika Speitel nach einer aktiven Anfangsphase ihre Verteidigung aufgibt. Mehr als fünf Jahre später offenbart Angelika Speitel der Autorin Ute Diehl, die im Gefängnis eine Gesprächsgruppe leitet, den Hergang aus ihrer Sicht:

Sie haben einfach geknallt, bis es nicht mehr geht. Um nicht nur ihre eigene Haut zu retten, sondern wirklich, keinen entkommen zu lassen. Also, die haben einfach geknallt, geknallt. Die haben überhaupt nicht überlegt. Bei denen vermute ich, daß es da überhaupt keine Überlegung gab, ob einer zurückknallt oder nicht.

Am 30. November 1979 verurteilt der vierte Strafsenat des Düsseldorfer Oberlandesgerichts Angelika Speitel getreu dem Anklagestandard »Schießbefehl« zu lebenslanger Haft. Obwohl nicht sie den tödlichen Schuß abgab, sind die Richter der Meinung, daß sie sich »alle Schüsse auf die Polizeibeamten, darunter den tödlichen Schuß, als eigene zurechnen lassen« müsse, weil sie »den Tatbeitrag des oder der anderen Schützen als Mittäterin gewollt und gebilligt« habe.[7] Bestraft wird somit nicht ihr eigenes Verhalten, sondern das von Werner Lotze und von anderen RAF-Genossen, in deren Urteilen, die der Senat in der Hauptverhandlung verlesen hatte, eine »Verhaltensmaxime für das Leben im Untergrund« festgeschrieben wurde, »so unter anderem die (von allen Mitgliedern getragene) Grundsatzentscheidung, eine drohende polizeiliche Festnahme durch massiven und rücksichtslosen, gegebenenfalls tödlichen Schußwaffengebrauch zu verhindern.«[8] Genau so sei es auch in der Dortmunder Bittermark abgelaufen, stellten sich die Richter vor: Daß sich Angelika Speitel und ihre Begleiter »augenblicklich« entschlossen, »die ihnen gegenüberstehenden Polizeibeamten mit vereinten Kräften zu töten und anschließend die Flucht zu ergreifen.«[9]

Getarnte Vernehmungen

Nach ihrer Festnahme wird Angelika Speitel in ein Krankenhaus gebracht, wo sie zunächst identifiziert und dann operiert werden soll. Sie gibt ihren Namen nicht preis, bittet aber den zuständigen Krankenhausangestellten, einen bestimmten Anwalt zu benachrichtigen. Er solle nur sagen, sie sei »Mitglied der RAF«.[10] Sie weiß nicht, daß der Mann von einem Fahndungsbeamten, der im Nachbarzimmer sitzt und souffliert, für Polizeiinteressen eingespannt wird. Während sie glaubt, daß ihr geholfen werde, täuscht der Angestellte Anrufe vor und behauptet, niemand erreichen zu können, weshalb ihm die Patientin nach und nach Namen und Wohnorte mehrerer Rechtsanwälte nennt. So kommt eine kleine Liste von Namen zusammen. An den folgenden Tagen stehen sie in der Bild-Zeitung, auch der vollständige Name des Krankenhausangehörigen samt Foto.[11]

Am folgenden Tag wird Angelika Speitel in ein anderes Krankenhaus verlegt und dort aufs strengste bewacht. Mehrere Polizisten, die vom Personal mit weißen Kitteln versorgt wurden, beziehen Posten vor ihrer Krankenzimmertür. Einer der Polizisten erklärt später:

Wir haben weiße Pflegerkittel getragen, um nicht mit geballter grüner Gewalt zu erscheinen. So unauffällig wie möglich.[12]

Jede Aufregung über die Anwesenheit einer Terroristin im Krankenhaus soll so weit wie möglich vermieden werden. Wer es nicht weiß, kann die Polizeibeamten für Ärzte oder Pfleger halten.

Angelika Speitel fühlt sich im Krankenhaus ihres Lebens nicht sicher. Sie hat Angst vor den Polizisten, erwartet Übergriffe von ihnen, die einen Kollegen verloren haben.[13] In diesen Tagen hatten sich die Medien wieder einmal von den Fahndungs- und Verfolgungsstrategen vor den Karren spannen lassen. Von der »Welt« war sie als eine der »sechs gefährlichsten Terroristinnen« vorgestellt worden.[14] Das Geschäft mit der Angst stand in voller Blüte, der »Stern« zitiert am 28. September 1978, vier Tage nach Angelika Speitels Verhaftung, drei Wochen nach Willy Peter Stolls Tod, einen Chefeinkäufer auf der florierenden Essener Sicherheits-Fachmesse: »Das Timing war super«.[15]

Nach ein paar Tagen beginnt Angelika Speitel, Fragen der Beamten zu beantworten. Dabei offenbart sie ihnen im »zwanglosen Gespräch« – wie es später offiziell heißen wird – angeblich Geheimnisse aus dem Innenleben der RAF, allerdings ohne konkret zu werden. Dennoch – das hatte noch keiner aus der RAF getan, außerhalb einer großen Öffentlichkeit, ohne die Chance des Propagandaeffekts oder die Notwendigkeit einer entlastenden Zeugenaussage.[16] Die Beamten nehmen ihre Erzählungen für bare Münze und fertigen Gedächtnisprotokolle an.

Angelika Speitels Äußerungen werden als These von der »kollektiven Willensbildung innerhalb der RAF« Justizgeschichte machen. Die von den Polizisten erstellten Nozizen über ihre Gespräche werden als zunächst gerichtsverwertbare, dann als gerichtsbekannte Aussagen über den Willensbildungs- und Entscheidungsprozeß in der RAF von Prozeß zu Prozeß weitergereicht. Die Bundesanwaltschaft entwickelt aus den angeblichen Interna ihren zweiten Anklagestandard, nachdem der vierte Strafsenat den Inhalt der Unterhaltung im Urteil gegen Angelika Speitel verewigt hat. Die entscheidenden Sätze des Urteils lauten:

Innerhalb der Gruppe, in der sie sich geborgen gefühlt habe, werde nicht spontan gehandelt. Zwar bilde sich jeder seine eigene Meinung. Dann werde aber alles bis ins einzelne durchdiskutiert und jede Aktion genauestens durchgesprochen und abgeklärt, bis auch der letzte überzeugt und Einstimmigkeit erzielt sei. Gegenüber allen vorerwähnten Zeugen (gemeint sind die Polizeibeamten Bley, Drewlo und Oldenburg, M.O.) hat sich die Angeklagte zur kollektiven Verantwortlichkeit für die insbesondere im Jahre 1977 von der RAF durchgeführten Aktionen bekannt und diese zu rechtfertigen versucht.[17]

Jahre später rückt Angelika Speitel zurecht, sie habe damals eine Mischung aus »Erfundenem und Erlebtem« aus ihrem »Kampf um Gerechtigkeit« von sich gegeben, in »einer Situation zwischen wehren und angeben.« Der Terroristen-Justiz in Beweisnot kommt Angelika Speitels Mischung wie gerufen.

Erfundenes wird »gerichtsbekannt«

Die Hauptverhandlung gegen Angelika Speitel beginnt am 13. September 1979 in Düsseldorf. Zehn Sachverständige und 63 Zeugen, zum größten Teil Polizeibeamte, sollen in dem Prozeß ihre Aussagen machen. Am 4. Oktober 1979, dem achten Verhandlungstag, treten die drei Männer auf, mit denen die verletzte Angelika Speitel gesprochen hatte. Es sind die Polizeibeamten Friedrich Bley, 36 Jahre alt, Udo Oldenburg, 34 Jahre alt, und Olaf Drewlo, 31 Jahre alt. Einer nach dem anderen legen sie dem Gerichtsvorsitzenden Dr. Wagner die Aussagegenehmigungen des Dortmunder Polizeipräsidenten auf den Tisch. Die Genehmigungen werden verlesen; Angaben, »die dem Wohl des Bundes oder eines deutschen Landes Nachteile bereiten oder die Erfüllung öffentlicher Aufgaben gefährden oder ernstlich erschweren könnten«, sind ausdrücklich ausgenommen. Später, die Akten im Prozeß gegen Angelika Speitel sind längst geschlossen, wird deutlich, daß sie mit ihren Zeugenaussagen der Anklagebehörde und den Gerichten ein Geschenk von großem Wert gemacht haben. Als Geburtshelfer der »Kollektivitätsthese« werden sie in Zukunft von Prozeß zu Prozeß reisen, um ihre Aussagen immer noch einmal zu wiederholen. Die ahnungslose Angelika Speitel hatte das gewiß nicht im Sinn, wurde sie doch auf diese Weise zur heimlichen Hauptperson einer ganzen Reihe von Urteilen gegen RAF-Mitglieder. Mit Hilfe der »Kollektivitätsthese« konnte jede Spur, jeder Fingerabdruck auf einem Briefumschlag, zur Beweistatsache aufgewertet werden. Wie am Fließband ließen sich auf diese Weise »Mittäter« produzieren. Eine phantastische Arbeitserleichterung für Bundesanwaltschaft und Gerichte!

Auf ihrem Weg bis zur serienreifen gerichtsbekannten Anwendung in RAF-Prozessen durchläuft die Kollektivitätsthese mehrere Etappen der »Wahrheitsproduktion«:

Stufe eins, Ende September 1978: Angelika Speitel offenbart vor Polizeibeamten angebliche Interna aus dem RAF-Innenleben.

Stufe zwei, im Lauf des Oktober 1978: Die Beamten aus der Bewachungsmannschaft geben die Gespräche zu Protokoll. Als erster erscheint am 5. Oktober 1978 Polizeihauptmeister Oldenburg bei der Dortmunder »Sonderkommission Knoll«, die mit der Aufklärung der Schießerei im Wald befaßt war. Über die Motive der Terroristen sei gesprochen worden, sagt er, über ihre Kommandoaktionen und über die Verhaftungssituation im Wald. Von Willensbildung und Überzeugungsarbeit innerhalb der Gruppe findet sich kein Wort. Oldenburg schließt den Bericht:

Ich hatte den Eindruck, daß dieses Gespräch auf Frau Speitel befreiend gewirkt hat. Sie sagte, daß sie glaube, das erste Mal richtig durchschlafen werden zu können. Von sich aus bat sie dann um die Beendigung des Gesprächs.

Am 9. Oktober 1978 gibt Polizeihauptmeister Bley zu Protokoll:

Von sich aus gab Frau Speitel noch an, daß man (vor Beginn der Schießübungen, M.O.) eine Viertelstunde darüber diskutiert habe, ob man an der vorgesehenen Örtlichkeit schießen könne oder nicht. Gründe, die diskutiert wurden, hat sie nicht genannt.

Am 26. Oktober 1978, also beinahe vier Wochen nach dem Ereignis, erscheint der Polizeiobermeister Drewlo bei der Sonderkommission, um zu erklären:

In der Gruppe habe sie sich geborgen gefühlt. Auf konkretes Fragen, wie Aktionen der Gruppe geplant würden, äußerte sie, daß alle Aktionen gemeinsam besprochen und diskutiert würden. Unterschiedliche Meinungen würden ausgeräumt. Jeder würde seine Fähigkeit in den Dienst der gemeinsamen Sache stellen.

Auch Drewlo glaubt, daß Angelika Speitel »froh war, mit jemand reden zu können.«[18]

Stufe drei: Bald wird deutlich, daß die Ermittlungsbehörden mit dem Beistand der Medien Angelika Speitels Schwäche operativ nutzen. Der »Spiegel« berichtet zunächst im November 1978, sie habe »nach Ansicht der Ermittler dem Polizisten Hans-Wilhelm Hansen aus 15 Zentimeter Entfernung den Todesschuß« gegeben.[19] Später veröffentlicht das Magazin, versorgt durch Beamte von Sonderkommission oder Bundesanwaltschaft, Auszüge aus einem der lt. »Spiegel« »amtlich verfaßten« Gedächtnisprotokolle von Angelika Speitels Gesprächspartnern. Der »Spiegel« behauptet, die Bundesanwaltschaft verfüge damit über ein Dokument, »das nicht nur auf ihre eigene Verstrickung hinweist, sondern auch Aufschluß über Denken und Strategie der Terroristen gibt...«[20] Zum Verhandlungsbeginn läßt sich die Presse noch einmal für Prozeß- und Verurteilungsstrategien einspannen, indem sie Angelika Speitel beinahe unisono zur »Top-Terroristin« erklärt.[21]

Stufe vier, Oktober 1979: In der Hauptverhandlung gegen Angelika Speitel machen die Polizeibeamten ihre Zeugenaussagen. Die schriftliche Urteilsbegründung faßt später alle Aussagen zusammen:

Weitere Erklärungen zu der Zielsetzung der Vereinigung RAF, ihrem Anschluß an die Gruppe und zu ihrer mitgliedschaftlichen Betätigung hat die Angeklagte im Verlauf ihres Krankenhausaufenthaltes nach der Verhaftung gegenüber den dort zu ihrer Bewachung eingeteilten Polizeibeamten Kesting, Bley, Drewlo und Oldenburg abgegeben.[22]

Die Polizeizeugen sagten im wesentlichen dasselbe wie Angelika Speitel in einer ihrer Prozeßerklärungen zu Beginn der Hauptverhandlung.

Aus diesem Grunde besteht auch kein Anlaß, die inhaltliche Richtigkeit der damaligen Erklärungen der Angeklagten in Zweifel zu ziehen, die den übrigen Feststellungen zu ihrem Werdegang und ihrem ideologischen Weltbild entsprechen,

heißt es dazu im Urteil.[23]

Stufe fünf: Die Tagespresse berichtet von Angelika Speitels »Geständnissen in der Wir-Form«[24]

Stufe sechs: Am 30. November 1979 ist mündliche Urteilsverkündung im Speitel-Prozeß. Das schriftliche Urteil stellt die »kollektive Verantwortlichkeit« der RAF-Aktionen als verwertbare Erkenntnis fest. Auffallend ist, daß die Richter Angelika Speitels »Offenbarungen« als Gespräche mit »formlosem Charakter«[25] bezeichnen, in denen offenbar dennoch förmliche »Erklärungen«[26] abgegeben wurden. Das fällt zunächst als Unstimmigkeit ins Auge, wirkt jedoch auf den zweiten Blick logisch. Der Widerspruch zeigt sich nämlich als gut durchdacht und aus zwei Gründen nötig. Erstens durften die Gespräche keinen Verhörcharakter haben – deshalb »formlos« – denn zum geregelten polizeilichen Verhör gehören die Belehrung und der Hinweis auf das Recht, die Aussage zu verweigern. Davon war bei den Krankenhaus-Gesprächen natürlich keine Rede. Zweitens mußte ihr angeblich ernsthafter und aufrichtiger Charakter betont werden, denn sonst hätte man an ihrem Beweiswert zweifeln können.

Stufe sieben: Andere Staatsschutzsenate greifen auf das Speitel-Urteil und die Polizeizeugen Drewlo, Bley und Oldenburg zurück. Mindestens in den Prozessen gegen Stefan Wisniewski, Sieglinde Hofmann und Peter-Jürgen Boock wiederholen sie ihre Erinnerungen, gelegentlich unterstützt von zitierenden Bundesanwälten.

Boocks Verteidiger bitten Angelika Speitel um Aufklärung, doch sie weigert sich, als Zeugin zu erscheinen. Von der Kollektivitätsthese profitieren später auch die Richter in den Prozessen gegen Brigitte Mohnhaupt, Christian Klar und Rolf-Clemens Wagner.[27]

Guerilla als bewaffneter Alternativbetrieb?

Kollektivität als theoretisches Strukturprinzip der Guerilla taucht schon in den Briefen der RAF-Gefangenen der sogenannten ersten Generation auf. Man stellte sich vor, daß es innerhalb der Gruppe sowohl »Führung« als auch »Kollektivität« geben müsse. Gudrun Ensslin schrieb im Januar 1976:

> *die gruppe ist* real nur *in jedem einzelnen (»der als gruppe fühlt, denkt und handelt« – was auch anstrengend ist, klar): kollektivität ist das für die* militärische struktur *der gruppe wie für jeden einzelnen fighter wichtigste* politische moment *– das sich nur in der aktivität, aktion, initiative* herstellt und sich nur im einzelnen als *dessen selbstständigkeit, disziplin (+ auch imagination) ausdrücken, entwickeln kann.*[28]

Im September 1976:

> *dagegen bedeutet der entschluß, sich gegen den apparat, den staat zu bewaffnen,* wirklich als gruppe *zu denken und zu handeln,* selbstständig und kollektive entscheidung dauernd und nicht nur ohne sanktionen *– nicht nur als negation, wie es anfängt –, sondern* als solche auch ihre transzendierung. *wo man auch einfach sagen kann: ihre verwirklichung.*[29]

Kollektivität in diesem theoretischen Modell schloß Befehl und Gehorsam in der

Praxis keineswegs aus, das zeigen Gudrun Ensslins Briefe an »ti« (Pseudonym) vom 9. Oktober 1976:

du weißt nicht, was ein befehl ist. sonst hättest du gemacht, was du jetzt allerdings sofort machen wirst: was der befehl wollte. du gehst jetzt in eine andere zelle, um die symbiose aufzulösen. um von disziplin nicht länger nur zu reden[30],

und an »hanne« vom 3. Oktober 1974:

da ist nichts faul, wenns wegen wasserentzug/aufhören oder nicht dann – keine diskussion gibt. ich werde wie jeder kämpfen – und was anderes, ne andere funktion habe *ich auch nicht.*[31]

Sicher ist, daß die RAF Kollektivität als »Vorsatz und Programm«[32] verwirklichen wollte, wie Helmut Pohls Zeugenaussage im Stammheimer Prozeß gegen Baader u.a. belegt:

Man muß sich vorstellen, was es für jeden einzelnen auch an existentieller Bedeutung hatte damals, den Kampf zu beginnen, die Guerilla zu organisieren: daß es für jeden, der das macht, zuallererst bedeutet, gegen jede Form vom Herrschaft, Zwang und Hierarchie zu kämpfen. Was es an Anstrengung und Willen verlangt, hier den Kampf aufzunehmen, zu organisieren und vor allem seine Kontinuität sicherzustellen, schließt solchen Dreck einfach aus, oder andersrum: der Kampf um Befreiung, um Freiheit ist nicht unfrei zu führen, mit einer Struktur, die unfrei ist.[33]

Es gibt jedoch keinen Zweifel daran, daß der RAF dies unter den Bedingungen von Illegalität und extremer Verfolgung nicht gelang. Statt dessen kam es zu einer sonderbaren Allianz zwischen den RAF-Mitgliedern, die den Schein der Gruppe als »befreites Gebiet« aufrechthielten, und den staatlichen Verfolgern, die von der Außendarstellung profitierten. Korrekturen aus der Gruppe waren damals nicht zu befürchten – die Bundesanwaltschaft konnte in aller Ruhe ihre beiden Anklagestandards »Kollektivität« und »Schießbefehl« entwickeln, nach denen zu gleicher Zeit und in gleicher Konstellation Verhaltensweisen parallel möglich sein sollen, die sich nach menschlichem Ermessen und den Regeln der Logik gegenseitig widersprechen. Doch wenn gegen Mitglieder der RAF verhandelt wird, für deren »Einsperren auf lange Zeit« die Verfolgungsbehörden explizit glauben sorgen zu müssen, scheinen Regeln einer speziellen Logik in Kraft zu treten, die sich nicht durch größtmögliche Annäherung an die Wirklichkeit auszeichnet, sondern durch die größtmögliche Aussicht auf den Verurteilungserfolg. Im Einzelfall folgt daraus: Geht es um den Beweis der Mordabsicht in der Festnahmesituation, wird aus der demokratischen Gemeinschaft eine straffe Organisation nach militärischem Muster, scheinen Gruppenmitglieder gar über ihren Tod hinaus Befehlsgewalt zu haben. Sind keine Beweise, sondern nur magere Hinweise vorhanden, unterstellt die Bundesanwaltschaft der Gruppe eine kollektive Willensbildung nach dem Motto: Mitgefangen – Mitgehangen. Angeklagekriterium ist der erwartete Erfolg.

Keine Frage, daß diese Ausbeute an der Strafprozeßordnung vorbei ging. Nach der Intention des Gesetzes gibt es keine Kollektivschuld; die Zugehörigkeit zu einer Gruppe oder Bande, ob mit mehr oder weniger vagen Hinweisen auf Teilnahmehandlungen verbunden, ist allenfalls ein Indiz und kein Beweis für die individuelle Tatbeteiligung. In anderen, nicht »linksterroristischen« Fällen, genügt der Justiz ein solches Indiz nicht zur Verurteilung; die Realität der Rechtsprechung in NS-Verfahren ist hinreichend bekannt und spricht Bände.[34] Der Zufall wollte es, daß in einem Terroristenprozeß, im Stammheimer Verfahren gegen Peter-Jürgen Boock, diese ungleiche Verfolgungspraxis anschaulich wurde. Die Vergangenheit des Gutachters Prof. Hans-Joachim Rauch, der über Boocks Drogenabhängigkeit befinden sollte, war bekannt geworden. Rauch hatte während der NS-Zeit als Psychiatriearzt in Heidelberg im Rahmen des »Euthanasie«-Programms der Nationalsozialisten an Kindergehirnen geforscht,[35] doch die Staatsanwaltschaft Heidelberg weigerte sich, gegen ihn vorzugehen. Ihre Begründung:

Die allgemeine Tatsache der Verstrickung in eine Organisation, die sich die Tötung von Geisteskranken zum Ziel gesetzt hat, reicht allein zur Begründung eines hinreichenden Tatverdachts nicht aus. .. Weder aus den Heidelberger Dokumenten noch aus diesen Akten (der damaligen Forschungsabteilung, M.O.) hat sich ein für die Anklageerhebung ausreichender Tatverdacht ergeben, daß die Beschuldigten an der Tötung auch nur eines geisteskranken Patienten der Forschungsabteilung in strafrechtlich relevanter Weise beteiligt waren.[36]

Die Verstrickung in die RAF reicht dagegen oft genug aus, um auch ohne konkrete Tatnachweise zu »Lebenslänglich« zu verurteilen. Die angeklagten RAF-Mitglieder wollten im allgemeinen einen politischen Prozeß. Nur wenige waren bereit, sich gegen strafrechtlich relevante Vorwürfe im Einzelnen zur Wehr zu setzen. Wie hätte eine Organisation von Revolutionären dagestanden, deren Mitglieder vor den Ohren der Weltöffentlichkeit behaupten, mit den zur Verhandlung stehenden Aktionen nichts zu tun zu haben? Das ging nicht, es hätte ihrer politischen Intention und Identität diametral widersprochen. Ebensowenig war es angebracht zu gestehen. Also übernahmen die meisten Angeklagten die politische Verantwortung für alles, was ihnen vorgeworfen wurde, mitunter auch für Taten, über deren Planung sie möglicherweise nicht einmal informiert waren. So entstand der unerschütterliche »Werbeslogan«[37] von der Kollektivität, der durch Angelika Speitels ominöse Beichte seine amtliche Weihe erhielt und mit dem die RAF objektiv den Gerichten in die Hände arbeitete. Daß die Wirklichkeit einer illegalen, bewaffneten Gruppe mit dem Bild der kollektiven und demokratischen Schar nicht das Geringste zu tun hat, dürfen die Gerichte getrost ignorieren, seitdem das Urteil gegen Angelika Speitel rechtskräftig wurde. Freilich schloß schon die eigene Handlungsfähigkeit eine Gruppenstruktur nach dem ausgedachten, von der Bundesanwaltschaft übernommenen Modell, aus, sagt Peter-Jürgen Boock:

Dann hätte es diese ganzen RAF-Anschläge gar nicht geben können, weil die gar nicht dazu gekommen wären, wenn alles mit allen besprochen worden wäre. Das kann man sich eigentlich so schon überlegen, daß das gar nicht hätte funktionieren können. Bei einer so kleinen Gruppe, bei so vielen verschiedenen Aktionen innerhalb so einer kurzen Zeit und dann noch Ausland und Wohnungen in verschiedenen Städten, wie sollen die das machen, das ist unmöglich. Die würden ja schon in Dauer tagen, nur wenn sie über ihre Infrastrukturprobleme sprechen würden.[38]

Doch als »wahr« gilt, was »gerichtsbekannt« ist, und nicht etwa, was Ex-Gruppenmitglieder ernüchtert berichten. Zum Beispiel Gert Schneider:

Es war die Idee in dieser Gruppe, daß sich die Vorahnungen von dem, was befreites Leben ist, herstellen lassen. Daß die Beziehungen einfach frei sind, nicht mehr unter den herrschenden Verhältnissen stehen. Das war eine Fehleinschätzung. Es war höchstwahrscheinlich die fundamentalste Fehleinschätzung der RAF von vorneherein, daß man unter den gesellschaftlichen Bedingungen hier plus noch den schlechten Bedingungen der Illegalität so etwas praktizieren kann, was es eigentlich erst in einer freien Gesellschaft richtig geben kann. Und da dürfte es ja höchstwahrscheinlich keine Fahndung und keine Verfolgung geben. Es mag sein, daß man das sehr schwer zugeben kann. Das, was man die ganze Zeit verfolgt hat an Ideen und Idealen, das gibt man natürlich nicht schnell auf. Nur muß man dabei dann sehen, daß diese Ideale um so mehr verrotten, je weiter man sie ins Schlechte hinein zieht. Das dann immer noch aufrecht zu halten als das Ideal von Kollektivität, freien Beziehungen und sonstigem, was man sich vorstellt, heißt im Grunde, diese Ideale selbst aufzugeben, sie dann bis zur Unkenntlichkeit zu entstellen.[39]

»Gleichberechtigung«, stellte Sigrid Sternebeck nach ihrer Festnahme in der DDR klar, sei »nie mehr gewesen als ein idelogisches Postulat«. Entsprechend korrigierte im Herbst 1990 auch Werner Lotze den Generalbundesanwalt. Er schrieb, es habe in der Praxis der Gruppe »eine starke Abstufung zwischen den einzelnen Mitgliedern (gegeben), die letztlich einer Hierarchie gleichkommt und auch einem ›Befehlsverhältnis‹ entspricht«. »Es war vorgesehen, daß niemand mehr als unbedingt nötig wußte, damit keiner allzuviel sagen kann, falls er festgenommen werden sollte«, schilderte Silke Maier-Witt. Und im Sommer 1990 schrieb Monika Helbing aus dem DDR-Untersuchungsgefängnis, sie vertraue darauf, »daß in einem zukünftigen vereinten deutschen Staat nicht länger nach dem Grundsatz der ›Kollektivität bei RAF-Anschlägen‹ verfahren wird.«[40]

Doch so einfach läßt sich die Anklagebehörde nicht entmutigen. Nach Auswertung der umfangreichen Aussagen der ehemaligen Terroristen habe sich, so Generalbundesanwalt Alexander von Stahl im November 1990, »die oft angegriffene Überzeugung, daß die Kommandoebene der RAF ihre Entscheidungen immer kollektiv getroffen habe, so daß auch diejenigen Mitglieder der Kommandoebene Mittäter gewesen seien, die nicht selbst gemordet hätten, voll bestätigt.«[41] Gegenbehauptungen widersprächen »dem von anderen RAF-Mitgliedern bekundeten Selbstverständnis der RAF.«[42]

Prozeß ohne Angeklagte

Zurück zur Hauptverhandlung gegen Angelika Speitel. Sie sitzt, während die Polizeibeamten ihre Aussagen machen, in ihrer Zelle. Sie hatte sich am Vortag ausschließen lassen und wird auch die kommenden Verhandlungstage nicht miterleben. Das hat mehrere Gründe, die vor allem in ihrer schwer angeschlagenen

Verfassung nach zwei Operationen und monatelanger Einzelhaft unter verschärften Bedingungen – Hochsicherheitshaft – zu suchen sind. Es heißt von ihr, sie sei außerordentlich gefährlich. Sie muß sich, teilweise mehrmals täglich, vor Justizvollzugsbeamtinnen nackt ausziehen. Zur Sicherheit, ist die offizielle Begründung. Weigert sie sich, glauben diese, sie habe etwas zu verbergen. Eine zeitlang tut sie, was ihr befohlen wurde, bis sie irgendwann damit beginnt, sich gegen die Anordnung zur Wehr zu setzen.

Beim ersten Mal haben mich dann Beamte mit ausgezogen, also Männer. Dann habe ich das meinem Rechtsanwalt erzählt, der hat dann eine Beschwerde gemacht. Am nächsten Mal habe ich mich wieder gewehrt, und da kamen also nur die Frauen rein, und die haben mir dann alles wirklich richtig runtergerissen, die ganzen Klamotten waren nur noch Fetzen. Nicht, weil das vielleicht nicht anders gegangen wäre, aber in ihrer Angst und in ihrer Hektik wollten sie ihre Vorschriften durchziehen, und sie glaubten wahrscheinlich auch, die hat da was versteckt womöglich. ... Heute denk ich, es wäre besser gewesen, ich hätte mal mit denen gesprochen drüber. Ich hab zwar auch gesagt, mir reichts jetzt, ich zieh mich nicht mehr um, seid ihr denn verrückt. Das könnt ihr mit einem Affen machen aber nicht mit mir. Und da stand dann auch einmal eine Beamtin dabei, gerade wo sie mich so rausgezerrt haben und an den Klamotten gezerrt haben, und eine stand auf meinen Haaren drauf, da stand eine Beamtin dabei, die ist heute nicht mehr im Knast, die hat immer geschrieen: Nein, das kann ich nicht, das mach ich nicht. Eine hat die Klamotten angepackt und splitternackt, wie ich war, haben die mich aus der Zelle gezogen und splitternackt durch den Flur in meine Zelle rein. Von einer Zelle in die andere, fünf Meter über den Boden haben die mich gezogen. Und dann lag ich da nackt in meiner Zelle drin, da schmissen sie die ganzen Klamotten hinterher und klatschten die Türe zu. ... Auch wenn ich gesagt habe, ich geh nicht in die Freistunde, dann mußte ich mich auch ausziehen. Das hatte alles keine Logik.

Die Vollzugsbeamtinnen haben Angst vor dieser Frau, die der Vorsitzende schon vor Beginn des Verfahrens in einem Gerichtsbeschluß als aggressiv bezeichnet hatte, freilich ohne ihr jemals begegnet zu sein, und von der auch die Zeitungsleute Ruchloses berichteten. Angelika Speitel unternimmt nichts, was diesem Image schaden könnte.

Da sind aber außer ihrer desolaten Verfassung noch andere Gründe, die sie zum Rückzug aus der Hauptverhandlung veranlassen. Es kommt ihr sinnlos vor, sich weiterhin an einem Verfahren zu beteiligen, in dem alles längst abgemacht scheint zwischen Bundesanwaltschaft, Polizeizeugen und Richtern. Was wirklich passiert ist, kann sie ohnehin nicht erklären, ohne ihre Freunde zu verraten und ohne den Bundesanwälten Material für weitere Beschuldigungen zu liefern. Die Anträge ihres Vertrauensverteidigers sind bisher ausnahmslos abgeschmettert worden. Zum Beispiel der Antrag, das Verfahren für sechs Monate auszusetzen, weil die Mandantin nach der langdauernden Isolationshaft weder physisch noch psychisch in der Lage sei, der Verhandlung zu folgen. Wenn diese Haft noch Jahre so weitergehen soll, sagt Angelika Speitel, »dann weiß ich, daß man nicht mehr lange lebt.« Wenn sie das überstehe, dann nur im Glauben an »das Kollektiv« und im Vertrauen an »unsere Kraft«.[43] Als auch der Antrag auf Entpflichtung des zwangsweise gegen ihren Willen beigeordneten Düsseldorfer Rechtsanwalt

Max Ostrop, der im Majdanek-Prozeß zu den Verteidigern der SS-Leute gehörte, die Menschen im Konzentrationslager grausam gequält und zu Tode gefoltert haben, abgelehnt wird, nimmt sie das als Zeichen. Was konnte schon herauskommen bei so einer »Verhandlung«? Alle paar Verhandlungstage erscheint sie kurz im Saal und pflegt, bevor sie abermals ausgeschlossen wird, ihren Ruf als besonders aggressive und gefährliche Terroristin. Sie schreit den Vorsitzenden an und einmal schmeißt sie mit Zwiebeln und Tomaten.

Jahre zuvor hatte dieselbe Angelika Speitel sich im Stuttgarter »Komitee gegen die Folter« für die Aufhebung der Sonderhaftbedingungen der RAF-Gefangenen engagiert. Als Gehilfin im Rechtsanwaltsbüro Croissant erlebte sie den Prozeß gegen Andreas Baader, Ulrike Meinhof, Gudrun Ensslin und Jan-Carl Raspe in Stammheim mit. Damals entschied sie, sich der Gruppe anzuschließen:

Du merkst, daß die auch krank sind, du merkst, daß die kaputtgehen, wie die Konzentrationsschwierigkeiten haben, daß sie aber im Grunde genommen um Gerechtigkeit kämpfen. Und du kriegst einfach das Gefühl, die müssen da raus. Und dann sah ich ja, daß die Anwälte nicht mal geschafft haben, den Holger Meins am Leben zu erhalten. Ja, und da hab ich mir natürlich gesagt: So geht das nicht, wir können nicht zugucken wie im Dritten Reich, daß die einfach neue Methoden eingeführt haben, wo die Menschen, die ihnen nicht passen, oder die ihrer Meinung nach was Unrechtes getan haben, auch langsam kaputt gemacht und vernichtet werden. Ich hätte damals im Dritten Reich auch versucht, so viele wie möglich zu retten. Ja, und die einzige Rettung sah ich schon, die aus dem Knast rauszuholen. Mir gings ja wirklich dadrum, mit dem Andreas Baader durch den Wald zu laufen.

Die psychische Not der Angelika Speitel ist weder Thema des Verfahrens noch der Urteilsbegründung. Mit Willy Peter Stoll und Michael Knoll hatte sie nicht nur zwei ihrer besten Freunde verloren, sie war nicht nur vom eigenen Ehemann, der sich zur Kollaboration mit den Verfolgungsbehörden entschlossen hatte, identifiziert worden, arg quält sie auch die Vorstellung, mit den Gesprächen im Krankenhaus einen großen Fehler begangen zu haben. Ihrer Gesprächspartnerin im Gefängnis vertraut sie später an:

Das lief mir nach, Tage, Wochen Monate, fast zwei Jahre. Das lief mir so hinterher. Also ich hab nie in meinem Leben so einen fürchterlichen Zustand erlebt.

Weder im Verfahren noch im Urteil kommt eine Angelika Speitel vor, die aus Angst vor einer spontanen Rachetat der Polizisten um ihr Leben redete. Statt dessen denken sich die Richter eine selbstsichere Angelika Speitel aus, die

während der im Verlauf mehrerer Tage geführten Gespräche zu jeder Zeit sorgfältig überlegt und abgewogen (hat), was sie sagen wollte und was nicht.[44]

Die Brüche in der Persönlichkeit Angelika Speitels bleiben ihnen verborgen, weil sie sie nicht zur Kenntnis nehmen wollen. Nichts spricht aus ihrer Sicht dafür, dieses problemlose Verfahren unnötig zu beladen. Andere hingegen, darunter auch nachdenkliche professionelle Prozeßbeobachter, bemerken sie.

Ist das wirklich die einst steckbrieflich Gesuchte, die gefürchtete Staatsfeindin, die nun zappelig auf ihrem Sitz herumturnt, mit ihrem Wahlverteidiger Peter Gärtner tuschelt, die Gesichter im Zuschauerraum so gierig auf Bekannte hin absucht und am Bleistift kaut?

wundert sich der Gerichtsreporter der »Süddeutschen Zeitung«.[45] Und sein Kollege von der lokalen »Rheinischen Post« schreibt:

Auf der Anklagebank in Düsseldorf sah man am Donnerstag, als der Prozeß eröffnet wurde, in dem sie wegen Mordes, versuchten Mordes und Beteiligung an einer terroristischen Vereinigung angeklagt ist, ein Mädchen von 27 Jahren, das mit einem geradezu erschütternden Schwall von Worten sich förmlich selbst anklagte.[46]

Aufklärungsversuch

November 1987. Mit der Hilfe eines Pfarrers und der Anstaltspsychologin hat sich Angelika Speitel aus der RAF-Ideologie herausgearbeitet. Im Besucherpavillon des Köln-Ossendorfer Gefängnisses erzähle ich ihr von der Karriere ihres Gesprächs, aus dem eine Wunderwaffe der Politischen Justiz wurde: die »Kollektivitätsthese«.

Angelika Speitel ist bestürzt, lehnt aber ein Interview ab, weil sie glaubt, daß nichts wiedergutgemacht werden könne. Sie möchte ihren Rückweg aus dem Knast vorbereiten, ohne vom Ballast ihrer Vergangenheit erschlagen zu werden. Bis heute hat sie nichts verraten, trotz »vieler übler Versprechungen und Drohungen« von seiten der Justiz. Der war es um Namen gegangen, mir geht es um Aufschluß über die »Kollektivitätsthese«. Doch wie es wirklich war, will Angelika Speitel für sich behalten. »Es ist sinnlos, gegen die Justiz anzugehen«, sagt sie mir. Und: »Für RAF-Mitglieder gibt es keine Gerechtigkeit.«

Im Juni 1990 wird sie nach der Begnadigung durch den Bundespräsidenten aus der Haft entlassen.

Werner Lotze wird am 31. Januar 1991 vom Bayerischen Obersten Landesgericht in München wegen Ermordung des Polizeibeamten Hans-Wilhelm Hansen und mehrfachen versuchten Mordes zu zwölf Jahren verurteilt. Das »lebenslänglich« blieb ihm erspart. Die Richter hatten, wenn auch spärlich, Lotzes Kollaboration honoriert.[47]

11. Gert Schneider/ Christof Wackernagel

Standardvorwurf

10. November 1977. Eine Stunde vor Mitternacht verlassen die RAF-Mitglieder Gert Schneider und Christof Wackernagel ihre Unterkunft in Amsterdam. Schneider hat sich eine Handgranate in die Manteltasche gesteckt, Wackernagel ist mit einer Pistole bewaffnet. Daß die Polizei das Haus bereits eine Zeit lang observiert und das Telefon seit Tagen abhört, wissen sie nicht. In der Dunkelheit werden sie von neun holländischen Polizei-Spezialisten der Abteilung »Überfälle und Terrorismus« beobachtet – deutsche BKA-Beamte liegen ebenfalls auf der Lauer. Schneider und Wackernagel wollen von einer Telefonzelle an der Ecke Pieter Calandlaan/Domela Nieuwenhuisstraat aus mit Gruppenmitgliedern in einer westdeutschen Stadt sprechen.

Was dann geschieht, wird von der Bundesanwaltschaft später als dreifacher Mordversuch an Polizeibeamten bewertet, begangen »aus niedrigen Beweggründen, mit gemeingefährlichen Mitteln und um andere Straftaten zu verdecken.«[1] Mit durchgeladenen Pistolen gehen Kommandoleiter van Hoogen und zwei seiner Fahndungsbeamten – alle drei tragen Schutzwesten sichtbar über ihrer Kleidung – nebeneinander auf die Telefonzelle zu. Van Hoogen öffnet die Tür der hellerleuchteten Zelle und ruft, weniger als einen Meter von Schneider und Wackernagel entfernt: »Hände hoch, Polizei«. Dann folgt die Schießerei. Mindestens 44 mal schießen die Beamten,[2] Christof Wackernagel feuert viermal, Gert Schneider wirft die Handgranate. Schwerverletzt werden die beiden RAF-Mitglieder überwältigt und in das Scheveninger Gefängnishospital gebracht. Elf Monate später, am 13. Oktober 1978, werden sie an die Bundesrepublik ausgeliefert, nachdem niederländische Gerichte mehrerer Instanzen die Berechtigung ihrer Asylanträge verworfen hatten.[3]

Rückblick: Karrieren

Zum System des Strafvollzugs gibt es in unserer Gesellschaft keine Alternative, heißt es. Jemand, der die Gesellschaft umstürzen will und für dieses Ziel mordet, raubt oder entführt, den könne man nicht frei laufen lassen. Den müsse man einsperren auf lange Zeit. Dies zu verwirklichen sei Aufgabe der Strafverfolgungsbehörden.[4]

Seit zwei Jahrzehnten erschöpft sich Terrorismus-Prävention im Wegsperren und Ausgrenzen. Doch schon wenige Jahre nach der Entstehung der ersten bewaffneten Gruppen hätte man die scheinbare Evidenz der Formel »Wer sitzt, schießt nicht« als verhängnisvollen Irrtum erkennen können. Die Präventionsstrategie säte Drachenzähne. Viele entschieden sich für die Illegalität, weil sie durch ein unmenschliches Haftstatut für die Gefangenen unter enormen psychischen Druck geraten waren: nicht nur Angelika Speitel, Willy Peter Stoll und Peter-Jürgen Boock, auch Susanne Albrecht, Karl-Heinz Dellwo, Knut Folkerts, Ralf Baptist Friedrich, Christian Klar, Roland Mayer, Bernd Rössner, Adelheid Schulz, Günter Sonnenberg und Lutz Taufer. Sie alle hatten sich in Gruppen gegen die Isolationshaft, den »Anti-Folter-Komitees«, engagiert;[5] Elisabeth von Dyck hielt mit dem inhaftierten Klaus Jünschke Verbindung, Christof Wackernagel erlebte den Stuttgart-Stammheimer Prozeß gegen die RAF-Gründer als technische Hilfskraft der Verteidigung mit, Gert Schneider verteilte vor dem Kaiserslauterner Landgericht Flugblätter gegen Jünschkes Isolationshaftbedingungen. Die Aufzählung der Namen – obwohl unvollständig – spricht Bände. »Wahr ist«, schrieb Klaus Jünschke acht Jahre nach seiner Inhaftierung,

daß allein die Unmöglichkeit, vermittels legaler Initiativen bzw. vermittels der Initiativen von Legalen, die Abschaffung der Trakte durchzusetzen, Agitation für die Illegalität ist.[6]

Die Haftbedingungen mit ihren zerstörerischen Auswirkungen auf die Gefangenen bekamen für Mit-Leidende die Qualität moralischer Rekrutierungsmittel. Parolen pinseln gegen Isolationshaft, mit Transparenten für die Zusammenlegung demonstrieren, in Zeiten von Hungerstreiks Informationsveranstaltungen ausrichten – all das zog und zieht die Erfassung und erkennungsdienstliche Behandlung gewissermaßen automatisch nach sich. Die mitunter jahrelange Erfahrung, daß das eigene Engagement erfolglos bleibt, daß man infolge seines Engagements aber vorgeladen, hausdurchsucht, erkennungsdienstlich behandelt wird und vielleicht sogar vor Gericht gestanden hat, verschärft die moralische Selbstverpflichtung, für die Existenzbedingungen der Gefangenen einzustehen. Sie gerät unter den Druck der eigenen Illegalisierung. Der Schritt in den Untergrund wird auf diese Weise kurz genug.

September 1975. Vor dem Landgericht Kaiserslautern beginnt der Prozeß gegen Klaus Jünschke. Seit seiner Festnahme im Juli 1972 hat Jünschke drei Jahre und zwei Monate Untersuchungshaft unter Sonderbedingungen im Gefängnis Zweibrücken hinter sich. Bei Prozeßbeginn machen sich schwere Haftschäden bemerkbar, der Angeklagte kann sich nicht mehr vernünftig artikulieren. Er verliest normierte Schimpftiraden gegen das Gericht, dann wird er von der Verhandlung ausgeschlossen. Der Prozeß findet ohne ihn statt. Seine Verteidiger schickt Jünschke fort.

An der Universität Kaiserslautern absolviert in diesen Jahren das spätere RAF-Mitglied Gert Schneider ein Lehrerstudium. Nach dem Abitur 1971 war Schneider der SPD beigetreten. Als ihm die Aktivitäten des sozialdemokratischen Hochschulbundes, den er eine Weile unterstützt hat, nicht mehr zufriedenstellen, schließt

sich Schneider einer kommunistischen Gruppe mit dem Namen »Antifaschistischer Kampf« an. Wie viele andere ist auch Gert Schneider empört über die Isolation der RAF-Häftlinge in den Gefängnissen. Er will etwas tun – der Jünschke-Prozeß bietet sich an. Schneider beteiligt sich an Flugblattaktionen gegen Jünschkes Haftbedingungen, juristisch werden sie als »Unterstützungshandlungen« definiert. Die Aktionen der »Unterstützergruppen« rufen den Staatsanwalt auf den Plan. Mit richterlichem Beschluß und einem Polizeiaufgebot werden im Juni 1977 die Räume des Kaiserslauterner AStA durchsucht. Es kommt zu tätlichen Auseinandersetzungen zwischen der Polizei und etwa zwanzig Studenten und anderen jungen Leuten, die das Eindringen der Polizisten verhindern wollen. Gert Schneider ist einer von ihnen, er muß seine Personalien angeben. Die Staatsanwaltschaft Kaiserslautern leitet ein Strafverfahren ein.[7]
Gert Schneider:

Und dann bekam man natürlich die entsprechenden Kontakte mit Leuten und kam halt immer näher an die RAF-Kreise heran. Und wenn man so langsam zu dieser Thematik irgendwie ne Verbindung aufnahm und sich damit auseinandersetzte und versuchte, das irgendwie für sich klar zu kriegen und gleichzeitig sah, daß man in den alten politischen Strukturen, in denen man immer noch steckte, in den Wohngemeinschaften, in der Arbeit da unten in der Provinz, immer mehr versauerte, zu nichts kam dabei, und merkte dann auch noch, obwohl die gesamte RAF eigentlich im Knast sitzt, geht es noch irgendwie immer weiter. Das scheint eine Sache zu sein, die ne Perspektive hatte.[8]

Gegen Ende September 1977 meldet Schneider seinen Wohnsitz ab, kauft sich in der Schweiz ein halbautomatisches amerikanisches Sturmgewehr und läßt sich mit falschen Papieren versorgen.

Der Prozeß ist dann sehr rapide gegangen. Daß ich der neue Mensch dabei werden mußte, das hatte ich eigentlich so nicht im Kopf, sondern daß man jetzt zu einer realen Praxis kommen könnte, von der man sich ausrechnete, daß sie irgend etwas bewirken könnte. Einfach deshalb, weil sie nun wirklich etwas ganz anderes war als das, was man sonst gemacht hatte. Etwas, das die Gesellschaft nicht würde integrieren können. Gerade die Knarre, gerade die Illegalität, die bewaffnete Aktion, der Rechtsbruch, das waren ja im Grunde Sachen, man stellte sich damit außerhalb der Gesellschaft. Man hatte damit also zum erstenmal den quasi archimedischen Punkt, an dem man meinte, sicher sein zu können, tatsächlich jemand ganz anderes zu sein. Den ganz normalen bürgerlichen Scheiß, wie man es nannte, nicht mehr mitzumachen: Daß man halt seine Brötchen verdient, daß man einen Beruf hat, daß man seine Wohnung hat, daß man in einer Beziehung oder in einer Ehe oder in sonst irgendwas lebt. Das heißt, dieser ganze quasi politische Hintergrund, der einen in diesem Leben im Grunde genommen nur noch so aufrecht erhalten hat, durch den man ein Leben führen muß wie sechzig Millionen andere auch.

Am zehnten November 1977 wird Gert Schneider in Amsterdam festgenommen.

Spurensuche überflüssig

Vom 28. Februar bis zum 5. September 1980 verhandelt der vierte Strafsenat des Düsseldorfer Oberlandesgerichts mit dem Vorsitzenden Dr. Wagner gegen Gert Schneider und Christof Wackernagel. Beweisthemen sind:

a) die Beteiligung an einer »terroristischen Vereinigung« nach § 129a StGB

b) das Geschehen in Amsterdam in der Stunde vor Mitternacht des 10. November 1977.

Da sich beide Angeklagte zur RAF bekennen, ergeben sich zum Punkt a) Beweisprobleme nur in Bezug auf die Dauer der Mitgliedschaft. Anders verhält es sich zum Beweisthema b), obwohl die Sitzungsvertreter des Generalbundesanwalts den Fall wie eine Routinesache behandeln, der nur noch der richterliche Segen in Form des »Lebenslänglich« fehlt. Der Karlsruher Anklagestandard »Schießbefehl« verspricht den kurzen Prozeß, hatten sich doch in der Vergangenheit bereits etliche Gerichte inclusive des vierten Düsseldorfer Strafsenats von dem angeblich »ungeschriebenen Gesetz« der RAF überzeugen lassen, das den Gruppenmitgliedern den »bedingungslosen Einsatz von Waffen gegen Polizeibeamte«[9] vorschreibe. Das »Lebenslang« schien sicher, noch bevor die erste Seite der Anklageschrift verlesen war. Entsprechend wird der Anklagevorwurf serviert: Wie ein Fertiggericht, das nur aufgewärmt zu werden braucht.

Mit ihren beiden Anklagestandards »Schießbefehl« und »Kollektivitätsthese« hat die Bundesanwaltschaft Trümpfe in der Hand, gegen die jede Verteidigung in der Regel nur verlieren kann. Daß bei diesem Vorteil Waffengleichheit und Unschuldvermutung, die beiden Säulen eines fairen Verfahrens, auf der Strecke bleiben, ist allerdings klar. In den vergangenen Kapiteln haben wir mit beiden Anklagestandards bereits Bekanntschaft gemacht: mit Anklagestandard eins im Abschnitt über den Hoppe-Prozeß und über Angelika Speitel; mit Anklagestandard zwei im Prozeß gegen die Mitglieder der »Bewegung 2. Juni« und wiederum Angelika Speitel, deren Krankenhausgespräche der »Kollektivitätsthese« zu ihrer gerichtskundigen, das heißt weiterverwertbaren Form, verhalfen.

Das »ungeschriebene Gesetz« des »Schießbefehls«, entstand aus einem – im übrigen dementierten – Interview mit Ulrike Meinhof im »Spiegel« vom 15. Juni 1970 («...wir sagen, natürlich, die Bullen sind Schweine ... und natürlich kann geschossen werden...«) und einer Reihe von Sekundärbeweismitteln. Im Fall Schneider/Wackernagel bot die Bundesanwaltschaft als Sekundärbeweismittel die Aussagen der früheren RAF-Kuriere und späteren Kollaborateure Volker Speitel und Hans-Joachim Dellwo auf. In ihren umfangreichen Vernehmungen hatten beide den Generalbundesanwalt sogenannte Gruppeninterna wissen lassen, so auch die, daß der »rücksichtslose Einsatz der Schußwaffen bei einer Festnahme als ›vorbildlicher revolutionärer Akt‹ gelobt und der durch die Umstände bedingte Verzicht heftig kritisiert« worden sei.[10] Nun ist es zwar äußerst unwahrscheinlich, daß Speitel und Dellwo als Kuriere über derartige gruppeninterne Vorgänge überhaupt informiert waren. Kein Verteidiger, dessen Mandant oder Mandantin von ihrer Rede belastet wurde, hatte aber jemals die Gelegenheit, Speitel oder Dellwo zu befragen. Entweder heißt es, die »ladungsfähige Anschrift« sei »dem Bundeskriminalamt nicht bekannt«, oder könne »wegen entgegenstehender gewichtiger Sicherheitsinteressen nicht mitgeteilt werden....Die Bekanntgabe ihrer Anschriften würde die Terrorismusbekämpfung erheblich erschweren.«[11] Das Bundeskriminalamt hatte Speitel und Dellwo nämlich als Gegenleistung für ihre umfangreichen Aussagen neue Identitäten und jedem eine neue Existenz im Ausland besorgt.

Das im Vergleich wichtigere Sekundärbeweismittel setzt sich aus einer Reihe von Urteilen gegen RAF-Mitglieder zusammen, bei deren Festnahme Waffengewalt im Spiel war, und die sich gegen den Vorwurf, einen »Schießbefehl« ausgeführt zu haben, nicht auf traditionelle juristische Weise verteidigt hatten.[12] Die Feststellungen dieser Urteile gelten, sofern rechtskräftig, als wahr, im juristendeutsch: als »gerichtsbekannt«. In der Anklage gegen Gert Schneider und Christof Wackernagel werden Feststellungen und Urteile mit und ohne Rechtskraft in Sachen Manfred Grashof, Andreas Baader, Holger Meins, Jan-Carl Raspe, Christian Klar, Günter Sonnenberg, Verena Becker, Knut Folkerts, Christine Kuby, Willy-Peter Stoll, Angelika Speitel und Michael Knoll genannt. Sogar Elisabeth von Dyck fehlt nicht, die Polizeibeamte beim Betreten ihrer Wohnung von hinten erschossen hatten.[13]

Die Bundesanwaltschaft hat zwar mit ihrem Anklagestandard gute Erfahrungen bei Staatsschutzsenaten gemacht – überzeugend ist er dennoch nicht. In den staatsanwaltschaftlichen Modellen der RAF-Verhaltensmaxime reagieren nämlich die verschiedenen Individuen in den unterschiedlichsten Situation pauschal wie Marionetten. Spontane Reaktionen gibt es nach dieser Logik nicht. RAF-Mitgliedern wird immer unterstellt, daß sie töten wollen. Es gibt nicht die alternative Überlegung, daß sie »nur« entkommen, das heißt sich der Verhaftung entziehen wollen. Für die Bundesanwaltschaft ist es ganz unbedeutend, ob die beschossenen Polizisten leicht oder schwer verletzt, getötet oder womöglich gar nicht getroffen wurden. Die Mordabsicht wird in jedem Fall unterstellt.

Rekonstruktion

Zurück nach Düsseldorf, in den speziell für Terroristenprozesse umgebauten Verhandlungsbunker auf dem Gelände der Düsseldorfer Polizeikaserne. Zu Beginn der Beweisaufnahme werden »gerichtsbekannte« Feststellungen aus Urteilen gegen RAF-Mitglieder verlesen, die vor ihrer Verhaftung geschossen hatten. Es sind die »Lebenslänglich«-Urteile gegen Günter Sonnenberg, Christine Kuby, Knut Folkerts und Angelika Speitel – letzteres aus senatseigener Produktion. Doch im Unterschied zu anderen Prozessen gegen RAF-Mitglieder, die sich ihrer Festnahme bewaffnet widersetzten, nimmt die Hauptverhandlung gegen Schneider und Wackernagel einen untypischen Verlauf. Die beiden haben, unterstützt von ihren Anwälten Reinhard Zimmermann und Ernst Ronte, eine aktive Verteidigungsstrategie entwickelt. Sie wollen dem Gericht klarmachen, daß sie nicht in Mordabsicht gehandelt haben. Gert Schneider im Interview:

Wir wollten die Polizisten nicht umbringen, und das haben wir gesagt und haben in unseren Beweisanträgen darauf insistiert. Das war etwas, das ja im Grunde nie ein RAF-Gefangener bisher vor Gericht gesagt hatte. In normalen RAF-Prozessen, in denen es um vergleichbare Situationen ging, wurde darüber nicht gesprochen. Die haben sie sicherlich auch nicht umbringen wollen, die haben das nur nicht gesagt, aus ideologischen Gründen. Wir haben aber innerhalb des ideologischen Konzeptes, das wir damals vertreten haben, aufgezeigt, wie die Verhaftungssituation für uns aussah. Wir haben lange Erklärungen abgegeben über unser Verhältnis zur Waffe und zum bewaffneten Kampf überhaupt. Und das war für das Gericht durchaus ungewöhnlich.

Zum Beweis lassen sich Schneider und Wackernagel darauf ein, die Verhaftungssituation zu rekonstruieren. Am ersten Verhandlungstag beschreibt Gert Schneider, was sich in Amsterdam ereignete:

Wir stehen in der Telefonzelle und telefonieren. Plötzlich stehen drei Mann vor der Zelle, machen die Tür einen Spalt auf, stecken die Pistolen durch, brüllen und schießen sofort. Ich werde am Bauch getroffen, greif mir an den Bauch, daraufhin – kurz danach – schießt der Bulle noch mal und trifft – ich weiß nur nicht mehr wo.

An dieser Stelle ist ein Rückblick angebracht: Noch bevor die beteiligten Polizeibeamten ihre Protokolle schrieben, gab Oberstaatsanwalt Messchaert am Morgen des 11. November 1977 in Amsterdam eine Pressekonferenz, auf der er den versammelten Journalisten den Ablauf falsch darstellte. Nach der Zeitung »de Volkskrant« vom 12.11. sagte er, die Telefonzelle sei die »ideale Situation für eine Verhaftung« gewesen, »jedoch kam es doch noch zu einer Schießerei. ... Die beiden RAF-Mitglieder haben in der Umgebung aber andere Polizisten gesehen, sind gleich aus der Zelle herausgesprungen und haben das Feuer eröffnet.« Eine Woche später konnte der holländische Rechtsanwalt Gerard Spong nach Gesprächen mit Christof Wackernagel eine Korrektur in Gang bringen – publiziert in »de Volkskrant« vom 18.11.77 –, fünf Tage danach zog das Justizministerium nach: Schneiders »Bewegung« – sein Griff an den Bauch – sei als Griff zur Waffe *interpretiert* worden.[14]

In seiner Erklärung fährt Schneider fort:

Das nächste, was ich weiß, ist, daß mir der Lauf gleich darauf zwischen die Augen zielt. Und dann schießt die RAF, endlich (in Gestalt von Chr. Wackernagel, M.O.). Worauf sich die Bullen zurückziehen und aus der Entfernung auf die Telefonzelle schießen. Christof springt aus der Zelle und fällt gleich darauf getroffen um. Daraufhin geht die Schießerei erst recht los, und zwar von mehreren Seiten, von den Bullen her. Christof liegt auf der Straße und zuckt bei den Treffern und ich hock in der Telefonzelle und mir fliegen die Kugeln um die Ohren. Dabei konzentriert sich das Feuer auf die Telefonzelle. Um irgendwie aus dem Zentrum von den Schüssen rauszukommen, laufe ich gebückt, soweit das noch geht, aus der Zelle, bekomme eine Kugel an den Kopf, Kugelhagel setzt ein, falle um, bleibe reglos liegen.[15]

Im Moment des Umfallens habe er nach seiner Handgranate gegriffen:

Wenn in dem Moment die Handgranate nicht losgegangen wäre, hätte es jetzt tatsächlich einen Toten gegeben. Woraufhin dann auch nach der Handgranate tatsächlich mal Ruhe ist mit der Schießerei, um dann aber ein paar Sekunden später um so heftiger wieder einzusetzen. Das Feuer konzentriert sich dann wieder auf mich, ich werd am Rücken getroffen, weil ich auf dem Bauch lieg. Bewegt haben wir uns da beide nicht mehr, konnten auch nicht mehr; als ihnen die Munition ausgeht, wird endlich das Feuer eingestellt.[16]

Den Antrag der Verteidiger, das Geschehen an Ort und Stelle zu rekonstruieren, lehnt das Gericht ab. Stattdessen wird die Lage im Gerichtssaal mit einer aus Holland herbeigeschafften Telefonzelle simuliert. Fraglos hätten im Rahmen einer adäquaten nächtlichen Tatortbesichtigung nicht nur die Telefonzelle, sondern auch die Sichtverhältnisse in der Dunkelheit und die Grünsteifen-Umgebung berücksichtigt werden können, und es fällt schwer, in der Verweigerung durch das Gericht kein Indiz dafür zu sehen, daß es nicht der konkreten Situation, sondern dem Kanon des Anklagestandards entsprechen wird. Indes fährt doch eine kleine Besetzung (Vorsitzender und ein Richter) »privat« zum Tatort, was einen Befangenheitsantrag der Verteidigung nach sich zieht.[17] Der Senat weist den Antrag aber mit der Begründung zurück, eine Tatortbesichtigung habe »nicht stattgefunden.« Daß die Richter den Tatort aufsuchten, rechtfertigte ihrer Meinung nach »nicht die Annahme der Angeklagten, die Richter hätten eine förmliche Ortsbesichtigung für erforderlich gehalten.«[18]

Schneider und Wackernagel erheben vor den Düsseldorfer Richtern schwere Vorwürfe gegen die niederländische Polizei. Sie sagen, der Ablauf ihrer Festnahme beweise, daß die Polizei-Sondereinheit auf den Versuch ihrer Tötung »konditioniert« gewesen sei. Sieben Jahre später räumt Gert Schneider ein:

Im Nachhinein muß man sagen, konditioniert waren wir eigentlich auch. Man hatte sich auf diese Situation einer Verhaftung durchaus eingestellt und man wußte, daß das erste, was dort anstand, war, mit allen Mitteln zu versuchen, wegzukommen. Man trug ja nicht umsonst die Knarre schon bei ganz banalen Beschäftigungen wie Brötchen holen mit sich herum. Die Verhaftung kann jederzeit passieren, und darauf wollte man vorbereitet sein. Man war wohl darauf eingestellt, dann auch die Knarre benutzen zu müssen, aber nicht in dem Sinn, daß man die Polizisten umbringt. Man wollte sie kampfunfähig schießen. Man muß natürlich in so einer Situation sehen, da ist nicht mehr viel Zeit, irgendwas zu überlegen und irgendeine Entscheidung zu treffen. Die Entscheidung, die man dann hier ausführt, die hat man im Grunde schon lange vorher getroffen. Und zieht man dann tatsächlich die Waffe, das muß man sich halt konkret vorstellen, das taten wir, das taten auch andere, schon angesichts einer auf einen gerichteten Pistole. Und ein normaler Mensch überlegt bei so was, wenn er in so ein Loch reinguckt. Wir überlegten dabei nicht mehr.

Nach normalen polizeilichen Maßstäben hatten die Beamten des Festnahmekommandos wahrhaftig schwere Fehler begangen. Sie waren zu Dritt, die Waffen im Anschlag, auf die beiden ahnungslos ins Telefongespräch vertieften Männer zugerannt, um die Tür unter »Hände-hoch« Rufen zu öffnen – das war in der Tat keine überzeugende Leistung. Die Polizisten hatten ihren Befehl sogar wiederholen müssen, weil Schneider und Wackernagel von dem Telefongespräch mit der Untergrund-Genossin Angelika Speitel voll und ganz in Anspruch genommen waren. Warum so dramatisch, wenn die beiden leichter auf andere Art hätten festgenommen werden können? Und welche Rolle spielte die ungeschickt kaschierte und lange geleugnete Anwesenheit von Bundeskriminalbeamten am Tatort?

Im Prozeß stellen beide Angeklagte die Schießerei ausführlich aus ihrer Sicht dar. Von neun Kugeln in Kopf, Bauch, Brust, Schulter und Rücken getroffen sei Schneider in die Büsche am Straßenrand gestürzt; Wackernagel von Schüssen in Arme und rechtem Fuß und einem Streifschuß am Kopf umgerissen und dann, bereits orientierungslos, von Polizisten der Spezialeinheit mit Gewehrkolben ins Gesicht geschlagen worden.[19] Der Ausdruck dafür sei, so die beiden Angeklagten, »Projektierte Leichensache Wackernagel/Schneider«. Wenn es einen Mordversuch gegeben habe, dann den »an uns«. Schneider vor Gericht:

Daß wir jetzt nicht noch erschossen werden, liegt ganz einfach daran, daß inzwischen Leute auf die Straße kommen und gucken. Die Presse ist natürlich auch schon da, ein Fotograf bekommt später für die Bilder die Goldene Kamera.[20]

Sieben Wochen zuvor hatte bei der Festnahme ihres RAF-Genossen Knut Folkerts in Utrecht ein Polizist sein Leben verloren, ein anderer kam mit schweren Verletzungen davon.[21] Gert Schneider und Christof Wackernagel fürchteten im Fall ihrer eigenen Verhaftung Konsequenzen, nicht nur deshalb. Gert Schneider im Interview:

Von daher glaubten wir zu wissen, wie sich die holländische Polizei verhalten wird, und daß wir im Grunde nichts Gutes zu erwarten hätten. Natürlich noch verstärkt dadurch, daß damals eine ganz besondere Zeit war, die Zeit der Fahndung nach den Schleyer-Entführern. Also – uns war klar, eine Verhaftung endet quasi notgedrungen mit ner Schießerei.

Im Düsseldorfer Prozeß geht es infolge der aktiven juristischen Verteidigungsstrategie der Angeklagten um zweierlei: erstens anhand der konkreten Ereignisse den Vorwurf des Mordversuchs zurückzuweisen, zweitens der Prämisse des Anklagestandards, dem angeblichen »Schießbefehl«, den Boden zu entziehen.

Zunächst zu der Frage, welche Seite das Feuer eröffnet hat. Die Bundesanwaltschaft vereinfacht: »Unmittelbar nach dieser zweiten Aufforderung, die Hände hochzunehmen, wurde von beiden Seiten durch die geöffnete Telefontür in einem Abstand von etwa einem Meter aufeinander geschossen.«[22] So war es nicht, sagen beide Angeklagten. Wackernagel erinnert sich genau, daß die Polizei zuerst geschossen hat.[23] Brigadier von Hoogen bestätigt: Er habe zuerst geschossen, weil er sich »ernsthaft bedroht« gefühlt habe. Van Hoogen berichtet auch, wie das Bedrohungsgefühl entstanden war: Im Verlauf der Zusammenarbeit mit dem Bundeskriminalamt, mit dem der Einsatz »sorgfältig geplant« worden sei, sei er darauf vorbereitet worden, »daß deutsche Terroristen nicht vor dem rücksichtslosen Waffengebrauch zurückschrecken.«[24]

So glaubt jeweils der eine, bei der Wahl der Mittel gegen den anderen festgelegt zu sein. Von der Tugend des eigenen Verhaltens überzeugt, beschimpfen sich Polizei und bewaffnete Gruppen wechselseitig, »Mörderbanden« anzugehören.

Das Düsseldorfer Gericht will sich nicht festlegen, welche Partei den ersten Schuß abgab. Es behauptet, die Rekonstruktion des Geschehens, an der alle Prozeßbeteiligten mitwirken, habe keine eindeutige Antwort ergeben. Im übrigen sei die Frage ohne Bedeutung, heißt es im Urteil, denn:

Es handelte sich um eine Festnahme von verdächtigen Rechtsbrechern durch Polizeibeamte, die sich dabei in der rechtmäßigen Ausübung ihres Amtes befanden. Selbst wenn der Zeuge van Hoogen als erster – es ging allerdings dabei um Bruchteile von Sekunden – geschossen haben sollte, so war dies erforderlich und gerechtfertigt angesichts des Verhaltens der Angeklagten, die die Aufforderung, die Hände zu heben, durch einen Griff zu ihren Waffen beantwortet und dadurch mit einem rechtswidrigen Angriff auf die Beamten begonnen hatten.[25]

Eine von der Verteidigung in Auftrag gegebene »gutachterliche Stellungnahme zu den Begleitumständen der Festnahme« bleibt unberücksichtigt. Die Untersuchungsergebnisse des psychologischen Sachverständigen Georg Sieber, dessen Erfahrungswissen und Kompetenz nach sechzehn Jahren Gutachtertätigkeit für die Polizei[26] bestens geeignet ist, passen nicht in diese Landschaft. Sieber hatte den Ablauf der Festnahme so gut es geht in kleinste Einzelereignisse zerlegt und den Schluß gezogen, daß die beiden Angeklagten in der Telefonzelle in der Defensive waren. Der Bericht schließt mit der zusammenfassenden Beurteilung:

...daß ein Vorsatz zum Widerstand gegen die Festnahme aufgrund des Ereignisablaufs und der beobachteten Sachverhalte nicht unterstellt werden kann. Wahrscheinlich ist dagegen, daß die Verdächtigen durch das ungewöhnliche Festnahmeverfahren der Beamten in eine Situation gerieten, die die subjektiven Merkmale einer Notwehr bzw. Nothilfesituation aufweist. Es darf sogar unterstellt werden, daß die Frage eines Widerstandes gegen die beabsichtigte Festnahme den Verdächtigen nicht einmal bewußt werden konnte, da sie aus ihrer Sicht unmittelbar in eine Notwehrsituation bzw. Nothilfesituation gerieten.[27]

Kein Thema für den Senat. Auf die Sachverständigen-Überlegungen käme es nicht an, seine Ausführungen beruhten zudem »allein auf ihm von der Verteidigung überlassenen dürftigen Aktenauszügen«,[28] heißt es im Urteil abwertend. In Terroristenprozessen kann augenscheinlich der Unvoreingenommenste nicht unverdächtig bleiben, sofern er von der Verteidigung geladen wurde. Daß die Angeklagten glaubten, sich gegen eine geplante Erschießung wehren zu müssen, wird in der schriftlichen Urteilsbegründung knapp als Unfug abgetan.

Für eine solche Annahme sprach nichts. Zwar wurde nach den Anschlägen der RAF im Jahre 1977, insbesondere nach der Tötung von Dr. Schleyer und seinen Begleitern, nach Mitgliedern der RAF intensiv gefahndet. Greifbare Anhaltspunkte für die Annahme, Polizeibeamte, noch dazu solche der nicht unmittelbar betroffenen Niederlande, könnten in rechtswidriger Weise auf Verdächtige schießen, waren jedoch nicht vorhanden. Entscheidend kommt die an die Angeklagten gerichtete Aufforderung hinzu, die Hände zu heben und sich der Polizei zu ergeben. Das zeigte ihnen unmißverständlich, daß die Polizeibeamten lediglich eine Überprüfung und Festnahme beabsichtigten.[29]

Damit war die Notwehr verworfen.[30] Dennoch – die intensive Auseinandersetzung mit dem Ablauf der Festnahme war nicht vergebens. Der Senat mag in einer Hinsicht den Bundesanwälten nicht mehr folgen: daß Schneider und Wackernagel mit unbedingtem Tötungswillen handelten. Auch, »daß die Angeklagten aus blankem Haß die Tötung der niederländischen Polizeibeamten gewünscht und gewollt hätten«, sei »nicht sicher festzustellen«, heißt es im Urteil. »Zweifel in dieser Hinsicht bestehen um so mehr, als sie – jedenfalls damals – in den Niederlanden noch nicht den natürlichen Gegner ihrer terroristischen Bestrebungen sahen.«[31]

»Gruppenkonform«

In welcher Absicht war (zurück-) geschossen worden? Die Bundesanwaltschaft bleibt dabei: in Mordabsicht. Es sei »einfach darum« gegangen, »verhaßte Polizisten zu töten«[32] – so wie immer, wenn Terroristen auf Polizisten treffen. Es dauert Monate, bis die Richter eine Beweisaufnahme zum Thema »Schießbefehl« zulassen. Anträge der Verteidigung, inhaftierte RAF-Mitglieder als Zeugen zu befragen, ob eine solche verbindliche Anweisung existiert, werden abgelehnt. Stattdessen erklärt der Senat, er ziehe »in Erwägung«, die in den Urteilen gegen Sonnenberg, Kuby, Knut Folkerts und Angelika Speitel getroffenen Feststellungen, »daß die Angeklagten, die sich jeweils zu der Vereinigung RAF bekannt haben, bei ihrer drohenden Festnahme, soweit möglich, massiven Widerstand geleistet haben und zwar unter Verwendung von Schußwaffen, die sie unter anderem zu diesem Zweck mit sich führten« als »gerichtskundig bzw. allgemeinkundig zu verwerten.«[33] Als Konsequenz war zu befürchten, daß der Strafsenat nicht von den in der Hauptverhandlung vorgetragenen Beweismitteln ausgeht, sondern seine Urteilsbegründung aus anderen Urteilen übernimmt.[34]

Interessant ist in diesem Zusammenhang, daß der Senat anderen bewaffneten Personen in Festnahmesituationen dagegen durchaus individuelle Reaktionsmöglichkeiten attestiert:

Wie Polizeibeamte sich bei einer Festnahme verhalten, insbesondere wann und aus welchem Anlaß sie von der Schußwaffe Gebrauch machen, richtet sich außer nach den von der Verteidigung behaupteten Geschehensmerkmalen (gemeint sind die Einsatzbefehle, M.O.) nach einer Vielzahl weiterer objektiver und subjektiver Umstände, die sich einer Generalisierung entziehen, z.B. dem konkreten Verhalten des Festzunehmenden, den jeweiligen örtlichen Gegebenheiten und Wahrnehmungsmöglichkeiten, dem Reaktionsvermögen, der Wesensart und der konkreten psychischen Verfassung des einzelnen Beamten.[35]

Am 5. August, kurz vor Schluß der Beweisaufnahme, gelingt es den hartnäckigen Verteidigern, sich mit einem Antrag durchzusetzen, dessen Ablehnung die Revision hätte zur Folge haben können. Die RAF-Mitglieder Angelika Speitel, Verena Becker und Stefan Wisniewski werden zum Beweis dafür geladen,

daß sie selbst vor ihrer jeweiligen Festnahme damit gerechnet haben – aufgrund der ihnen bekannten Äußerungen von Politikern und Polizeibeamten -, bei einer Festnahme durch die Polizei möglicherweise erschossen zu werden, und zwar unabhängig davon, ob sie selbst zur Waffe greifen würden oder nicht,

und daß sie aus Gesprächen mit anderen RAF-Mitgliedern wußten, daß diese ebenfalls mit ihrer möglichen Erschießung bei einer Festnahme rechneten;

sie werden ferner bekunden, daß ihnen keine Grundsatzentscheidung der RAF und keine für alle Mitglieder verbindliche Übereinkunft bekannt ist, im Falle einer drohenden Festnahme rücksichtslos auf Polizeibeamte zu schießen, um diese zu töten und sie als mögliche lästige Zeugen aus dem Weg zu räumen,
daß sie vielmehr selbst davon ausgegangen sind, daß es dem Konzept der Stadtguerilla entspricht, Polizeibeamte als untere Chargen des Systems zu schonen, den »Bullen laufen zu lassen, der uns laufen läßt«, und daß es bei einer Festnahme darauf ankommen werde, zu überleben und zu entkommen, und dabei Polizeibeamte nur kampfunfähig zu machen, soweit die Situation das erfordere,
und daß sie aus Gesprächen mit anderen RAF-Mitgliedern wissen, daß diese ebenso dachten wie sie selbst.[36]

Auf dem bequemen Weg zum »Lebenslänglich« liegen in Düsseldorf plötzlich ungewohnte Hindernisse. Die Bundesanwaltschaft muß reagieren. Sie versucht, die Beweisaufnahme nach Kräften abzuwenden, indem sie den angefragten RAF-Zeugen Gefälligkeitsaussagen unterstellt. Insbesondere Angelika Speitel, deren Krankenhaus-Gespräche über die »Willensbildung« in der Gruppe für die reihenweise Verurteilung von RAF-Mitgliedern gut sind, mußte sich nun zum wiederholten Mal sagen lassen, sie sei »ein völlig ungeeignetes Beweismittel«.[37] Sie war nicht mehr gefragt, die »Kollektivitätsthese« abgesegnet, als Zeugin konnte sie nur stören. Lieb und teuer scheinen der Anklagebehörde einzig die Terroristen zu sein, die ihr, nicht aber sich selber helfen.

Wie »bereits mehrfach zum Ausdruck gebracht«, halte die Bundesanwaltschaft, so heißt es in ihrem Gegenantrag,

die in Haft befindlichen Mitglieder der »Roten Armee Fraktion« für völlig ungeeignete Beweismittel im Sinne des § 244 Abs.3 Satz 2 StPO.[38]

Wie gesagt, sie erschienen schließlich doch noch als Zeugen vor Gericht. Alle drei hätten, vorausgesetzt, sie stünden unter dem »Schießbefehl«, Polizeibeamte erschießen müssen. Sie taten es nicht, sondern ließen sich festnehmen. Zur Erinnerung: Angelika Speitel war apathisch unter einem Baum sitzend, den Kopf des lebensgefährlich verletzten Michael Knoll im Schoß, festgenommen worden. Sie war bewaffnet, also keineswegs wehrlos, damit angriffs- bzw. verteidigungsfähig. Zu lebenslanger Haft war sie vom selben Senat verurteilt worden, weil ihr die Schüsse der beiden Mittäter als eigene »angerechnet« wurden. Warum: wegen des angeblich ihr und den Gerichten bekannten Schießbefehls. Das Meinhof-Zitat sei ein »für Mitglieder der RAF kennzeichnendes Verhaltensmuster«, in das sich »das Verhalten der Angeklagten vom 24. September 1978 in Dortmund nahtlos ein(fügt)«.[39] In einer vergleichbaren Sitation war Verena Becker am 3. Mai 1977 in Singen am Hohentwiel nahe der Schweizer Grenze festgenommen worden: Im Lauf einer Schießerei zwischen ihr und dem RAF-Mitglied Günter Sonnenberg auf der einen Seite und mehreren Polizeibeamten auf der anderen Seite war Sonnenberg am Hinterkopf verletzt worden. Verena Becker blieb bei dem Schwerverletzten, warf nach Aufforderung beide Waffen fort und ließ sich widerstandslos festnehmen. Die verfolgenden Polizeibeamten hatten keine lebensgefährlichen

Verletzungen erlitten. Das »Lebenslänglich« bekam Verena Becker für Schüsse auf einen Polizeibeamten, der sie zuvor hatte überprüfen wollen. Gemäß einem angeblich unausgesprochenen »gemeinsamen Tatplan« habe sie auf den unmittelbar vor ihr stehenden Beamten Jacob in der Absicht geschossen, andere schwere Straftaten zu verdecken.[40] Nach dem ersten Schuß von Verena Becker auf seinen rechten Unterarm war Jacob – angriffsunfähig – die Pistole aus der Hand gefallen. Die beiden folgenden Schüsse trafen zwar trotz geringster Entfernung nicht, dennoch behauptet das Urteil, sie habe Jacobs mit einem »Fangschuß« töten wollen.

Die Zeugen präzisieren den Unterschied zwischen offensiver bewaffneter Aktion und defensiver bewaffneter Verteidigung im Fall der drohenden Festnahme. Die Differenzierung ist von großer Bedeutung für den, der sich Klarheit über die Frage verschaffen will, ob es in der RAF einen Gruppenkonsens gibt bzw. gab, Polizisten bei drohender Festnahme zu töten. Stefan Wisniewski bestätigt, daß die RAF die Konfrontation mit der Polizei nach Möglichkeit vermeide. Verena Becker sagt, sie habe den Polizeibeamten verwundet auf dem Boden liegen sehen und sei weggelaufen. Angelika Speitel gibt zu, nach der Erschießung von Willy-Peter Stoll eine so große Wut auf »die Bullen« gehabt zu haben, daß sie am liebsten auf die Straße gegangen und einen umgeschossen hätte. »Aber wir haben es nicht getan, weil wir wußten, daß es falsch ist.«[41] Dennoch – die Kritik am Anklagestandard »Schießbefehl« findet vor dem vierten Düsseldorfer Strafsenat keine Gnade. Unverkennbar heißt es in der schriftlichen Urteilsbegründung:

Diese zuverlässigen urteilsmäßigen Feststellungen (zum Schußwaffeneinsatz, M.O.) hat der Senat – wie in der Hauptverhandlung angekündigt – als gerichtskundig verwertet (vgl. BGHSt 6, 292 ff.). Sie sind für den Hintergrund des gegen die Angeklagten erhobenen Tatvorwurfs von Bedeutung und lassen für das Verhalten von RAF-Mitgliedern symptomatische Verhaltensweise erkennen.[42]

Und weiter, zum Beweiswert der RAF-Zeugen:

Diese Überzeugung ist durch die Aussagen der Zeugen Verena Becker, Stefan Wisniewski und Angelika Speitel nicht erschüttert, sondern teilweise eher bestätigt worden. Die Zeugen sind auf Antrag der Verteidigung u.a. zu der Behauptung gehört worden, es gebe keine Grundsatzentscheidung der RAF und keine sonstige für alle Mitglieder verbindliche Übereinkunft, im Falle einer drohenden Festnahme rücksichtslos auf Polizeibeamte zu schießen. ... (Verena Beckers, M.O.) lapidare, nicht näher begründete Behauptung , sie selbst habe den von ihr beschossenen Polizeibeamten möglichst schonen wollen, widerspricht dem festgestellten Schießen auf den bereits wehrlos am Boden liegenden Beamten und verdient keinen Glauben.[43]

So wurde die eine »gerichtskundige« Feststellung mit der anderen per Urteil festgestellten festgeklopft. Derartig festgefahren konnten sich alle Anhänger des Konzepts der Nicht-Verteidigung nur bestätigt sehen. Mit dem Verweis auf das senatseigene Urteil vom 30. November 1979 wurde Angelika Speitels Zeugenaussage verworfen, während Stefan Wisniewskis Lob, die Angeklagten hätten »vorbildlich reagiert« auf die eigenen Mühlen umgeleitet wurde.

Das Vorhandensein des »Schießbefehls« wird bestätigt, seiner weiteren Verwendung werden keine Hindernisse in den Weg gelegt. Im Urteil heißt es:

Eine widerlegte Schutzbehauptung ist auch, daß insbesondere die Schüsse aus der Pistole die Beamten als – so die Angeklagten – »untere Chargen des Systems« möglichst schonen und ausschließlich verletzen sollten. Es mag zwar sein, daß Mitglieder der RAF einer Konfrontation mit Polizeibeamten schon im Eigeninteresse nach Möglichkeit aus dem Weg gehen. Besteht eine solche Möglichkeit aber – wie im vorliegenden Falle – nicht, so muß nach der übereinstimmenden Vorstellung von RAF-Mitgliedern entschlossen und rücksichtslos von der Waffe Gebrauch gemacht werden, um sich der Festnahme zu entziehen und den »Kampf« in Freiheit fortsetzen zu können. Das ergibt sich nicht nur aus den im verlesenen Senatsurteil vom 30. November 1979 gegen Angelika Speitel wiedergegebenen Worten Ulrike Meinhofs aus einem in dem Nachrichtenmagazin »Der Spiegel« vom 25. (richtig: 15., M.O.) Juni 1970 abgedruckten Artikel: »...und wir sagen, natürlich, die Bullen sind Schweine ... und natürlich kann geschossen werden...«, sondern auch aus den oben festgestellten Verhaltensweisen anderer RAF-Mitglieder. Bezeichnenderweise hat der Zeuge Stefan Wisniewski das Verhalten der Angeklagten vorbildlich genannt. Mag die Reaktion von RAF-Mitgliedern auf das Erscheinen von Polizeibeamten auch am jeweiligen Einzelfall ausgerichtet sein, so entsprach doch das Verhalten der Angeklagten am 10. November 1977 der allgemein gebilligten Maxime, Waffen zu führen und sich im Notfall den Fluchtweg mit allen zur Verfügung stehenden Mitteln – hier Pistole und Handgranate – freizukämpfen. Der Senat hat deshalb keine Zweifel, daß in der geschilderten Situation jeder Angeklagte in Kennntnis der Bewaffnung des anderen von diesem ein solches Verhalten selbstverständlich erwartete und den Beitrag des anderen als eigene Tat billigte. Dafür spricht im übrigen auch ihr völlig gleichgerichtetes spontanes Verhalten.«[44]

Perspektivenwechsel

Am 15. August 1980 beantragt die Bundesanwaltschaft für beide Angeklagte lebenslange Haft »wegen gemeinschaftlich versuchten Mordes in Tateinheit mit mitgliedschaftlicher Beteiligung an einer terroristischen Vereinigung«, drei Wochen später verkündet der Senat sein Urteil: Nicht das übliche »Lebenslänglich«, sondern eine fünfzehnjährige Freiheitsstrafe wegen versuchten Mordes in Tateinheit mit mitgliedschaftlicher Beteiligung an einer terroristischen Vereinigung.[45] Für Schneider und Wackernagel beginnt die erste Phase der Verunsicherung. Gert Schneider:

Es war son komisches Gefühl der Enttäuschung, daß ich nur 15 Jahre gekriegt hab. Ich hätte doch eigentlich gedacht, die Sache war doch nun tatsächlich ein bißchen mehr wert. Das verrückt natürlich tatsächlich in einer Weise ein Weltbild, man bringt das nicht mehr unter. Für mich war es klar eigentlich, dieser Düsseldorfer Senat, der wird mich zu lebenslänglich verurteilen. Und warum tut er das jetzt plötzlich nicht. Das hatte so ne Wirkung auf mich, wo man plötzlich etwas nicht mehr zurecht kriegt, was man eigentlich für selbstverständlich gehalten hat. Ich hatte mich mit dem »lebenslänglich« von vorne herein abgefunden. Hab damit gerechnet und hätte das auch nicht schwer genommen, wenn das gekommen wäre. Die Gericht verhängen über jemand, der aus der RAF kommt und wegen versuchten Mordes verurteilt wird, in der Regel das »lebenslänglich«. Wir sind ja quasi die einzigen, denen das nicht so passiert ist. Irgendwo war das ne Sonderbehandlung.

Sicher fiel das Urteil aus der Reihe. Schneider und Wackernagel waren an einen Senat geraten, der ihre aktive Verteidigungsstrategie honorierte. Schneider:

Es muß also damals, wenn auch nicht direkt für uns, aber wohl für das Gericht, irgendwie ersichtlich gewesen sein, wenn sich jemand einläßt auf ein rationales Denken und auf den Versuch der Begründung dieser Sache, dann stößt er notwendig auf Widersprüche, die damals schon kennzeichnend waren.

Auf Schneider und Wackernagel wirkte das unerwartete Urteil wie eine Provokation. Der Feind war aus der Rolle gefallen, hatte sich nicht nach dem erwarteten Schema verhalten. Zunächst blieb diese erste Verunsicherung ihres Weltbildes noch ohne Wirkung. Gert Schneider erinnert sich, die Zeit nach der Urteilsverkündung mit Versuchen verbracht zu haben, das theoretische Niveau der RAF anzuheben. Er wollte die Gruppe, wie er sagt, »retten«. Aber die Herausforderung läßt keine Ruhe; Schneider und Wackernagel können sich Einsichten nicht mehr verschließen, die ihr Weltbild verändern. Schneider:

Einer der ersten Punkte, wo es bei uns anfing, merklich zu bröckeln, wo wir angefangen haben aufzuhorchen, was ist jetzt in der Linken los, zum Libanon-Konflikt. Was kommen da plötzlich für Töne auf. Das ist so ein Punkt, wo ich den Beginn festmachen kann. Angefangen hatte es schon weit vorher, aber halt sehr verschwommen. Aber in dem Moment merkten wir, hier stimmt irgend etwas nicht an der gesamten Politik, die wir bisher immer vertreten, für richtig heißen und nach außen äußern. Und wir merkten dabei natürlich auch, unsere Briefe, die wir schrieben, ja, es war immer wieder dasselbe, es wurde langsam uns langweilig, und wir merkten, es wurde immer inhaltsleerer. Die Begriffe, mit denen wir dort operierten, die sagten uns langsam nichts mehr.

Im Mai 1982 bestimmte die RAF ihre politische Position neu.[46] Gelegenheit für Schneider und Wackernagel, sich Gedanken zu machen. Gert Schneider:

Im Mai-Papier machte die RAF eine kopernikanische Wende vom weltrevolutionären Prozeß des antiimperialistischen Kampfes hin zum Kampf in den Metropolen. Und da kamen dann so Momente, wo wir merkten, also irgend etwas stimmt nicht mit der RAF-Politik. Wir waren noch lange nicht bereit, die dadurch aufzugeben, sondern sagten, die muß man verbessern, es gibt viel zu kritisieren, das müssen wir irgendwie ändern. Wir müssen etwas tun. Und da hatten wir dann so mehr oder weniger strategische Papiere versucht zu erstellen. Wie wir die ganze Sache auf neue Füße stellen können. Dabei blieb immer noch unser alter Anspruch bestehen, die alte RAF im Grunde gegenüber jetzt diesen neuen Verfallserscheinungen zu retten. Das hatten wir ne lange Zeit gemacht. Das war ein sehr produktiver Prozeß für uns, als daß er ziemlich notwendig eigentlich auf den Punkt hinlief, wo man merkt, Moment, das geht gar nicht. Es geht einfach deshalb nicht, weil da ganz grundsätzlich was falsch ist. Und was uns dann bis zu dem Punkt gebracht hat, jetzt können wir nicht mehr nur irgendwelche Eckchen und irgendwelche Teilbestandteile quasi versuchen, zu reformieren. Jetzt müssen wir ganz grundsätzlich die Frage stellen, was ist eigentlich alles richtig, was wir gemacht haben.

In der Justizvollzugsanstalt Bochum, einem ehemaligen Zuchthaus, werden Schneider und Wackernagel von den übrigen Häftlingen fern gehalten. Ihre beiden Einzelzellen auf einem abgelegenen Flur sind vom normalen Vollzug getrennt. Es sei »eine gemilderte Form« von Isolationshaft gewesen, sagt Christof Wakkernagel später in einem Zeitungsinterview, aber »es war schon ziemlich hart.«[47]

Im Interview schildert Schneider:

Es war ein abgeteiltes Gebilde mit ner eigenen Station und eigenem Personal, mit Stahltüren und so weiter. Die Zellen waren aufgrund dessen, daß sie auf Sicherheitsgesichtspunkte hin neu konstruiert waren, wirklich besser als die normalen Knackizellen, die ziemlich dreckig, verraucht und mit abgeblättertem Putz waren. Aber da war man nun im wesentlichen 23 Stunden drauf. Hatte als einzigen sozialen Kontakt, wenn am Mittag der Kalfaktor vorbei kam und das Essen ausgab.

Keine guten Voraussetzungen für einen Perspektivenwechsel – doch immerhin bleibt ihnen der Hochsicherheitstrakt erspart. Günstige Bedingungen unterstützen ihren Ablösungsprozeß, denn trotz Sondervollzug werden die Überwachungs-Vorschriften nicht gerade überstrapaziert. Die beiden sehen sich täglich beim Hofgang und dürfen viermal pro Woche zwei Stunden in einer Zelle zusammen fernsehen. Sie reden viel in dieser Zeit und sie schaffen es, sich gegenseitig ihre Verunsicherung zuzugeben. Schneider:

Wir konnten uns also unüberwacht unterhalten, uns austauschen. Wir hatten auch noch direkt günstige Bedingungen in Bochum, daß relativ wenig zensiert wurde. Also auch relativ wenig von dem, was wir geschrieben haben. Oder es wurde einfach nicht mehr so richtig ernst genommen, was wir da rausgelassen haben. Briefe zwischen drinnen und draußen, z.B., die wir relativ offen eigentlich schreiben konnten. Zensiert wurde meistens dann, wenn es direkte Buß- oder Straftatbestände betraf. Wo wir irgendwelche Justizbeamten beleidigt haben und so weiter. Das ist o.k. Ansonsten aber, wenn wir sagten, der antiimperialistische Kampf muß fortgeführt werden und so weiter, das störte da hinten keinen mehr. Da hatten wir also son bißchen so nen Freiraum, nen offeneren Austausch, als es z.B. irgendwo anders möglich war. Der insofern recht hilfreich war, daß wir Zweifel äußern konnten, untereinander. Und uns dann gegenseitig sagen konnten, das, was du denkst, ist in der Tat nicht so verrückt, sondern der andere denkt das auch. Du findest Verständnis dafür. Wo man abchecken konnte, also es kann dann nicht nur der Knast sein, es ist nicht nur ne individuelle Verrücktheit, wenn du jetzt irgendwie verzweifelst oder irgendein Zukreuzekriechen vor den bösen Verhältnissen, aus denen du entrinnen willst. Sondern, der andere denkt das im Grunde auch so. Bei einem solchen Prozeß des langsamen Abstandnehmens von der Sache braucht man natürlich auch so was wie eine soziale Bestätigung dafür, braucht insbesondere einen Ansprechpartner, der einen dann wieder selbst vergewissert dessen, was man denkt. Ja, so ungefähr, grob skizziert, ist der Prozeß gelaufen.

Während die Öffentlichkeit unter dem Eindruck schrecklicher Anschläge den Sicherheitsversprechungen von Juristen und Politikern glaubt, ein härteres Vorgehen gegen Terroristen, also eine Beschleunigung der Strafverfahren, die Möglichkeit des Ausschlusses der Verteidiger, und noch rigorosere Abschottung in den Gefängnissen brächten weniger Terrorismus, erleben Gert Schneider und Christof Wackernagel am eigenen Leib das Gegenteil. Sie lassen sich philosophische Literatur kommen, lesen Karl Marx, Adorno, Benjamin. Wackernagel im SZ-Interview:

Wir waren die ersten, die die RAF an ihrem eigenen Anspruch gemessen haben. Wir haben die Kriterien der Studentenbewegung und der daraus hervorgegangenen ursprünglichen RAF an die Praxis angelegt und festgestellt: das geht nicht, die Praxis ist falsch, funktioniert nicht. Aufhören, Schluß machen, haben wir gedacht, das ist eigentlich so vernünftig, daß es die anderen auch kapieren müßten, und haben deshalb einen Artikel in der tageszeitung geschrieben.[48] *Unter dem Stichwort Amnestie haben wir gesagt: Wir machen jetzt alle miteinander Schluß, auch die draußen hören auf, ja auch der Staat macht Schluß mit seiner Hammermethode, Isolation usw. hört auf, und dann ist das Kapitel zu Ende. Das war ja eigentlich nicht dumm, wir haben das damals versucht, aber wir sind überall gegen Mauern gerannt, es interessierte keinen – und irgendwie hat es mich dann auch nicht mehr interessiert.*[49]

Unter ungünstigeren Bedingungen, meint Gert Schneider, wäre ihm die Neuorientierung nicht so gut gelungen.

Ich glaub, eines der großen Dilemmas der Leute, die jetzt in den Gefängnissen sitzen, oder der Leute, die da draußen noch rumschießen, ist das: Sie haben eigentlich niemanden, mit dem sie über die ganze Geschichte diskutieren können. Sicherlich, es gibt natürlich, kann ich mir vorstellen, in größeren Gruppen durchaus Gruppenmechanismen, die die Sache noch länger stabilisieren. Was ich aber weiß, ist, daß man, um selbst darüber denken zu können, sein Denken permanent nachprüfen muß, und zwar an jemand anderem. Und das geht nur mit Leuten, die halt auch in diesem Zusammenhang gesteckt haben. Bei denen man überprüfen muß, was denken die dann eigentlich noch dazu.

Im November 1987 wurden beide entlassen, fünf Jahre ihrer Reststrafe setzten die Richter zur Bewährung aus. Prominente hatten sich für sie eingesetzt, und auch der Brigadier van Hoogen aus der Sondereinheit der Amsterdamer Polizei.

12. Peter-Jürgen Boock

Durch geschlossene Gesellschaften

Im Sommer 1969 hatte Peter-Jürgen Boock Andreas Baader kennengelernt. Boock, der Fürsorgezögling, war achtzehn Jahre alt. Baader sei der erste Erwachsene gewesen, der ihn ernst genommen habe, berichtet Boock später vor Gericht. Er saß damals in der geschlossenen Erziehungsanstalt Rengshausen und hatte drei Selbstmordversuche hinter sich. Mit sechzehn Jahren war er von zu Hause ausgerissen. Neun Monate später griffen ihn Polizisten bei einer Rauschgiftrazzia in Holland auf und schoben ihn in die Bundesrepublik ab. Da schien sich niemand für ihn zu interessieren. Seine Eltern wollten ihn nicht wieder haben, und für die Behörden war der sechzehnjährige Haschischraucher ein hoffnungsloser Fall. Peter-Jürgen Boock zwanzig Jahre danach:

Das war 67 auf 68. Ich weiß es noch wie heute, eine Sozialarbeiterin um die sechzig, kurz vor der Pensionierung, nahm mich in Hamburg in Empfang. Sie hatte überhaupt keine Vorstellung, was sie mit mir anfangen soll. Sie mußte im Lexikon nachlesen, was da unter »Haschisch« stand. Es war absolut fürchterlich, und jeder Versuch von mir, zu erklären, machte alles noch viel schlimmer. Ich war süchtig, nach ihrer Meinung, und sowieso eigentlich schon verloren. Da fiel ihr eben wirklich nichts anderes ein als das härteste, was sie hatten, nämlich die geschlossene Heimerziehung.[1]

Die erste Station hieß Glückstadt in Schleswig-Holstein. Das dortige Landesfürsorgeheim war in einer ehemaligen kaiserlichen Kadettenanstalt untergebracht. Boock:

Sah auch so aus. Drinnen liefen die sogenannten Erzieher mit Gummiknüppeln rum. Diese »Erzieher«, wie sie sich nannten, das waren in erster Linie irgendwelche Frührentner aus der Heringsfischerei in Glückstadt, denen ein paar Finger oder ne Hand oder auch ein Bein fehlte und die entsprechend »gut drauf« waren. Die Erziehung bestand in erster Linie aus regelmäßigem Verprügeln der Leute. Fürs ganze Heim gab es einen einzigen Sozialarbeiter, also für etwas über hundert Leute. Ich war knapp vier Monate da, da gab es einen Aufstand. Der entzündete sich daran, daß jemand ein Paket von zu Hause bekommen hatte und der Erzieher sich weigerte, ihm das auf einmal auszuhändigen. Er wollte es ihm stückchenweise zuteilen, und die Zuteilung abhängig machen von irgendeinem Wohlverhalten. Das hat den Jugendlichen dazu gebracht, das Paket einfach mitzunehmen, der Erzieher rannte hinter ihm her, prügelte ihn, drei oder vier andere Jugendliche sahen das und fielen über den Erzieher her. Der Erzieher rannte schreiend weg. Als nächstes nahm irgendjemand einen Kübel Bohnerwachs, kippte ihn die Treppe runter und zündete das an. Und da war der Aufstand in vollem Gange. Da gab es keine Planung oder sowas. Es war das absolute Chaos, und fast hätten wir uns selber umgebracht, weil dieser Bohnerwachs wirklich sehr gut brannte, und plötzlich brannte das ganze Treppenhaus und wir konnten nirgendwo raus, denn die Fenster waren vergittert. Einer hat dann ein Loch in den Holzfußboden gebrochen, so daß wir uns in die Etage darunter retten konnten. Nachdem alles vorbei war, wurden die angeblichen Rädelsführer, die es eigentlich gar nicht gab, über Heime in der ganzen BRD verteilt. Als Rädelsführer galten dann alle, die mehr als »Scheiße« sagen konnten. Und das war bei mir der Fall.

Boocks zweite Station hieß »Burschenheim ›Beiserhaus‹« in Rengshausen bei Kassel. Dort begegnete er Andreas Baader und Gudrun Ensslin, die sich einer Gruppe Frankfurter Pädagogikstudenten angeschlossen hatten. Die Studenten waren mit der Absicht gekommen, die hessischen Erziehungsheime unter die Lupe zu nehmen. Sie fanden katastrophale Zustände vor, die den Verantwortlichen seit langem bekannt waren. Bisher hatte sich keiner darum gekümmert; das änderte sich erst, nachdem Baader, Ensslin und andere einer ganzen Reihe von Fürsorgezöglingen, darunter auch Peter-Jürgen Boock, zur Flucht verholfen hatten.[2]

Auf die Heimjugendlichen wirkte Baaders Tatkraft wie eine »Zukunftsvision«;[3] für Boock wurde die Begegnung mit ihm zum Schlüsselerlebnis. Der Achtzehnjährige bewunderte den radikalen Baader, der für ihn so etwas wie ein eingebildeter Ersatzvater wurde. Nach der Flucht aus dem Erziehungsheim zog er in Baaders Frankfurter Wohngemeinschaft.

Wenig später verschwanden Baader und Gudrun Ensslin. Der Haftbefehl gegen sie wegen der Kaufhausbrandstiftung war wieder in Kraft gesetzt worden. Sie flohen und entzogen sich so vorerst der drohenden Festnahme. Später, nach deren abermaligem Abtauchen, erfuhr Boock, daß sie an einer Guerillaausbildung im Nahen Osten teilgenommen hatten. Nach Baaders Verhaftung im Juni 1972 hatte Boock nur noch dessen Befreiung im Sinn. Knapp eineinhalb Jahre später, so steht es in seinem Urteil,[4] kaufte er sich eine Pistole.

Peter-Jürgen Boock im Juli 1987:

Der Moment, als ich mich entschlossen hab, in die Gruppe zu gehen, das war, als ich in Frankfurt vor dem Fernseher gesessen hab und die Verhaftung von Andreas und Jan-Carl Raspe mitgekriegt hab. Die wurde da mehr oder weniger live übertragen. Ich werd das nie vergessen, wie sie den Andreas da schreiend auf der Bahre aus der Garage bringen und irgend ein Polizist nimmt dann noch mal seinen Kopf und dreht ihn so richtig in die Kamera rein. Da, ich weiß nicht – da hab ich an Vietnam, an Chile und alles mögliche denken müssen. Ich war wahnsinnig wütend, und, ja, da hab ich mich richtiggehend entschlossen, so, jetzt gehst du in die Gruppe und sorgst dafür, daß er wieder rauskommt.

Nach Jahren im Untergrund, es war Januar 1980, verließ Boock die RAF, deren Techniker er nach eigenen Angaben war. Ihm gelang die Flucht aus einer konspirativen Wohnung in Paris. Über verschiedene andere Stationen erreichte er Hamburg, seine Heimatstadt. Die letzten Monate in Freiheit verbrachte er unter falschem Namen in Wilhelmsburg im Hamburger Süden in einer umgebauten Fabriketage. Neben der Wohnung richteten Boock und seine Freundin Angelika eine Tischlerwerkstatt ein. Die beiden wollten mit zu kurz gekommenen Jugendlichen alternative Berufs- und Lebensperspektiven entwickeln. Bis auf Angelika kannte keiner Boocks wahre Identität, dennoch wurde er am 22. Januar 1981 von einem BKA-Zielfahndungskommando festgenommen.

Ich war gemeinsam mit meiner Freundin bei einer Bank, um Geld abzuholen. Da lief mir einer über den Weg, von dem ich sicher bin, daß er mich erkannt hat. Kurz danach war ein Rattenschwanz von Polizei an unserem Auto dran. Mir ging es dann hauptsächlich darum, wie ich organisieren kann, daß nichts bei der Festnahme passiert. Ich hatte Angst um meine Freundin. Da kam uns die Idee, auf unserem Nachhauseweg einen Umweg zur Honigfabrik zu machen, das ist ein Treff, bei dem abends immer relativ viele Leute sind. Wir haben uns gesagt, da läuft es am ehesten so ab, daß es keine Toten gibt. Ich hatte große Angst, daß es zu ner Schießerei kommt, daß da irgendwas falsch interpretiert wird. Obwohl ich keine Waffe hatte, aber das nützt ja nicht unbedingt, wie man weiß. Ja, und dann war die Situation da. Jemand hält mir einen geladenen und gespannten Revolver an den Kopf und ich merke, daß der fast noch mehr Angst hat als ich selber. Weiß ich, ob der so cool ist, nicht abzudrücken? Solche Sachen gingen mir durch den Kopf. Das sind unheimlich schnelle und kurze Filme, die kann ich jetzt gar nicht so einfach wiedergeben. Das war ne geballte Ladung. Ich weiß nicht, wer von uns beiden näher daran war, in die Hosen zu scheißen, der oder ich. Das hat sich wohl die Waage gehalten. Und dann hab ich natürlich an meine Freundin gedacht, die konnte ich nämlich nicht sehen. Ich hatte ziemlich große Angst, daß sie rumschreit oder die Typen irgendwie anmacht. Sie war eine sehr temperamentvolle Frau. Ich hatte Angst davor, daß ihr dann etwas passiert, denn mit solchen Situationen hatte sie überhaupt keine Erfahrung. Nachdem dann die unmittelbare Verhaftungssituation vorbei war, kam erstmal eine Lähmungsphase. Da hab ich an komischen Kram gedacht, zum Beispiel, ob sie mir wohl meinen Tabak wiedergeben. Stunden später kamen erst die Gedanken, was jetzt wohl aus mir wird. Daß ich mir einen Anwalt suchen muß, wie ich das hinkriegen kann, und so weiter.[5]

Der Untersuchungshäftling entschied sich für Heinrich Hannover, der soeben vor dem Frankfurter Oberlandesgericht für Astrid Proll einen Freispruch von der Anklage des versuchten Polizistenmordes erstritten hatte. Später kam der Hamburger Strafverteidiger Wolf Römmig hinzu. Verdächtigt wurde Boock der Mittäterschaft an der Ermordung von Jürgen Ponto am 30. Juli 1977, an dem versuchten Raketenwerferanschlag auf das Gebäude der Bundesanwaltschaft am 25. August 1977, an der Entführung von Hanns-Martin Schleyer und der Ermordung seiner vier Begleiter am 5. September 1977, sowie an der Ermordung Schleyers am 18. Oktober 1977.

Trotz der schweren Vorwürfe übernahm Hannover das Mandant in der Vorstellung, Boock sei relativ leicht zu verteidigen. In der Tat fielen bei dem als »RAF-Aussteiger« bekannt gewordenen Boock einige der üblichen vorprozessualen Merkmale des Terroristenprozesses fort: So hatte sich die Presse nach den üblichen ersten »Erfolgsmeldungen« über die Verhaftung[6] mit vorverurteilenden Berichten und Kommentaren zurückgehalten, und die Bedrohungsgefühle in der Bevölkerung waren etwas schwächer geworden. Boock wich außerdem von dem RAF-üblichen Verteidigungskonzept ab, jede Aussage zur Sache zu verweigern. Er wollte kein schweigender Angeklagter sein, sondern wollte unter der Prämisse, seine früheren Freunde nicht zu belasten, zur Aufklärung eigener Tatbeteiligungen beitragen. Und noch etwas kam hinzu: Im Jahr 1977, zum Zeitpunkt der in der Anklage aufgeführten Anschläge, war Boock schwer drogenabhängig. Seine Mittäterschaft an drei kurz nacheinander ausgeführten Kommandoaktionen war somit mehr als unwahrscheinlich. Doch wer einmal von der Bundesanwaltschaft als »Feind« definiert ist, kann im Glücksspiel um Schuld oder Unschuld vor einem zur Verurteilung entschlossenen Gericht nur verlieren. Als Angeklagter vor dem Zweiten Strafsenat des Stuttgarter Oberlandesgerichts, dessen Mitglieder besonders tief in Ängste und eigene Vorurteile verstrickt zu sein scheinen,[7] hatte Peter-Jürgen Boock keine Chance. Bundesanwaltschaft und Gericht zeigten sich an einer adäquaten Aufklärung seiner früheren Drogenabhängigkeit überhaupt nicht interessiert.

Verdunkelungsversuche

Boock hatte ohnehin keinen guten Start, weil er mit seiner Verteidigungsstrategie zwischen allen Stühlen saß. Die antiimperialistische und/oder militante Linke warf ihm einen »aktiven Part« in der »Anti-Terrorismus-Kampagne auf der Baum-Mahler-Linie«[8] vor, während Generalbundesanwalt Rebmann glauben machen wollte, einer, der keine Gruppen-Interna auspacke, sei gar kein echter RAF-Aussteiger. Die Solidarität dieser Linken hatte Boock auch deshalb verspielt, weil er im »Spiegel« zur Abkehr von der Ideologie des bewaffneten Kampfs aufgerufen hatte, während gleichzeitig die früheren Genossen mit einem Hungerstreik für bessere Haftbedingungen kämpften. Das sei, lautete die Kritik, »objektiv ein In-den-Rückenfallen«.[9] Auf öffentlichen Veranstaltungen wurden Boock-Sympathisanten zur Ent-Solidarisierung aufgefordert; eine der damals oft zitierten Parolen der Kritiker lautete: »Guerilla ist keine Geisteskrankheit.« Das war eine unverblümte Mißbilligung von Boocks Verteidigungsstrategie, in der sich RAF-Freunde und Stammheimer Strafsenat erstaunlich gut ergänzten.

Vor Prozeßbeginn war Peter-Jürgen Boock gutachterlich daraufhin untersucht worden, ob er zur Tatzeit drogensüchtig war. Mit der Exploration hatte das Gericht den 74 Jahre alten psychiatrischen Sachverständigen Prof. Dr. Rauch beauftragt, der sich in einer anderen Sache bereits als »verlängerter Arm des Staatsanwalts«[10] bezeichnet hatte. Außer dem, wie sich später herausstellen soll, wertlosen Sachverständigen-Gutachten verfügten Anklagebehörde und Gericht über eine Reihe von Anhaltspunkten für Boocks Drogenabhängigkeit:
1. Bei seiner (vorübergehenden) Festnahme in Jugoslawien im Mai 1978[11] war ein Koffer mit Medikamenten des Opiat-Formenkreises sichergestellt worden, dazu entsprechendes Spritzbesteck. Zu dieser Zeit habe er sich zehn Injektionen am Tag gesetzt, sagte Boock. Im Frühjahr 1977 habe er mit Dolantin angefangen, danach, je nach Tageszeit, mit Cocktails aus Dolantin und Valium oder Captagon – wenn vorhanden auch Kokain – weitergemacht.[12] Kokain nahm Boock damals schon seit ein paar Jahren; bis zum Umstieg auf Kokain und Dolantin konsumierte er Haschisch, LSD, »Speed«, z.B. Captagon und AN1, und Morphium-Tinktur.[13] In Jugoslawien machte Boock parallel zu einer Darmoperation einen klinischen Entzug.

2. Es gab zahlreiche Zeugen, die Boock als Drogenkonsumenten kannten. Das waren hauptsächlich Sozialarbeiter und Ärzte, die mit Boock zu tun hatten, bevor er in den Untergrund ging, aber auch Justizvollzugsärzte bundesdeutscher Untersuchungsgefängnisse, die Boock in den Monaten nach seiner Verhaftung untersucht hatten. Im Vollzugskrankenhaus Hohenasperg waren im Februar 1981 Krämpfe mit 200 mg-Dosen Valium »behandelt« worden; in Frankenthal gab man Boock nach einem »flash-back« als Spätfolge der Abhängigkeit ebenfalls Valium.[14]
3. Im Dezember 1977 hatte sich Boock inkognito in Paris von dem Krebsspezialisten Prof. Leon Schwarzenberg behandeln lassen. Der Arzt fand die Extremitäten des Patienten, der sich dem Tod nahe glaubte, mit Injektionsnarben übersät. Der Zustand seiner Venen an Handrücken, Armen, Knöchel und Beinen »wies auf konstante, gleichartige, regelmäßige Traumatisierungen durch intravenöse Injektionen von Narcotica ... über einen längeren Zeitraum« hin.[15]
4. Bei Gert Schneider und Christof Wackernagel, damals Mitglieder der RAF, die im November 1977 in Amsterdam festgenommen worden waren, hatte die Polizei einen Notizzettel sichergestellt. Wie sich später herausstellte, handelte es sich dabei um den Einkaufszettel für Boocks Drogennachschub.[16]
5. Auf Boock war ein Zielfahndungskommando der Abteilung TE des Bundeskriminalamtes angesetzt. Die Beamten hatten ein exaktes Persönlichkeitsprofil von Boock ausgearbeitet, das heißt, sie wußten auch über seine Sucht genauestens Bescheid.[17]

Obwohl diese letzte Information den Prozeßbeteiligten – das gilt zumindest für Richter und Verteidiger – vorenthalten wurde, konnte es nach der Fülle der vorhandenen Anhaltspunkte im Grunde keinen Zweifel an Boocks extensivem Drogenkonsum geben. Es kam nun ganz auf das Fazit des Sachverständigengutachtens an. Der psychiatrische Sachverständige Prof. Rauch hatte sich zweimal einige Stunden mit Boock unterhalten und sich seinen Körper angesehen.

Ich habe keinerlei Zweifel an der Schuldfähigkeit[18]

lautete seine Diagnose.

Ich habe Boock auch körperlich untersucht. Bei ihm war nichts zu finden. Die Untersuchung hat keinerlei Anhaltspunkte erbracht, daß er sich injiziert hat. Natürlich habe ich eine andere Einstellung wie Boock. Aber ich habe die Untersuchung nicht von vornherein mit der Absicht durchgeführt, ihn als zurechnungsfähig hinzustellen. ... Sein Körper wies keine Injektionsstellen auf, auch keine Narben von Injektionsstellen.[19]

Später, vor dem 5. Strafsenat, wird sich herausstellen, daß Boocks Venen perforiert sind von – lt. Prof. Rauch nicht vorhandenen – Injektionsstellen. Aufschlußreich wird das Rauch-Gutachten jedoch erst durch eine andere Ausbeute der Gutachter-Logik, in der der unvoreingenommene Leser leicht den Zirkelschluß erkennt: Eine Drogensucht schloß der Professor nämlich schon deshalb aus, weil Boock als Abhängiger nicht in der Lage gewesen wäre, die Taten zu begehen, die ihm vorgeworfen wurden. Rauch:

Wenn Herr Boock ein Mitglied einer solchen kriminellen Vereinigung wie der RAF war und an Aktionen teilgenommen hat, dann setzt das voraus, daß er bei klarem Bewußtsein war...Die Art der Taten, das Vorgehen, das eine derartige Tat verlangt, spricht dafür, daß Herr Boock im Vollbesitz seiner psychischen Funktionen war. Daß er nicht von irgendwelchen Antrieben, die für ihn nicht kontrollierbar waren, hingerissen worden ist. Das spricht dafür, daß er nicht unter dem Einfluß von betäubenden Substanzen stand.[20]

Im »normalen« Strafprozeß soll ein psychiatrisches oder medizinisches Sachverständigengutachten Aufschluß darüber geben, ob der Angeklagte die ihm zur Last gelegten Taten im Zustand voller Schuldfähigkeit begehen konnte. Wenn man dies als Kriterium nimmt, hatte Rauch seine Aufgabe gründlich mißverstanden.

Verteidiger Hannover im Plädoyer:

Eine seltsame Umkehrung von Ursache und Wirkung, ein Paradebeispiel für einen Zirkelschluß, das den Sachverständigen auch dann als inkompetent ausgewiesen hätte, wenn nicht schon die Veröffentlichung seiner Beteiligung am Massenmord ein bißchen zuviel gewesen wäre.[21]

Prof. Rauch war aber ein vielbeschäftigter Mann, er wurde seit Jahren von Gerichten als Sachverständiger in Anspruch genommen – man darf deshalb annehmen, daß ihm der Sinn eines Sachverständigengutachtens durchaus bekannt war. Den Umkehrschluß mag sich der frühere Hirnforscher wohl deshalb erlaubt haben, weil es sich hier nicht um ein »normales« Strafverfahren, sondern um einen Terroristenprozeß handelte, bei dem Sachverständigenaussagen dieser Art offenbar zugelassen sind. Rauch jedenfalls schien von der Wahrhaftigkeit der Anklageschrift so sehr überzeugt, daß er mit seinem zweifelhaften Explorationsergebnis den Schuldspruch vorwegnahm. Überflüssig, zu sagen, daß es der Verteidigung zunächst weder mit Gegenargumenten noch mit Ablehnungsanträgen gelang, Rauch zu demontieren.

Dem Rauch-Gutachten hinterdrein strebte der zweite vom Gericht bestellte Sachverständige, der Leitende Regierungsmedizinaldirektor Engell:

Wenn das Gericht Herrn Boock der Straftaten, die ihm von der Bundesanwaltschaft vorgeworfen werden, für schuldig befindet und zu der Auffassung kommt, es handele sich dabei um Handlungen, die über einen längeren Zeitraum hohe Anforderungen an die psychische und physische Leistungsfähigkeit des Handelnden stellen, wie sich das nach der Darstellung in der Anklageschrift vermuten läßt, so ist es nicht wahrscheinlich, daß Herr Boock diese Handlungen in einem Zustand so hochgradiger Medikamentenabhängigkeit begangen hat, wie sie bestanden haben müßte, wenn man seinen Darstellungen beispielsweise über den Dolantin-Konsum folgt.[22]

Ohne eigene Untersuchungsergebnisse, ohne irgendeinen eigenen Befund, etwa nach zurückliegenden Gesprächen mit dem Angeklagten, hatte sich Engell dem Rauch-Gutachten angeschlossen. Er sei, so Engell »zu den gleichen Schlüssen« gekommen:

Ich kann die Behauptung (Boocks, M.O.) wieder in Beziehung setzen zu den Vorwürfen, die gegen Herrn Boock erhoben worden sind. Und wenn ich das tue, komme ich zu den gleichen Schlüssen wie Herr Dr. Rauch. Die Fähigkeit, komplizierte Handlungen auszuführen, ist so erheblich verändert, daß diese Handlungen unter diesem Einfluß wohl nicht begangen sein können.[23]

Dem Gericht war es recht – um Wahrheitsfindung schien es in diesem Prozeß gegen eine vermeintliche Zentralfigur der RAF, der die Teilnahme an drei parallel geplanten und vorbereiteten Kommandoaktionen zugetraut wurde, offenbar nicht zu gehen. So ein Mann durfte einfach nicht drogensüchtig gewesen sein. Völlig entgangen war sowohl den beiden Sachverständigen als auch dem Senat, daß auch der andere Fall denkbar war: daß Boock nicht oder nicht in der von der Bundesanwaltschaft behaupteten Weise an den Attentaten beteiligt war. Damit fehlte »die einzige echte Alternative, die dem Verteidigungsvorbringen des Angeklagten entsprochen hätte.«[24]

Gegengutachter und Wunschzeuge

Um dem skandalösen Gutachten wissenschaftliche Kompetenz entgegenzusetzen, beantragt die Verteidung, zwei weiteren Sachverständigen die Möglichkeit zu eigenen Begutachtungen zu geben. Doch der Senat lehnt die Anträge ab. In dieser Situation entscheiden sich die Boock-Verteidiger, einen unabhängigen Psychiater direkt in die Verhandlung zu bestellen. Es ist der Leiter der Abteilung für Kinder- und Jugendpsychiatrie an der Universitätsklinik Göttingen, Prof. Friedrich Specht, ein erfahrener Gerichtsgutachter. Mit Specht gehen Bundesanwaltschaft und Strafsenat in einer Dreistigkeit um, die erkennen läßt, wie sehr sie sich auf den vom Ermittlungsrichter des Bundesgerichtshofs, Kuhn, ausgesuchten Gutachter Prof. Rauch bzw. dessen »Urteil« festgelegt haben. Prof. Rauch hatte Boock unüberwacht untersuchen und sprechen können und war bereits zu dem gewünschten Ergebnis gekommen. Wozu also ein weiteres Gutachten? Prof. Specht wird die unüberwachte Exploration des Angeklagten vom Gericht verwehrt, weil er angeblich unzuverlässig sei. Der Gerichtsbeschluß führt dazu aus:

Im vorliegenden Fall widerspräche ein völlig unkontrollierter Kontakt mit dem Angeklagten entschieden dem Haftzweck. Denn der Angeklagte, dem als Mitglied der terroristischen Vereinigung »RAF« Mittäterschaft an der Ermordung von sechs Menschen und ein Mordversuch zum Vorwurf gemacht wird, bietet von seiner Person her keinerlei Veranlassung für einen Verzicht auf jegliche Kontrollmaßnahmen. Bei ihm besteht reale Verdunkelungsgefahr. Diese Gefahr hat sich nach seinem Aussageverhalten in nunmehr neunmonatiger Hauptverhandlung nicht vermindert, sondern nach Überzeugung des Senats eher noch verstärkt. Es besteht auch die Gefahr, daß Prof. Dr. Specht Verdunkelungsversuchen des Angeklagten nicht standhält. Der Angeklagte hat Prof. Dr. Specht ausgesucht. Prof. Dr. Specht hat, noch bevor er dem Senat überhaupt als Gutachter benannt worden ist, zu in diesem Verfahren bedeutsamen Fragen in einem Schreiben an Rechtsanwalt Hannover einseitig Stellung genommen und dieses Schreiben mit der Bemerkung abgeschlossen, man sei es »einem derart verstrickten Menschen wie Herrn Boock schuldig«, dem für ihn zuständigen Gericht die Möglichkeit zur Überprüfung seiner Entscheidungsgrundlagen aufzuzeigen.[25]

Verdunkelung heißt nichts anderes, als daß Specht und Boock miteinander konspirieren, Untersuchungsergebnisse manipulieren und Beweise unterdrücken. In seinem Eifer war dem Senat kein Verdacht zu albern.

Ohne Untersuchungsmöglichkeit kann indes Prof. Specht, der sich der Verantwortung der Aufgabe bewußt ist, kein Gutachten erstatten. Wir werden später sehen, daß Spechts gewissenhafte Berufsauffassung nicht von allen Sachverständigen-Kollegen geteilt wird. Specht nennt seine Ausführungen zu Boocks möglicher Drogensucht, die er ohne die Möglichkeit der körperlichen Untersuchung auf der Grundlage des Aktenmaterials und seiner Beobachtungen während mehrerer Verhandlungstage anfertigt, einschränkend »gutachterliche Stellungnahme«. Als er sie in der Hauptverhandlung dem Gericht vortragen will, versucht die Bundesanwaltschaft, ihn ins Abseits zu drängen. Der Senat läßt es geschehen – er hatte sich ohnehin schon festgelegt.

Prof. Friedrich Specht erinnert sich:

Ich habe als Gutachter in unzähligen Verfahren mitgearbeitet, doch was ich in diesem Prozeß erlebt habe, war für mich vollkommen neu. Ich wurde von den Bundesanwälten nicht nach dem Inhalt meiner Ausführungen über Boocks mögliche Drogenabhängigkeit befragt. Was die Bundesanwälte zu sagen hatten, bezog sich auf meine Erfahrungen mit Gutachten überhaupt. Ich hatte den Eindruck, daß sich einer der Bundesanwälte mal schnell das »Who is Who« vorgenommen hatte, in dem zu lesen ist, daß ich über dissoziales Verhalten von Jugendlichen gearbeitet hatte, und nun anzuzweifeln versuchte, daß ich überhaupt etwas von Drogen wüßte oder kennte. Der andere stellte meine Unabhängigkeit in Frage, weil ich in einem Schreiben an Rechtsanwalt Hannover Boock als »verstrickten Menschen« bezeichnet hatte, dem wir unser aller Rechtssicherheit wegen schuldig sind, dem zuständigen Gericht bei seiner Prüfung und Entscheidung zur Seite zu stehen. Bei meiner Befragung ging es dann darum, was ich mit Verstrickung meinte. Alle anderen Fragen bezogen sich ausschließlich auf meine wissenschaftlichen und fachlichen Erfahrungen, die damit problematisiert werden sollten. Es waren lauter Fragen, die mir noch nie jemals in einer Gerichtsverhandlung gestellt wurden, die ausschließlich den Sinn haben konnten, mich als einen von der Verteidigung geladenen Gutachter als inkompetent und voreingenommen hinzustellen.[26]

»Daß wir einem Menschen, je verstrickter er ist, eine um so größere Mühe um die Wahrheit schulden, was ist daran einseitig, was daran zwingt zu dem Verdacht der Parteilichkeit?«, erkundigt sich Gerhard Mauz im »Spiegel«, und außerdem, »wie soll eine Verteidigung einen Sachverständigen dazu gewinnen, sich mit ihrem Mandanten zu befassen, ohne mit ihm zu korrespondieren?« Wir leben nicht in den USA unter McCarthy, es finden keine Hexenverbrennungen mehr statt, wie Mauz zutreffend vergleicht, es werden auch keine »Volksfeinde« ausgerottet – aber über den Terroristen Boock wird im Stammheim verhandelt, und sein Gegner ist eine Strafjustiz, die so agiert wie in der »Bundesrepublik selbst in ihren bösesten Augenblicken« nicht.[27] Prof. Specht:

Drei Tage nach dieser Vernehmung als Sachverständiger war ich zusammen mit einem Mitarbeiter in einem norddeutschen Landgerichtsprozeß ohne irgendeinen politischen Hintergrund. Dort ging es um einen jungen Mann, der einen anderen gleichaltrigen in einer im Augenblick sehr grausam erscheinenden Weise umgebracht hatte. In beiden Verfahren ging es also um Tötungsdelikte, aber der Unterschied zwischen diesen beiden Verhandlungen und der Unterschied im Verhandlungsstil ist so eklatant, daß man eigentlich wünschen möchte, man könnte beide Verfahren bildhaft nebeneinander stellen, um das deutlich zu machen. In Stuttgart-Stammheim ein Gericht, dem es in keiner Weise um die gutachterliche Stellungsnahme ging – in Norddeutschland dagegen ein Gericht, das mit allen Mitteln bemüht war, die Wahrheit herauszufinden. Herauszufinden, welcher Mensch der Täter ist, was ihn zu der Tat getrieben hat, was berücksichtigt werden muß bei der Urteilsfindung. Und sogar noch darüber hinaus, was getan werden kann, um diesem jungen Mann aus seiner Verstrickung zu helfen. Diesen Angeklagten konnte ich über drei oder vier Wochen regelmäßig sprechen, er wurde zu uns in die Klinik gebracht, es konnte sich eine Beziehung zwischen ihm und dem Sachverständigen entwickeln. So wird eine Sachverständigentätigkeit allgemein aufgefaßt, und so wird sie von Gerichten ermöglicht. Im Prozeß gegen Peter-Jürgen Boock habe ich nicht einmal die Möglichkeit bekommen, den Angeklagten unüberwacht zu sprechen. Es hieß, Kontrollmaßnahmen seien wegen der Gefährlichkeit des Angeklagten unumgänglich. Damit wurde eine sinnvolle Begutachtung ausgeschlossen. Bestimmte Möglichkeiten, zu vollständigen Beurteilungsgrundlagen zu gelangen, wurden beiseite geschoben oder behindert. Ohne diese Möglichkeit kann man gar nicht zu weitergehenden Erkenntnissen kommen.

Auf den Besucher mache Prof. Specht den Eindruck eines Mannes, »der sehr bedächtig, sehr abgewogen spricht und zu erklären versucht, daß Boock abhängig gewesen sein kann, nicht muß«, notiert Michael Schwelien in der »Zeit«. Doch der Bundesanwaltschaft ist Specht suspekt, nicht nur, weil er von der Verteidigung präsent gestellt wurde – nein, Specht hatte Stammheimer Gutachtergepflogenheiten mißachtet und sich nicht des üblichen »Vorverurteilungsvokabulars« (Schwelien) bedient. Bundesanwalt Zeis kanzelt den Psychiater als »bösartig« ab: »einen Sachverständigen, der versucht, sich zum Richter aufzuschwingen.«[28] Prof. Specht:

Ich erinnere mich gut an mein Gefühl im Verhandlungssaal. Als Gerichtsverfahren kannte ich so etwas noch gar nicht. Ich dachte, mein Gott, was ist das für eine Bühne, auf der sich das abspielt. Mein wesentlicher Eindruck war, daß da irgendwo ein Herr Boock war, den man übrigens vom Platz des Sachverständigen aus fast nicht ins Auge fassen konnte, und daß da eine Anzahl von Personen war, die sich darum stritt, wer seine Machtposition halten konnte. Zu diesen Personen zähle ich das Gericht, die Bundesanwälte und die Verteidiger. Ich stimme da mit Herrn Mauz vom »Spiegel« überein, der gesagt hatte, die Gefangenen von Stammheim, das waren die alle. Ich würde es so sagen: Sie waren alle in die Dynamik eines langandauernden Interaktionsprozesses einbezogen worden, ohne daß der so stark Einbezogene seine eigene Rolle und damit sein jeweils eigenes Verhalten in diesen immer mehr festgelegten Interaktionsvorgängen noch übersehen und begreifen könnte. Wenn eine Familie als eine miteinander interagierende Gruppe sich so verhalten würde, dann würde man sagen – bei allem, was daran zu kritisieren ist – die benötigen eine Familientherapie. Auch äußerlich war ja die Situation von »Gefangensein« für alle Beteiligten durch die Merkwürdigkeiten dieses Saals[29] dargestellt. Ich will mit dem Bild der Gefangenen auch ausdrücken, daß sie eben in bestimmten Situationen unfrei gewesen sind. Die Verteidigung war von dieser ganzen Interaktion nicht ausgenommen, sie war in diese Muster mit einbezogen. Aber besonders die Fragen und Feststellungen der Bundesanwaltschaft schienen mir nicht ohne Erregung. Ich nahm eine Erregung oder Spannung wahr, die die Wahrnehmungs- oder Erlebnisweisen doch sehr stark beeinflussen muß. Was wurde befürchtet? Es sollte doch Recht gesprochen werden!

Eben nicht – denn für das Strafbedürfnis von Bundesanwaltschaft und Senat war Prof. Specht durchaus entbehrlich, Prof. Rauch war es dagegen nicht. Nach Sachverständigen-Kriterien hatten sich die beiden »Gutachter« Rauch und Engell zwar disqualifiziert, gleichwohl hielten Gericht und Bundesanwaltschaft ungebrochen zu ihnen, auch nachdem sich das Gericht schließlich gezwungen sah, einem der Ablehnungsanträge gegen Prof. Rauch stattzugeben. Rauchs nationalsozialistische Vergangenheit war inzwischen von den Medien aufgegriffen worden, für das Gericht ein Anlaß zur offiziellen Distanzierung,[30] nicht aber zum gänzlichen Verzicht. Mitte Juli 1983 lädt es den ehemaligen Mitarbeiter am »Euthanasie«-Programm der Nationalsozialisten als »sachverständigen Zeugen« zur Vernehmung in die Hauptverhandlung. So konnten seine »Erkenntnisse« doch noch geborgen werden. Was der Verteidigung unterstellt wurde – mit einem Gegengutachter zu einem Wunschergebnis zu kommen – der Senat praktiziert es: Sein Gutachter kommt nach erfolgreicher Ablehnung als Wunschzeuge durch die Hintertür wieder herein, um das »voll schuldfähig« zu präsentieren. Im Urteil heißt es lapidar:

Der Senat hält die Angaben des Zeugen Prof. Dr. Rauch nach dem in der Hauptverhandlung gewonnenen Eindruck für glaubhaft. Der trotz seines Alters noch in vollem Besitz seiner Geisteskräfte befindliche Zeuge stand dem Angeklagten ohne Groll, nüchtern und sachlich gegenüber.[31]

Und weiter wird formuliert, um Rauchs und Engells Schlußfolgerungen übernehmen zu können:

Der Senat ist überzeugt, daß von der gefährliche Aktionen vorbereitenden und durchführenden Tätergruppe niemand mit wichtigen Aufgaben betraut wurde, der rauschmittelabhängig und zur Erhaltung seiner »normalen« Leistungsfähigkeit auf die stetige Zufuhr von Rauschsuchtmitteln angewiesen war. ... Die Aufrechterhaltung einer gleichmäßigen Leistungshöhe über längere Zeit hinweg und die Erbringung von Spitzenleistungen ist nicht möglich.[32]

Womit es nicht nur den Rauch-Engellschen-Zirkelschluß adaptiert, sondern auch alle Verteidiger-Einwendungen übernommen hat, diese allerdings gewendet und in ihr Gegenteil verkehrt. Folgerichtig wird Boock mit Hilfe von Indizien und der Kollektivitätsthese in allen Punkten der Anklage schuldig gesprochen.

Beweisverheimlichung

Dies alles geschieht nicht nur unter den Augen der Öffentlichkeit, sondern auch unter denen spezieller Bundeskriminalbeamter, die über Boocks Drogenabhängigkeit schon seit Jahren bestens informiert sind. Deren Geheimnis schlummert bislang diskret in den Akten des Boock-Zielfahndungskommandos. Auch dann noch, als sich im Juli 1985 als Revisionsinstanz der 3. Strafsenat des Bundesgerichtshofs mit dem Boock-Urteil vom 7. Mai 1984 befaßt. Seine Revisionsentscheidung ist einem Spagat ähnlich, der allen Seiten gerecht werden will: dem Generalbundesanwalt mit seiner grundsätzlichen Linie »Inhaftierung auf lange Zeit«[33] und den Kritikern, die vor einer Rache-Justiz gewarnt hatten. Zur Neuverhandlung, die beinahe bis auf den Tag genau zwei Jahre nach Urteilsverkündung beginnt, lassen die Bundesrichter nämlich nur die Feststellungen zu Boocks Schuldfähigkeit zu, dagegen nicht die zu seinen Tatbeteiligungen.

Vom 6. Mai 1986 an setzen sich in Stuttgart-Stammheim, diesmal vor dem 5. Strafsenat des Oberlandesgerichts, vier Gutachter intensiv mit der Frage einer möglichen Schuldunfähigkeit des Angeklagten auseinander. Zwei der Gutachter ordnet der Senat direkt bei: den Rechtsmediziner Prof. Dr. Bschor und den Psychiater Dr. Täschner. Als zusätzlichen Gutachter stellt die Bundesanwaltschaft am zweiten Tag des Verfahrens den Kölner Psychologen und Psychiater Prof. Bresser präsent. Bresser wird feststellen, so heißt es im Antrag der Bundesanwaltschaft auf Zulassung des Professors als Gutachter, daß Peter-Jürgen Boock zur Tatzeit nicht vermindert schuldfähig war. Ein Gutachter, der auf Bestellung gutachtet? Bresser will das nicht auf sich sitzen lassen. In seiner 34-jährigen Laufbahn sei er zum ersten Mal von einer Staatsanwaltschaft geladen worden und nicht von einem Gericht. Und außerdem wundere er sich über die Formulierung des Beweisantrages, schließlich habe er den Angeklagten bis zum heutigen Tag noch nicht zu Gesicht bekommen. Doch Prof. Bresser bleibt der Wunschgutachter der Bundesanwaltschaft, und in der Tat wird er Boock Schuldfähigkeit attestieren, ohne ihn untersucht und ohne ihn befragt zu haben – übrigens eine durchaus übliche Methode in Verfahren gegen Terroristen, die im allgemeinen kein Interesse an Feststellungen über ihre Schuldfähigkeit haben. Verfahren dieser Art sind für Prof. Bresser kein Neuland, die Anklagebehörde hatte sich von seiner Routine als »Gutachter durchs Schlüsselloch« bereits mehrfach überzeugen können. Den vierten Gutachter bringt schließlich die Verteidigung mit: Im Gegenzug zu Bresser sitzt in der folgenden Woche als vierter Mann jener Prof. Specht, ebenfalls Psychiater, auf der Gutachterbank, dem der 2. Strafsenat mangelnde Abgrenzung von Boock unterstellt hatte.

In den folgenden sechs Verhandlungsmonaten geht es nur um eine Frage: War Boock zur Tatzeit, also zwischen dem 30. Juli, an dem der Bankier Jürgen Ponto ermordet wurde, und dem Todestag Hanns-Martin Schleyers, dem 18. Oktober 1977, schuldunfähig infolge Opiatkonsums? Rauch und Engell hatten diese Frage kategorisch verneint, deshalb klingt beinahe unglaublich, was Dr. Bschor, in der Sachverständigengruppe der einzige Rechtsmediziner, bei einer gründlichen körperlichen Untersuchung des Angeklagten entdeckt. Alle größeren Ober- und Unterarmvenen beider Arme sind mit geronnenem und getrocknetem Blut total verstopft, in der Fachsprache »verödet«, auf der Haut sind unzählige Einstichnarben zu erkennen. Boocks Angaben zum Spritzkonsum müssen richtig sein.[34] Bschor vergleicht die Schäden an Boocks Venen mit eigenen Langzeitbeobachtungen an sechshundert Fixern und Fixerinnen. Von mehreren tausend Injektionen ist die Rede – eine Zahl, die Boock am 16.9.1986 präzisiert. Nach seiner Rechnung habe er sich knapp zweitausendachthundertmal die Spritze gesetzt.[35]

Das Medien-Interesse am Schicksal des RAF-Aussteigers ist groß. Ausführlich berichten die Zeitungen von den Schwierigkeiten der Verteidigung, die Richter von Umfang der Abhängigkeit ihres Mandanten zu überzeugen. Dabei konzentriert sich der Streit nun auf die Frage, seit wann Boock Opiate konsumiert hat. Hat er, wie die Bundesanwaltschaft zu wissen vorgibt, erst nach dem Schleyer-Mord zu fixen angefangen, oder war er bereits vorher – wie Boock sagt: lange vorher – abhängig? Was zur Glaubensfrage zu werden droht, klärt sich überraschend mit der Hilfe eines bislang unbekannten Zeugen mit Namen Marcim Heim auf, der sich aus freien Stücken bei Boock-Verteidiger Sebastian Cobler gemeldet hatte. Der Zeuge, wie Boock ehemaliger Fürsorgezögling und Drogenkonsument, verbüßt zu dieser Zeit wegen eines Beschaffungsdelikts eine Haftstrafe in der hessischen Justizvollzugsanstalt Dieburg. Am 20. August 1986 berichtet er den Stammheimer Richtern, er habe Anfang 1979 zwei Beamte des Zielfahndungskommandos der Abteilung TE beim Bundeskriminalamts über Boocks Drogenabhängigkeit in Kenntnis gesetzt. Die BKA-Männer hatten ihn nach den Lebensgewohnheiten ihres Fahndungsobjektes ausgefragt. Der Zeuge:

Einer der beiden BKA-Beamten hieß Obst, der war so um die dreißig. Er fragte mich über Boock und mein Verhältnis zu ihm aus. Das dauerte zwei Tage, zusammen waren es drei Stunden. Ein Tonband lief die ganze Zeit mit. Am nächsten Tag wurde mir ein Protokoll vorgelegt, das habe ich dann unterschrieben. Ich hab alle Fragen beantwortet. Sie wollten seine Gewohnheiten wissen, seine Sexualität, ob er homosexuelle Neigungen hat und so weiter. Insbesondere wollten sie alles über seinen Drogenkonsum wissen. Als ich in der Zeitung las, daß die Bundesanwaltschaft nichts weiß über die Drogen, war ich total überrascht. Ich war davon ausgegangen, daß meine Aussage von damals hier verlesen worden ist.[36]

An dieser Stelle einige Bemerkungen zu den Aufgaben der BKA-Zielfahndungskommandos. »Die kennen einen fast besser als man sich selbst«, beschreibt Bommi Baumann, ehemals Mitglied der »Bewegung 2. Juni«, seine Zielfahnder, denen er am Ende zur erfolgreichen Verhaftung gratulierte.

Als ich verhaftet wurde, habe ich mich ein bißchen mit den Typen unterhalten. Der eine hat, als ich schon in London war, die gesamte englische Musikpresse gelesen, um herauszufinden, zu welchen Konzerten ich eventuell gehe. Der ist nach London geflogen und hat sich diese Gigs angesehen. Die Pretty Things spielten einmal in der »Music Machine«, da wollte ich wirklich hingehen. Durch Zufall bin ich doch nicht hin. Aber der BKA-Typ war dort. Soweit denken die mit.[37]

Bommi Baumann führte die jahrelange Flucht vor dem BKA durch 33 Länder auf drei Kontinenten; seine Zielfahndungs-Verfolger lernten so die halbe Welt kennen. Sie arbeiteten Tag und Nacht an der Rekonstruktion ihres Objektes, hörten nicht nur seine Musik, kannten nicht nur alle seine Macken, sondern klebten sich auch ihr Dienstzimmer mit Baumann-Fotos voll.[38]

Nichts spricht dagegen, daß sich Boocks Zielfahnder ebenso intensiv mit ihrer Zielperson befaßt haben. Im Normalfall hätte Marcim Heim denn auch als Boock-Kontaktperson mit Recht davon ausgehen können, daß über seine Vernehmung Protokolle und Aktenvermerke existierten, die im Prozeß zur Sprache kommen würden. Aber der Boock-Prozeß war kein Normalfall, er war ein Terroristenprozeß, in dem nach den Regeln der Politischen Justiz gehandelt wird, die gelegentlich zur Beweiserfindung, mitunter auch zur Beweisverheimlichung mutieren.

BKA-Zielfahnder Manfred Obst, im Anhang zur Anklageschrift vom 21. November 1981 zwar aufgelistet als Zeuge zum Thema »Die persönlichen Verhältnisse des Angeschuldigten«, aus ungeklärten Gründen jedoch weder im ersten noch – bisher – im zweiten Boock-Prozeß geladen, erscheint am 17. September 1986 in der Stammheimer Hauptverhandlung. Obst war nach eigenen Angaben von 1977 bis Mai 1979 im Zielfahndungskommando. Für seine Zeugenaussage gibt er eine eingeschränkte Aussagegenehmigung des BKA-Präsidenten Boge zu den Akten. Die Abteilung TE des BKA, sagt Obst, habe etwa einhundert Boock betreffende Spuren, überwiegend Hinweise aus der Bevölkerung, durchgesehen. Keiner habe Boock mit Drogen in Verbindung gebracht, gar nichts habe er in den Zielfahndungsunterlagen gefunden, nicht einen Hinweis. Welche Personen außer den freiwilligen Zeugen Heim denn vernommen wurden, will der Vorsitzende wissen. Obst:

Diese Frage darf ich nicht beantworten. Mit meiner Aussagegenehmigung darf ich nur sagen, daß keine weiteren Hinweise auf Drogen gefunden wurden.[39]

Verteidiger Cobler fragt nach den Charakteristiken der Zielfahndung. Die Antwort:

Interessant war für uns, die Lebensumstände Boocks kennenzulernen. Meine Aufgabe war dabei, Kontakte ausfindig zu machen. An Drogen hatten wir kein Interesse.[40]

Zu den Lebensumständen einer Drogenpersönlichkeit wie Boock sollte nicht der Konsum von Drogen gehören? Das ist kurios, und Marcim Heim hatte es noch ganz anders dargestellt. Zur Erinnerung:

Insbesondere wollten sie alles über seinen Drogenkonsum wissen. Als ich in der Zeitung las, daß die Bundesanwaltschaft nichts weiß über die Drogen, war ich total überrascht. Ich war davon ausgegangen, daß meine Aussage von damals hier verlesen worden ist.

Warum das nicht geschah, begründet Zielfahnder Manfred Obst mit einem Stempel, den er eigenhändig in das Vernehmungsprotokoll gesetzt habe: »Nur für die Handakte. Nicht gerichtsverwertbar«. Im Klartext heißt dies: Ein Fahndungsbeamter hatte eine äußerst wichtige Aussage per Vermerk verdunkelt – warum? Obst versucht zu erklären:

Am ersten Tag der Vernehmung habe ich dem Zeugen zugesichert, daß seine Angaben vertraulich behandelt werden.[41]

Man stelle sich den umgekehrten Fall vor: Einem Zeugen, der Belastendes mitteilen will, wird Vertraulichkeit zugesagt. Hätte sich dieser Zeuge geweigert, im Gerichtssaal zu erscheinen, wäre eben das Aussageprotokoll verlesen worden – wie im Boock-Prozeß mit der Aussage des Kronzeugen Volker Speitel geschehen. Bei Heim war das anders, seine Angaben verschwanden per Stempel in der Versenkung, und damit eine ganze Menge Details über Boocks Drogengewohnheiten. Im Prozeß rekapituliert Heim:

Peter Boock und ich, wir haben gedealt, das war 1970/71. Wir haben Amphetamine aus der Apotheke mit LSD-Trips zusammen im Mörser gestampft und Kapseln davon gemacht. Das war ein Spezialrezept von Boock. Die Kapseln haben wir für zwanzig Dollar an amerikanische Soldaten verkauft. Wir haben das auch selbst genommen, außerdem Kokain und Heroin. Manchmal haben wir den ganzen Tag nichts anderes getan als Drogen zu konsumieren. Wir hatten mit leichten Sachen angefangen, aber in den vier bis sechs Monaten, die wir zusammen waren, wurde es immer stärker. Wir haben damit beide unsere Gesundheit ramponiert. 1975 tauchte er dann wieder bei mir auf. Er trug gepflegte Klamotten und nannte sich »Hans«. Draußen am Steuer eines Peugeot 204 saß seine damalige Frau, eine weitere Frau kam dazu. Wir gingen zusammen italienisch essen, die Frauen trennten sich von uns, und er fragte mich sofort nach einer größeren Menge Kokain, 50 Gramm aufwärts. Ich hab gesagt, ich hör mich um. Später gab er mir einen Briefumschlag mit tausend Mark drin. Unser Gespräch drehte sich um Andreas Baader. Boock sagte: »Du bist doch auch Staffelberger« (Fürsorgeheim, M.O.). Er meinte, wir sind Andreas schuldig, ihn aus dem Knast zu holen. Wir hätten eine Pflicht zur Wiedergutmachung.

Nach seinem Geheimhaltungswunsch gefragt, antwortet Heim:

Ich hab, glaub ich, am Ende gesagt, daß ich nicht unbedingt in einem Prozeß wie diesem hier auftreten will. Sie haben gesagt, sie wollen sehen, was sie für mich tun können..

Merkwürdig, daß gerade dies eine Aufgabe war, die von den Staatsschützern kompromißlos erfüllt wurde.

Am 28. November 1986 ist der zweite Boock-Prozeß zu Ende, die Kraft des ersten Urteils vom 7. Mai 1984 aber nicht. Gegen den rechtskräftigen Teil dieses Urteils kommt die Bilanz der zweiten Hauptverhandlung nicht an. Resigniert stellt der 5. Strafsenat fest:

Die im Urteil des 2. Strafsenats ohne ausreichende Sachverständigenhilfe getroffenen Feststellungen über psychische Kräfte des Angeklagten (wie Entschlossenheit, Antriebsstärke, Eifer, Hingabe, Verläßlichkeit) hätten nach einmütiger Beurteilung aller vier Sachverständigen nur die – auch dem Laien unmittelbar einleuchtende – Folgerung zugelassen, daß für das Vorliegen einer erheblichen, suchtbestimmten Beeinträchtigung der Schuldfähigkeit beim Angeklagten kein Raum wäre.[42]

Mit anderen Worten: Wenn Boock nach rechtskräftigen Feststellungen antriebsstark und eifrig war, konnte er nicht zugleich schwer suchtkrank sein. Rechtskräftige Feststellungen bleiben im juristischen Sinn aber auch dann »wahr«, wenn sich nach Eintritt der Rechtskraft herausstellt, daß sie im tatsächlich Sinn unwahr sind. Das Dilemma versuchte der 5. Strafsenat mit Hilfe von Suchtstufen zu handhaben, die im Lauf des Jahres 1977 eskaliert seien. Am 30. Juli (Ponto-Mord) und 25. August (Raketenwerferanschlag) soll Boock noch klar im Kopf gewesen sein, am 5. September (Schleyer-Entführung) und 18. Oktober (Schleyer-Ermordung) aber nicht mehr. So konnte er innerhalb eines Tatzeitraums beides zugleich sein: antriebsstark und eifrig, und ohne volle »Einsicht in das Unrecht seiner Tat...infolge drogenbedingter, krankhafter seelischer Störungen«.[43]

Am Ende stand – statt dem »dreimal lebenslänglich plus fünfzehn Jahre« – die »lebenslange Freiheitsstrafe als Gesamtstrafe«.

Die fünfzehn Jahre extra hatte Boock damals vom 2. Strafsenat für die Vorbereitung einer Tat bekommen, aus der, nach der Meinung des Gerichts, »ein besonders starker verbrecherischer Wille des Angeklagten«[44] spreche.

Von dem geplanten Anschlag, der nicht stattfand, soll im folgenden die Rede sein.

Sichtbehinderungen

Am 25. August 1977, pünktlich um zehn Uhr, erschienen in der Wohnung des Kunstmalers Theodor Sand und seiner Frau Paula in der Karlsruher Blumenstraße 9 eine Frau und ein Mann, die sich zuvor telefonisch als »Ehepaar Elwanger« angemeldet hatten. In Wahrheit verbargen sich hinter dem Ehepaar »Elwanger« zwei bis heute nicht identifizierte Mitglieder der RAF. Das telefonisch angemeldete Paar gab vor, ein Wandbild für seinen neuen Bungalow aussuchen zu wollen.

Theodor Sand war sehr angetan von den gut informierten jungen Leuten, die sich offensichtlich mit seinem Werk intensiv befaßt hatten.[45] Ungefragt zeigte er den beiden andere Bilder. Eins hatte den Titel »Erschreckendes Gesicht«. Nicht ahnend, mit wem er es zu tun hatte, gestand der Maler dem »sympathischen Paar« seine Vision: Das könnte das Gesicht eines Terroristen sein. »Elwanger« stutzte, und einen Moment später begann, nach einem offenbar vorher verabredeten Zeichen, der Überfall. Theodor Sand wehrte sich heftig. Er glaubte, es mit einem Verrückten zu tun zu haben. Als Paula Sand ihrem Mann zu Hilfe kommen wollte, zog »Frau Elwanger« eine Waffe. Das Paar brachte den Kunstmaler und seine Frau in einen anderen Raum, fesselte sie an zwei mit den Rückenlehnen gegeneinandergestellte Sessel und ließ hernach mehrere kistenschleppende Leute herein; darunter – nach eigenem Geständnis: Peter-Jürgen Boock. Während das angebliche Ehepaar Elwanger Werke des Malers vom Atelier ins Wohnzimmer trug, begann Boock im Atelier der Sandschen Wohnung damit, einen Schießapparat mit Zeitzünderanlage zu installieren, dessen Rohre sich auf das etwa 20 bis 25 Meter entfernte Gebäude der Bundesanwaltschaft richteten.

Boock hatte das Gerät selbst fabriziert. Nach dem obersten Gebot, sich nicht verdächtig zu machen, war er mehrere Monate mit dem Einkauf von Zubehörteilen, der Montage und dem Erproben in einer Kiesgrube beschäftigt gewesen. Der Plan habe vorgesehen, erzählt Boock später vor Gericht, daß andere Gruppenmitglieder den Aufbau übernehmen sollten. Weil wegen seines Drogenkonsums unkalkulierbare Reaktionen zu befürchten waren, war er als »Kommandomitglied« nicht gefragt. Aber er habe darauf bestanden, die Installation des gefährlichen Apparates eigenhändig vorzunehmen, und er habe die anderen überzeugen können. Um seine »Leistungsfähigkeit durch geregelten Opiatkonsum ... aufrecht(zu)erhalten,«[46] habe er sich drei oder vier Ampullen Dolantin, eine Spritze und Kanülen eingesteckt.

Durch das Fenster hatte ich einen ziemlich freien Ausblick auf die gegenüberliegenden Räume der Bundesanwaltschaft und konnte auch sehen, was sich dort in den einzelnen Räumen tat,[47]

schildert Boock später vor Gericht die Situation. Er hatte den Aufbau des Raketenwerfers mehrmals geübt. Er war sicher, nicht mehr als eineinhalb bis maximal zwei Stunden zu benötigen.

Aber es kam anders. Im Atelier des Kunstmalers sei er zum ersten Mal, wie er später sagt, mit einer Situation konfrontiert gewesen, die er sich bis dahin nur habe vorstellen oder ausmalen können: Durch den »ziemlich freien Ausblick« sah er keine verhaßten Bundesanwälte, sondern ganz gewöhnliche Frauen und Männer.

Da waren Sekretärinnen zu sehen, Justizbedienstete, jüngere und ältere Menschen. Sie konnten Angestellte, aber auch zufällige Besucher sein.[48]

Das sei der Moment gewesen, in dem er zu zweifeln begonnen habe. Für seinen Verteidiger Heinrich Hannover liegt hier »der Schlüssel für die Wahrheit im Fall Boock«.[49]

Was tat Boock, nachdem der Zweifel eingesetzt hatte? Zunächst verzögerte er den Aufbau. Die Freunde wurden ungeduldig, die Stimmung gereizt, man stritt sich. Boock sagt in der Hauptverhandlung, es habe »einige ziemlich lautstarke Auseinandersetzungen« gegeben. Seine innere Verfassung versucht er, in einer Prozeßerklärung zu rekonstruieren:

Im Gegensatz zu den Diskussionen, die ich zum Teil vorher in der Gruppe mitbekommen hatte, wo es um die allgemeine Bestimmung von Aktionszielen ging, war diese Situation sehr konkret. Ich hatte es in der Hand, ob Menschen, die ich nicht kannte und die mich nicht kannten, durch meine Hand sterben würden, verletzt und verstümmelt würden. Ich kann mich sehr gut daran erinnern, daß ich das Gefühl eines wachsenden Eisklumpens in mir verspürte – das, was ich tat, erschien mir in keinem auch noch so abstrakten Zusammenhang mehr zu stehen zu der Motivation, die mich einmal dazu bewogen hatte, mich der RAF anzuschließen. Ich hatte mithelfen wollen, die Gefangenen der Gruppe, Menschen, die ich persönlich kannte und die mir geholfen hatten, aus dem Erziehungsheim herauszukommen, aus einer Situation zu befreien, die aus meiner Sicht auf die Vernichtung ihrer Identität oder sogar ihrer Person abzielte. Das, was ich jetzt tat, hatte damit einfach keinen Zusammenhang, würde erneut sinnlose Opfer fordern, die Situation verschärfen und mich zum Mörder werden lassen.[50]

Die Idee, wie er den Auslösemechanismus sabotieren könnte, sei ihm erst »ziemlich spät« gekommen: Boock zog das Laufwerk des Weckers auf, das Weckwerk, das separat läuft, aber nicht. Gegen 15 Uhr 30, erheblich später als geplant, verließen die RAF-Leute die Wohnung. Die Schießanlage blieb außer Betrieb.

Die Richter des 2. Stuttgarter Strafsenats glaubten Boock weder
a) die Sabotage noch
b) die unmittelbare visuelle Konfrontation mit seinen potentiellen Opfern und nicht einmal
c) den Streit in der Kommandogruppe.

Für den Gegenbeweis zu a) lag ein Protokoll des Überläufers Volker Speitel parat, dessen Bemerkungen inzwischen so hoch geschätzt wurden, als wäre ein offizielles Bulletin verkündet worden. In diesem Fall war es Speitels Aussage, daß Boock ihm gegenüber von einem Versehen gesprochen habe. Die einfache Überlegung, daß Boock in der anschließenden Diskussion mit verärgerten Gruppenmitgliedern gar keine andere Wahl hatte, wollte er sich nicht dem Verdacht der Sabotage aussetzen, fiel unter den Tisch.

Zu b) heißt es im Urteil:

Unwahr ist diese Behauptung des Angeklagten, soweit er behauptet, in den als Ziel ausgewählten Räumen Sekretärinnen gesehen zu haben, weil sich Frauen in diesen Räumen seinerzeit nicht aufhielten. ... Schreibzimmer gab es nach glaubhafter Aussage des Zeugen Oberstaatsanwalt Lampe im gesamten mittleren und oberen Stockwerk nicht, ebensowenig in diesem gefährdeten Bereich mit weiblichen Angestellten oder Beamten besetzte Geschäftsstellen. ... Am Nachmittag des 25. August 1977 in der Zeit bis gegen 15.30 Uhr, als die Täter die Wohnung der Eheleute Sand verließen, empfing nur der Zeuge Oberstaatsanwalt Lampe in seinem Dienstzimmer im mittleren Stockwerk Besucher, und zwar drei männliche Beamte des Bundeskriminalamtes, mit denen er zusammen in seinem und in einem daneben liegenden Dienstzimmer Asservate sichtete. Der Einblick in diese beiden Zimmer war dem Angeklagten verwehrt, weil die dichten, Sichtschutz gewährenden Vorhänge, mit denen die Räume der Bundesanwaltschaft ausgestattet waren, nach der zuverlässigen Erinnerung des Zeugen in diesen Zimmern zugezogen waren.[51]

Die Verteidigung hatte geglaubt, auf den Gegenbeweis verzichten zu können, was offenbar eine Fehleinschätzung war.

Zu c), der von Boock erinnerten lautstarken Auseinandersetzung, behauptet der Senat, sie habe nicht stattgefunden, denn:

Die Zeugen Paula und Theodor Sand haben nach ihren übereinstimmenden, detaillierten und glaubhaften Aussagen von solchen Auseinandersetzungen nichts gehört. ... Das Hörvermögen der Zeugen läßt, wie die Hauptverhandlung ergeben hat, auch heute noch trotz ihres fortgeschrittenen Alters keine Beeinträchtigung erkennen.[52]

Summa sumarum: kein »Rücktritt vom Versuch«, der mit Freispruch hätte honoriert werden müssen, sondern fünfzehn Jahre Haft für »vierfachen Mordversuch«, weil Boock mit der Apparatur probiert habe, so das Gericht, »zumindest vier Dienstzimmer der Bundesanwaltschaft und dort jeweils einen Staatsanwalt zu töten.«[53] Boocks in Stammheim mit großer Intensität und Überzeugungskraft unternommener Versuch, die Stunden in der Wohnung des Ehepaares Sand, seine nachlassende innere Bereitschaft, das Gerät in Betrieb zu setzen, transparent zu machen, wurde vom Gericht als »Schutzbehauptung« abgetan. Daß die Tat »im Versuch steckenblieb«, sei keine Folge »abgeschwächter krimineller Intensität des Angeklagten.«[54]

Am 8. Juli 1985 wurden die Feststellungen des Gerichts rechtskräftig.

Nachfrage

Einige Monate später habe ich die Gelegenheit, mit dem Kunstmaler Theodor Sand zu sprechen.[55] Es ist April 1986. Sand macht von Anfang an deutlich, daß er zwar bereit sei, meine Fragen zu beantworten, daß er aber nicht noch einmal als Zeuge vernommen werden wolle, selbst dann nicht, wenn ich etwas Neues herausbekommen sollte. Die Begleitumstände im Stuttgart-Stammheimer Justizgebäude, die »sibirische« Zelle, in der er auf seine Vernehmung warten mußte, hätten damals unerwartet schlimme Erinnerungen an seine russische Kriegsgefangenschaft aktiviert, denen er sich nicht mehr aussetzen könne. An den Tag des

Überfalls erinnert sich Theodor Sand ungern. Er unterstützt meine Recherche nur, weil er, nach eigenem Bekunden, die Ordnung liebe. »Wenn etwas mit dem Urteil nicht in Ordnung ist, sollte das gesagt werden.«

Während Theodor Sand den Ablauf jenes 25. August 1977 schildert, angefangen von der Irreführung durch die beiden RAF-Mitglieder, die sich ihm als »Herr und Frau Elwanger« eingeprägt haben, bis hin zur Vernehmung durch Beamte des Bundeskriminalamtes, schreibe ich mit. Danach lese ich ihm die Abschnitte des Urteils vor, die das Geschehen in seiner Wohnung behandeln. Bei dieser Gelegenheit hört er erstmals, wie sich das Gericht die Ereignisse vorgestellt hat. »So war es nicht«, sagt Theodor Sand aufgebracht. Es treffe keineswegs zu, daß in den seiner Wohnung zugewandten Gebäudeteilen der Bundesanwaltschaft keine Frauen zu sehen gewesen seien. »Selbstverständlich haben wir Frauen gesehen«, rückt Sand das Bild zurecht, »wir hielten sie für Sekretärinnen.« Er berichtet von seinen mehrjährigen Erfahrungen mit dem Blick durchs Atelierfenster auf den Gebäudekomplex, dessen Vorhänge stets geöffnet gewesen seien. »Manchmal«, sagt Theo Sand, »im Sommer, wenn es heiß war, standen auch die Fenster offen«. Daß man da nicht hineinsehen konnte, sei verkehrt. Er entsinne sich deshalb so genau, weil er mit seiner Frau manchmal über die Kleidung der Leute gesprochen habe.

Farben waren für uns immer sehr wichtig. Es gab einen im roten Pullover. Auf den machten wir uns gegenseitig aufmerksam. Wir sagten uns, sieh mal, heute hat er wieder seinen roten Pullover an.

Sein Votum fällt eindeutig aus: das Urteil irrt.

Und wie war es mit der »lautstarken Auseinandersetzung«, von der die beiden laut Urteil nichts mitbekommen haben? Theodor Sand bestätigt, als Zeuge in der Hauptverhandlung die Frage verneint zu haben, ob er Streitereien gehört habe. Das sei in dem Zusammenhang zu verstehen, sagt Theodor Sand, daß überhaupt nichts zu hören gewesen sei.

Die Terroristen haben uns mit Pflastern die Gesichter verklebt, Pflaster quer über den Mund und Pflaster längs über die Ohren.

Danach habe er keine Geräusche mehr wahrnehmen können. Er habe auch nicht gehört, in welchen Räumen sich die RAF-Mitglieder aufgehalten hätten, obwohl er die ganze Zeit versucht habe, alles zu beobachten. Die er gesehen habe, seien ihm sehr aufgeregt vorgekommen.

Die beiden Zeugen achteten aufmerksam während der ganzen Zeit des Tatgeschehens auf die Vorgänge um sich herum,[56]

heißt es im Urteil. Was zweifellos richtig ist, aber unvollständig und irreführend. Sand versucht, ins Gedächtnis zurückzurufen, ab wann nichts mehr zu hören war. Im Urteil heißt es, die Täter hätten dem Ehepaar Sand die Ohren erst verstopft, »als sie Vorbereitungen zum Verlassen der Wohnung trafen.«[57] Das ist eine unkonkrete Formulierung, die den Eindruck erweckt, die Truppe sei direkt danach gegangen – ein Anschein, den Theodor Sand entschieden dementiert. Es sei sehr viel früher gewesen, sagt er, eine kurze Zeit nach der Fesselung. Einen zeitlichen Abstand von »vielleicht einer halben Stunde« hatte Paula Sand in der Hauptverhandlung erinnert.[58] Ihr war ein Vermerk des Kriminalbeamten vorgehalten worden, angefertigt am Tag nach dem Überfall und der anschließenden Vernehmung: »Weiter fiel ihr ein, daß die beiden Täter, kurze Zeit bevor sie die Wohnung verließen, sowohl ihr als auch ihrem Mann Watte in die Ohren steckten.« Dagegen stand, was Paula Sand dem Polizeibeamten am Abend des Tattages ins Protokoll diktiert hatte: »Etwa eine Stunde bevor sie gingen, bekamen wir auch noch Klebestreifen über den Mund und über den Kopf.« Als Zeugin im Prozeß gegen Boock bestätigt Frau Sand: »Die Terroristen haben uns Watte in die Ohren gestopft, aber nicht erst kurz bevor sie gingen. Vielleicht nach einer halben Stunde.«[59]

Im Urteil findet sich nicht diese, den Angeklagten entlastende Erinnerung, sondern die belastende Notiz des Vernehmungsbeamten:

Watte stopften die Täter dem Ehepaar Sand erst in die Ohren, als sie Vorbereitungen zum Verlassen der Wohnung trafen.[60]

Es durfte keinen Streit unter den Tätern gegeben haben, keine absichtliche Verzögerung beim Aufbau, keinen Gewissenskonflikt, denn:

Der Senat ist überzeugt, daß der Angeklagte den Anschlag nicht bewußt sabotiert hat, sondern daß ihm in der Hektik der Tatvorbereitungen lediglich ein Fehler unterlaufen ist.[61]

Nach dem Gespräch mit dem Maler lasse ich mich vom Taxifahrer durch die Blumenstraße fahren. Der Anbau, in dem sich die Wohnung der Sands befand, ist abgerissen, das Vorderhaus unbewohnt, die Fenster verrammelt. Durch eine Baulücke fällt mein Blick auf den Gebäudekomplex der Bundesanwaltschaft.

An diesem Tag im April 1986 sind alle Fenster geschlossen und die Vorhänge zugezogen.

Nun sitzt also Boock hinter Gittern und die Bundesanwaltschaft hinter zugezogenen Gardinen. Von beidem konnte ich mich überzeugen.

Teil 3
Einmischungen

13. Bloße Worte

Diffamierungsroutine

Der Terrorismus als Medienereignis und in seinem Windschatten der »Antiterrorismus« als Ausdruck eines massenhaften Verfolgungs- und Bestrafungswillens haben dazu geführt, daß der Manipulation alle Türen offenstehen, eine gesellschaftliche Auseinandersetzung jedoch mit Hinweis auf das Feindetikett abgewehrt wird. Der entscheidende Schritt zur »Dämonisierung« (Bölling[1]) ist vollbracht, wenn aus Teilnehmern antistaatlich und sozialrevolutionär eingestellter Gruppen für die Öffentlichkeit Terroristen geworden sind. Neidhardt bemerkt treffend das »Mystifizierungsinteresse der Verfolgungsinstanzen«:

In der öffentlichen Meinung ist von der RAF das Bild einer Organisation entstanden, die unter der »Rädelsführerschaft« einiger weniger und mit der Kampfbereitschaft eingeschworener Gefolgsleute zu minuziös kalkulierten und technisch perfekten Kriminalleistungen fähig war – das Image einer Maschinerie, das Idol des Apparats. Daran wird (bewußt oder unbewußt) das Mystifizierungsinteresse der Verfolgungsinstanzen insofern mitgewirkt haben, als sich auf diese Weise eine Rechtfertigung ihrer eigenen Aufrüstung ableiten ließ.[2]

Den Medienkonsumenten müssen Hintergrundinformationen dieser Art verborgen bleiben, davon zeugen auch die grotesken Übertreibungen bei Festnahmeerfolgen in den Schlagzeilen der Tagespresse: Klaus Jünschke neuer Bandenchef, Angelika Speitel Top-Terroristin, Fritz Teufel Anführer der Bewegung 2. Juni, Stefan Wiesniewski strategischer Kopf der RAF, Peter-Jürgen Boock Terrorist Nr. 1, Brigitte Mohnhaupt Bandenchefin, Sieglinde Hofmann Stabshelferin, Christian Klar Deutschlands gefährlichster Terrorist, Elisabeth von Dyck eine der gefährlichsten Terroristinnen, Christof Wackernagel der Terror-Propagandist, Susanne Albrecht Top-Terroristin...[3]

Als in den Gefängnissen die ersten Spezialabteilungen für Terroristen entstanden, besser bekannt unter der Bezeichnung »Hochsicherheitstrakte«, warnten Kritiker vor Mausoleen für die negativen Helden der Nation.[4] Doch der Weg war beschritten – mit Mystifizierung und den steinernen Symbolen vom Typus »Hochsicherheitstrakt« ließ sich nicht nur die Aufrüstung des Sicherheitsapparates besser legitimieren. Mit dem gegnerischen Heldenmythos erscheint auch die gleichzeitige relative Erfolglosigkeit der hochbezahlten Anti-Terror-Spezialisten weniger peinlich.

Peter-Jürgen Boock:

Vieles, was nachher in der Öffentlichkeit ungeheuer perfekt aussah, was zum Beispiel unsere Aktionen anging, war, wenn man es dann von innen erlebt hat, ein Sammelsurium an Zufällen, an gerade noch einmal davongekommenen, an Dingen, die vorher gar nicht richtig im Blick waren, dann aber einfach passiert sind und aus denen wir mehr oder weniger zufällig oft heil herausgekommen sind. Ein Großteil des Mythos RAF ist einfach falsch von daher. Es ist nicht die perfekte Organisation gewesen, nicht die perfekte Kadergruppe, nicht der ungeheure theoretische Background, den viele Leute unterstellt haben, das war alles ein bißchen anders. Wir waren eigentlich in erster Linie Tag und Nacht damit beschäftigt, unsere sieben Sachen beieinander zu halten und nicht aufzufliegen. Daß wir trotzdem noch Aktionen zuwege gebracht haben ab und an, na ja, das hätte auch genausogut schief gehen können.[5]

Die Zufälle waren so massiv, das glaubt einem gar keiner. Wenn es mal irgendwann von irgendwem erzählt werden sollte, das klingt dann wahrscheinlich ganz gegen den Strich von dem, was an Meinungsmache in Zeitungen und auch in Rundfunk und Fernsehen immer verbreitet worden ist.[6]

Auf beiden Seiten der Front werden aus dem Mythos ideologische und praktische Vorteile gezogen. Die RAF profitiert vom Bild einer von Zweifeln freien ge- und entschlossenen Kampfgruppe, ihre Verfolger profitieren ob der Summe ihrer Fehlschläge ebenso davon, Sicherheitspolitiker haben mitunter Erfolgserlebnisse im Antiterrorkampf, gewisse Medien schöpfen aus dem Fundus einer unterentwickelten Rechtskultur des Publikums, das wiederum aus Terror und »Antiterror« die Gewißheit bezieht, zu den besseren Menschen zu gehören. Kein Wunder also, daß der Mythos sich so zäh am Leben hält.

Für unsere Untersuchung sind diese Überlegungen interessant, weil sie uns einer Antwort auf die Frage dieses Schlußkapitels näher bringen: warum der Versuch, mit der RAF ins Gespräch zu kommen, von konservativen Medien und Strafverfolgern von jeher so kraftvoll torpediert wird.

Zum Beispiel das Gesprächsangebot der Abgeordneten der GRÜNEN, Antje Vollmer und Christa Nickels. Die Vorgeschichte: Seit Anfang Dezember 1984 befanden sich etwa dreißig RAF-Häftlinge im Hungerstreik. Bundesregierung und Landesjustizminister hatten schon in einem frühen Stadium kategorisch entschieden, den Gefangenen, die ihre Zusammenlegung forderten, keine Zugeständnisse zu machen. Im Januar 1985 drohte die Situation zu eskalieren – beinahe täglich berichteten die Nachrichtenagenturen von Anschlägen mit Sachbeschädigung. Es geschah jedoch nichts. Aus einem Gefühl christlicher Verantwortung übersandten Vollmer und Nickels einigen RAF-Gefangenen persönliche, nicht zur Veröffentlichung bestimmte Gesprächsangebote, die Wochen später im Wahlkampf mit großem Getöse der Öffentlichkeit vorgeführt wurden. Ein Bediensteter, möglicherweise der Leiter einer Justizvollzugsanstalt, hatte eines der gleichlautenden Gesprächsangebote unter Verletzung des Briefgeheimnisses den Medien zugespielt.

Antje Vollmer im Mai 1987:

Es war auf dem Höhepunkt des Hungerstreiks, wir hatten die erste Nachricht über den lebensbedrohlichen Zustand eines Gefangenen, nämlich Knut Folkerts, der im Koma lag, als wir den Brief schrieben. Wir hatten vorher in einem Telegramm an die Länderjustizminister zum Ausdruck gebracht, daß man der Sache doch nicht tatenlos zusehen könne, sondern etwas tun müsse, was möglicherweise die Deeskalation der Situation zur Folge haben könnte. Es kam dann zu einem persönlichen Gespräch mit dem Staatssekretär im Bundesjustizministerium, Kinkel, seinem persönlichen Referenten und vier weiteren Mitarbeitern.

Wir haben die Position vertreten, daß Deeskalation nicht Nachgeben heißt, sondern heißt, als Politiker souverän handeln zu können. Aber es wurde uns fast triumphierend gesagt, das ziehen wir jetzt mit der harten Linie durch, die Bevölkerung toleriert diese Linie. Das hat uns entsetzt. Für uns bedeutete das, man zählt auf nichts anderes als auf bloße Rachegedanken oder Strafgedanken in der Bevölkerung.[7]

Im März 1985 wurde der Inhalt des Briefes an die RAF-Gefangenen bekannt und auf der Stelle als Akt der »Solidarisierung mit Verbrechern« gebrandmarkt.[8] Nicht die Absicht wurde herausgehoben, die dem Gesprächsangebot zugrunde lag, sondern die, wie es hieß »devote« Form der Ansprache. Den Vogel schoß CDU/CSU-Fraktionsführer Alfred Dregger mit seiner Aufforderung an die beiden Frauen ab, sich für ihren Brief bei Terroropfern zu entschuldigen.[9]

Christa Nickels:

Die Woche nach der Veröffentlichung hab ich als ganz schrecklich empfunden. So etwas hatte ich in meinem Leben noch nicht mitgemacht. Aber ich muß sagen, ich hab seitdem keine Angst mehr, auch keine Angst mehr vor solchen Reaktionen, und das ist für uns beide ein großer Gewinn. Alle sind über uns hergefallen, von rechts nach links, auch unsere eigenen Parteifreunde und -freundinnen haben uns beschimpft. Bestenfalls wurde eine Entschuldigung gefordert für diesen angeblich bescheuerten Brief. Auf den es übrigens nach langer Zeit eine einzige direkte Reaktion gab, eine Antwort von Roland Mayer. Er schrieb, wenn wir das und das machten in dieser und jener Weise, dann würde er sich überlegen, ob wir ihn besuchen könnten. Da hab ich mich sehr aufgeregt und hab mich direkt hingesetzt und ihm zurückgeschrieben, das könne er sich abschminken, in der Art und Weise würden wir nicht mit uns reden lassen, und wenn wir bei ihm aufkreuzen, dann wollten wir mit ihm reden, und zwar zu unseren Bedingungen. Es war tragisch, aber auch unheimlich komisch, muß ich sagen. Man hat den Anschein, als seien wir dazu verurteilt, schreckliche Entwicklungen immer noch einmal zu wiederholen, statt aus ihnen zu lernen. Man ist nicht daran interessiert, die Wurzeln freizulegen und vorurteilslos und sehr streng nachzudenken und sich anzusehen, was passiert ist. Man ist auf beiden Seiten an Helden interessiert.[10]

Eine besser vorbereitete »Dialoginitiative« endete am 4. November 1987 mit der schriftlichen Absage von Generalbundesanwalt Kurt Rebmann. Der Schriftsteller Martin Walser, der Theologe Ernst Käsemann und die Abgeordnete Antje Vollmer hatten Rebmann und Bundesjustizminister Engelhard ihren »Vorschlag zur Eröffnung eines gesellschaftlichen Dialogs« überreicht. Die Namen von elf am Dialog mit der RAF interessierten Persönlichkeiten des öffentlichen Lebens schlossen den Brief ab: Fritz Rau, Konstantin Wecker, Wolf Biermann, Karl Bonhoeffer, Horst-Eberhard Richter, Hans-Magnus Enzensberger, Ulrich K. Preuß, Christa Nickels, Bischof a.D. Kurt Scharf, Inge Aicher-Scholl und René Böll.[11] Nie zuvor hatte es eine vergleichbare Unternehmung gegeben, was Grund genug gewesen wäre, sie zumindest auszuprobieren. Der Generalbundesanwalt jedoch hielt die Diskussion für undurchführbar. Ich zitiere den letzten Abschnitt seiner Erwiderung:

Hier sei nur soviel gesagt: In aller Regel haben die Häftlinge aus dem Terrorismusbereich mehr Besuchs- und Postkontakte als Häftlinge aus dem Bereich der sonstigen Kriminalität. Leider akzeptieren sie nur solche Kontaktpersonen, die sich im militanten oder autonomen

Widerstand »bewährt« haben oder ihren realitätsfernen Ansichten zustimmen. Die im politischen Fanatismus wurzelnde Rechtsfeindlichkeit des in Betracht kommenden Personenkreises und die daraus resultierende Gefährlichkeit läßt Ihren Diskussionsvorschlag auch aus Gründen der Sicherheit undurchführbar erscheinen. Die Konzentration der Häftlinge in einer Anstalt würde für das Anstaltspersonal eine nicht absehbare Risikoerhöhung bedeuten. Nicht zuletzt wären auch Transportprobleme zu bedenken. Da Ausbruchs- und Befreiungsaktionen nach wie vor in Betracht gezogen werden müssen, könnten die Verlegungen nicht auf dem Landwege erfolgen. Der Sicherheitsaufwand und die Kosten für die erforderlichen Lufttransporte dürften gegenüber dem Steuerzahler jedoch kaum zu rechtfertigen sein.[12]

Hier irrte der Generalbundesanwalt. Einige RAF-Gefangene sind, wenn sie nicht befürchten müssen, in Distanzierungsrituale verwickelt zu werden, durchaus interessiert an Gesprächen mit Personen, die der RAF fern stehen. Den LeserInnen rufe ich meine frustrierenden Erfahrungen mit Besuchs- bzw. Interviewanträgen in Erinnerung, die in aller Regel an den Gefängnisverantwortlichen scheitern.

Mit Halbinformationen dieser Art, mit der öffentlichen und von der Justiz amtlich bestätigten Vorführung eines »Terror-Apparats« – man denke an »Gruppenkonformismus«, »Schießbefehl« und »Kollektivität« – lassen sich schon bloße Versuche der Kontaktaufnahme zu Mitgliedern bewaffneter Gruppen als »Sympathisantentum« denunzieren. Unter dem strengen Regiment des »Für oder Gegen«, werden jegliche Annäherungsversuche im Keim erstickt. Es gab sie zwar schon früh, doch allesamt fielen sie der Diffamierungsroutine zum Opfer. Im Weltbild von Law and Order hat der Dialog keinen Platz – als ob es ein Jenseits gesellschaftlicher Werte und Ziele gäbe, das dort beginnt, wo der Straftäter als politischer Feind auftritt und als »Linksterrorist« ausgemacht werden kann. Gerade die Diffamierung des Dialogs mit dem radikalen Gegner verrät das dramatische Ausmaß an fehlender politischer Kultur.

Helga Einsele, frühere Leiterin der Frauenhaftanstalt Frankfurt-Preungesheim, diskutierte mit Terroristinnen der ersten RAF-Generation in deren Zellen. Verfechtern des »harten Knastes« paßte das nicht. Kurzerhand wurden alte Kontakte Frau Einseles zum SDS (»Sozialistischer Deutscher Studentenbund«) vorgeschoben, um sie nach 28 Jahren Engagement für eine Humanisierung des Strafvollzugs zum »Sicherheitsrisiko« zu erklären. Damals, zu Anfang der siebziger Jahre, war es Bundespräsident Gustav Heinemann, der dem Manöver entgegentrat.[13]

Frau Einsele:

Ich glaube, Ursachen und Gründe dafür, sich gegen Gesetze zu stellen und Gesetze zu verletzen, sind immer vorhanden. Der eine hat sie in seinem politischen Weltbild, der andere hat sie in seiner katastrophalen Lebenslage. Und ich vermag nicht einzusehen, daß die einen besser sind als die anderen, daß es also Gefangene erster und zweiter Klasse gibt, solche mit und solche ohne Ehre. Ich habe kein Ungeheuerbild vom Terroristen. Ich glaube, der Zulauf zum Terrorismus kommt aufgrund der Bedingungen, unter denen sie heute »sitzen«. Wir wissen ja sogar aus der aktuellen Situation, daß es eine ganze Reihe von Nachfolgeterroristen gegeben hat, die wegen der einsitzenden Gefangenen, deren Druck sie mitempfunden haben, sich zum Terrorismus entschieden haben.[14]

Allen voran und beinahe konkurrenzlos engagierte sich von Anfang an die Springer-Presse im Geschäft der Diffamierung. Als bekannt wurde, daß Kurt Scharf, damals Bischof der evangelischen Kirche West-Berlin, am 23. Oktober 1974 Ulrike Meinhof in der Zelle besucht hatte, um sie zum Abbruch ihres Hungerstreiks zu bewegen, brach über den gegen jeglichen Verdacht erhabenen Bischof eine Flut von Beschimpfungen herein. Die konservative Presse schrie auf, als der Besuch des Bischofs in der Zelle bekannt wurde: »unfaßbar«, »ungeheuerlich«.[15] »Bild« inszenierte zunächst gegen Kurt Scharfs Gesprächsversuch eine Kirchenaustrittskampagne, um hernach Bedauern heuchelnd die täglich steigenden Austrittszahlen zu melden. Als drei Wochen nach dem Gesprächsversuch Kammergerichtspräsident von Drenkmann ermordet wurde, rückte »Bild« den Bischof auf schäbige Weise in die Nähe der Mörder: »Bei der Trauerfeier für Richter Drenkmann stand er etwas abseits, im dunkelgrauen Mantel – und das Kreuz auf der Brust war verrutscht, etwas nach links.«[16] Rücksichtslos wurde Kurt Scharfs seelsorgerischer Besuch bei Ulrike Meinhof für politische Interessen ausgeschlachtet. Die »politisch fatal durchseuchte Kirche«[17] sollte gesäubert und mit der CDU untrennbar verbunden werden. Gab es je eine bessere Gelegenheit als diese, mögen sich die interessierten Ideologen gefragt haben?

Ein Kommentar von »Bild«-Chefredakteur Peter Boenisch vom 25.11.74 dokumentiert die Hinterlist der Diffamierung:

Peter Boenisch: Meine Meinung. Handgranaten im Talar.
Dieser Rote in Schwarz ist nur einer von vielen, bei denen man nicht weiß, ob sie Diener Gottes oder Briefträger des Terrors sind. Eine schreckliche Vision: Pfarrer mit Pistole fast wie im Fernsehkrimi »Einsatz in Manhattan«.

»Von den 16 Pfarrern am Praktisch-theologischen Ausbildungsinstitut in Berlin ist nur einer gläubig-evangelisch. Die anderen 15 sind Anarchisten.« Der Mann, der das erklärt, weiß, von was er spricht. Er, Dr. Lothar Münn, saß im Leitungsgremium des Seminars und trat zurück, als es unter dem Zeichen des Kreuzes 15:1 für die Revolution stand. 15:1 für das Gebet mit der Faust.

Berlins Bischof Scharf, ein freundlicher Mensch, doch als Bischof »flau-flau-amen«, trägt Mitschuld und Mitverantwortung, daß so manche Kirche zum Tanzpalast der Linksputschisten wurde. Priester als Ministranten der Gewalt, Kassiber-Container, getarnt mit dem Kreuz und in Wahrheit Marx näher als Gott.

...Wir zahlen und beten für den Frieden und nicht für Handgranaten im Talar. Der Mißbrauch des Altars als Kulisse im Theater politischer Gewalt ist nicht der einzige Betrug am Steuerzahler. Noch übler als die Fehler der Kirche sind die Fehler des Staates.[18]

Boenischs Kommentar bildete den Anfang, danach kam alles auf die Beine, was den Trend zu verstärken bereit war, von »Bild« über »FAZ«, »Rheinischen Merkur« und »Bayernkurier« bis »Quick«.[19]

Fünf Jahre später wurde Bundesinnenminister Gerhart Baum Zielscheibe reaktionärer Vorwürfe. In den Räumen der Berliner »Spiegel«-Redaktion traf sich Baum Ende 1979 mit Horst Mahler zum Gespräch[20] – eine Initiative, die wütende Kritik zur Folge hatte. Interessierte fühlten sich auf den Plan gerufen, weil Baums Gesprächspartner einer der Gründer der RAF war. Von der »Skandalfigur« und vom »Sicherheitsrisiko Baum« war die Rede. Nach dem rechtsterroristischen

Münchner Anschlag auf Besucher des Oktoberfestes erklärte der CSU-Vorsitzende Franz-Josef Strauß in »Bild am Sonntag« Gerhart Baum zum Mitschuldigen:

Herr Baum hat schwere Schuld in zweierlei Hinsicht auf sich geladen. Erstens durch die ständige Verunsicherung und Demoralisierung der Sicherheitsdienste, die sich heute ja nicht mehr trauen, im Vorfeld aufzuklären und den potentiellen Täterkreis festzustellen. Zweitens durch die Verharmlosung des Terrorismus. Für mich ist Herr Baum als Innenminister eine Skandalfigur.[21]

Während Strauß im Verein mit politischen Freunden gegen Baum polemisierte – »Man müßte jetzt ein Flugblatt verfassen, das nur eines zeigt: Baum im Gespräch mit Mahler«, zitierte der »Stern« den bayrischen Politiker[22] – kam aus dem europäischen Ausland ein positives Echo. Im Inland dagegen machte Uwe Barschel, damals Innenminister in Schleswig-Holstein, eine Einladung zum Essen für die Mitglieder der Innenministerkonferenz rückgängig, weil er sich nicht der Begegnung mit Gerhart Baum aussetzen wollte. Sein bayrischer Amtskollege Gerold Tandler hatte wegen dieser Zumutung schon vorher abgesagt.[23]

Jahre später erinnert sich Baum:

Mir war klar, daß ich angegriffen werden würde, aber die Dimension und die Wucht des Angriffs war mir nicht klar. Überrascht war ich von der Kritik, weil ich, insbesondere von christlichen Politikern, nicht erwartet hatte, daß sie einem Menschen, der seine Strafe verbüßt hat und sich von der Tat distanziert hatte, so unbarmherzig gegenübertreten würden. Mir ist dann schon sehr schnell klar geworden, daß es Politiker gibt, die eben nicht vergessen können, und mir ist klar geworden, daß es in dieser Gesellschaft eine ernstzunehmende Meinung gibt, einmal Straftäter, immer Straftäter, und ein Terrorist ist ein noch ganz besonders stigmatisierter Straftäter. Also daß unser Strafrecht darauf abzielt, den Täter wieder zu integrieren, zu resozialisieren, ihm den Weg wieder zu öffnen in eine normale Existenz, das ist nicht Allgemeingut in unserer Gesellschaft.[24]

Baum wollte mit seinem Gespräch Signale an sogenannte Terrorismus-Aussteiger senden, hatte aber die Rechnung ohne den Generalbundesanwalt gemacht. Aussichten auf eine neue Perspektive gab es für Ex-Terroristen bei Rebmann (»Wir sind keine Außenstelle der Heilsarmee«)[25] nur gegen Vorleistungen – sprich: Verrat –, das zeigte sich bald am Fall des »RAF-Aussteigers« Peter-Jürgen Boock. Rebmann setzte seine Law and Order-Position durch, mit schweren Folgen für Boock. Gerhart Baum:

Ich habe mich als Innenminister dafür eingesetzt, daß die Generalbundesanwaltschaft der Tatsache Rechnung trägt, daß dieser Mann freiwillig sich vom Terrorismus losgesagt hatte. Das begann mit meinem Versuch, der Generalbundesanwaltschaft auszureden, Stammheim als Verhandlungsort zu wählen, was für Boock psychologisch belastend war. Alles das ist erfolglos geblieben, und ich bedaure, daß Boock nicht anders behandelt worden ist als die übrigen Täter. Es gibt einen Spielraum, auch wenn er klein ist, der aber genügt, um den noch aktiven Terroristen und ihren Unterstützern klar zu machen, daß der Staat nicht über eine Elle schert, sondern genau anguckt, ist das ein Täter oder eine Täterin, die an der verbrecherischen Intensität festhält oder sich aus eigener Überzeugung gelöst hat. Der Spielraum besteht in den Haftbedingungen zum Beispiel. In der Art der Anklage, d.h. wie man sie vertritt. Im Urteil in der Würdigung dieses Verhaltens. Also in allen Stadien des Verfahrens, bis zur Haftdauer, kann man das deutlich machen. Ich habe also nicht darauf abgestellt, daß jemand mit uns zusammenarbeiten muß, sondern habe mich dagegen ausgesprochen, daß man nur den Täter über die Möglichkeiten des Strafrechts hinaus belohnt, der spricht.

Während Baum der politischen Mitverantwortung der Gesellschaft Rechnung tragen wollte, setzte Rebmann auf die traditionelle Waffe des Staates: die Macht. Baum beklagt:

Manche Äußerungen, manches Verhalten des Generalbundesanwalts ist außerordentlich förmlich und läßt also überhaupt keinen Spielraum zu. Er stimmt nahezu jeder Strafverschärfung zu. Als ob mit Strafverschärfung die Gesellschaft verändert werden könnte. Als ob mit Urteilen allein die Gesellschaft verändert würde. Er hat offenbar nicht begriffen, daß es höchst diffizile Ursachen für Gewalt gibt, daß es auch verschiedene Formen von Gewalt gibt in der Gesellschaft. Einfach nur den Tatbestand feststellen, und dann Strich drunter, Strafe. Natürlich kann sich keiner der Strafe entziehen, wenn er sich strafbar gemacht hat, aber diese Unsensibilität, etwa in Bezug auf die Erweiterung des Paragraphen 129a bei der Bundesanwaltschaft beklage ich sehr. Ich möchte nicht Menschen, die zweifellos Straftäter sind, also Strommasten umlegen, nun auch noch als Terroristen stigmatisieren mit der Folge, daß sie dann vielleicht sogar Terroristen werden, was sie vorher gar nicht sind. Ich habe überhaupt Zweifel nach wie vor, ob dieser Paragraph 129a insgesamt nicht zu weit geht. Es gibt ja andere Staaten, die eine solche Strafbestimmung überhaupt nicht haben. Aber hier gibt es in der Bundesanwaltschaft überhaupt kein Nachdenken mehr. Also, die Generalbundesanwaltschaft hat insgesamt zur geistig-politischen Auseinandersetzung mit dem Terrorismus wenig beigetragen.

»Bloße Worte«

Am 10. Oktober 1986 erschossen Mitglieder der RAF Gerold von Braunmühl, Diplomat des Auswärtigen Amtes und politischer Vertrauter von Bundesaußenminister Hans-Dietrich Genscher. Vier Wochen später publiziert die »tageszeitung« einen offenen Brief der Brüder des Ermordeten. Zum ersten Mal waren es Angehörige eines Opfers, die das Gebot der Sprachlosigkeit verletzten. Doch auch hier galt: Gnadenlos und mit der Routine der Diffamierung wurde niedergemacht, was die Familie ausdrücken und erreichen wollte.[26] Unter dem Pseudonym »Pankraz« führte »Welt«-Kommentator Enno von Löwenstern unter der Überschrift »Pankraz, von Braunmühl und die Morddämonen« die reaktionäre Kritik an:

Der Vorgang ist unheimlich, der Brief ein unheimliches Dokument geschwächter sozialer Instinkte in der Stunde großer Not. ... Diese Pathetik, man muß es mit Entschiedenheit konstatieren, ist schief und peinlich. Soll man etwa, wenn die Mörder »zurückkommen«, erst noch einmal lang und breit über die politische »Berechtigung« ihrer Tat diskutieren, statt ihnen den Prozeß zu machen. Pankraz kennt die Brüder von Braunmühl nicht. Er geht davon aus, daß ihr Schmerz über den Ermordeten groß ist und zur Artikulation drängt. Doch das ändert nichts daran, daß ihr »offener Brief« sich nur allzu gut dazu eignet, die Geister zu verwirren und vor allem junge Menschen in ihren Vorurteilen über die Werte der Gesellschaft zu bestärken. ... Wir haben es längst nicht mehr nur mit Dämonen *zu tun, sondern mit dummen Dämonen. Wer sich mit denen außerhalb der Gerichte einläßt, setzt das Ansehen der Opfer aufs Spiel, schadet der Demokratie und dem Rechtsstaat. Er bringt sich nicht nur moralisch, sondern auch intellektuell ins Zwielicht.*[27]

Nachdem das Kuratorium der Gustav-Heinemann-Stiftung entschieden hatte, die Braunmühl-Brüder für ihr »mutiges Eintreten für eine geistige Auseinandersetzung mit den Terroristen« mit dem Bürgerpreis zu ehren, konnten auch FAZ und Generalbundesanwalt nicht mehr an sich halten. Der FAZ-Kommentar des Herausgebers Reißmüller trug die Überschrift: »Und dafür ein Preis«, und schloß mit der Zurechtweisung:

Einen solchen Brief hätten die Brüder nie schreiben dürfen. Schon das vertrauliche »Ihr« war verfehlt. Nun bekommen die Briefschreiber auch noch den Gustav-Heinemann-Preis. Der stellvertretende SPD-Vorsitzende Rau sollte ihn überreichen. Hoffentlich lehnt er das ab.[28]

Generalbundesanwalt Kurt Rebmann nahm im ZDF-Interview vom Juni 1987 Stellung:

Den Herren von Braunmühl geht es bei ihrem Angebot zum Dialog um die Mörder ihres Bruders. Das sind die Mitglieder des harten Kerns der Rote Armee Fraktion. Es sind Schwerverbrecher mit geschliffener Kriminalität. Diese zu jeder Gewalt, bis hin zum Mord, entschlossenen Terroristen lassen sich durch bloße Worte nicht von weiteren Straftaten abhalten. Prävention auf Dauer bedeutet hier nur Inhaftierung auf lange Zeit. Sie zu verwirklichen ist Aufgabe der Strafverfolgungsbehörden.[29]

Der Gesprächspartner, den sich Rebmann wünschte, war der reuige und aussagebereite Kollaborateur. Nicht zum Dialog lud er ihn ein, sondern zum Verhör.

Im übrigen bin ich der Meinung, daß das Angebot zum gesellschaftlichen Dialog eigentlich nichts bringt. Wenn die RAF-Gefangenen einen Dialog wünschen über ihre Perspektive, dann sollen sie sich an uns wenden. Meine Mitarbeiter stehen für einen solchen Dialog immer zur Verfügung.[30]

Diese Sorte »Dialog«, die die Bundesanwaltschaft auch nach Kurt Rebmanns Ausscheiden am 1. Juni 1990 weiter anstrebt, garantiert die Fortsetzung der Geschichte. Der erfolgreich, im Sinne von ergiebig, Verhörte darf unter Umständen mit bestimmten Erleichterungen rechnen, bis hin zur Haftverkürzung. In der Vergangenheit bedeutete die neue Perpektive zudem die neue Identität, also Geld und Papiere. Das meinte der Generalbundesanwalt mit seinem Angebot: den Dialog mit dem Kronzeugen. Die Dialoginitiative hatte er nur als Gelegenheit wahrgenommen, seiner seit langem bevorzugten Verfolgungsstrategie zur Publizität zu verhelfen.

Der Braunmühl-Brief

Der Brief der Brüder von Gerold von Braunmühl hat den folgenden Wortlaut:[31]

Ihr habt unseren Bruder ermordet. Ihr habt Euren Mord begründet. Wir wollen Euch auf diese Begründung antworten.

Das Schreiben, das Ihr am Ort des Mordes zurückgelassen habt, haben wir aufmerksam gelesen. Auch anderes, was Ihr geschrieben habt, haben wir gelesen. Wir haben darüber nachgedacht und gesprochen. Warum habt Ihr das gemacht?

Eure Begründung ist eine Art Abhandlung: Fünf Seiten Weltpolitik, wie Ihr sie seht; eine halbe Seite, die wie ein schlecht passender Einschub wirkt – Aufzählung einiger Funktionen unseres Bruders und ein paar Worte zu dem, wovon Ihr meint, daß es sein Ziel gewesen sei.

Eure Sprache ist wie Beton. Fest verbarrikadiert gegen kritisches Denken, gegen Gefühle und gegen jede Wirklichkeit, die sich ihren erstarrten Begriffen nicht fügen will. Sie gibt dem, der sie spricht, immer recht. Sie ist schwer verständlich, obwohl sie alles so einfach macht:

– Da ist das imperialistische Gesamtsystem als »hauptfeind der völker in ihrem kampf um selbstbestimmung und befreiung.«

– Da ist Westeuropa, das geeint und gestärkt werden soll, um die USA militärisch zu entlasten und den Zusammenbruch des Gesamtsystems möglichst aufzuhalten. Durch Errichtung einer europäischen NATO-Säule wird Westeuropa zum neuen Kriegszentrum. »Europäisch Politische Zusammenarbeit« (EPZ) heißt der neue Hauptfeind des internationalen revolutionären Proletariats.

– Und schließlich sind da die Leute, die das alles machen. Hervorragend unter anderen der politische Direktor im Bonner Auswärtigen Amt, in dessen Zuständigkeit die EPZ fällt. Also schießt Ihr auf ihn: »heute haben wir ... den geheimdiplomaten braunmühl, ... eine der zentralen figuren in der formierung westeuropäischer politik im imperialistischen gesamtsystem, erschossen.«

Eine tot-sichere Logik. – Aber wen soll sie überzeugen?

Gibt es unter Euch und Euren Freunden keine kritischen Fragen? Zum Beispiel: Ob Einigung und Stärkung Westeuropas und Europäisch Politische Zusammenarbeit auch zu etwas anderem führen kann als zur Stützung der USA und zu verschärfter Ausbeutung der Dritten Welt? Fragt Euch niemand, wie Ihr Eure Theorien überprüft und Eure Behauptungen beweist? Und wie legitimiert ihr das, was Ihr tut? Macht es Euch keine Schwierigkeiten zu erklären, wie eine zwanzig- oder zweihundertköpfige Gruppe, die sich kommunistisch nennt, das macht, »als internationales proletariat zu denken und zu handeln«? Daß »der prozeß der front hier und jetzt nicht massenhaft verläuft«, ist Euch nicht entgangen. Auf die Zustimmung der Menschen, für die Ihr denken und handeln wollt, habt Ihr verzichtet. – Wer erleuchtet Euch? Wer macht Euch zu Auserwählten Eurer elitären Wahrheit? Wer gibt Euch das Recht zu morden? Gibt es irgendetwas außerhalb Eurer grandiosen Ideen, was Euch erlaubt, einem Menschen Eure Kugeln in den Leib zu schießen?

Glaubt Ihr wirklich, jemanden davon überzeugen zu können, daß Ihr ausgerechnet mit dem Mord an unserem Bruder »den strategischen plan der imperialistischen bourgeoisie, weltherrschaft zu erreichen, in seinen konkreten aktuellen projekten angegriffen« habt?

Vielleicht habt Ihr deshalb den »Geheimdiplomaten« erfunden, weil das so schön verrucht klingt und ein wenig über die Verlegenheit hinweghelfen soll, die es Euch bereitet, gerade diesen Mord »politisch vermitteln« zu müssen.

Oder bringt es Euch nicht in Verlegenheit, wenn es sich auch unter Euren Freunden herumspricht, daß Ihr einen ermordet habt, der sich nie angepaßt hat – auch nicht innerhalb dieser Bundesregierung -, einen, den Krieg und Ungerechtigkeit – egal auf welcher Seite – zutiefst empörten und der in erster Linie immer für eine Verständigung mit den sozialistischen Ländern gearbeitet hat? Wißt Ihr das überhaupt? Interessiert Euch so etwas? Untersucht man bei Euch so genau, bevor man einen Mord begeht? Aber vielleicht habt Ihr unseren Bruder ja gerade deshalb ermordet, weil Ihr das wußtet. Weil Euer Klischee vom »imperialistischen vernichtungsstrategen« verzweifelt schlecht auf unseren Bruder passen wollte.

Ihr schreibt, Braunmühl habe die EG »militärisch sauber« halten wollen, »um die imperialistische vernichtungsstrategie auf politischer ebene forcieren« zu können. Die bekannte Heimtücke der Linken und Liberalen: daß sie das System verschleiern, dadurch wirksamer machen und aufrecht erhalten! – War das Euer tieferer Grund? Warum sagt Ihr es dann nicht offen heraus: Wir haben Braunmühl erschossen, weil wir Linke und Liberale hassen, und weil seine Ermordung für uns kein Risiko war.

Was soll das unglaubwürdige Gerede von Bewußtsein und Zielen Eurer Opfer? – Ihr behauptet zu wissen, was die Ziele unseres Bruder gewesen sind. Woher: Habt Ihr ihn danach gefragt? – Was ein Mensch weiß und will, das braucht Ihr ihn nicht zu fragen. Das sagt Euch Eure patente Logik, die Euch erlaubt, über die Köpfe der Menschen hinwegzudenken. Habt Ihr es nötig, vor Euren Freunden zu lügen und den falschen Eindruck zu erwecken, Ihr wüßtet, welchen Menschen Ihr getötet habt? Wenn Ihr auf objektive Funktionen schießt, die ihr erkannt zu haben glaubt, – was faselt Ihr dann von Menschen und ihren Zielen, um die Ihr Euch niemals gekümmert habt? Genügt es Euren Freunden etwa doch nicht, wenn Ihr ihnen sagt, was für eine Funktion einer hatte? Verlangen sie, bevor sie Euch applaudieren, am Ende doch den »Beweis«, daß das Opfer auch noch ein »Schwein« war? Daß es all das Böse nicht nur getan, sondern auch gewußt und gewollt hat?

Und noch eine letzte Frage: Was wolltet Ihr mit diesem Mord erreichen? Was sind Eure Ziele, und was glaubt Ihr, wird passieren, wenn Ihr so weitermacht?
– Zuerst: »wird der brd-staat so erschüttert, daß er nicht mehr handlungsfähig ist«.
– Und dann: »wird das us-militär hier das kommando übernehmen.«
– Und dann? – Weiter wollt Ihr nicht gefragt werden, denn: »es ist absolut sinnlos, für den kampf jetzt nach dem großen strategischen plan zu suchen oder über räterepublik und moral zu philosophieren. dabei kommt nur raus, daß man den eigenen boden unter den füßen verliert...«

Das ist, was Ihr zur Begründung für die Ermordung unseres Bruders vorzubringen habt. Ihr glaubt, Euren Gegnern bleibe nichts anderes übrig, als Euch zu diffamieren oder die inhaltliche Auseinandersetzung zu verweigern. Wir glauben, Eure Gegner können nichts Besseres tun, als Eure Theorien, Behauptungen und Strategien überall bekannt zu geben. Deshalb dieser offene Brief.

Es ist wahr: Unser Bruder, den Ihr ermordet habt, hat die Politik dieses Staates mitgeformt und mitgetragen. Er war für sie mitverantwortlich. Das hat er gewußt, und er war mit seiner ganzen Intelligenz und Ehrlichkeit davon überzeugt, daß diese Politik besser als alle anderen realisierbaren Möglichkeiten Frieden, Selbstbestimmung und die auch von Euch im Munde geführten »menschlichen Lebens- und Arbeitsbedingungen« erreichen helfen kann. Nicht alle von uns teilen diese Überzeugung. Aber wir alle wissen, daß niemand seine Überzeugungen besser geprüft und sich der Kritik offener gestellt hat.

Ihr setzt die mörderische Tradition derer fort, die sich für Auserwählte der Wahrheit halten, in deren Namen sie die schlimmsten Verbrechen begehen. Ihr seid auf dem schlechtesten Weg. Gegen Unrecht und Gewalt, die von Staaten und Regierungen ausgehen, werdet Ihr mit Eurem Terror am wenigsten ausrichten. Einer menschenwürdigen Welt werdet Ihr uns mit Euren Morden kein Stück näher bringen.

Hört auf. Kommt zurück. Habt den Mut, Euer geistiges Mordwerkzeug zu überprüfen. Es hält der Prüfung nicht stand. Treffend sind nicht Eure Argumente, treffend sind nur Eure Kugeln. Ihr habt das Abscheulichste und Sinnloseste getan.

Die Brüder von Gerold von Braunmühl

Gespräch mit der Familie von Braunmühl[32]

M. Overath: Ihr Brief hat viele Menschen tief bewegt. Nie zuvor hatten Angehörige eines Attentat-Opfers die Mörder auf diese Weise herausgefordert. Sind Sie eine besondere Familie?

Hubertus von Braunmühl: Ich glaube, daß man das Wort »besondere« nicht benutzen sollte, weil es als Arroganz mißverstanden werden könnte. Es gab auch ganz andere Stimmen. Mir sagten Freunde später, als wir den Preis in Rastatt bekamen (Gustav-Heinemann-Bürgerpreis, M.O.), es sei eigentlich ein Skandal, daß für so etwas Selbstverständliches wie Reden ein Preis gegeben wird. Das zeige, in welchem Zustand diese Rebublik ist. Ich habe mir allerdings schon versucht zu erklären, warum unser Verhalten von vielen Menschen als »besonders« angesehen wurde und nicht als Selbstverständlichkeit. Ein paar Gründe gibt es vielleicht in unserer Lebensgeschichte, die nicht alltäglich ist, und die im Lauf der Zeit eine bestimmte Haltung bei jedem einzelnen von uns hervorgebracht hat. Der Haltung, daß das Leben Vorrang hat vor allem anderen, auch das Leben Andersdenkender. Man darf kein Leben vernichten, weder Gerolds Leben noch das Leben der Terroristen, die in Gefängnissen ja nichts dazulernen können. Diese Haltung kommt vielleicht aus der Tatsache, daß wir aus dem Osten vertrieben wurden, und der Erinnerung daran, daß wir viele sehr gute, menschliche Begegnungen hatten mit Polen und Russen. Wir haben nicht erlebt, daß die Russen sich so aufgeführt haben, wie andere meinen, daß sie sich nur aufführen können. Ich glaube, daß diese Zufallserlebnisse unserer Flucht einige andere Überzeugungen bei uns geweckt haben als bei anderen Menschen, die schlechteres erlebt haben. Ich bin dann später viele Male in Ostblockländern gewesen, zum Teil zusammen mit Gerold. Ich war mit ihm in Moskau, als er dort gearbeitet hat. Eine große Rolle spielt natürlich auch unser Wille, zusammenzuhalten. Es gibt ein überliefertes Wort meines Großvaters, der auf dem Sterbebett gesagt hat, ihr sollt zusammenhalten wie die Kletten. Als ob mein Großvater es vorhergesehen hätte. Und das hat mein Vater dann auch gemacht, und hat uns ein bißchen in diese Richtung erzogen. Manchmal war das sehr beengend, aber es ist immerhin soviel Gutes dran gewesen, daß wir wirklich sehr zusammengehalten haben, obwohl jeder seinen Weg ging.

Gab es ein auslösendes Moment für die Entscheidung, den offenen Brief zu schreiben?

Hubertus v. B.: Als wir das erstemal zusammen saßen nach dem Mord, sagte Gerolds und Hildes Tochter Carolin, wenn die Terroristen doch geschellt hätten, der Gerold hätte sich die ganze Nacht Zeit genommen, mit ihnen über die Sachen, die sie in ihrem Brief angesprochen haben, zu diskutieren. Da habe ich gemerkt, daß wir es unserem Bruder schuldig sind, darüber zu sprechen, statt uns einfach in die Rolle der Opfer zu begeben, denn Gerold hatte immer offensiv versucht, seine Meinung auch Andersdenkenden gegenüber zu vertreten. Wenn man sich diese Szene ganz konkret vorstellt: Das sind Leute, die haben eine ganz bestimmte Meinung, auch eine ganz bestimmte Meinung von dem Opfer, das sie umbringen wollen, um etwas ganz bestimmtes zu erreichen. Sie sind fünf Meter von der Haustür weg, sie gucken, das Taxi mit Carolins Vater kommt. Täter und Opfer haben noch nie miteinander geredet, sich nie ausgetauscht. Und jetzt gibt es diesen Mord. Wären die noch in der Lage gewesen, Gerold zu erschießen, wäre Gerold noch in der Lage gewesen, die hinter der Terroristenfassade zu anonymisieren, wenn sie miteinander gesprochen hätten? Es war sehr schmerzhaft für mich, zu erkennen, daß auch sonst, im Alltag, diese Chance zum Reden nicht genutzt wird. Leute mit unterschiedlichen Lebenschancen, unterschiedlichen Meinungen miteinander reden zu lassen und besprechen zu lassen, wie man das verändern kann. Das war ein Schmerz und gleichzeitig eine Ohnmacht, ein Gefühl, mit dem sich schlecht leben läßt. Ein gestauter Schmerz im Körper, von dem ich glaube, daß er irgendwie heraus wollte. Bei mir war es auch so, daß ich mir vorgestellt habe, ich komm meinetwegen mit dem Motorrad in die Szene rein, was mach ich dann? Ich hätte sicher irgendetwas Verrücktes getan, um dem Gerold zu helfen. Es war ein Bedürfnis, ihm nachträglich zu helfen, das sich fast wie in einem Trieb, den Brief schreiben zu müssen, ausgedrückt hat. Ihn nicht zu so einem Opfer werden zu lassen, das sich nicht mehr verteidigen kann.

Hatten Sie auch andere Möglichkeiten in Erwägung gezogen, mit den Mördern oder deren Freunden in Kontakt zu kommen?

Hubertus v. B.: Ich habe ein paar Tage nach dem Mord an Gerold mit einer Angehörigen eines jetzt im Untergrund lebenden RAF-Mitglieds gesprochen. Ich habe sie gefragt, ob sie bereit ist, sich in irgendeiner Form an etwas zu Veröffentlichendem zu beteiligen. Damals war noch gar nicht klar, was dabei rauskommt. Aber auf ihrer Seite war sehr viel Angst, Angst vor der Polizei und Angst vor rechten und linken Reaktionen. Es war sehr diffus, sie konnte das selber nicht gut ausdrücken. Wir trafen uns auf ihren Wunsch hin für das Gespräch an einem geheimen Ort, was ich gar nicht verstanden habe. Ich hatte diese Angst nicht, ich sah überhaupt keine deutliche Gefahr. Ängste und Befürchtungen kamen erst später, als sich herausstellte, wie kompliziert das alles ist, auf was man sich da einläßt.

Hermann v. B.: Wir haben immer wieder überlegt, gemeinsam mit Hilde, was Gerold in der Situation gemacht hätte. Und es ist eigentlich ganz interessant, daß Genscher, der Gerold von einer ganz anderen Seite kannte, sagte, er sei ganz sicher, daß unser Bruder diese Aktion auch gemacht und mitgetragen hätte, wenn es ein anderer Betroffener in der Familie gewesen wäre. Das war im Nachhinein noch eine Bestätigung.

Carlchristian v. B.: Ich erinnere mich an die Reaktion unseres Bruders Jochen, der in Afrika lebt. Wir hatten ihn um seine Meinung gebeten, und er schrieb zurück, laß uns das für Gerold machen, denn Gerold war ein Streithammel und kein Opferlamm.

Hat Ihnen diese Gewißheit geholfen, das vergangene Jahr mit all seinen Turbulenzen besser auszuhalten?

Hermann v. B.: Seitdem der Brief veröffentlicht ist, hat sich unser Alltag sehr verändert. Es hat sich sehr viel geändert, was Erkenntnisse von Verhältnissen angeht. Für mich hat sich viel verändert, weil ich Einblick genommen habe in Gedanken und in Zustände, in die ich vorher keinen Einblick hatte, weil sie außerhalb meines üblichen Erfahrungsbereiches waren. Ich meine die Beschäftigung mit den Motiven von Menschen, die so etwas tun. Vorher habe ich mich damit nicht auseinandergesetzt. Ich war entsetzt, wenn ich von solchen Morden gelesen habe, und habe mich an die Stirn gefaßt, wie so etwas möglich sein mag. Aber man ging zu den üblichen Aufgaben wieder über, die man hatte. Und hier kam man hinein durch die intensive Diskussion zu dem Thema, so daß sich dadurch sehr viel geändert hat, weil man gelernt hat, anders zu sehen. Früher waren das für mich ganz einfach Kriminelle, die morden. Jetzt sehe ich etwas besser, daß durch Mechanismen wie Haftbedingungen, wie Prozeßabläufe es offensichtlich eine verstärkte Enttäuschung bei manchen Gruppen gibt, die sich dann wieder in die terroristischen Gruppierungen hineinbegeben. Das war für mich bis dahin nicht erkennbar. Ich sah nur, daß sie unverantwortlich morden und sich ungerechtfertigt gegen eine Gesellschaft auflehnen, die ich mag und in der ich mich zu Hause fühle, die ich mit unterstütze.

Vergrößert es das Drama, wenn man durch so eine Auseinandersetzung diese Zusammenhänge erkennt?

Hermann v. B.: Es macht es aufregender. Es eröffnet neue Perspektiven. Ich denke aber auch, daß es sehr viel Positives hat, weil man Einblick in andere Zusammenhänge gewinnt.

Ihr Brief hat ein Tabu verletzt. Er hat aus Leuten, die beharrlich dämonisiert worden waren, Menschen gemacht, mit denen gesprochen werden kann. Haben Sie das bedacht?

Hermann v. B.: Am Anfang gab es diese Gedanken nicht. Es gab kein Ziel, Dämonisierung abzubauen und solche Dinge. Sondern es stand dieses ganz ursprüngliche Bedürfnis, auf etwas zu reagieren, was passiert ist. Auf ein ganz und gar schreckliches Erlebnis, das einen mit Wut und Verständnislosigkeit und Fragen erfüllt hat, zu reagieren. Ich denke immer an diese Fragen, die wir uns gestellt haben: wie kann man soviel Haß haben, wie kann man soviel Kaltblütigkeit haben. Das nicht einfach so zu lassen, wie das aufgeschrieben war, das war ganz ursprünglich unser erster Ansatz. Die Frage, was hat das mit uns zu tun, stand für mich jedenfalls nicht am Anfang. Das kam erst aus der Beschäftigung mit dem Thema, aus den vielen Gesprächen. Sondern am Anfang war wirklich das Bedürfnis, das, was einen umgetrieben hat, zum Ausdruck zu bringen. Die Mörder anzuschreien. Ich denke an unsere Diskussion, wie man das formuliert. Ich hatte das starke Bedürfnis, nicht so einen akademischen oder humanistischen Dialog zu bringen, sondern zum Ausdruck zu bringen, daß wir sie schütteln, daß wir sie anschreien. Da war keine Kalkulation, welche Erfolgsmöglichkeiten das hat, ob man erreicht, daß die spüren, was sie angerichtet haben. Wir wurden oft gefragt, ob wir geglaubt haben, daß die RAF antwortet. Das war nie so sehr eine Frage, ob die antwortet oder nicht antwortet. Man wollte es sagen und man mußte es sagen.

Hubertus v. B.: Das erste Gefühl, als ich die Nachricht am Telefon bekommen hab, der Gerold ist gerade von Terroristen auf der Straße erschossen worden, war eine Mischung aus Wut, Zorn und völliger Verwirrtheit, und mir fiel nur das Wort ›Wahnsinn‹ ein. Beim Ordnen der Gefühle und Gedanken sind dann natürlich auch Fragen entstanden. Warum gibt es Terrorimus, was hat der Staat damit zu tun, was haben die Repräsentanten des Staates damit zu tun? Es kam eine Wut auf die Gedankenlosigkeit der Leute, die bis dahin mit dem Terrorismus umgegangen sind. Die ihn soweit fortgeschleppt haben, weil irgendwie verhindert wurde, daß dieser Graben, der zu diesen politisch anders denkenden Gruppierungen besteht, durch Dialog in irgendeiner Form nicht harmonisch, sondern überhaupt aufgefüllt wird. Das war das Gefühl, da ist in einem luftleeren Raum ein Verbrechen geschehen, eine Bombe explodiert. Und das hätte nicht sein müssen, wenn an tausend Stellen, an unendlich vielen Stellen, mehr gesprochen worden wäre.

Nach der Stellungnahme des Generalbundesanwalts hatte ich den Eindruck, man hätte es lieber gesehen, Sie hätten sich von dieser Seite stärker als Opfer betreuen lassen anstatt sich aktiv mit dem auseinanderzusetzen, was passiert war. Haben Sie vorher darüber nachgedacht, daß Sie in dieser Beziehung aus der Rolle fallen?

Hilde v. B.: Ich hatte so eine vage Vorstellung davon, daß wir ein Tabu brechen, soweit ich das damals überhaupt mit einer gewissen Distanz betrachten konnte. Es gab bei mir zwiespältige Gefühle – soll man es tun, soll man es nicht tun? Aber ich wußte sehr genau, daß man irgendwie die Menschen im Umfeld wachrütteln muß, herausschreien muß, was uns angetan worden ist. Denn nur so kann man sie ja letztendlich vielleicht erreichen.

Hermann v. B.: Wir haben viel diskutiert, auch über einzelne Formulierungen diskutiert, wie unser Anliegen vermittelt werden kann und wie vermieden werden kann, daß gesagt wird, das sei doch komisch, in dem Sinne von Gleich zu Gleich mit Menschen zu reden, die mordend in die Familie eingegriffen haben. Das hat mich sehr beschäftigt, ich wollte richtig verstanden werden. Nicht so sehr von irgendwelchen Repäsentanten, Bundeskriminalamt oder sonstigen Behörden, auch nicht in dem Sinne, wie es Herr Rebmann dann zum Ausdruck gebracht hat. Sondern mehr von denen, die darüber schreiben, von den Journalisten. Der offene Brief ist ja sehr weit verbreitet worden, und damit war ein Risiko verbunden. Es mußte der Eindruck vermieden werden, daß wir Vergebungsrituale unternehmen oder den großen Mantel des Verzeihens ausbreiten wollten. Das war etwas, das mich sehr bewegt hat.

Haben Sie den Angriff des »Welt«-Kommentators ernst genommen oder war das für Sie eher unbedeutend?

Hermann v.B.: Er hat mich nicht geärgert, sondern war für mich ein Beweis, daß es Menschen ohne Sensibilität gibt. Ich erinnere mich an den Satz, in dem es heißt, wer mit Terroristen redet, schadet dem Rechtsstaat oder der Demokratie und dem Andenken der Opfer. Das ist so überzogen, daß es einfach nicht ernst zu nehmen ist und auch keine Basis zur Auseinandersetzung. Obwohl, das muß man halt dazu sagen, es sicherlich die Meinung von vielen wiedergibt.

Hat Sie die Kritik des Generalbundesanwalts überrascht?

Hubertus v. B.: Nein. Man hatte uns ja vorher gesagt, es käme unheimlich viel Kritik, aber es kam dann doch nicht so viel.

Hilde v. B.: Ich verstehe, daß die Bundesanwaltschaft sich angegriffen fühlt durch die Tatsache, daß wir den Preis bzw. das Preisgeld dem Rechtshilfefond für Peter-Jürgen Boock haben zukommen lassen. Der Generalbundesanwalt hätte seine Kritik vielleicht nicht in seinem Halbjahresbericht laut werden lassen müssen, meiner Ansicht nach. Andererseits ist es auch positiv zu werten, daß es das getan hat. Ich habe daraus abgelesen, daß er sichtlich irritiert war.

Hubertus v. B.: Ich kann jetzt sagen, daß ich ganz froh bin, daß die Befürchtungen, die wir teilweise wohl selber gehabt haben, und die Konsequenzen, vor denen man uns gewarnt hat, nicht in dem Umfang eingetreten sind. Soweit ich mich erinnern kann, war direkt nach der Veröffentlichung nur ein großer Schreck, dieser Artikel in der »Welt«. Der Jochen hat das mal so ausgedrückt, und ich find das richtig, und das ist bei mir auch so, daß er froh ist, daß wir nicht in einer Pankraz-Welt leben, wo man dafür bestraft wird, vollautomatisch, wenn man sich mit seinen von der Norm abweichenden Gedanken an die Öffentlichkeit wendet. Es waren Einzelstimmen, und das fand ich schon ganz ermutigend. Später kamen dann die vielen Leserbriefe in der taz. Es gab mehr Zustimmung und Nachdenklichkeit, aber auch viele hämische, böse und haßerfüllte Reaktionen. Dennoch hat sich bei mir das Gefühl herausgestellt, das war das Risiko wert, diesen offenen Brief zu schreiben, diese Reaktionen kennenzulernen. Daß es das überhaupt gibt. Daß es Menschen gibt, die aus Tradition oder aus ihrer Lebenssituation, die ich nicht kenne, es für richtig halten, einen ihnen unbekannten Menschen totzuschießen. Es ist der Anfang zum Verstehen. Ich hab ja bis jetzt immer noch keinen dieser Briefeschreiber gesprochen. Die sind ja nicht umsonst alle anynom in die taz gesetzt worden.

Hermann v. B.: Sehr viel nachdenklicher als der »Welt«-Kommentar hat mich der Kommentar der FAZ gemacht, der nach der Ankündigung des Gustav-Heinemann-Bürgerpreises kam. Da hieß es, dieser Brief hätte nie geschrieben werden dürfen. Das war nicht mal so journalistisch hingeschrieben, sondern gab offensichtlich eine festgefügte Position wieder. Ich habe danach einen intensiven Meinungsaustausch mit dem Kommentator begonnen und erfahren, daß wir mit unserem Brief seiner Auffassung nach der rächenden und strafenden Funktion des Staates in den Arm gefallen seien. Das ist eine spannende Überlegung, daß wir den Staat am Vollzug seiner Pflichten gehindert hätten. Daß der Staat nicht nur die Bevölkerung zu schützen und Übeltäter nicht nur zu bessern, nicht nur zu resozialisieren habe, sondern zu strafen und zu rächen für das, was ihm angetan worden ist. Wenn man dieses Verständnis hat, dann ist Dialogbereitschaft eine Katastrophe. Wir haben unseren Meinungsaustausch mit der Feststellung, daß da dieser Dissens ist, beendet.

Sie haben in den vergangenen Monaten Kontakt zu inhaftierten RAF-Mitglieder aufgenommen. Welche Fragen haben Sie gestellt?

Carlchristian v. B.: Ich habe Peter-Jürgen Boock die Frage gestellt, was alles in einem Menschen zusammen kommen muß, das einen zum Terroristen macht. Was ich jetzt denke, ist, daß es sehr viele und sehr unterschiedliche Bausteine geben muß, die zusammen kommen müssen, damit einer zur RAF geht und mordet. Und da ist dann die Frage, was haben wir damit zu tun. Es gibt ein theoretisch-analytisches Handwerkszeug, das ist ihre Form von Marxismus-Leninismus, und es gibt ein seelisch-emotionales Handwerskzeug, das ist die Wut im Bauch. Und es gibt eine bestimmte Form von Avantgardemoral, ein Umgehen mit den Andersdenkenden. Alles das sind Bausteine, denke ich, und nur wenn alle zusammen kommen, stell ich mir vor, mordet einer. Ich glaube aber, daß viele Teile von diesen Bausteinen sehr weit verbreitet sind und auch bei mir vorkommen. Und das bedeutet für mich die Frage nach dem eigenen Anteil an den Ursachen der Gewalt. Darüber habe ich mit Peter-Jürgen Boock gesprochen, darüber haben wir uns in unseren Briefen ausgetauscht. Ich möchte gern von denen wissen, die aufgehört haben mit der Gewalt, warum sie aufgehört haben. Welchen dieser Baustein sie plötzlich weggenommen haben. Manche haben vielleicht den Baustein »Strategie« weggenommen. Sie sagen jetzt, sie sind Aussteiger, aber viel haben sie eigentlich nicht geändert. Sie haben nur gesagt, daß die RAF-Strategie nichts bringt. Das macht mich sehr wütend.

Sie sagten eben, mit Peter-Jürgen Boock über Ihren »eigenen Anteil« gesprochen zu haben. War das die Voraussetzung, um Gespräche mit Menschen zu führen, die Gewalt ausgeübt haben?

Carlchristian v.B.: Ja, das glaube ich. Uns haben viele der taz-Leserbriefschreiber vorgeworfen, wir seien »scheinheilige« Brüder. Das hat gekränkt und weh getan, aber es hat mich nicht gewundert. Und ich glaube auch, daß darin die Antwort auf die Frage liegt, warum unsere Initiative dem Generalbundesanwalt nicht gefallen hat. Ich erinnere mich genau an eins der Vorgespräche mit Redakteuren einer Fernsehsendung, in der es um unseren Brief gehen sollte. Da haben wir auch über die Bausteine gesprochen und kamen dahin, was sind die Ursachen. Es wurde gesagt, wenn man diese Frage stellt, dann ist man mit einem Schlag an den Wurzeln dieser Republik. Deshalb ist das so heikel. Könnte es so sein, daß in einer Gesellschaft, in der fast alle Menschen zur schweigenden Mehrheit gehören und die rosarote Brille aufgesetzt haben, diejenigen ohne rosarote Brille isoliert und abgelehnt werden? Daß in einer solchen Gesellschaft kleine Gruppen entstehen, die mit einer Mischung aus Wut im Bauch und sehr hehren Idealen zu morden anfangen? Dann entsteht die Frage: Wissen wir, wer wirklich schuldig ist? Und eine Konsequenz aus so einer Überlegung ist ja, die rosa Brillen abzusetzen. An allen Ecken und Enden aufzufordern, über die realen Gefahren wirklich mit allen zu reden. Das wird nicht gewünscht, was zeigt, daß es an die Wurzeln dieser Gesellschaft geht.

Konnte Boock Ihnen etwas erklären?

Carlchristian v.B.: Weniger in dem Gespräch, das wir geführt haben. Das war vielleicht zu komprimiert in dieser Stunde, und die Situation in dieser Gesprächszelle mit Überwachung durch Landeskriminalbeamte ist nicht gut geeignet. Aber er hat es mir in dem Brief zu erklären versucht, den er mir anschließend geschrieben hat. Das hat mein Verständnis etwas weitergebracht. Er schrieb von einem Palästinenser in Beirut, dessen Familie von den Israelis liquidiert worden war. Dieser Mann, der den bewaffneten Kampf aufgenommen hatte, hatte Boock mehrfach das Leben gerettet. Dann wurde der Mann plötzlich neben ihm erschossen, mit einem Gewehr, wie sich später herausstellte, das aus der Bundesrepublik war. Heute sieht Boock das so, daß es keine Rechtfertigung mehr für ihn ist. Aber damals in der Situation sei es für ihn nur ein ganz kurzer Schritt gewesen, zu sagen, das weiß die Regierung, das weiß der Geheimdienst. Deshalb darf ich zurückschießen. Das war damals ein schneller kurzer Schritt.

Hermann v. B.: Wir diskutieren diese Fragen immer und immer wieder. Ich kann nicht begreifen, wie Menschen, von denen man sagt, daß sie klug sind, Verstand haben und denken können, ganz gezielt und in Erfüllung eines Planes anderen Menschen die Pistole an den Kopf halten. Ich kann rational nachvollziehen, wie es geschieht, daß Menschen in Haßsituationen kommen, wenn sie Schreckliches erlebt haben. Aber von da aus zu Strategien zu kommen, die Gewalt systematisch einzusetzen, das kann ich nicht nachvollziehen. Und deshalb habe ich ganz große Schwierigkeiten, mir vorzustellen, mit solchen Menschen zu sprechen. Ich habe sehr wohl begriffen, daß es diese Mechanismen gibt, und ich meine, die Gesellschaft muß alles tun, um zu verhindern, daß sie sich verstärken. Deshalb muß der Dialog sein, muß zwischen den Gruppen geredet werden, muß der Staat sich sagen lassen, daß er offensichtlich solche Eindrücke erzeugt. Er muß darüber nachdenken. Unabhängig davon habe ich ganz große Probleme mit den Leuten den Gedankenaustausch zu führen.

Wegen einer emotionalen Barriere?

Hermann v.B.: Ja, da ist eine unglaubliche emotionale Sperre. Ich rede jetzt nicht von dem Einzelnen, der es vielleicht nicht war oder der vielleicht nicht geschossen hat, sondern von denen, die es tun, wer immer das sein mag. Dem man vielleicht eines Tages mal gegenübersteht. Und der dann ja wohl, von seiner Ideologie her, mir selbst das Recht einräumen würde, ihn über den Haufen zu schießen. Aber ändere ich irgendetwas dadurch?

Carlchristian v. B.: Im Gegenteil, Du würdest ihre Definition der Situation sogar unterstützen, denn sie sagen, es ist Krieg, und in einem Krieg ist es ja so, daß beide Seiten schießen. Aber wir teilen ihre Definition eben nicht. Wir schießen nicht zurück. Wir widersprechen damit dieser Kriegstheorie. Sie ist Quatsch, eine Selbstidealisierung.

Rache- oder Gewaltphantasien hat auch der Philosoph Günter Anders geäußert, indem er das Gewaltmonopol des Staates infrage stellte. Wie war das für Sie?[33]

Carlchristian v.B.: Eine wahnsinnige Wut habe ich auf Günter Anders gehabt. Der hat doch wirklich gesagt, es tut uns leid, so ungefähr, wir werden einen nach dem anderem unserer Gegner im Interesse des künftigen Weltfriedens und des Weiterbestandes des Menschengeschlechts in nicht vorhersehbarer Reihenfolge töten müssen. Und was ich vorhin von diesen Bausteinen gesagt habe, die zusammen kommen, damit einer Terrorist wird, da muß ich ganz offen sagen, habe ich einen der bösesten bei ihm gefunden: die Selbstgerechtigkeit. So ein blasierter Mensch, so eine Kassandra, die alles weiß, die alles schon immer gewußt hat, furchtbar. Er ist ohne Zweifel ein bedeutender Philosoph, aber gerade dieser Widerspruch ist so schwer auszuhalten.

Hilde v. B.: Horst Mahler hat ihn in seinem offenen Brief als einen spirituellen Rassisten bezeichnet. Ich kann das nachvollziehen in Bezug auf diese unwahrscheinliche Selbstgerechtigkeit, in der man genau weiß, wir sind die Guten und die sind die Bösen. Und wieder das: Die Bösen müssen vernichtet werden.

Glauben Sie denn, daß er das, was er ausbreitet, Wort für Wort verwirklicht haben will?

Hubertus v. B.: Ich habe auch zuerst gedacht, er meint es symbolisch. Aber in Gesprächen habe ich dann herausbekommen, daß es jeder normale Mensch wörtlich genommen hat. Gefährlich ist es, weil es einem Angehörigen einer zum bewaffneten Kampf entschlossenen Truppe Zweifel nehmen kann. Er gibt dem bewaffneten Kampf die philosophische Weihe.

Aber heißt es nicht letztendlich die Umkehrung dessen, was auch viele Politiker sagen: »Wir werden mit dem Terrorismus leben müssen«?

Hermann v. B.: Die Frage, ob man mit dem Terrorismus leben muß, ist wirklich eine aufregende Frage. Und ich denke, sie hängt auch von unterschiedlichen Dingen ab. Das sieht zum Beispiel in Europa anders aus als im vorderen Orient. Dort gibt es religiöse Strömungen und ganz schwierige Dinge. Es will mir nicht in den Kopf, warum man nicht eine Gemeinschaft organisieren kann, die von einem weitgehenden Konsens getragen wird, jedenfalls soweit, daß man nicht durch Mord gegen sie ankämpfen muß.

Carlchristian v. B.: Man müßte die soziale Ungerechtigkeit in einem sehr weiten Sinn aufheben. In allen ihren Erklärungen sprechen sie vom Krieg, der von den Metropolen gegen die Völker der Dritten Welt geführt wird.

Hubertus v. B.: Eine amerikanische Journalistin schlug vor, über den Terrorismus nicht mehr zu berichten. Ihre Idee: Keine Sendezeit für Terroristen und sie sind in kürzester Zeit verschwunden. Das unterstütze ich nicht, aber ich finde den jetzigen Zustand der Presseberichterstattung über den Terrorismus völlig unbefriedigend.

Carlchristian v. B.: Ihre Taten bekommen viel Aufmerksamkeit. Nicht etwa, was sie schreiben. Von dem, was die denken, berichten die Medien bei uns nicht. Über die Hintergründe, die Motive, über das Warum. Da gibt es einen Strafparagraphen, der das so schwierig macht.

Hubertus v. B.: Blut und Leichen, alles darf gezeigt werden. Aber nicht das, was sie denken. Das leuchtet mir überhaupt nicht ein.

Carlchristian v.B.: Ich halte es für falsch, die Veröffentlichung ihrer Schreiben unter Strafe zu stellen. Ihre Erklärungen sollten an allen Litfaßsäulen kleben.

Hubertus v. B.: Bei mir hat das Lesen dieses RAF-Briefes, den Nachbarn gefunden und der Polizei übergeben haben, zu der Reaktion geführt: Da muß man doch antworten, auf diesen unverständlichen Krusch. Die muß man doch herausfordern, damit die Argumente wirklich auf den Tisch kommen, die sie haben. Denn das waren keine Argumente. Danach haben wir uns bemüht, ein bißchen mehr Verständnis zu kriegen. Wir haben uns RAF-Literatur besorgt, was eben leider sehr schwer ist.

Carlchristian v. B.: Die Sprache ist schwierig. Ihre Gedanken finde ich überhaupt nicht schwierig. Ich finde die geradezu erschreckend einfach, wie sie sich das alles vorstellen. Schwierig ist, durch die Schale der Sprache an den Kern heranzukommen. Sie ist eine gegen Gefühle und kritisches Denken abgeschottete, verbarrikadierte Sprache. Aber wenn man sich da mal durchgequält hat, dann kommt bei mir das Erschrecken über die unglaubliche Dürftigkeit, ich kann auch sagen Einfachheit. Ihr Weltbild ist sehr einfach. Auch in Kreisen der kritischen »Autonomen« wird das vereinfachende politische Weltbild angegriffen, das ist nachzulesen im »Schwarzen Faden«, der Zeitung der Autonomen Gruppen. Ich würde nicht soweit gehen und sagen, die haben keine Argumente. Sie haben eine theoretisch-analytische Brille, durch die sie die Welt sehen. Ein Schema, in das sie alles einordnen, was passiert.

Hubertus v. B.: Aber es fehlt doch in den Schriften die Leidenschaft, die erklären könnte, daß sie mit dieser Argumentation zu dem Schluß kommen, den Gerold zu erschießen.

Carlchristian v. B.: Es fehlt die Leidenschaft, das stimmt. Es ist abgeschottet. Viele sagen, daß es einen großen Unterschied gibt zwischen der ersten RAF-Generation und der heutigen. Ich sehe den Unterschied in den Texten. Texte von Ulrike Meinhof klingen anders als dieser Text, der auf der Straße gefunden wurde bei Gerolds Leiche.

Wenn man differenziert, setzt man sich Zweifeln aus. Nach dem, was mir »Aussteiger« berichtet haben, sind Zweifel in der Gruppe nicht erlaubt.[34]

Carlchristian v. B.: Also, wenn ich etwas verstanden habe, dann das. Wenn Du zweifelst, kannst Du nicht töten. Christof Wackernagel hat es neulich beschrieben, wie dogmatisch das ist, welche Angst vorm Denken und vorm Fühlen man hat. Und was das für sie bedeutet hat, als sie, Wackernagel und Schneider, angefangen hatten, nachzudenken. Daß sie dann plötzlich gemerkt haben, daß sich Abgründe auftun. Ein emotional ganz schwieriger Prozeß. Ich habe große Bewunderung vor denen, die diesen Weg wirklich weit gegangen sind und sich nicht ängstlich wieder in die Gruppe und ihr zweifelloses Denken zurückgeflüchtet haben.

Sie sagten, Ihre Einstellung hat sich verändert, Ihre Arbeitsbelastung hat sich verändert. Hat sich auch für ihr Leben etwas verändert?

Hermann v. B.: Ich habe damals Freunden geschrieben auf die vielen Briefe, die wir bekommen haben, daß man doch nicht einfach danach so weiterleben könne wie vorher. Und ich glaube, es hat sich viel verändert, nicht nur in der Beurteilung von Dingen, die man vorher nicht wahrgenommen hat. Es hat sich viel verändert in dem Verhältnis, das wir untereinander haben, in der Fähigkeit, uns auszutauschen. Und es hat sich viel verändert in dem Bewußtsein, daß es wichtig ist, miteinander zu sprechen und unterschiedliche Meinungen anzunehmen und ihnen zuzuhören und das Glück zu haben, miteinander sprechen zu können.

Hubertus v. B.: Was mir unheimlich fehlt, ist, mit Gerold weiterzureden und zu streiten, und daß ich ein Stückchen den Eindruck habe, daß ich vieles von dem, was er gesagt hat und ich früher bekämpft habe, übernommen habe. In den Gruppen, in denen ich diskutiere, reibe ich mich jetzt, wenn die sehr schnell und unüberlegt Gedankenschlüsse haben, wie man auf die ganz flotte und kämpferische Art das gesellschaftliche Paradies erreichen kann. In den Gesprächen mit meinen Patienten bin ich hellhöriger geworden, wenn die Punkte Haß, Wut, Ablehnung von Andersdenkenden kommen. Ich glaube, ich bin verständnisvoller geworden. Ich habe viel gelesen darüber, wie Feindseligkeit und Feindbilder entstehen, zumal ich ja Patienten habe, die auch an diesen Schlachtfeldern beteiligt sind, die nach Wackersdorf fahren und so weiter. Die wußten zum großen Teil, daß Gerold mein Bruder war. Das war häufig Anlaß, über Einstellungen zur Gewalt, am Arbeitsplatz oder in der Familie, zu reden.

Irgendwann werden RAF-Mitglieder angeklagt, Ihren Bruder umgebracht zu haben. Werden Sie dann bereit sein, das, was Sie angefangen haben, weiterzumachen? Werden Sie mit ihnen sprechen?

Hubertus v. B.: Für mich ist ein ganz heikles Thema, was passiert, wenn ich den Mördern meines Bruders gegenüberstehe. Und es ist auch ganz schwer, das richtige Wort zu finden. Ich hoffe, wenn es zu dieser Situation kommen sollte, daß ich dann meine Gefühle, die ich nach der Ermordung von Gerold hatte, noch nicht so bequem verdrängt habe, sondern daß ich da noch die gleichen schmerzlichen und wütenden Protestgefühle dagegen haben werde. Und ich hoffe, daß mich das dann, mit dieser Klarheit, auch in die Lage versetzen wird, den Menschen in dem Anderen zu sehen, der diesen nicht gut zu machenden Fehler in seinem Leben begangen hat. Und wenn ich mich frage, wie kann ich mich daran beteiligen, daß es weniger wird mit der politischen Gewalt, möchte ich dann so klar denken können, daß ich die Mörder als Menschen besuchen und mit ihnen reden und ihnen sagen kann, daß ich kein Interesse daran habe und keinen Sinn darin sehe, vorausgesetzt, sie haben ihr Verbrechen als einen schrecklichen Fehler erkannt, daß sie für den Rest ihres Lebens im Gefängnis verschwinden. Denn dann ist ihre Gefährlichkeit nicht größer als die Gefährlichkeit jedes Menschen, der auf der Straße herumläuft und auch mit seinen Affekten immer wieder in Gefahr ist, anderen im Kleinen oder im Großen Schmerzen zuzufügen.

Anmerkungen

Anmerkungen zur Einleitung

[1] Zu unserer Auseinandersetzung mit dem Terrorismus-Begriff siehe Terroristen & Richter 1, Heinrich Hannover »Terroristenprozesse«, Kapitel 1. »Terroristenprozesse. Zwei gegensätzliche Modelle Politischer Justiz für und gegen Freund und Feind« und Terroristen & Richter 2, Rolf Gössner, »Das Anti-Terror-System«, Kapitel »›Terrorismus‹ – mehr als eine staatliche Kampf- und Legitimationsformel?«

[2] Über meine Verfassungsbeschwerde, die ich wegen der Behinderungen einlegt habe, hat das Bundesverfassungsgericht zur Zeit der Drucklegung noch nicht entschieden. Mehr dazu unter Kapitel 2. Recherche – Zweiter Teil.

[3] RA Roland Kugler, Interview vom 8.3.89 (siehe Kapitel 4 dieses Bandes)

[4] Die 4. Große Strafkammer des Bremer Landgerichts verurteilte Wohngemeinschaftsmitglied Wolfgang S. im November 1982 wegen minder schweren Raubes und Sachbeschädigung zu neun Monaten auf Bewährung

[5] Leo Waltermann, Rundfunkjournalist und langjähriger Beobachter von Staatsschutz- und anderen Prozessen der Politischen Justiz, in: WDR II, 8.5.84 »Thema heute«: »Man muß einfach mal überlegen, was geschieht, wenn Sie als Richter über Jahre unter Sicherungsvorkehrungen stehen. Sie gehen mit einer Pistole, Sie machen regelmäßig Schießübungen... Die Bundesanwälte fahren unter Polizeischutz, halten an keiner Ampel, fühlen sich ständig bedroht und dann kommen sie in den Gerichtssaal und da ist einer, dem sie sowohl ihre ›Bedeutung‹ wie auch die ›Einschränkung ihrer persönlichen Freiheit‹ verdanken... Dann kommt, glaube ich, ganz schnell so etwas wie eine Frontkämpfer- oder Grabenkampfmentalität auf...«

[6] Nicht alle Informanten, die ehemals einer bewaffneten Gruppe angehörten, konnten namentlich genannt werden.

[7] Ich lasse an dieser Stelle beiseite, daß seit dem 10. Januar 1991, dem 1. Verhandlungstag gegen den in der damaligen DDR festgenommenen RAF-Aussteiger Werner Lotze in München, ein neuer Typ von ehemals terroristischen Angeklagten vor Gericht steht, nämlich jener, der »alles« sagt und insofern in seiner Absolutheit das Pendant zum Typ des schweigenden Angeklagten bildet. Hat dieser kein Wort verloren, das ihn entlasten könnte, macht jener sogar Aussagen über Taten, die ihm nicht vorgeworfen wurden, geschweige denn nachzuweisen gewesen wären.

[8] »Der Journalist als Hilfs-Sheriff«, Hörfunksendung von Joachim Wagner, NDR 3 am 6.9.87

[9] Hans-Joachim Klein, Rückkehr in die Menschlichkeit. Appell eines ausgestiegenen Terroristen, Reinbek 1979, S. 220f.

Anmerkungen zu Kapitel 1

[1] Der Spiegel Nr.9/81, S. 110ff.

[2] »Versöhnung« meint hier kein »Aussöhnen« im christlich-humanistischen Sinn, etwa mit den Opfern, sondern das »Vereinnahmen« für politische Zwecke im Sinne einer Versöhnung mit dem Staat.

[3] Generalbundesanwalt Rebmann lehnte die Zusammenführung der Gefangenen zum Dialog aus Gründen der »Gleichbehandlung« (FR 5.4.88) und wegen des großen Sicherheitsaufwandes ab. Siehe dazu Abschnitt C) dieser Arbeit: »Einmischungen«

[4] Peter-Jürgen Boock lebte nach seinem Ausstieg aus der RAF in Hamburg, seiner Heimatstadt. Er hatte sich zwar einen falschen Namen zugelegt, aber irgendwelche Vorsichtsmaßnahmen zum

Schutz vor der Verhaftung hatte er nicht getroffen. (Quelle: eigene Interviews mit Peter-Jürgen Boock vom 22. April und 8. Juli 1987 und eigene Mitschriften aus den Hauptverhandlungen)

[5] 1. Boock-Urteil des 2. Strafsenats des OLG Stuttgart am 7. Mai 1984 (2 – 1 StE 5/81 1 BJs 75/80). 2. Boock-Urteil des 5. Strafsenats des OLG Stuttgart am 28. November 1986 (5 (2) – 1 StE 5/81), nach Teil-Revision durch den BGH

[6] Oberstaatsanwalt Schulz in seinem Abschlußplädoyer am 7. November 1986, nach eigener Mitschrift

[7] Stern Nr. 30/86

[8] eigene Mitschrift des 16. Verhandlungstages 11. August 1986 im 2. Boock-Prozeß

[9] Oberstaatsanwalt Schulz am 7. November 1986, nach eigener Mitschrift

[10] Die sog. »Kollektivitätsthese« der Bundesanwaltschaft kam in dieser Beziehung den Angeklagten entgegen. Nach dieser These sind Angeklagte aus dem Kommandobereich der RAF für alle Taten, die in der Zeit ihrer Mitgliedschaft begangen wurden, mitverantwortlich. Der »Vorteil« für die Angeklagten, die sich vor unfreiwilliger Belastung anderer fürchteten, bestand darin, daß ihre juristische Verteidigung durch diese Hilfskonstruktion ohnehin überflüssig geworden war.

[11] Hörfunk Sendung von Ute Diehl, WDR 3, 3. Dezember 1987: »Wir stellten uns vor, daß unser Weg irgendwo im Paradies endet...«. Die Journalistin konnte als ehrenamtliche Leiterin eines Gesprächskreises für Gefangene Tonbandaufnahmen in der Köln-Ossendorfer JVA machen.

[12] So geschehen zum Beispiel im Verfahren gegen Erik Prauss und Andrea Sievering, die wegen des Anschlags auf den Rüstungskonzern Dornier vom 15. September 1988 bis 18. Januar 1989 in Stuttgart-Stammheim vor Gericht standen. Die fehlenden Beweise für Prauss' angebliche Mitgliedschaft in der RAF glaubten Bundesanwaltschaft und 5. Strafsenat aus den Briefen des Angeklagten an seine Mutter und seine Freunde herauslesen zu können. Prauss hatte in den Briefen offen darüber gesprochen, daß er den militanten Widerstand gegen den Staat für notwendig halte (Vgl. taz 16.9.88, 11.1.89, taz und FR 19.1.89; Gesprächsnotiz nach Information durch Verteidiger RA Klusmeyer von Januar 1990)

[13] Zur Kriegsthese vgl. auch Herbert Jäger, Die individuelle Dimension terroristischen Handelns, in: Bundesministerium des Innern (Hrsg.), Analysen zum Terrorismus, Band 2, Seite 163 ff., Opladen 1981. Siegfried Haag urteilte im FR-Interview über die Kriegsthese: »Der propagandistische Begriff des Krieges ... stimmt einfach nicht. Die RAF kann sich nicht im Krieg befinden mit einer Armee oder den Staatsschutzkräften. Eher ist es schon umgekehrt: Die Armee oder die Polizei oder der Staatsschutz können einen Krieg gegen die RAF führen, weil sie die Kräfte und die Stärke dazu besitzen. Die RAF selbst kann nur Anschläge begehen, und das ist kein Krieg« (FR vom 2.9.86). Anders urteilte wenig später der damalige F.D.P.-Vorsitzende und Wirtschaftsminister Manfred Bangemann nach dem Mord an Gerold von Braunmühl am 10. Oktober 1986. Im Deutschlandfunk sagte Bangemann ca. 14 Tage nach dem Mordanschlag, die Bundesrepublik befände sich in einem von Terroristen aufgezwungenen »Kriegszustand«. Die Bekämpfung des Terrorismus sei eine »Schicksalsfrage« für das ganze Land (FR 27.10.86).

[14] Siehe Terroristen & Richter 2, Rolf Gössner, »Das Anti-Terror-System«, Kapitel »Mit zweierlei Maß?«.

[15] Astrid Proll, In die Freiheit entlassen. In: Der Blinde Fleck, Frankfurt 1987, S. 106 ff.

[16] Interview vom 16./17.5.87

[17] OLG Stuttgart – 5. Strafsenat – AZ: 5 (2) – 1 StE 5/81, Schreiben vom 8. September 1986

Anmerkungen zu Kapitel 2

[1] Diskus 70, Gefangenenzeitung der JVA im Lande Bremen, 2/85, S. 5

[2] OLG Düsseldorf, 4. Strafsenat, Urteil vom 4.12.81, Az.: IV 12/79 I StE 6/79

[3] SZ vom 18./19.11.86

[4] Alfred Klaus, Aktivitäten und Verhalten inhaftierter Terroristen (Hrsg.: Bundesminister des Innern), Bonn 1985, S. 120. In der Tat lieferte das »Celler Loch« die Begründung für den Bau

weiterer Hochsicherheitstrakte (siehe dazu in dieser Arbeit Kapitel 9: »Der Prozeß gegen Reinders u.a.«, und Terroristen & Richter 2, Rolf Gössner, »Das Anti-Terror-System«, Teil 4 »Der Trend zum Geheim-Prozeß: Geheim-Aktionen des Staatsschutzes und exekutive Verfahrenssteuerung«

[5] nach: Christa Ellersiek/Wolfgang Becker, Das Celler Loch, Hamburg 1987, S. 50 ff.

[6] Der Präsident des Justizvollzugsamtes Celle -4514 E/a – 1049/89-, vom 28.9.89. OLG Frankfurt/Main – 3 Ws 620 + 621/86 vom 22.8.88

[7] AZ 4438 I – 401.684

[8] Beschluß Nr. 17 StVK 347/89. Die Kammer bezieht sich auf das OLG Celle – 1 Ws 294/ 89 StrVollz., vom 5.10.89

[9] Die Strafvollstreckungskammer bezeichnete Rechtsanwalt Hannover als meinen »Verteidiger« – ein Hinweis darauf, daß ich in das Feind-Schema einbezogen wurde.

[10] aus: Schriftsatz von Dr. Heinrich Hannover vom 30.1.1990 (Verfassungsbeschwerde)

[11] zum Jünschke-Prozeß siehe Kap. 8 dieser Arbeit

[12] Margot Overath, »Dreimal lebenslänglich plus 15 Jahre«. Zum Urteil gegen den RAF-Aussteiger Peter-Jürgen Boock. Hörfunk-Feature, WDR/RB 1985. Das Gericht hatte die Beweisvereinfachungsthese der Bundesanwaltschaft bestätigt, daß die RAF kollektiv organisiert gewesen sei.

[13] Dies., »Wenn man den Trennungsstrich nicht klar zieht, geht er durch einen durch...« Über den Sinn des Dialogs mit Terroristen. Hörfunk-Feature SFB/RB 1989

[14] zitiert nach: Antrag von Rechtsanwalt Johann Schwenn auf Aussetzung der Reststrafe zur Bewährung (AZ 7 StVK 296/86) vom 9.4.87

[15] Sie wurde am 24. Juni 1987 von der Strafvollstreckungskammer Diez beim Koblenzer Landgericht als nächster Instanz bestätigt. Die Koblenzer Richter setzten Jünschke außerdem eine Sperrfrist von einem Jahr und drei Monaten, innerhalb der kein neuer Antrag auf bedingte Entlassung gestellt werden dürfe. (Beschluß des Landgerichts Koblenz – Strafvollstreckungskammer Diez – 7 STVK 296/86 vom 24.6.87) Schließlich wurde Jünschke im Juni 1988 vom rheinland-pfälzischen Ministerpräsidenten Vogel begnadigt.

Anmerkungen zu Kapitel 3

[1] Interview vom 16.2.88

[2] Peter-Jürgen Boock/Peter Schneider, Ratte-tot..., a.a.O., S. 102

[3] Bommi Baumann, Hi ho: wer nicht weggeht, kommt nicht wieder, Berlin und Hamburg 1987, S. 12

[4] Horst Mahler: »Ausbruch aus einem Mißverständnis«, in Kursbuch 48, Berlin 1977, S. 78

[5] Die umfangreichste Forschungsarbeit über die Ursachen des Terrorismus legte eine Wissenschaftlergruppe im Auftrag des Bundesinnenministeriums zwischen 1981 und 1984 vor. In mehreren Bänden der Studie versuchte ein Teil der Experten den Nachweis für die These zu führen, daß bei den terroristischen Gewalttätern individuelle Besonderheiten zu finden sind. Vgl. Bundesministerium des Innern (Hrsg.), Analysen zum Terrorismus, Bände 1, 2, 3, 4/1 und 4/2, Opladen 1981 bis 1984

[6] Gerhard Schmidtchen, Terroristische Karrieren, in: Bundesministerium des Innern (Hrsg.), Analysen zum Terrorismus, Band 2, Opladen 1981, S. 48

[7] Lieselotte Süllwold, Stationen in der Entwicklung von Terroristen, in: a.a.O., S. 114. Herbert Jäger und Lorenz Böllinger weisen im gleichen Band der »Analysen« darauf hin, daß die an den »Lebenslaufanalysen« beteiligten Forscher ihre Ergebnisse »nicht völlig übereinstimmend« beurteilten. »Für eine generelle Pathologisierung der Terroristen« fehle aber jeder Anhaltspunkt (a.a.O. S. 235).

[8] Arbeitstitel der Studie unter der Leitung von Dr. Ronald Grossarth-Maticek: »Über den Sex der Radikalen«. In der umfangreichen Studie geht es um die »psychosozialen Mitursachen für den linken und rechten Radikalismus«. Beraubt »jeder persönlichen Identität (infolge Familiendy-

namik und bürgerlicher Moral, M.O.) und emotionaler Bedürfnisbefriedigung...bleibt nur noch der bewaffnete Kampf als Methode der politischen Auseinandersetzung.« (nach FR-Dokumentation vom 30.9.78)

[9] Siehe etwa Urteil des 2. Stuttgarter Strafsenats gegen Peter-Jürgen Boock, S. 10ff. Vgl. dazu auch Foucault, Michel, Überwachen und Strafen, Frankfurt 1977, S. 28: »...indem sie die Gesetzesübertretungen feierlich in den Bereich der wissenschaftlich erkennbaren Gegenstände einweisen, berechtigen sie die Mechanismen der gesetzlichen Bestrafung zum Zugriff nicht nur auf die Gesetzesübertretungen, sondern auf die Individuen.«

[10] Barbara Bruck, 1968 SDS-Mitglied in München, zitiert in: Ronald Fraser/Jochen Staadt/ Annemarie Tröger u.a., 1968 – A Student Generation in Revolt«, London, zitiert nach »Spiegel-Spezial« von Juni 1988: »Die wilden 68er«, S. 23

[11] Bommi Baumann, a.a.O., S. 10

[12] WDR 3 vom 3.12.87, a.a.O.

[13] Interview vom 16.2.88

[14] Peter Gäng, Der Weg zur eigenen Moral, in: taz Serie »1968, Die Revolution«, Teil 2, 25.5.88

[15] in »883« nach dem 14.5.70, zitiert nach: GNN (Hrsg.), Ausgewählte Dokumente der Zeitgeschichte, Köln 1987, S. 4

[16] Frank Wolf, ehemaliger Sprecher des SDS. zitiert nach: Thomas Meyer, Am Ende der Gewalt? Frankfurt/M, Berlin, Wien 1980, S. 32

[17] zitiert nach Stefan Aust, Der Baader Meinhof Komplex, Hamburg 1985, S. 69f.

[18] zitiert nach »Der Spiegel« Nr. 9/1971, S. 29

[19] Vgl. Rote Armee Fraktion, Das Konzept Stadtguerilla, und: Rote Armee Fraktion, Über den bewaffneten Kampf in Westeuropa, in: Klaus Bittermann (Hrsg.), Die alte Straßenverkehrsordnung. Dokumente der RAF, Berlin 1986, S. 21 ff.

[20] Interview vom 11.2.88

[21] Interview vom 16.2.88

[22] Petra Schelm wurde am 15. Juli 1971 in Hamburg von der Polizei erschossen. Siehe dazu Kap. 6 »Werner Hoppe«.

[23] Interview vom 16.2.88

[24] Mehr dazu in Terroristen & Richter 2, Rolf Gössner, »Das Anti-Terror-System«.

[25] »Zwischen Terror und Triumph«, Philips-Tondokumentation, Hamburg 1977

[26] Es wurden außerdem genannt: Volker Schlöndorff, Luise Rinser, Gerhart Baum, Alexander Mitscherlich, Heinrich Albertz, und andere. Vgl. dazu: Hermann Vinke, Mit zweierlei Maß. Reinbek 1981, S. 93 ff.; Pressedienst Demokratischer Initiative Hrsg.), »Terroristen-Sympathisanten?« Im Welt-Bild der Rechten, PDI-Sonderheft 1, München 1977; FR 1.10.77; FR 15.10.77: »Terror-Dokumentation des Heiner Geißler«, von der CDU-Bundesgeschäftsstelle veröffentlichte 37-seitige Zitatensammlung; Hubert Treiber, Die gesellschaftliche Auseinandersetzung mit dem Terrorismus, in: Bundesministerium des Innern (Hrsg.), Analysen zum Terrorismus, Band 4/2, Opladen 1984, S. 320ff.

Zur Kampagne gegen Heinrich Böll nach dessen Essay im Spiegel vom 10. Januar 1972 »Will Ulrike Gnade oder freies Geleit?« siehe: Franz Grützbach (Hrsg.), Heinrich Böll: Freies Geleit für Ulrike Meinhof. Ein Artikel und seine Folgen, Köln 1972.

[27] FR 1.10.77. Das vollständige Gespräch von Gert Heidenreich mit Heinrich Böll sollte im Bayrischen Rundfunk gesendet werden. Zehn Minuten vor Sendebeginn verbot Chefredakteur Gunthar Lehner die Ausstrahlung ohne Begründung. Noch zehn Jahre danach galt Böll den sogenannten konservativen Kreisen als »Zersetzer«, zum Beispiel: Lothar Ulsamer, Zersetzen – zersetzen – zersetzen. Zeitgenössische deutsche Schriftsteller als Wegbereiter für Anarchismus und Gewalt, Esslingen, zitiert nach: FR vom 14.3.88. Als »Zersetzer« bezeichnet der Autor außerdem die Schriftsteller Enzensberger, Grass, Wallraff, die »Gruppe 47«, »Gruppe 61«, und den »Werkkreis Literatur der Arbeitswelt«. Lt. FR wird das Werk von der dem Bundesinnenministerium unterstellten Bundeszentrale für politische Bildung vertrieben.

[28] »...schon das Nachdenken, das heißt der Gebrauch der Gedankenfreiheit, über das, was die

Terroristen bei ihrem Tun bewegt, (wird) quasi als kriminell und verfolgungswürdig hingestellt.« (Margarete Mitscherlich im Nachwort zur Neuausgabe von »Die Unfähigkeit zu trauern«, München 1977, S. 366)

[29] Helmut Gollwitzer, Gnade und Freiheit, in: Grützbach, a.a.O. S. 8ff.

[30] zitiert nach: Spiegel 11/75, S. 36

Anmerkungen zu Kapitel 4

[1] Mehr dazu in Terroristen & Richter 2, Rolf Gössner, »Das Anti-Terror-System«, Teil 1.

[2] Siehe dazu Kapitel 9 »Der Prozeß gegen Reinders u.a.«

[3] Der SPD-Abgeordnete Dieter Lattmann, Schriftsteller von Beruf, beklagte am 16. Februar 1978 im Bundestag, daß »die Strafandrohung wegen Befürwortung von Gewalt in Schriften für die Terrorismusbekämpfung keine überzeugenden Ergebnisse gebracht, wohl aber unter Schriftstellern, Medienmitarbeitern, Künstlern, Wissenschaftlern und Buchhändlern Einschüchterung hervorgerufen und dadurch tatsächlich demokratische Freiräume eingeengt« habe. (zitiert nach FR vom 17.2.78). Die §§ 88a und 130a wurden 1981 abgeschafft; der § 130a wurde jedoch am 1. Januar 1987 modifiziert wieder eingeführt.

[4] zitiert nach Hermann Vinke/Gabriele Witt, Die Anti-Terror-Debatten im Parlament, Reinbek 1978, S. 311

[5] Bundesgesetzblatt I/1977, S. 1877, 1.Oktober 1977

[6] zitiert nach Vinke/Witt, a.a.O. S. 284

[7] nach Botzat u.a., Ein deutscher Herbst, Frankfurt 1978, S. 153ff. Vgl. zum Problem der Wiedererkennung die Folgerungen des wahrnehmungspsychologischen Gutachtens von Prof. Michael Stadler und Hans Schindler, Bremen, hier in Kap.8

[8] FR vom 21. und 28.9.74

[9] Protestbrief an Bundesjustizminister H.-J. Vogel und den Berliner Justizsenator J. Baumann vom Dezember 1977

[10] Vinke/Witt, a.a.o. S. 311. Bundeskanzler Schmidt hatte versucht, alle SPD-Abgeordneten zum Gehorsam zu verpflichten. Für den Fall der Abstimmungs-Niederlage spekulierten die Medien mit seinem Sturz (z.B.: Spiegel vom 13.2.78 »Dann ist die Regierung kaputt«, Die Welt 13.2.78, Express 13.2.78)

[11] nach: Uwe Berlit/Horst Dreier, Die legislative Auseinandersetzung mit dem Terrorismus, in: BMI (Hrsg.), Analysen zum Terrorismus 4/2, Opladen 1984, S. 237f.

[12] Interview mit RA Roland Kugler vom 8.3.89. Winterhalter wurde im Juni 1989 nur noch wegen Hehlerei und Anstiftung zum Diebstahl zu einer Geldstrafe von DM 1.350 verurteilt. Nach und nach mußten alle 129a-Vorwürfe fallengelassen werden (FR 9.6.89)

[13] Die Welt 18.2.78: »Keine Zeit für Grippe und Nachwuchs«, Westfälische Nachrichten 17.2.78: »Gewissen mit Rechenmaschine«

[14] zitiert nach: Hessische Allgemeine vom 16.2.78, Bild 18.2.78, Bonner Rundschau 17.2.78, Frankfurter Neue Presse 15.2.78

[15] Interview vom 5.7.87

[16] Interview vom 16. und 17.5.87

[17] Interview mit Peter-Jürgen Boock in der Hamburger Untersuchungshaftanstalt vom 22.4.87.«

Anmerkungen zu Kapitel 5

[1] Mario Krebs, Ulrike Meinhof, Reinbek 1988, S. 244

[2] in: SFB 1 »Menschen und Paragraphen« vom 12.9.89, Hörfunksendung von Margot Overath

[3] nach Krebs, Mario, a.a.O. S. 246f.

[4] Vgl. dazu »Der Tod Ulrike Meinhofs«, Bericht der Internationalen Untersuchungskommis-

sion, Berlin 1985

[5] zitiert nach: Bernhard Rambert u.a. (Hrsg.), Todesschüsse, Isolationshaft, Eingriffe ins Verteidigungsrecht, Amsterdam 1983, S. 159ff.

[6] ebd.

[7] WDR 3, 3.12.87, a.a.O.

[8] Gesprächsnotiz vom 1.2.90

[9] Nach Anklage und Urteil des Landgerichts Dortmund soll Schlegel einen dritten Brandsatz auf ein Regierungsgebäude in Mittelfranken geworfen haben.

[10] StA Dortmund – 31 VRs 13/78

[11] aus der ablehnenden Stellungnahme der Staatsanwaltschaft zum Antrag auf 2/3 Entlassung vom Juni 1979, zitiert nach: So wie es ist wird es nicht bleiben, Lyrikanthologie des Bonner Volksblatts, Bonn 1979, S. 63

[12] Schreiben vom 11.2.80, Az.-Nr. 4514 E – 1. Sch 277

[13] zitiert nach Antrag der Rechtsanwältin Marianne Kunisch auf Aussetzung der restlichen Freiheitsstrafe zur Bewährung, vom 25.1.80

[14] Klaus, Alfred, a.a.O.

[15] ebd., S. 126f.

[16] ebd., S. 127

[17] Interview vom 16./17.5.87

[18] Prozeßerklärung von Christof Wackernagel und Gert Schneider vom 12.6.80

[19] taz vom 1.12.88, »Briefe aus dem Knast/Wiese«

[20] taz vom 8.8.88, »Die Gefangenen aus der RAF zum Dialogvorschlag«

[21] Interview vom 11.2.88

[22] Im Interview vom 16.2.88. Im Spiegel erinnerte Jünschke daran, daß schon zum Regel-Strafvollzug das Wort »weichkochen« dazugehört (Spiegel Nr. 29/88, S. 42).

[23] Interview vom 16./17.5.87.

[24] Stefan Aust, Der Baader-Meinhof-Komplex, Hamburg 1985

[25] SZ vom 18./19.11.86

[26] Alfred Klaus, a.a.O., S. 127

[27] Unabhängig von Jünschkes eigenen Angaben wird dies auch an der Reaktion der RAF deutlich: Auf der Liste der gegen Hanns-Martin Schleyer auszutauschenden Gefangenen vom Herbst 1977 tauchte Klaus Jünschkes Name schon nicht mehr auf.

[28] Südwestfunk-Interview von Wolfhard Klein vom 27.11.86

[29] Protokoll der Veranstaltung »10 Jahre danach – die RAF und die Folgen«, vom 19. November 1987 in Köln. Veranstalter: Schülergruppe im LZ (Liberalen Zentrum) Köln.

[30] Interview vom 16. Februar 1988

[31] Protokoll der Kölner Veranstaltung am 19. November 1987.

[32] V – 3/85 1 StE 4/79 GBA Karlsruhe, OLG Düsseldorf 5. Strafsenat, 11. Juni 1985

[33] WDR Hörfunk-Sendung »Zeitzeichen« vom 8.1.81

[34] siehe etwa OLG Celle 5. Oktober 1989 – 1 Ws 294/89 StrVollz.

[35] Nach Beendigung des Hungerstreiks im Mai 1989 wurden in einigen Bundesländern die Bedingungen der rechtskräftig verurteilten RAF-Häftlinge verbessert. Nach Information des Bundesjustizministeriums vom Januar 1990 wurden einige Gefangene verlegt und Kontaktmöglichkeiten geschaffen. In anderen Fällen sitzen mehrere 129a-Gefangene in einer Anstalt, jedoch ohne Kontaktmöglichkeit (vgl. clockwork 129a, Nr.17, v. 13.6.90, S. 6) Der Berliner Hochsicherheitstrakt wurde von der SPD/AL-Koalition geschlossen (FR 8.6.89). Gruppengrößen von mindestens 15 Häftlingen, die als Voraussetzung für soziale Interaktionen angesehen werden, sind nirgendwo zu erkennen (Vgl. Wilfried Rasch: Die Gestaltung der Haftbedingungen für politisch motivierte Täter in der Bundesrepublik Deutschland, in: Monatsschrift für Kriminologie und Strafrechtsreform, Heft 2/3, Juni 1976, S. 61ff.) In einigen Haftanstalten wurde die Häftlingskontrolle gelockert und die Pflicht zum Entkleiden vor und nach jedem Hofgang und Besuch aufgehoben. Es blieb aber die besondere Beobachtung der Gefangenen. Nach wie vor werden

die Zellen mehrmals im Monat durchsucht, bei dieser Gelegenheit müssen die Gefangenen sich noch entkleiden. Einige Anstalten hoben den Ausschluß von Gemeinschaftsveranstaltungen auf. Die seit 1978 gesetzlich vorgeschriebene Trennscheibe blieb, ebenso das Verbot, bei Privatbesuchen, die weiterhin sämtlich überwacht werden, bestimmte Themen zu besprechen. In einigen Anstalten wurde die Postzensur weiter verschärft (Vgl. Konkret 1/91 S. 49). Am 13. Mai 1991 machte der »Spiegel« bekannt, daß eine Arbeitsgruppe aus Verfassungsschutz- und Kriminalbeamten die extreme Ausweitung der Häftlingsüberwachung fordert. Zu den Vorschlägen gehören lt. »Spiegel« die »Anwerbung oder Observation von ›Kontaktpartnern‹ der RAF-Inhaftierten zwecks ›Erfassung von Kassibern‹ und ›Feststellung von relevanten Außen-Kontaktpartnern‹, sowie »›eine geregelte, systematische und zeitnahe Auswertung‹ der Protokolle der Häftlingsüberwachung und der Häftlingspost durch Polizei und Verfassungsschutz.« (Der Spiegel 20/1991). Werden diese Forderungen realisiert, können 129a-Gefangene praktisch keinen Kontakt zu sogenannten Normalhäftlingen mehr knüpfen, wollen sie nicht möglicher amtlicher Interpretationswillkür zum Opfer fallen.

[36] Gesprächsnotiz in der Besucherzelle der Haftanstalt Berlin-Moabit vom 26.9.85

[37] Gesprächsnotiz vom 16.5.87

[38] FR vom 2.9.86

[39] Beschluß des 1. Strafsenats des OLG Koblenz vom 21.9.87, S. 9f.

[40] Siehe dazu Terroristen & Richter 1, Heinrich Hannover »Terroristenprozesse«, Kapitel 4: »Ein rechter Terrorist vor Gericht«.

[41] AZ: 1 StE 3/81, nach taz und FR 24.1.90

[42] FR 19.7.89, taz 21.7.89

Anmerkungen zu Kapitel 6

[1] nach: FR 17.7.71

[2] dpa-Hintergrund 2343 vom 5.10.73, Teil III, S. 6ff., und 2485 vom 21.3.75, Teil I, S. 8

[3] Der Spiegel Nr. 9/1971, S. 27

[4] Sebastian Scheerer, Deutschland: Die ausgebürgerte Linke, in: Henner Hess u.a. (Hrsg.), Angriff auf das Herz des Staates, Erster Band, Frankfurt 1988, S. 329

[5] Landgericht Hamburg (Schwurgericht), Urteil vom 26. Juli 1972, Az.: (50) 10/72, S. 21, Mitschriften der Verteidigung vom 9. und 13. Verhandlungstag.

[6] siehe ihre »Gründungserklärung« in »883« vom Juni 1970, hier in Teil I »Zur Geschichte der Gewalt«

[7] Vgl. Der Spiegel Nr. 25/1970, S. 74f.: »Natürlich kann (auf Polizisten, M.O.) geschossen werden«, nach einem Tonbandinterview der französischen Journalistin Michèle Ray. Die entsprechende Passage bezieht sich auf das Verhältnis der militanten Linken zur Polizei, »...mit der sie es zu tun kriegen, die sie einsperrt und die sie zusammenknüppelt und die in Berlin ja auch schon geschossen hat. Das ist ein Problem, und wir sagen, natürlich, die Bullen sind Schweine (nach den Black Panther, die den Ausdruck ›pigs‹ für Polizisten geprägt hatten, M.O.), wir sagen, der Typ in der Uniform ist ein Schwein, das ist kein Mensch, und so haben wir uns mit ihm auseinanderzusetzen. Das heißt, wir haben nicht mit ihm zu reden, und es ist falsch, überhaupt mit diesen Leuten zu reden, und natürlich kann geschossen werden.«

[8] Zitiert nach: Rote Armee Fraktion, Das Konzept Stadtguerilla, in: Wolfgang Pohrt u.a. (Hrsg.), Die alte Straßenverkehrsordnung, Oktober 1986, S. 22

[9] Nach dem Tod von Petra Schelm habe es in der RAF Tendenzen zum »Jetzt erst recht« gegeben, die sich aber nicht durchsetzen konnten, berichtet Klaus Jünschke (Interview vom 16.2.88). Daß beide Seiten dennoch auf den »kurzen Prozeß« eingestellt sind, zeigt die Bilanz der Toten der folgenden Monate: Nach Petra Schelm sterben der Polizist Norbert Schmid (22. Oktober 1971), Georg von Rauch (4. Dezember 1971), der Polizist Herbert Schoner (22. Dezember 1971), Thomas Weisbecker (2. März 1972) und der Polizist Hans Eckardt (am 22. März 1972,

nach einer Schußverletzung vom 2. März 1972), für dessen Tod Manfred Grashof später zu lebenslanger Haft verurteilt wird. Petra Schelm war Manfred Grashofs Freundin.

[10] Mehr darüber in Kap. 11: Gert Schneider/Christof Wackernagel

[11] FR 17.7.71

[12] HA 23.5., 27./28.5.72, Welt 25.5., Bild 25.5., 27.5.72

[13] Sitzungprotokoll Blatt 119

[14] Diesen Satz wird der Vorsitzende der Schwurgerichtskammer später zur Urteilsbegründung heranziehen.

[15] Angaben der an der Festnahme beteiligten Beamten, lt. Sitzungsprotokoll Blätter 119 und 156ff.

[16] vgl. Bericht des K 211 -Mordkommission- vom 15.7.71, Sitzungsprotokoll Blatt 249, Urteil S. 29

[17] Bericht vom 15.7.71, K 42

[18] vgl. Plädoyer der Staatsanwaltschaft (STA) vom 20.7.72, nach Mitschrift der Verteidigung

[19] lt. staatsanwaltlichem Vernehmungsprotokoll vom 23.7.71 – 143 Js 1053/71 -

[20] Stellungnahme zum Schußwaffengebrauch vom 15.7.71

[21] Vermerk 143 Js 1053/71 vom 30.7.71 von OStA. Dr.Deter

[22] vgl. Plädoyer RA Hannover, S. 24

[23] Gesch.Nr. Amtsgericht Hamburg 154 a Gs 535/71

[24] Weser-Kurier 25.5.72

[25] FR 23.5.72

[26] Vermerk vom 25.1,72 – 141 Js 829/71 -

[27] Klinisch- forensisch-psychologisches Gutachten von Dr. Herbert Maisch, Dipl.-Psychologe, Wissenschaftlicher Mitarbeiter am Institut für Strafrecht und Kriminalpolitik der Juristischen Fakultät der Universität Hamburg, vom 12.5.72, S. 40

[28] zitiert nach: Der Spiegel Nr. 9/1971, S. 33

[29] Bild am Sonntag 21./22.5.72

[30] Stefan Aust, a.a.O., S. 234f. Nach dem Anschlag auf das Springer-Haus stellte sich Axel Springer in einem Interview mit dem Moderator des ZDF-Magazins, Gerhard Löwenthal, als Warner dar: »Ich habe nicht verschwiegen, daß ich der Meinung bin, nunmehr sei die Teufelssaat der Linksradikalen aufgegangen, und daß es unsere Zeitungen in den letzten Jahren waren, die auf diese Gefahren unaufhörlich ohne Ergebnis hingewiesen haben.« (zitiert nach: Die Welt 25.5.72)

[31] RA Hannover, nach: Hamburger Morgenpost 22.7.72

[32] Hahn war in den sechziger Jahren drei Jahre in Untersuchungshaft (lt. telef. Auskunft der Staatsanwaltschaft Hamburg vom 1.7.1960 bis 14.7.1961 und vom 7.12.1965 bis 21.12.1967)

[33] Verwaltungsgericht Köln 6 K 3639/83 vom 12.9.85, S. 6f.

[34] Interview vom 30.11.85

[35] Vgl. ausführlich in Terroristen & Richter 1, Heinrich Hannover »Terroristenprozesse«, Kapitel 9: »Strafverteidiger als Objekte politischer Justiz«.

[36] vgl. Bild 3.6.72, Die Welt 9.6.72, Hannoversche Allgemeine 27.7.72, Stern 6.8.72, Revisionsbegründung von RA Reinhard vom 14.2.73, S. 44

[37] FR 3.6.72, Hamburger Abendblatt 3./4.6.72,

[38] Die Welt 2.6.72

[39] FR 23.5.72, Die Welt 25.5.72

[40] FR 23.5.72. Hoppe bleibt mehr als sieben Jahre in unterschiedlichen Graden isoliert. Er wird 1979 mit schweren Haftsymptomen vorzeitig entlassen, nachdem sich »amnesty international« für ihn einsetzte. Hoppe hatte Angst, umgebracht zu werden, er litt zudem am sog. »KZ-Syndrom«, d.h. er konnte keine Nahrung bei sich behalten. Bei seiner Entlassung wog der 176 cm große Häftling noch 44 Kilo (Die Zeit 16.2.79, Der Spiegel 23.7.79)

[41] Bild 25.5.72

[42] Nach Mitschrift der Verteidigung vom 24. Verhandlungstag (VT), dem 11.7.72.

[43] Anklageschrift der Staatsanwaltschaft beim Landgericht Hamburg vom 25.1.72, AZ.: – 141 Js 829/71 -
[44] Sitzungsprotokoll Blatt 14, Mitschrift der Verteidiger vom 1.VT
[45] FR 26.5.72, MoPo 27.5.72
[46] Im staatsanwaltlichen Ermittlungsverfahren gegen Hinzmann wegen der Tötung von Petra Schelm, Gesch.Nr.: 143 Js 1053/71 Landgericht Hamburg, Abteilung: 14
[47] Nach Mitschrift der Verteidigung vom 3. VT (26.5.72)
[48] ebd.
[49] ebd.
[50] ebd.
[51] Plädoyer von RA Hannover vom 21.7.72
[52] Nach Mitschrift der Verteidigung vom 3. VT
[53] ebd.
[54] ebd.
[55] Anklageschrift S. 12
[56] zitiert nach NDR-Bericht von Ortwin Löwa vom 9. VT
[57] Urteil S. 30, 42 und 43
[58] zitiert nach Mitschrift der Verteidigung
[59] Sitzungsprotokoll Blatt 257
[60] ebd.
[61] zitiert nach Mitschrift der Verteidigung vom 31.5.72
[62] ebd.
[63] Sitzungsprotokoll Blatt 291
[64] Stellungnahme PHK Rielandt vom 15.7.71
[65] Sitzungsprotokoll Blatt 310
[66] Sitzungsprotokoll Blatt 147
[67] Urteil S. 44ff.
[68] zitiert nach Mitschrift der Verteidigung vom 11.VT
[69] Revisionsantrag von RA Hannover, S. 73ff.
[70] zitiert nach Plädoyer von RA Hannover vom 21.7.72
[71] Sitzungsprotokoll Blatt 203
[72] Sitzungsprotokoll Blatt 241ff., Mitschrift der Verteidigung vom 18. VT (28.6.72), Plädoyer der STA (Anm. 18) nach Mitschrift der Verteidigung
[73] Plädoyer der STA, Anm. 18
[74] Urteil S. 50f.
[75] Plädoyer der STA, Anm. 18
[76] nach Notizen der Verteidigung vom 21.7.72
[77] Urteil S. 56
[78] Plädoyer des STA, Anm. 18
[79] Parnass, Peggy, Prozesse 1970 bis 1978, 13. Auflage Frankfurt 1984, S. 229f.
[80] Urteil S. 51
[81] ebd. S. 29
[82] ebd. S. 54
[83] Parnass, Peggy, Anm. 79, S. 230
[84] zitiert nach: Presseerklärung von Wolf Dieter Reinhard und Petra Ewe: »Hoppe-Urteil: Ein Beitrag zur Beschleunigung«, Manuskript
[85] Der Spiegel Nr. 32/72, S. 30
[86] Bild 27.7.72
[87] Mannheimer Morgen 27.7.72
[88] Presseerklärung, Anm. 84
[89] Andreas Baader, Gudrun Ensslin, Thorwald Proll und Horst Söhnlein wurden am 31. Oktober 1968 von einer Großen Strafkammer des Frankfurter Landgerichts zu je drei Jahren

Haft verurteilt. Die RAF existierte damals noch nicht.

[90] Wegen Teilnahme an der Befreiung des Kaufhaus-Brandstifters Andreas Baader wurden am 21. Mai 1971 Ingrid Schubert zu sechs und die zwanzig Jahre alte Schülerin Irene Goergens, die Ulrike Meinhof drei Jahre zuvor bei Recherchen in einem Berliner Mädchen-Fürsorgeheim kennengelernt hatte, zu vier Jahren Haft verurteilt.

[91] Urteil des Landgerichts Hamburg vom 5.6.73, AZ: (50) 2/72. Hahn wurde anschließend wegen seiner Teilnahme an Massenmorden im Konzentrationslager Treblinka II (nach der Räumung des Warschauer Ghettos) noch einmal vor Gericht gestellt und am 4.7.75 vom Landgericht Hamburg zu lebenslanger Haft verurteilt (AZ: (50) 16/74). Am 5.3.75 wurde er in Haft genommen. Im Gefängnis Neuengamme erkrankte Hahn schwer, beantragte Haftverschonung und wurde am 30.9.83 entlassen. Er starb im November 1986 (Angaben der Staatsanwaltschaft Hamburg).

Anmerkungen zu Kapitel 7

[1] Bundeskriminalamt, »Sonderkommission, Bonn«, Bundesamt für Verfassungsschutz (Hrsg.), Der Baader-Meinhof-Report. Dokumente-Analysen-Zusammenhänge, Anhang VII: »Aus den Akten des Landeskriminalamtes Baden-Württemberg (LKA Stuttgart), Sonderkommission ›Wiesenbach‹, über die Tätigkeit des Dr. med. W. Huber'schen ›Sozialistischen Patienten Kollektivs‹ (SPK)«, Mainz 1972, S. 165 ff.

[2] Wanda von Baeyer-Katte, Das »Sozialistische Patientenkollektiv« in Heidelberg (SPK), in: Bundesministerium des Innern (Hrsg.), Analysen zum Terrorismus, Band 3, Opladen 1982, S. 191

[3] u.a.: Jürgen Roth, Psychiatrie und Praxis des sozialistischen Patientenkollektivs, in: Kursbuch 28, Berlin 1972, S. 107 ff.; David Cooper, Wer ist Dissident, Berlin 1978, S. 17 f.

[4] zitiert nach: Sebastian Scheerer, Deutschland: Die ausgebürgerte Linke, in Henner Hess u.a. (Hrsg.), Angriff auf das Herz des Staates, Erster Band, Frankfurt/Main 1988, S. 330. Insofern sei das SPK, schreibt Scheerer, ein »zeittypischer Ausdruck der seit langem schwelenden Krise der Psychiatrie – wie in den Heimen, den Gefängnissen und anderen totalen Institutionen war hier die Zeit stehengeblieben« (ebd.)

[5] Lutz Taufer in: »brennpunkte«, Heidelberger Zweimonatsschrift gegen den Zeitgeist, Heidelberg, Februar/März 1990 S. 17 ff.

[6] Bei Alfred Klaus heißt es dazu unzutreffend: »Von Anfang an bestanden Zusammenhänge mit der Untergrundtätigkeit der Baader/Meinhof-Gruppe« (Bundesministerium des Innern (Hsrg.), Aktivitäten und Verhalten inhaftierter Terroristen, Bonn 1985, S. 65)

[7] Vgl. Jürgen Roth, a.a.O., S. 112 (Anm. 3). Ausführlich befaßt sich Wanda von Baeyer-Katte mit Dr. Huber (Anm. 2, S. 217ff.) Ich halte allerdings ihre Analyse des SPK im Rahmen des Terrorismus-Forschungsprojekts des Bundesinnenministeriums in vielen Punkten für nicht überzeugend. Bezeichnend scheint mir zu sein, daß Dr. Huber als quasi pathologischer Fall abqualifiziert wird, zum Beispiel mit dem Satz, Dr. Hubers Kollegen hätten die »Vermutung« geäußert, »Huber selbst sei psychisch vielleicht nicht ganz gesund.« (S. 218) Bei einem der »Kollegen« handelt es sich im übrigen um Prof. Walter Ritter von Baeyer – den Ehemann der SPK-Terrorismus-Forscherin von Baeyer-Katte. Prof. von Baeyer hatte am 17.8.71 bei der Sonderkommission »Wiesenbach« des Landeskriminalamts Baden-Württemberg den folgenden Satz zu Protokoll gegeben: »Hinsichtlich einer etwaigen psychischen Störung des Herrn Dr. Huber möchte ich nicht sagen, daß er geisteskrank im engeren Sinne ist, vielmehr dürfte seine Persönlichkeitsentwicklung abnorm verlaufen sein, etwa im Sinne der Entwicklung zu einem fanatischen Psychopathen.« (zitiert nach: »Kleinkrieg gegen Patienten«, AStA-Dokumentation zur Verfolgung des Sozialistischen Patientenkollektivs Heidelberg, 2. Auflage, Heidelberg 1987, S. 128) Offenbar sollte hier ein unbequemer Kollege in die Nähe des Wahnsinns gerückt werden.

[8] ebd.

[9] Bundeskriminalamt u.a. (Anm. 1), S. 167

[10] Zahlen nach Angaben der Klinikleitung, vgl. Roth (Anm. 3), S. 112; siehe auch: Ärzteblatt

Baden-Württemberg 9/71, zitiert nach: AStA-Dokumentation, S. 86, (siehe Anm. 7); »Anmerkungen zum SPK«, in: brennpunkte, S. 9 (Anm. 5)

[11] zitiert nach: Jürgen Roth (Anm. 3), S. 116

[12] Jünschke bezieht sich auf Karl Marx' Kritik an dem Philosophen Ludwig Feuerbach in der »3.Feuerbach-These«, die ich zum Verständnis zitiere: »Die materialistische Lehre von der Veränderung der Umstände und der Erziehung vergißt, daß die Umstände von den Menschen verändert und der Erzieher selbst erzogen werden muß. Sie muß daher die Gesellschaft in zwei Teile – von denen der eine über ihr erhaben ist – sondieren. Das Zusammenfallen des Änderns der Umstände und der menschlichen Tätigkeit oder Selbstveränderung kann nur als revolutionäre Praxis gefaßt und rationell verstanden werden.« (nach: Marx-Engels-Werke, Band 3, Berlin/Ost 1973, S. 5f.)

[13] Interview vom 16.2.88. Alle weiteren Jünschke-Zitate aus diesem Interview.

[14] Als »zugelaufene Typen« werden diese Patienten später abgewertet. So auch bei Hans Heigert, Die Baader-Meinhof-Gruppe, in: Dieter Schröder (Hrsg.), Terrorismus. Gewalt mit politischem Motiv, München 1986, S. 43. Jürgen Roth schlüsselt die insgesamt 500 SPK-Patienten auf in 10% mit körperlich begründbaren psychischen Behinderungen, 40% mit endogenen Psychosen, 10% Schizophrene, 40% Neurotiker (Roth, Anm. 3, S. 117).

[15] besonders: Eldrige Cleaver, Bobby Seale und Stokeley Carmichael

[16] Brief von Lutz Taufer, in: brennpunkte, S. 18 (Anm. 5) (Im Original in Kleinschreibung)

[17] nach: Brief von Lutz Taufer, in: brennpunkte, S. 17 (Anm. 5).

[18] vgl. Jörg Bopp, Antipsychiatrie. Theorien, Therapien, Politik. Frankfurt 1980, S. 109 ff. und 138 ff. zum »Therapieziel: Einheit von Bedürfnis und politischem Kampf«. In der programmatischen Schrift »Aus der Krankheit eine Waffe machen« wird der Krankheitsbegriff des SPK wie folgt definiert: »1) Krankheit ist Voraussetzung und Resultat der kapitalistischen Produktionsverhältnisse. 2) Krankheit ist als Voraussetzung der kapitalistischen Produktionsverhältnisse *die* Produktivkraft für das Kapital. 3) Als Resultat der kapitalistischen Produktionsverhältnisse ist Krankheit in ihrer entfalteten Form als Protest des Lebens gegen das Kapital d i e revolutionäre Produktivkraft für die Menschen. 4) Krankheit ist die Form, unter der ›Leben‹ im Kapitalismus allein möglich ist. 5) Krankheit und Kapital sind identisch: In dem Umfang, in dem totes Kapital akkumuliert wird – ein Vorgang, der mit Vernichtung menschlicher Arbeit, sogenannter Kapitalvernichtung, Hand in Hand geht – nimmt die Verbreitung und Intensität von Krankheit zu (...).« Nach: IZRU (Informationszentrum Rote Volksuniversität) (Hrsg.), SPK. Aus der Krankheit eine Waffe machen, München 1972, S. 15f.

[19] Interview vom 16.2.88. Jörg Bopp (Anm. 18, S. 144f.) zufolge »forcierte das SPK mit seinem therapeutischen und politischen Programm in der Therapie ein drückendes Überich, das destruktive Auswirkungen haben mußte.« Das neurotische Überich sei durch ein »antikapitalistisches Überich« ersetzt worden, »das es mit dem ersten an hartem Moralismus und Triebfeindlichkeit durchaus aufnehmen konnte.« Im Gegensatz zu von Baeyer-Katte, die Gesprächsunfähigkeit ausschließlich beim SPK, aber nicht bei seinen Kontrahenten fand (Anm. 2, S. 274f), stellt Bopp die negative Rolle der »Heidelberger Schulpsychiatrie« heraus, die sich »wohl wie bei keinem anderen antipsychiatrischen Modell ... demaskiert« habe. Bopp über die Negativgutachten der Professoren von Baeyer u.a.: »Wenn es bis dahin keinen Grund für die Entstehung des SPK gegeben hätte, so wären diese Gutachten Anlaß genug für seine Gründung gewesen.« (S. 112)

[20] IZRU 1972 (Anm. 18), S. 18. Zum »Multi-Focalen Expansionismus« (MFE) vgl. ebd. S. 53f.

[21] Am 27.9.77 berichtete die Frankfurter Rundschau (FR), Beamte der Abteilung TE beim BKA hätten bei der Auswertung der Patienten-Infos SPK-Texte entdeckt, die »eine These der Ermittlungsbehörden stützen, daß zur Zeit im Untergrund eine besonders gewalttätige Gruppe das Sagen hat, die zum Teil aus ehemals psychisch kranken Patienten Dr. Hubers besteht.«

[22] Bundeskriminalamt u.a. (Anm. 1), S. 170 f.

[23] Lt. LKA-Bericht vom 7.2.72 erhielt Dr. W. Huber bis zum 30.9.1970 weiter von der Universität seine Bezüge. (Bundeskriminalamt u.a., Anm. 1, S. 168)

[24] ebd.

[25] Der Beschluß traf im SPK nicht auf ungeteilte Zustimmung. Rendtorff wurde als »Agent des Kapitals« beschimpft. Vgl. von Baeyer-Katte, S. 233 (Anm. 2). Der Konflikt um das SPK habe das Verhältnis zum Kultusministerium sehr belastet, sagte Rentdorff in einer Sendung des Südfunks Stuttgart im August 1970. Sein Bemühen um das SPK sei »von Beginn an vom Ministerium kritisiert worden«. (Nach: Heidelberger Tageblatt (HT) vom 27.8.71)

[26] in: Publik Nr. 33 vom 13.8.71, zitiert nach: AStA-Dokumentation, S. 66f. (s. Anm. 7)

[27] vgl. Der Spiegel Nr. 33/1971: »Auf Sparflamme«

[28] zitiert nach: Basisgruppe Medizin Giessen/Fachschaft Medizin Giessen (Hrsg.), SPK Dokumentation Teil 2, 2. Auflage, Frankfurt 1980, S. 59 f. (Hervorhebung im Original gesperrt gedruckt)

[29] Interview vom 16.2.88. Manches im SPK sei »unmenschlich« gewesen, schreibt gleichermaßen Lutz Taufer, »und am Ende auch hysterisch«, in: brennpunkte, S. 19 (Anm. 5)

[30] vgl. SPK Dokumentation Teil 2, S. 302 (Anm. 28) Geräumt wurde knapp zehn Wochen später, am 21.7.71, vgl. IZRU 1972, (Anm. 18), S. 28ff.

[31] SPK Dokumentation Teil 2, S. 262 (Anm. 28). Die AStA-Dokumentation verzeichnet, daß mehrere Heidelberger Staatsanwälte und Richter Waffenscheine beantragten. Ein paar Tage danach sei das SPK beim Amt für öffentliche Ordnung mit dem Antrag auf 500 Waffenscheine vorstellig geworden. Alle Anträge seien abgelehnt worden (s. Anm. 7, S. 39).

[32] ebd. S. 259

[33] Wolfgang Huber äußert rückblickend über die fehlende Unterstützung der Heidelberger Linken: »...die Räumung der Räume (gedeckter Rückzug 13. Juli 1971) war Sache von uns ganz allein, den damals dann plötzlich Blutwenigen, in Durchführung und Planung (Nochmal so eine brandheiße Sache, und für die andern nicht einmal auch nur Schaustück von fernab: Es stand nichts in der Zeitung, ihrem glaubenspraktischeren Theorieersatz.)« Zitiert nach: brennpunkte, S. 20 (Anm. 5))

[34] SPK Dokumentation Teil 2, S. 274 (Anm. 28)

[35] Vergl. »Der Spiegel« 34/1990, S. 52

[36] Zahl gem. AStA-Dokumentation, S. 28 (Anm. 7). Im Verlauf der folgenden Tage wurden zwei Männer als Tatverdächtige festgenommen. Ein Zusammenhang der beiden Männer zum SPK bestand aber offenbar nicht. In SPK-Schriften und Chroniken jedenfalls wird über die Verhaftungen zwar berichtet, von Solidaritätsaktionen ist aber nicht die Rede. Das »Heidelberger Tageblatt« veröffentlichte am 30.6.71 den offenen Brief einer Fachärztin für Neurologie und Psychiatrie, die Huber persönlich kannte. Die Ärztin äußerte sich bestürzt über Hubers Verhaftung und regte an, die »aggressiven Äußerungen in Infos des SPK« nicht als verbindlich, sondern als »spontane Äußerungen einzelner Patienten bzw. einer Gruppe von Patienten« anzusehen. »Auch Anträge auf Waffenscheine sind eher als Provokation und Hinweis von gestörten und in die Enge getriebenen Menschen anzusehen denn als Zeichen geplanter Kriminalität.« (zitiert nach: von Baeyer-Katte (Anm. 2), S. 315, Anm. 156)

[37] zitiert nach: Eschen/Lang/Laubscher/Riemann, Folter in der BRD, in: Kursbuch 32, Berlin 1973, S. 34

[38] ebd. S. 56

[39] Rhein-Neckar-Zeitung (RNZ) vom 22.2.71 und 30.7.71, nach: AStA-Dokumentation S. 48 u. 62 (Anm. 7); Bundeskriminalamt u.a., S. 177 ff. (Anm. 1)

[40] Laut Presseerklärung der Staatsanwaltschaft, nach: RNZ 30.7.71

[41] RNZ 22.7.71

[42] Bundeskriminalamt u.a. (Anm. 1), S. 178 ff.

[43] AStA-Dokumentation, S. 57 und 56 (Anm. 7)

[44] Bild am Sonntag 22.8.71, faksimiliert in AStA-Dokumentation, S. 104 (ebd.)

[45] zitiert nach: RNZ o.D., nach: AStA-Dokumentation, S. 105 (ebd.)

[46] FR und HT 2.11.71

[47] nach: AStA-Dokumentation S. 133 (Anm. 7). Dieser Beschluß ging selbst dem Landgericht Karlsruhe zu weit. Am 21.12.71 hob das LG alle drei »Entziehungen der Verteidigerbefugnisse«

wieder auf.

[48] Anklageschrift gegen Dr. Huber u.a., S. 62, zitiert nach: AStA-Dokumentation S. 166 (Anm. 7)

[49] zitiert nach: AStA-Dokumentation S. 170f. (Anm. 7)

[50] ebd. S. 172

[51] Bild am Sonntag 24.10.71

[52] vgl. FR 23.10.71

[53] In den folgenden Tagen gingen Strafanzeigen und Beschwerden gegen die Polizei ein. Der Hamburger Innensenator Ruhnau verteidigte daraufhin die Schau: Es sollten alle Möglichkeiten der Fahndung nach den Mördern des Polizeimeisters Norbert Schmid, der am Tag der Schiller-Festnahme erschossen worden war, ausgeschöpft werden. Zu dem Zeitpunkt stand bereits fest, daß Margit Schiller nicht geschossen hatte. (vgl. FR 25. und 26.10.71, Die Zeit 29.10.71)

[54] ebd.

[55] Kursbuch 32, S. 83ff. (Anm. 37) Vgl. das Gutachten des Ärztlichen Direktors der Anaesthesieabteilung des Katharinenhospitals der Stadt Stuttgart, Dr. Bräutigam, in: ebd. S. 87f.

[56] zitiert nach: ebd. S. 89

[57] dpa-Hintergrund 2487 a

[58] FR 6.4.72, nach AStA-Dokumentation, S. 133f. (Anm. 7)

[59] zitiert nach: AStA-Dokumentation, S. 134 (ebd.). Bei von Baeyer-Katte heißt es dazu: »Sein (Hubers, M.O.) Umgang mit dem Gericht ... hat für die ganze Terrorszene Schule gemacht.« (Anm. 2, S. 314, Anm. 149)

[60] HT 20.4.72

[61] RNZ 22.2.71. Auch das Schulamt hatte sich ausschließlich seiner Vorurteile bedient, nach Auskunft der Staatsanwaltschaft gab es jedenfalls bis dato keine offizielle Akteneinsicht. (Nach: HT 2.3.72)

[62] Außer Susanne Herminghausen und Ewald Goerlich auch Kristina Berster, die in den USA Schutz gesucht hatte. Nachdem der damalige Bundesinnenminister Gerhard Baum faire Behandlung versprochen hatte, kamen im Mai 1979 Herminghausen und Goerlich, lt. Anklageschrift der Staatsanwaltschaft Karlsruhe vom 27.3.72 angeblicher SPK-»Chefideologe«, aus Frankreich in die Bundesrepublik zurück (Vgl. AStA-Dokumentation S. 166 und FR 10.5.79). Die Bild-Zeitung hatte Susanne Herminghausen noch am 8.5.79 unter der Überschrift: »Terroristen: Sie vergelten Milde nur mit Mord!« als »Quartiermacherin der Baader-Meinhof-Bande« bezeichnet.

[63] dpa-Hintergrund 14.5.75 und 5.6.78, Urteil LG Hamburg vom 28.9.76: M. Schiller 4 Jahre, E. Becker 4 Jahre, 6 Monate, E. Blenck 3 Jahre wg. Mitgliedschaft in einer kriminellen Vereinigung und z.T. Sprengstoffdelikten; auch: Neidhardt, Friedhelm, über »Nachfolgegruppen der RAF«, in: Bundesinnenministerium (Hrsg.), Analysen zum Terrorismus, Band 3, Opladen 1982, S. 331

[64] Initiative gegen das Einheitliche Polizeigesetz Frankfurt/Main (Hrsg.), »Der kürzeste Prozeß: Der gezielte Todesschuß!«, Dokumentation, Frankfurt/Main, o.J., S. 11. – Das Ermittlungsverfahren gegen die beiden Polizeibeamten wurde zwei Monate später mit der Begründung eingestellt, der Schußwaffengebrauch sei »erforderlich und geboten« gewesen (Süddeutsche Zeitung 10.7.79).

[65] zitiert nach: Presseerklärung der Eltern Ilse und Johann von Dyck vom 8.5.79, in: Informations Dienst für unterbliebene Nachrichten (ID) vom 12.5.79

[66] SZ 7.5.79

[67] Äußerungen von Peter-Jürgen Boock im eigenen Archiv

[68] OLG Düsseldorf, IV – 15/75 1 BJs 50/75, Urteil vom 20.7.77

Anmerkungen zu Kapitel 8

[1] Beschluß des Oberlandesgerichts Koblenz vom 21.9.87, Gesch.Nr. 1 Ws 505/87, S. 7f.

[2] Der Spiegel Nr. 42/1972, S. 36ff., dpa vom 8.7.72

[3] »Nach der Verhaftung der führenden Mitglieder der Anarchistengruppe« sei Jünschke »verschiedentlich als möglicher neuer ›Anführer‹ genannt worden«, heißt es in Agenturmeldungen vom 8.Juli 72

[4] zum Beispiel FR vom 10.1.72: »Haftbefehl gegen Klaus Jünschke. Einer der Täter des Bankraubs von Kaiserslautern identifiziert.«

[5] Interview vom 16.2.88. Alle weiteren Jünschke-Zitate aus diesem Interview.

[6] Zur Kontroverse über die Verkettung des Zellenfensters siehe »Kursbuch 32«, Berlin 1973, S. 44ff.

[7]Gemeinsam mit Jünschke waren zum Teil wegen gleicher (Bankraub), zum Teil wegen anderer Vorwürfe (bewaffneter Widerstand gegen die Festnahme) Manfred Grashof und Wolfgang Grundmann angeklagt

[8] Landgericht Kaiserlautern, Gesch.Nr. Ks 2/75, Urteil vom 2.Juni 1977, S. 238

[9] ebd. S. 75ff.

[10] ebd. S. 107

[11] ebd. S. 100

[12] ebd. S. 97

[13] ebd. S. 119

[14] ebd. S. 124

[15] Die Namen der beiden Zeugen wurden geändert

[16] Siehe Michael Stadler/Hans Schindler (Arbeitsgemeinschaft für forensische Psychologie Bremen), Wahrnehmungspsychologisches Gutachten vom 24.5.1983, S. 6. Das Gutachten hatte der Hamburger Strafverteidiger und Revisionsspezialist Johann Schwenn im Auftrag von Klaus Jünschke, der damals Chancen für eine Wiederaufnahme seines Verfahrens abklären wollte, bei der Bremer Arbeitsgruppe bestellt. Danach wird in der Fachliteratur als »unbewußter Transfer« bezeichnet, wenn nach Bildervorlage eine irrtümliche Identifizierung stattfindet.

[17] Aussagen lt. Vernehmungsprotokollen, nach ebd. S. 2f.

[18] Protokoll der Hauptverhandlung, S. 94, nach: ebd. S. 6. Wissenschaftliche Untersuchungen haben ergeben, daß die Identifizierung von Personen durch Augenzeugen sehr unzuverlässig ist (Clifford & Bull, 1978; Buckhout, 1975; vgl. Gutachten S. 20). Das Ergebnis des von der Bremer Arbeitsgruppe unter besseren Sichtbedingungen als in Kaiserslautern durchgeführten Experiments zeigte »eindeutig, daß die Identifikation unter den gegebenen Bedingungen aufgrund der Fotovorlage und nicht aufgrund der Beobachtung in der realen Situation erfolgt ist.« Die Versuchspersonen nannten als ausschlaggebend für ihre Wiedererkennung nur zu 15% die Erinnerung an die reale Situation, aber zu 85% die Erinnerung an das Foto (S. 18).

[19] Urteil S. 130

[20] Das Wahrnehmungspsychologische Gutachten kommt zu dem eindeutigen Schluß, daß verneint werden muß, daß »unter den Bedingungen, die am 20.12.1971 morgens zwischen 08.00 und 08.10 Uhr in Kaiserslautern herrschten, der Fahrer des Autos erkannt werden konnte.« (Anm. 16, S. 19)

[21] lt. Jünschkes Angaben zur Vorbereitung eines Wiederaufnahmeverfahrens und Interview vom 16.2.88

[22] nach Urteil S. 128

[23] ebd. S. 132

[24] ebd. S. 128

[25] ebd. S. 132

[26] Das gleiche gilt für für die beiden Mitangeklagten Manfred Grashof und Wolfgang Grundmann

[27] Es handelte sich um dem dritten großen Hungerstreik vom 13. September 1974 bis 5.

Februar 1975. Am 9. November 1974 starb Holger Meins trotz Zwangsernährung in der JVA Wittlich.

[28] nach Tonbandprotokoll der Pressekonferenz der Rechtsanwälte vom 21.11.74 in Mainz

[29] Urteil S. 12

[30] ebd.

[31] zitiert nach: Henning Spangenberg (Hrsg.), Berufsverbot gegen Verteidiger? Stellungnahme zur Anklageschrift gegen Rechtsanwalt Hans-Christian Ströbele, Göttingen 1977, S. 18f.

[32] zitiert nach: Spangenberg, a.a.O., S. 18

[33] Urteil S. 250

[34] zitiert nach: Pieter Bakker Schut (Hrsg.), das info, Neuer Malik Verlag, Hamburg 1987, S. 70

[35] Urteil S. 132

[36] lt. dpa vom 7.6.78. Den Revisionsantrag hatten Klaus Jünschke und Manfred Grashof gemeinsam gestellt

[37] Über diese Zeit, die eine der schmerzhaftesten Phasen seiner Haft wurde – von einem Tag auf den anderen vom Freund Manfred Grashof getrennt und über Jahre psychologisch überwacht und kontrolliert – hat Klaus Jünschke ein beeindruckendes Buch mit dem Titel »Spätlese« vorgelegt. »Spätlese« war Jünschkes Tarnname in der RAF. Das Buch ist 1988 im Verlag Neue Kritik, Frankfurt, erschienen

[38] taz-Leserbrief vom 2.3.84

[39] lt. Interview vom 16.2.88

[40] AZ: Ks 2/75 vom 27.1.86

[41] Auf Antrag der Staatsanwaltschaft Kaiserslautern vom 18.8.86, AZ: VRs 1738 – 1740/78 und der Generalstaatsanwaltschaft Koblenz vom 20.8.87, AZ: 4122 Ea – IV – 422/87; Entscheidungen: Landgericht Koblenz (Strafvollstreckungskammer Diez) vom 24.6.87, AZ: 7 STVK 296/86, Oberlandesgericht Koblenz vom 21.9.87, AZ: i Ws 505/87. Der Beschluß des OLG Koblenz weckt den Eindruck, daß Jünschke ein zweites Mal verurteilt werden sollte. Auf Seite 7 heißt es: »Daß insbesondere auch der Gedanke der Generalprävention im Rahmen des § 57a StGB zu berücksichtigen ist, folgt aus der Aufgabe der Strafe als solcher, das Recht gegenüber dem vom Täter begangenen Unrecht durchzusetzen, um die Unverbrüchlichkeit der Rechtsordnung vor der Rechtsgemeinschaft zu erweisen und so die Rechtstreue der Bevölkerung zu stärken (BVerfG NJW 1977, 1525 ff. 1531).« Jünschkes Rechtsanwalt Johann Schwenn erhob am 22.10.87 Verfassungsbeschwerde.

[42] nach FR 27.10.90

Anmerkungen zu Kapitel 9

[1] Berliner Morgenpost (MoPo) 22.10.82

[2] Der sechste Angeklagte dieses Verfahrens, Andreas Vogel, war zur Zeit der Recherche in der JVA Celle/Niedersachsen inhaftiert.

[3] Zum Begriff der Feind-Justiz siehe Terroristen & Richter 1, Heinrich Hannover »Terroristenprozesse«, Kapitel 1.

[4] Deutsche Presse Agentur (dpa)-Hintergrund 2751 v. 29.5.78

[5] Gemeint ist der am 21. Mai 1974 von Beamten des Münchner »Mobilen Einsatzkommandos« erschossene Günter Jendrian.

[6] zitiert nach: Plädoyer RA Wolfgang Panka

[7] Urteil des Kammergerichts Berlin (1) 1 StE 2/77 (130/77) in der Strafsache gegen Reinders u.a., Seite 202, zur Beweiswürdigung des Zeugen Hochstein: »Von diesem Verdacht wußte er bereits aus einem Artikel in der Bild-Zeitung vom 2. Dezember 1974...«

[8] Zitiert nach: Die Prozeß Depesche Nr. 11, Berlin-Moabit 13.10.78, Hrsg.: Öffentlichkeitsausschuß »2. Juni-Prozeß«. In der »Prozeß Depesche« schrieben vorwiegend Jurastudenten und

Referendare, die den Prozeß gegen Reinders u.a. beobachteten. Sie verstand sich als Gegenöffentlichkeit zu den »normalen« Organen der Presse. Neben der Berichterstattung dokumentierte sie eine Auswahl von Prozeßerklärungen der Angeklagten und ließ Verteidiger und Angehörige der Beschuldigten zu Wort kommen.

[9] Vgl. Süddeutsche Zeitung (SZ) vom 14.1.75: »Tausend Tips, aber kein entscheidender Hinweis. Nach achtwöchiger Fahndung ist die Sonderkommission bei der Aufklärung des Mordfalls Drenkmann am toten Punkt angelangt.«

[10] Plädoyer RA Panka und dpa-Hintergrund 2485a vom 14.5.75

[11] Anklageschrift des GBA vom 29.6.77, Teil F

[12] Zitiert nach: Stefan Aust, Der Kronzeuge packt aus. Wie der Verfassungsschutz die Gerichte manipuliert, in: Konkret extra, Konkret Juli 1982, S. 2

[13] dpa-Hintergrund 2485 vom 21.3.75

[14] Zitiert nach: Hermann Vinke/Gabriele Witt (Hrsg.), Die Anti-Terror-Debatten im Parlament, Reinbek 1978, Seite 79. In der Bundestagsdebatte vom 13. März 1975, wenige Tage nach der Lorenz-Entführung, kritisierte Alfred Dregger (CDU/CSU) den Austausch. Die Entführer seien zu »Vertragspartnern der Staatsgewalt« geworden. (ebd. S. 102)

[15] Zitiert nach: SZ vom 26.5.79

[16] dpa-Hintergrund 2485a vom 14.5.75

[17] Gesprächsnotiz vom 8.10.85 (im eigenen Archiv) und Konkret 7/80.

[18] dpa-Hintergrund 2485 vom 21.3.75

[19] Nicht nur die Boulevardpresse, auch die »seriösen« Zeitungen geben sich als Steckbriefe her. Vgl. Frankfurter Rundschau (FR), SZ, Neue Zürcher Zeitung, alle 6.3.75

[20] SZ vom 3.3.75. Beobachter bekommen den Eindruck, daß die Partei, der der Entführte angehört, von der Demütigung zu profitieren hofft: »An diesem Wochenende trauten alte Berliner ihren Ohren nicht mehr. War das wirklich die alte träge Union, die sich in zwölf Jahren ans Opponieren und an die Unbesiegbarkeit der SPD gewöhnt hatte? ... Plötzlich, am Samstag vor der Wahl, strotzten Heinrich Lummer, der Fraktionsvorsitzende der CDU, und seine Freunde vor Selbstsicherheit.« (SZ ebd.) Aus der Wahl zum Berliner Senat geht schließlich die CDU mit 43,9 % als stärkste Partei hervor (Die Zeit 7.3.75)

[21] Die Welt 6.3.75

[22] Gesprächsnotiz nach Informationen eines Verurteilten, Quelle im eigenen Archiv. Für den Tatkomplex »Lorenz-Entführung« setzte der Senat eine Freiheitsstrafe von 13 Jahren fest (Urteil des Berliner Kammergerichts gegen Reinders u.a., AZ: (1) 1 StE 2/77 (130/77), Seite 304).

[23] Dokumentation über die Art der Fahndungsmaßnahmen im Zusammenhang mit der Lorenz-Entführung. Herausgegeben im Auftrage der Internationalen Liga für Menschenrechte Sektion West-Berlin und der Humanistischen Union Landesverband Berlin, o.O., o.J., S. 35 f.

[24] ebd., Vorwort S. VII

[25] ebd. S. 2

[26] F.D.P.-Pressestelle am 14.3.75, in: ebd. S. 54

[27] ebd. S. 3

[28] ebd. S. 20

[29] ebd. S. 30

[30] ebd. S. 29

[31] zitiert nach ebd. S. 50

[32] ebd. S. 6

[33] ebd.S. 61

[34] Zitiert nach: 2.Juni, Der Blues, Band 1 (Blues-Verlag Berlin-Hamburg-Frankfurt-München), o.J., Seite 181 ff.; vgl. auch FR vom 29.3.75

[35] dpa-Hintergrund 2994 vom 24.4.75

[36] Nach einer vom »Spiegel« in Auftrag gegebenen Umfrage des Emnid-Instituts, nach dpa-Hintergrund 2495 vom 24.4.75

[37] Nach ebd. Mit der angeblichen Experten-Überlegung, was im Fall einer Kindesentführung

durch die RAF getan werden könne, wird eine überflüssige Frage in die Welt gesetzt. Kein RAF-Experte aus dem Verfolgungsapparat kann ernsthaft an eine solche Möglichkeit glauben. Sie dennoch zu stellen, bringt allenfalls – vermutlich beabsichtigte – Effekte in bezug auf die Emotionalisierung der Bevölkerung und verlängert die Liste der Denunzianten.

[38] Interview vom 14.7.85. Alle weiteren Klöpper-Zitate aus diesem Interview.

[39] Vgl. dazu und zu dem späteren Strafverfahren wegen angeblichem Mordversuch und gemeinschaftlichem Mord an einem Polizisten in Terroristen & Richter 1, Heinrich Hannover »Terroristenprozesse«, Kapitel 6: »Durchbrechung und Aufhebung der Feinderklärung«.

[40] Interviews mit Till Meyer vom 14.7.85 und 26.9.85. Alle weiteren Meier-Zitate, sofern nicht besonders gekennzeichnet, aus diesen Interviews.

[41] Bild-Schlagzeile vom 10.9.75: »Der mörderische Terrorist und seine räuberischen Mädchen«. Im Text heißt es: »Der gefährlichste Terrorist Deutschlands ist gestern Nachmittag in Steglitz verhaftet worden: ›Bär‹ Ralf Reinders (26), Entführer des Berliner CDU-Vorsitzenden Peter Lorenz.« Zitiert nach: Die Prozeß Depesche Nr. 11, Jahrg.1, vom 13.10.78

[42] Tagesspiegel, SZ 11.9.75

[43] Lt. eigener Mitschrift des Gesprächs in der Besucherzelle Moabit 26.9.85. Alle weiteren Reinders und Fritzsch-Zitate, sofern nicht extra gekennzeichnet, nach dieser Mitschrift.

Raphael Kreß, der wegen des Verdachts der Unterstützung der »Bewegung 2. Juni« (von dem er später freigesprochen wurde) fünfeinhalb Monate in Moabit in Untersuchungshaft saß, berichtet: »Ich wurde mehrmals auf dem Weg zur Anstaltsbibliothek oder zum Anstaltsarzt von Vollzugsbediensteten an der offenen Tür des Knastes vorbeigeführt. Man muß sich sehr unter Kontrolle haben, um dieser Provokation zur Flucht zu widerstehen.« (Gesprächsnotiz von Dezember 1989)

[44] MoPo 9.6.76

[45] BZ, Bild, Die Welt, Der Abend (15. bis 17.9.75). »Negerkuß-Bande« nennen die Zeitungen die Gruppe, die im Juli 1975 eine Sparkassenfiliale in Schmargendorf überfiel. Während der eine Teil der Täter das Geld einpackte, verteilte der andere Teil Negerküsse an die Kundschaft.

[46] Bild 7.10.75

[47] vgl. Urteil Seite 207 ff.

[48] Im Urteil gegen Reinders u.a., Seite 170f., heißt es, daß »es sich am 18. September 1975 nicht um eine übliche Wahlgegenüberstellung zusammen mit unbeteiligten Vergleichspersonen handelte. Der Zeuge Przytarski, einer der ermittelnden Staatsanwälte, hat bekundet, man habe sich damals dazu entschlossen, den Tatzeugen die Verdächtigen Reinders, Teufel, Rollnick, Plambeck und Viett (letztere wegen anderer Beschuldigungen, M.O.) durch einen venezianischen Spiegel einzeln und nacheinander zu zeigen, weil eine Wahlgegenüberstellung mit diesen Beschuldigten wegen ihres zu erwartenden Verhaltens – wie Grimassenschneiden, Fallenlassen und so weiter – nicht sinnvoll gewesen wäre. Daß der Angeklagte Reinders dennoch Verdacht schöpfte, Grimassen schnitt und schließlich über das Vorhandensein des venezianischen Spiegels auch aufgeklärt wurde, hat der Zeuge Kotsch bekundet, der damit beauftragt worden war, die Verdächtigen durch Gesprächsversuche abzulenken.« Und auf Seite 206f.: »Diese Gefahr (einer »Wiedererkennung« nach Fotos in dem von der Zeugin abonnierten »Tagesspiegel« am 6.März, 10. und 12. September 1975, M.O.) ist hier auch deshalb besonders groß, weil es sich bei der Gegenüberstellung am 18. September 1975 nicht um eine Wahl-, sondern um eine Einzelgegenüberstellung mit Hilfe eines venezianischen Spiegels handelte. ... ist sich der Senat nicht sicher, ob sich die Zeugin von Drenkmann der suggestiven Wirkung dieses Verfahrens hinreichend bewußt war.«

[49] Prozeß Depesche Nr. 17 vom 21.10.79

[50] Als den »besten Mann« des Amtes soll 1974 der damalige Berliner Innensenator Neubauer den Verfassungsschützer Michael Grünhagen eingeschätzt haben. Nach taz vom 16.11.89, Teil 3 der taz-Serie zur »Affäre Schmücker«. Vgl. auch »Der Spiegel« Nr. 33/1980, S. 43 und taz vom 8.3.82: »Unser bester Mann«, von Stefan Aust

[51] Gegen Hochstein wurde tatsächlich wegen gemeinschaftlichen Mordes an Günter von Drenkmann ermittelt. Als Folge dieses Ermittlungsverfahrens konnte Hochstein von Hamburg

nach Berlin verlegt werden. Nach: Stefan Aust (Anm. 12), S. 3, und Gesprächsnotiz vom 14.7.85 im eigenen Archiv

[52] Inga Hochstein, die geschiedene Ehefrau des Kronzeugen, sagte als Zeugin in der Hauptverhandlung gegen Reinders u.a., Hochstein »sei von der Staatsanwaltschaft mit der Androhung einer Mordanklage erpreßt worden«. (Der Tagesspiegel vom 10.5.80)

[53] Urteil gegen Reinders u.a., Seite 199

[54] ebd. Seite 202

[55] Aust (Anm. 12), S. 7f.

[56] Für den Einstellungsantrag nach § 260 StPO nennt die Verteidigung unter anderem folgende Gründe: sachfremde Gesichtspunkte, nämlich die Demonstration der Bundespräsenz in Westberlin, seien für die Bestimmung des Prozeßortes ausschlaggebend gewesen. Dies habe zu verlängerten Untersuchungshaftzeiten geführt, weil entsprechende Übereinstimmungen zwischen Senat, Bundesregierung und den drei Alliierten getroffen werden mußten. Statt Anfang bis Mitte 1976 habe erst im Juni 1977 angeklagt werden können.

[57] Zitiert nach: Vinke/Witt (Anm. 14), S. 14

[58] Am 25.7.1980 kommt Juliane Plambeck bei einem Autounfall ums Leben.

[59] dpa-Hintergrund v. 8.12.76

[60] Die Welt vom 2.2.77; der Artikel trägt die Überschrift: »Zeuge erkennt Fritz Teufel als Entführer von Lorenz wieder.«

[61] BZ 3.2.77

[62] Die Anklage beschreibt auf Seite 182 den Fluchtweg so: Onkel-Tom-Straße, Hüttenweg, Avus, Messedamm, Neue Kantstraße, Thiel-Allee in Richtung Pacelli-Allee/Königin-Luise-Straße, Zoologischer Garten, Kantstraße, Tiefgarage Neue Kantstraße.

[63] Gesprächsnotiz vom 8.10.85. Im Urteil heißt es über den Zeugen: »Die gegenteilige Aussage des Zeugen B., der ihn (F.Teufel, M.O.) zu diesem Zeitpunkt gegen 9.20 Uhr bei einer Fahrt durch die Pacelliallee in Berlin-Zehlendorf in einem schwarzen Mercedes beobachtet haben will, ist unglaubhaft. Seine Angaben über den Zeitraum seiner Beobachtung sowie über die Entfernung seines Fahrzeugs zu dem Mercedes zu diesem Zeitpunkt sind widersprüchlich und lassen nicht den Schluß zu, daß es ihm überhaupt möglich gewesen ist, einen Insassen in dem Mercedes zu erkennen. Hinzu kommt, daß er in der Hauptverhandlung seine Aussage dahin eingeschränkt hat, schon damals mit Bestimmtheit niemanden erkannt zu haben.« (Urteil Seite 268)

[64] zitiert nach Spandauer Volksblatt 3.2.77

[65] Der Spiegel Nr. 26/77, S. 66

[66] Aust (Anm. 12), S. 8

[67] FR vom 13.12.78, Der Abend 13.12.78

[68] Aust (Anm. 12), S. 8; Plädoyer RA Panka. Die Vernehmungsserie endet am 25.4.77

[69] Wegen des Verdachts auf Beteiligungen an mehreren Sprengstoffanschlägen, siehe oben unter Hochsteins Festnahmedatum 26.2.75

[70] Alfred Klaus, Aktivitäten und Verhalten inhaftierter Terroristen (Hrsg. Bundesminister des Innern), Bonn 1985, S. 158

[71] Zitiert nach Pieter H. Bakker Schut, Stammheim. Der Prozeß gegen die Rote Armee Fraktion, Kiel 1986, S. 463

[72] Hungerstreikerklärung, zitiert nach Urteil des Kammergerichts gegen Rechtsanwalt Henning Spangenberg, Gesch.Nr. (5/4) 2 OJs 1/77 (68/78):
Seit dem 29. März 1977 sind Gefangene aus Sozialrevolutionären Widerstandsgruppen in der Bundesrepublik und Westberlin im Hungerstreik gegen die Vernichtungshaft! Wir schließen uns diesem Hungerstreik an! Angesichts der Tatsache, daß der Staat die Auseinandersetzung im rechtsfreien Raum des permanenten Ausnahmezustandes führt und daß sich in sechs Jahren Staatsschutzjustiz gezeigt hat, daß die Menschen- und Grundrechte in der Fahndung, in den Prozessen und in den Gefängnissen ein Dreck sind, ein Fetzen Papier, daß die Staatsschutzjustiz die Gefangenen eher ermordet, als daß die Sonderbehandlungen aufgehoben und die Gefangenen in den Vollzug integriert werden, daß die seit 1975 an Gefangenen aus antiimperialistischen

Widerstandsgruppen praktizierte Kleingruppenisolation nichts an der Vernichtungshaft geändert hat und sich die Provokationen, Überfälle und Mordversuche sogar noch gehäuft haben, fordern wir, daß die Gefangenen in Hamburg, Kaiserslautern, Köln, Essen, Werl, Straubing, Stammheim und Westberlin nach den Forderungen aller von den Gerichten in den Prozessen gegen die RAF bestellten Gutachter zu interaktionsfähigen Gruppen von mindestens 15 Gefangenen zusammengelegt werden! Wir fordern außerdem:
1. Abschaffung der Isolation und der Gruppenisolation in den Gefängnissen der Bundesrepublik und Westberlins, Auflösung der besonderen Isolationstrakte, in denen Gefangene zusammengebracht werden, um ihre Kommunikation elektronisch auszuschnüffeln und auszuwerten, Auflösung der besonderen Verteidigersprechzellen für Verteidiger aus politischen Prozessen, da in diesen Zellen ständig abgehört wird, Auflösung der Bunker und Beruhigungszellen, in denen die Gefangenen mißhandelt werden, ausreichende medizinische Versorgung und Zulassung und freie Wahl von externen Ärzten.
2. Die Untersuchung des Todes von Holger Meins, Siegfried Hausner und Ulrike Meinhof durch eine internationale Untersuchungskommission, die Unterstützung der Arbeit dieser Kommission und die Veröffentlichung ihrer Ergebnisse.
3. Daß von der Regierung öffentlich deutlich gemacht wird, daß die Meldungen: Anti-imperialistische Widerstandsgruppen hätten geplant, 1972 in Stuttgart drei Bomben zu zünden, 1974 während der Fußballweltmeisterschaft Raketenangriffe auf besetzte Fußballstadien durchzuführen, 1974 das Trinkwasser einer Großstadt zu vergiften, 1975 gestohlenes Giftgas einzusetzen, 1975 mit atomarem Müll den Bodensee zu vergiften und nukleare, chemische und bakterielle Waffen einzusetzen, 1977 einen Kinderspielplatz zu überfallen und Kinder als Geiseln zu nehmen, das Kommando Holger Meins hätte das Botschaftsgebäude selbst gesprengt, anti-imperialistische Widerstandsgruppen hätten die Anschläge auf die Bahnhöfe von Bremen, Hamburg, Nürnberg und München durchgeführt und andere versucht, Produkte der psychologischen Kriegsführung sind, daß sie lanciert und die Anschläge von Staatsschutzbehörden durchgeführt wurden, um die Solidarität mit den Widerstandsgruppen zu verhindern, sie zu isolieren, um sie vernichten zu können.

Der Hungerstreik ist Ausdruck unserer Solidarität mit den Gefangenen aus dem Palästinensischen Widerstand, die im Moment in den israelischen Gefängnissen um den Kriegsgefangenenstatus kämpfen, mit dem Kampf der Gefangenen aus der IRA, die in irischen und englischen Gefängnissen gegen die Aberkennung des politischen Status kämpfen, mit der Forderung der Gefangenen aus der ETA und anderen anti-faschistischen Gruppen nach einer Amnestie für alle politischen Gefangenen, mit allen, die im Kampf für Soziale Revolution und nationale Selbstbestimmung gefangen worden sind, und mit allen, die angefangen haben, sich gegen die Verletzung der Menschenrechte, gegen das Elend und die brutale Ausbeutung in den Gefängnissen der Bundesrepublik und Westberlin zu wehren. Den Widerstand bewaffnen. Den anti-imperialistischen Kampf führen. Gegen Faschismus und bürgerliche Gewalt – bewaffneter Kampf. Wir werden siegen. Westberlin, den 5.4.1977 für die Gefangenen aus der Bewegung 2. Juni.

[73] MoPo vom 8./9. April 1977, zitiert nach: Urteil des Kammergerichts gegen RA Spangenberg vom 6.4.79

[74] Interviews vom 7.7.85 und 25.9.85. Alle weiteren Teufel-Zitate, sofern nicht extra gekennzeichnet, aus diesen Interviews.

[75] RA W. Panka, Bericht über die polizeiliche Durchsuchung der Praxisräume am 11.11.77; Beschluß des Ermittlungsrichters am Kammergericht Bräutigam vom 3.3.78, mit dem die Rechtmäßigkeit der Beschlagnahme von schriftlichen Unterlagen bestätigt wird. Drei Jahre später wird das Ermittlungsverfahren eingestellt, die Verteidiger werden entschädigt (Beschluß des Kammergerichts vom 29.6.81).

[76] Urteil des Kammergerichts gegen RA Henning Spangenberg vom 6.4.79

[77] zitiert nach: »Denn ER weiß, was ER tut«, Dokumentation zum Fall des Ermittlungsrichters am Kammergericht Bräutigam alias Riedel..., Herausgegeben von 14 Gerichtsreferendaren am Kammergericht Berlin, o.O., o.J., S. 29

78 zitiert nach ebd. S. 6

79 zitiert nach ebd. S. 33

80 Zu diesem Hilfkonstrukt mußte das Gericht greifen, weil die Hauptverhandlung gegen Reinders u.a. noch nicht abgeschlossen war.

81 Urteil des Kammergerichts vom 6.4.79

82 Information von RA Venedey

83 Plädoyer RA. Wittenberg, S. 9

84 Zitiert nach: Urteil gegen Reinders u.a., Seite 208.

85 Till Meyer, »protokoll über die gegenüberstellung am 21./22. mai 1977«

86 Vgl. Spiegel 26/77

87 Der Abend 6.8.79

88 Interview vom 7.7.85. Am Gespräch im Juli 1985 beteiligten sich die Rechtsanwälte Wolfgang Wieland und Detlev Wittenberg (Teufel), Harald Remé (Klöpper), Walter Venedey und Rüdiger Portius (Reinders). Alle weiteren Verteidiger-Zitate, sofern nicht extra gekennzeichnet, aus diesem Interview. Aus Gründen der besseren Lesbarkeit verzichte ich in der Regel darauf, den einzelnen Gesprächsbeitrag namentlich zu kennzeichnen.

89 Vgl. Text einer Anzeige zur Veröffentlichung in Berliner Zeitungen: »Wir fordern Aufklärung: sind unsere Angehörigen von der Berliner Polizei gefoltert worden?«

90 Einstellungsantrag der Rechtsanwältin Lohstöter nach § 260 Abs. 3 StPO

91 Bericht von Till Meyer für: »Drittes Internationales Russel-Tribunal ›Zur Situation der Menschenrechte in der Bundesrepublik Deutschland‹« in Frankfurt vom 29.3.1978 bis 4.4.1978. Siehe auch die unter dem gleichen Titel herausgekommenen Protokolle Band 1 bis 4, Berlin 1978

92 zitiert nach Info-Bug Nr. 145, Berlin, 28.2.77

93 Gesprächsnotiz im eigenen Archiv

94 Der Spiegel 47/73, S. 74

95 ebd. Die taz berichtet am 9.11.89 über die Hintergründe des Anschlags: »Nach dem ›Blutsonntag von Derry‹ – am 30. Januar 1972 hatte die britische Polizei in einen Beerdigungszug geschossen und 13 Katholiken getötet – beschließt man im Berliner Untergrund, Vergeltungsaktionen durchzuführen. Eine Gruppe des ›2. Juni‹ will Brandsätze unter britische Militär- und Polizeifahrzeuge in der Nähe des Theodor-Heuß-Platzes ...(und) einen selbstgebauten Sprengsatz im britischen Yachtclub im Stadtteil Gatow (deponieren). Während die Brandsätze unter den Autos zünden, explodiert der Feuerlöschersprengsatz im Yachtclub nicht – jedenfalls nicht zur vorgesehenen Zeit. Als der Bootsbauer Erwin Beelitz am nächsten Morgen den umgebauten Feuerlöscher vor der Tür der Werkstatt findet, spannt er das ›Ding‹ kurzerhand in seinen Schraubstock, um festzustellen, was es damit auf sich hat. Der Mann wird von der Explosion vollständig zerrissen.«

96 Gesprächsnotiz vom 6.7.85. Als Verteidiger eines Angeklagten im sog. »Schmücker-Prozeß« (Fememord-Verfahren) war Elfferding der Entstehung dieser Aussage nachgegangen.

97 Teil D: Waffenraub und Banküberfälle, Teil E: Der Mord am Kammergerichtspräsidenten von Drenkmann, Teil F: Die Entführung des Landesvorsitzenden der CDU in Berlin Peter Lorenz

98 Anklageschrift vom 29.6.77, Seite 15 ff.

99 RA Nicolas Becker: Ablehnungsantrag gegen den Vorsitzenden Richter am Kammergericht, Friedrich Geus, wegen Besorgnis der Befangenheit, im Namen des Angeklagten A. Vogel, gestellt am 26.4.78. Geus war vor allem als Vorsitzender der Verfahren gegen Kriminalobermeister Karl-Heinz Kurras, der am 2. Juni 1967 Benno Ohnesorge erschoß, und gegen Horst Mahler, Irene Goergens und Ingrid Schubert, die wegen der Baader-Befreiung angeklagt waren, bekannt geworden. Der wegen fahrlässiger Tötung angeklagte Kurras wurde freigesprochen. Ebenso Mahler, der, während Baader befreit wurde, nicht am Tatort war, sondern als Anwalt in einem Gerichtssaal. Goergens und Schubert wurden nach einem fragwürdigen Wiedererkennungsverfahren zu vier und sechs Jahren Haft verurteilt (Vgl. »Der Spiegel« Nr.49/1967 und 21/1971, SZ 22.5.71)

100 Zitiert nach: Berliner Morgenpost vom 8.11.78

[101] Aust (Anm. 12), S. 10
[102] Gesprächsnotiz vom 14.7.85
[103] Die Teile tragen folgende Titel: Teil 1 (1.9.77): »Nach Heute-Sendung Entführung geplant«, Teil 2 (2.9.77): »Seit fünf Jahren sucht die Justiz nach einer Spur von Ingeborg Barz«, Teil 3 (3.9.77): »Der Arzt der Terroristen«, Teil 4 (5.9.77): »Für ›Sorgenkind‹ eingezahlt, um die Bank auszuspähen«, Teil 5 (6.9.77): »Geheimtreffen mit Fritz Teufel im Bierdunst der Rathausschänke«, Teil 6 (7.9.77): »Der ›Tote Briefkasten‹«, Teil 7 (8.9.77): »Das trojanische Pferd der Inge Viett«, Teil 8 (9.9.77): »Der Bluff beim Waffencoup«, Teil 9 (10.9.77): »Geheimtreff im Kranzler«, Teil 10 (12.9.77): »Klaus Schütz im Visier«, Teil 11 (13.9.77): »›Hugo‹ und der Geisel-Coup in Schweden«, Teil 12 (14.9.77: »Orient – Hinterland Berliner Terroristen«, Teil 13 (16.9.77: »Terroristen-Treffen vor dem Revier«, Teil 14 (17.9.77): »Waffenkauf im Wienerwald«, Teil 15 (20.9.77): »Bankraub als ›Kohle-Aktion‹«, Teil 16 (21.9.77): »Münzwurf entschied über Mordbeteiligung«.
[104] Ablehnungsantrag gegen den Vorsitzenden Friedrich Geus von RA Nicolas Becker, gestellt am 26.4.78
[105] Zitiert nach Vinke/Witt (Anm. 13), S. 267f.
[106] So Otto Schily in der ARD-Sendung »Panorama« vom 6.5.1980
[107] Schreiben vom 7.4.78
[108] zitiert nach: NDR-Wortprotokoll »Panorama« Nr.315 vom 17.10.77
[109] Die Welt 8.9.77, zitiert nach: »Terroristen-Sympathisanten?« Im Welt-Bild der Rechten. Eine Dokumentation. PDI-Sonderheft 1, München 1977, S. 80
[110] Zitiert nach: Antrag von RA Nicolas Becker auf Aufhebung der Bestellung der Rechtsanwälte Krummheuer und Bilz zu Pflichtverteidigern des Angeklagten Vogel, Beiordnung des bisherigen Wahlverteidigers Dr. Temmig aus Frankfurt und Aussetzung der Hauptverhandlung, gestellt in der HV am 18.4.78
[111] Zehn Jahre später wurde öffentlich bekannt, daß während der Schleyer-Entführung im Krisenstab der Bundesregierung mehrere der Mannschen Vision ähnliche »exotische Vorschläge« diskutiert worden waren. Exotischer Vorschlag Nr. 3: »Drohung gegenüber Terroristen mit ›Repressalien‹ auch gegen nahe Angehörige, wenn Schleyer nicht freigelassen werde. Der Bundespräsident könnte dafür gewonnen werden.« Exotische Vorschläge Nr. 6 und 7: »Der Bundestag ändert unverzüglich Artikel 102 des Grundgesetzes, der lautet: ›Die Todesstrafe ist abgeschafft.‹ Statt dessen können nach Grundgesetzänderung solche Personen erschossen werden, die von Terroristen durch menschenerpresserische Geiselnahme befreit werden sollen. Durch höchstrichterlichen Spruch wird das Todesurteil gefällt. Keine Rechtsmittel möglich.« »Das vorherige Modell wird öffentlich als Absicht der Bundesregierung oder des Deutschen Bundestages angekündigt. Die Geiselnehmer sollen zum Nachgeben bewegt werden, um das Leben der RAF-Häftlinge nicht zu gefährden.« (Der Spiegel Nr. 36/1987, S. 109). Den Vorschlag Nr. 6, die Todesstrafe wieder einzuführen, machte lt. »Spiegel« Generalbundesanwalt Rebmann.
[112] Antrag RA Becker (Anm. 109), S. 9f.
[113] ebd. S. 10
[114] Der Spiegel Nr.49/77: »Folgenreiche Blöße«
[115] Ablehnungsantrag gegen den Vorsitzenden Richter am Kammergericht, Friedrich Geus, wegen Besorgnis der Befangenheit, gestellt am 26.4.78 von Andreas Vogels Verteidiger N. Becker
[116] Schreiben des Vorsitzenden vom 17.2.78
[117] Gesprächsnotiz im eigenen Archiv. Im Stammheimer Prozeß gegen Baader, Ensslin, Meinhof und Raspe hatte eine vergleichbare Äußerung des Vorsitzenden Theodor Prinzing zur erfolgreichen Ablehnung wegen Befangenheit geführt. Prinzing hatte am Telefon dem der Angeklagten Gudrun Ensslin gegen ihren Willen beigeordneten Verteidiger Manfred Künzel gesagt, es mache »einen Unterschied aus, ob ein Ablehnungsgesuch von dieser oder von jener Seite der Verteidigerbänke gestellt werde.« (nach: Stuberger, S. 219ff.)
[118] Die Prozeß Depesche Nr. 3 vom 28.4.78
[119] Gesprächsnotiz vom 25.9.85

[120] Az.: (504) 2 PKLs 3/76 (50/78)
[121] Urteil S. 96
[122] Gesprächsnotiz vom 25.9.85
[123] Urteil S. 47
[124] nach Bericht im Tagesspiegel vom 24.3.78
[125] ebd. 13.7.77
[126] Gemeinsam mit Oestreich stehen vor Gericht: Hendrik Reinders, Paul Revermann, Raphael Kreß und Horst Müller-Klug. Sie werden vom Vorwurf der Unterstützung einer kriminellen Vereinigung freigesprochen. Raphael Kreß berichtete im Gespräch von erheblichen persönlichen Konsequenzen durch Untersuchungshaft und Strafverfolgung. Nach dem Diebstahl seines Reisepasses im Umkleideraum einer Karateschule war der Paß in den Besitz von Ralf Reinders gekommen und bei dessen Festnahme sichergestellt worden. Kreß saß fünfeinhalb Monate in Untersuchungshaft und mußte sich nach seiner Entlassung von März 1976 bis August 1978 regelmäßig bei der Polizei melden. Er verlor seinen Arbeitsplatz. In der Untersuchungshaft wurde er von der Angst gepeinigt, die Beziehung zu seiner sechs Monate alten Tochter könne durch die Trennung Schaden nehmen. Auch für Kreß galt das Berührungsverbot. Seine Frau habe das Kind mitgebracht, aber in der Sprechzelle des Untersuchungsgefängnisses kontrollierten Überwachungsbeamte, daß keine Berührung stattfand.
[127] Urteil der 2. großen Strafkammer des Landgerichts Berlin in der Strafsache gegen Erhard Oestreich und vier Mitangeklagte vom 22. April 1980, Seite 39
[128] Urteil gegen Oestreich u.a.
[129] ebd.
[130] Fritz Teufel im Interview: »Eichmann saß als erster in so einem Käfig, das war damit begründet worden, daß man ihn schützen wollte. Uns haben sie auch gesagt, das sei zu unserem eigenen Schutz. Wo wir doch schon von so vielen bewaffneten Staatsschützern geschützt wurden, und die Richter, Staatsanwälte und Zwangsverteidiger von ihren bodyguards. Na, wir waren eben die allergefährlichsten Verbrecher, die man sich vorstellen kann. Wenn du in so einem Käfig sitzt, dann merkst du, daß du zur Schau gestellt wirst.« Die Glasboxen wurden später auch nach oben dicht gemacht, nachdem es einigen Angeklagten gelungen war, an den Seitenwänden hinaufzuklettern.
[131] Stuttgarter Zeitung vom 14.4.78
[132] Lt. Einstellungsantrag nach § 260 Abs. 3 StPO (Fehlen einer Prozeßvoraussetzung) der Klöpper-Verteidigerin Lohstöter
[133] Der Abend vom 12.4.78, zitiert nach ebd.
[134] Die Zeit vom 14.4.78
[135] Bei den Räumungen wurden i.d.R. Schlagstöcke eingesetzt.
[136] Nach »Die Unbeugsamen von der Spree«, Schlußwort von Ralf Reinders im sog. Lorenz/Drenkmann-Prozeß, Broschüre von Frühjahr 1981, o.Hrsg.
[137] Vgl. Prozeß Depesche Nr. 15 vom 25.5.79
[138] Zitiert nach: Die Prozeß Depesche Nr. 3, Berlin-Moabit, 28.4.78
[139] Vorgang vom 5.5.78, 722/78, Landgericht Berlin (509) 2 PKls 8/75 (95/77)
[140] Staatsanwaltschaft bei dem Landgericht Berlin, AZ 2 P Js 543/78, 13. Juni 1978
[141] Urteil vom 4.10.78 Schöffengericht Tiergarten in Berlin, Az.: (278) 2 PLs 51/78 (181/78)
[142] Interview vom 22.9.85. Alle weiteren Siepert-Zitate, sofern nicht extra gekennzeichnet, aus diesem Interview.
[143] Ablehnungsantrag gegen den Vorsitzenden F. Geus von RA N. Becker, gestellt 26.4.78
[144] Zitiert nach: SZ vom 10.5.79. Im ersten HV-Jahr wurden lt. Verteidigung »knapp 70« Ablehnungsanträge gestellt, lt. Gericht aber »rund 150«, denn »das Gericht (zählt) einen Ablehnungsantrag, wenn sich dem mehrere Verteidiger anschließen, doppelt und dreifach.« (ebd.)
[145] Daß es auch anders geht, beweist das Beispiel des von der Staatsanwaltschaft beim Berliner Landgericht erfolgreich abgelehnten Richters Bernd Poelchau. Poelchau, in Berlin als »engagierter Jugendrichter« (Konkret 4/78) bekannt, war im August 1977 von Oberstaatsanwalt Nagel abge-

lehnt worden, weil er in einem Leserbrief an den »Spiegel« (Nr. 11/78) kritische Bemerkungen zu einem Interview mit dem damaligen Generalbundesanwalt Buback gemacht hatte. Der »Spiegel« hatte Buback gefragt, ob dem früheren RAF-Bombenbauer und jetzigen Kronzeugen Dirk Hoff für seine belastenden Aussagen im Stammheimer Prozeß Versprechungen gemacht wurden. Buback darauf: »Keine, mit Ausnahme der allgemeinen Erklärung, daß ein geständiger Täter auf die Milde des Gerichts bauen kann.« In seinem Leserbrief war Poelchau für die »Unabhängigkeit der Gerichte« eingetreten und gegen Versprechungen des Generalbundesanwalts für den Kronzeugen Hoff. Daraus gehe »deutlich hervor«, beklagte sich der Oberstaatsanwalt, daß Richter Poelchau in einem bevorstehenden und in bezug auf den Belastungszeugen vergleichbaren Prozeß »voreingenommen« sei (bei dem bevorstehenden Prozeß handelte es sich um den zweiten Schmükker-Prozeß, bei dem Jürgen Bodeux als »Kronzeuge« auftrat). Die 9. Strafkammer des Landgerichts stimmte dem Ablehnungsantrag der Anklagevertreter zu und bemerkte, es sei »rechtlich ohne Bedeutung, daß Ablehnender hier die Staatsanwaltschaft und nicht -wie sonst üblich – ein Angeklagter oder sein Verteidiger ist.« Der Hinweis war vermutlich nötig. (Beschluß Nr. (509) 2 PKLs 8/75 (95/75) vom 12.9.77)

[146] Plädoyer S. 6 f.

[147] Ich will ein Telefongespräch wiedergeben, das ich mit einer der Protokollführerinnen des inzwischen verstorbenen Vorsitzenden Friedrich Geus führte. Sie beschrieb Geus als einen Richter, wie man ihn heute nicht mehr kenne, im Kern butterweich, mit einer rauhen Schale. Ein Richter muß Mensch sein und Mensch bleiben, so habe er über seinen Beruf gedacht. Über harte Worte der Angeklagten, Beschimpfungen und Beleidigungen, habe er sich außerhalb der Verhandlung amüsiert. »Wir haben oft darüber gesprochen, daß sie das ja machen mußten, wegen der Schau.« Wenn eine zeitlang mal nichts derartiges aus den Anklageboxen gekommen sei, hätten sie »richtig darauf gelauert«, wann es wieder losgehe. Sie selbst habe niemals bedauert, an diesem Verfahren als Protokollführerin beteiligt gewesen zu sein. Der Prozeß sei eine einmalige und schwer zu beschreibende Sache gewesen, unwiederholbar und nicht vermittelbar. Sie sei ein bißchen stolz, dabei gewesen zu sein. Den jungen Leuten habe sie sich beinahe verbunden gefühlt wie eine »Terroristenmutter«. Einer sei ihr der liebste gewesen, nämlich Till Meyer. Kollegen hätten das jedoch nie verstehen können, so manchen bösen Blick habe sie sich deshalb eingefangen.

[148] U.a. an der Verurteilung von Horst Mahler am 26.Februar 1973 zu zwölf Jahren Freiheitsentzug wegen gemeinschaftlichen schweren Raubes in Tateinheit mit Gründung der kriminellen Vereinigung RAF. Als »Fehlurteil von Moabit« bezeichnete es »Die Zeit« am 2.3.73, »das nahezu alle klassischen Merkmale des politischen Justizirrtums aufweist.« Der Kommentator der FAZ fragte am 27.2.73, dem Tag nach Verkündung des Urteils gegen Mahler, ob das Mahler-Urteil »vor den strengen Maßstäben der Rechtsstaatlichkeit bestehen kann.« Das sei »die große Frage, die am Ende dieses Prozesses stehenbleibt.« (Als Hauptbelastungszeuge gegen Mahler war der Kronzeuge Ruhland aufgetreten).

[149] Urteil des Schwurgerichts beim Landgericht Berlin vom 6.12.68 gegen Hans-Joachim Rehse, Az.: (500) 3 P (Ks 1/67 (27/68), S. 12; Ablehnungsantrag von RA Becker gegen Weiß

[150] Rehse-Urteil S. 34

[151] Tagesspiegel (Leserbriefe), 14.12.68

[152] Rehse-Urteil S. 46

[153] ebd. S. 50

[154] Vgl. dazu Ingo Müller, Furchtbare Juristen, München 1987, S. 281ff.; Heinrich Hannover/ Günter Wallraff, Die unheimliche Republik, Reinbek 1984, S. 40ff.

[155] Nach dem Tode des Vorsitzenden Friedrich Geus im November 1981 wurde u.a. Weiß für Entscheidungen, die die Haft betrafen, zuständig. Ronald Fritzsch berichtete im Gespräch, mehrmals zum formalen Gewaltverzicht aufgefordert worden zu sein: so 1982 nach Anträgen, aus dem Hochsicherheits- in den Normalvollzug verlegt zu werden, und 1985 nach einem Antrag auf Zweidrittel-Entlassung (Verbüßung von Zweidritteln der Haftstrafe). Fritzsch verweigerte die Abgabe einer solchen Erklärung aus Gründen »der eigenen Selbstachtung«. Er habe, sagte

Fritzsch in der Moabiter Besucherzelle, während der ganzen Haft seine Persönlichkeit bewahren können. Hätte er gegenüber einem Richter wie Egbert Weiß den Gewaltverzicht erklären müssen, wäre ihm das wie ein »Umfallen« erschienen. Als Mitverantwortlicher für das Rehse-Urteil sei Weiß dazu moralisch nicht im Recht.

Im Juni 1989 machte Kammergerichtsrichter Egbert Weiß erneut Schlagzeilen: »Richter Weiß sah rot«, hieß es in der FR vom 15.6.89. Weiß hatte eine Gedenktafel für die Opfer nationalsozialistischer Justiz vom Berliner Kammergerichtsgebäude abreißen lassen, die das »Büro für ungewöhnliche Maßnahmen« zur Erinnerung an die Opfer des Reichskriegsgerichts befestigt hatte. Das Reichskriegsgericht fällte mehr als fünfhundert Todesurteile. Unter den Verurteilten waren viele Kriegsdienstverweigerer, berichtete die FR.

156 FR 1.6.78

157 Die Prozeß Depesche Nr. 6, Jahrg. 1, vom 2. Juni 1978.

158 FR 1.6.78

159 zitiert nach Dokumentation (Anm. 77), S. 45

160 FR 10.6.78

161 SZ 15.6.78, FAZ 29.6.78. Becker erscheint fortan tatsächlich nicht mehr und wird später entpflichtet.

162 SZ 15.6.78

163 SZ vom 10.5.79

164 FR 23.1.79: »Teufel: Mord an Drenkmann Arbeitsunfall in Justizmaschine«

165 FR 4.1.79: »Angeklagte nennen Mord an Drenkmann ›richtige Antwort‹«

166 Vgl. Anm. 149. Der »Spiegel« schrieb damals, der Urteilsspruch werfe »schon jetzt einen Schatten auf künftige BM-Prozesse und (rühre) an bislang unangefochtene Beweisgrundsätze des deutschen Strafrechts« (Der Spiegel vom 5.3.73) Die Zeit vom 2.3.73: Urteilsgründe »von kaum zu unterbietender Dürftigkeit.«

167 Klöpper erklärte im Juli 1980 in der Hauptverhandlung den Wandel seiner politischen Einstellung. Nach dem persönlichen Eintreten von Pastor Heinrich Albertz wurde Klöpper aus dem Hochsicherheitstrakt in den Normalvollzug verlegt und 1982 zur Bewährung vorzeitig entlassen.

168 Erste Hafterfahrungen machte Teufel in Moabit nach der Anti-Schah-Demonstration am 2. Juni 1967. Ein halbes Jahr später wurde er vom Vorwurf des Landfriedensbruchs und der Rädelsführerschaft freigesprochen.

169 Teufel wurde zu zwei Jahren Haft verurteilt, obwohl »keine Beweise für eine Täter- oder Mittäterschaft Fritz Teufels« vorhanden waren (Staatsanwalt Grader lt. »Welt« vom 16.1.71). Er mußte sich eine Tat anrechnen lassen, an der er nicht beteiligt war, die er aber lt. Urteilsspruch angeblich »als eigene gewollt« habe. (SZ 18.1.71)

170 Vgl. beispielhaft Kölner Stadt-Anzeiger vom 11.4.78

171 Die Prozeß Depesche Nr. 10, Jahrg.1, vom 6.10.78

172 Zitiert nach: Urteil gegen Reinders u.a., Seite 208

173 Die Welt vom 16.11.78: »Das Trommelfeuer der alten Kampfgenossen prallt an dem Kronzeugen ab«

174 Zitiert nach »Der Abend« vom 30.11.78: »Sand im Prozeß-Getriebe«. Nach der zitierten Äußerung von Richter Wolfgang Paetzelt lehnte die Verteidigung den Richter wegen Besorgnis der Befangenheit ab, jedoch ohne Erfolg. Erst im März 1979 konnte Richter Paetzelt erfolgreich abgelehnt werden (BZ 21.3.79).

175 Prozeß Depesche Nr. 12 vom 17.11.78

176 Laut Feststellung des Urteils gegen Reinders u.a., Seite 187

177 Zitiert nach: Aust (Anm. 12), S. 6f.

178 Zitiert nach »Der Abend« vom 8.11.78; als »ruhig, intelligent, präzis. Fast wie ein Schweizer Uhrwerk« beschreibt ihn die Berliner Morgenpost am 2.11.78. FR am 8.11.78: »Ruhig und ohne Anzeichen von Nervosität machte er seine Aussagen.« – Auch Karl-Heinz Ruhland hatte einst die Prozeßbeobachter mit seinem »phänomenalen« Gedächtnis und seinem »präzisen Erinne-

rungsvermögen« beeindruckt (FAZ 3.11.72).
[179] Urteil S. 193
[180] Urteil S. 191
[181] Zitiert nach: Berliner Morgenpost vom 8.11.78
[182] Zitiert nach: Urteil gegen Reinders u.a., Seite 190
[183] vgl. ID (Informationsdienst für unterbliebene Nachrichten) vom 25.11.78
[184] Plädoyer RA Panka
[185] Zitiert nach: Urteil gegen Reinders u.a., Seite 197
[186] Anträge von RA Wolfgang Panka vom 17.1.78, 26.10.78, 6.11.78, 11.12.78, und weitere Anträge, die sich auf die bisherigen Aktenbeiziehungsanträge beziehen.
[187] Der Abend vom 9.11.78: »Bittere Pillen für Hochstein«
[188] Urteil S. 194f. und Beweisanträge RA Panka. Distraneurin ist ein Medikament, das sich »besonders zur Behandlung des Delirium tremens außerordentlich bewährt« hat. Im schweren Alkoholdelirium sollen 3 Tabletten gegeben werden. Hochstein nahm die zehnfache Dosis. (Beweisantrag von RA Panka)
[189] Plädoyer RA Panka
[190] Urteil LG Hamburg vom 28.11.75, AZ: -40-22/75, zitiert nach: Anträge RA Panka, das o.g. Urteil zu verlesen, und auf gerichtliche Entscheidung
[191] Zitiert nach: Urteil gegen Reinders u.a., Seite 198
[192] Gerichtsbeschluß vom 19.9.80
[193] Häusler, Bernd, Der unendliche Kronzeuge, Berlin 1987; Der Spiegel Nr. 33/1980, S. 42 ff.: »Fälschungen aus dem BKA? Das Verwirrspiel um Schmücker-Mord und Schmücker-Dokumente«
[194] taz 14.4.89 u. 25.5.90
[195] Siehe dazu Terroristen & Richter 1, Heinrich Hannover »Terroristenprozesse«, Kapitel 6: »Durchbrechung und Aufhebung der Feinderklärung«
[196] Beweisantrag von RA Panka
[197] Zitiert aus: Anlage zum Beweisantrag von RA Panka
[198] Aust (Anm. 12), S. 3
[199] Plädoyer RA Panka
[200] Aust (Anm. 12), S. 12
[201] Zitiert nach eigener Gesprächsnotiz vom 14.7.85
[202] Hier irrte RA Panka. Grünhagen trat in der Frankfurter Hauptverhandlung gegen Astrid Proll nicht als Zeuge auf.
[203] Vgl. FR vom 10.9.80: »Der Verfassungsschutzbeamte ist nicht greifbar«
[204] Zitiert nach Gerichtsbeschluß vom 19.9.80
[205] Zitiert nach: SZ vom 20.9.80
[206] Aust (Anm. 12), S. 14
[207] Der Tagesspiegel 24.1.79. Die Unterbringung in Sicherungsverwahrung für sogenannte »Ersttäter«, also keine »Rückfalltäter« kann gemäß §66 StGB angeordnet werden, wenn »die Gesamtwürdigung des Täters und seiner Taten ergibt, daß er infolge eines Hanges zu erheblichen Straftaten, namentlich zu solchen, durch welche die Opfer seelisch oder körperlich schwer geschädigt werden oder schwerer wirtschaftlicher Schaden angerichtet wird, für die Allgemeinheit gefährlich ist (Hangtäter).«
[208] Aussetzungantrag von RA Wieland vom 29.1.79, zitiert nach: Prozeß Depesche Nr. 14 vom 9.3.79
[209] Prozeß Depesche Nr. 15 vom 25.5.79
[210] Zitiert nach: Vinke/ Witt (Anm. 14), S. 337
[211] Der Spiegel 50/77, S. 60 ff. Das Magazin traf eine für die Kritik der Sicherungsverwahrung glückliche Auswahl: Teufels Anklage stand kurz vor dem Kollaps, Schneider und Wackernagel brachen wenige Jahre später mit der RAF.
[212] Z.B. FAZ vom 11.1.78

213 Tagesspiegel 10.6.78 und 30.6.78 anläßlich der Haftentlassung von Ilse Stachowiak

214 Quick Nr. 42 vom 2.11.78. Die Sicherungsverwahrung wurde auch später immer wieder thematisiert. Vgl. z.B. FAZ vom 30.9.85: »Was geschieht nach der Haft? Die ›erste Terroristen-Generation‹ verläßt die Gefängnisse«

215 Vermerk vom 18.11.75, S II 2 a.

216 Siepert-Urteil S. 48f.

217 lt. Bundesanwalt Widera, zitiert nach SZ vom 16.5.80

218 SZ vom 10.5.79

219 Reinders, Klöpper, Viehmann, Teufel, Fritzsch, Gefangene im Block 10 des Moabiter Hochsicherheitstraktes im Februar 1980, Zum Trakt in Moabit, in: 2. Juni (Hrsg.) Der Blues, Band 2, »Knast und Isolation«, o.J., Seite 331 ff.

Die Welt berichtet am 23.1.80: »Drenkmann-Prozeß: Streit um Moabit. Mit dem Auszug der acht Wahlverteidiger, handfesten Schlägereien und harten Ordnungsstrafen erlebte der seit fast zwei Jahren dauernde Lorenz/Drenkmann-Prozeß am gestrigen 155. Verhandlungstag einen tumultartigen Höhepunkt. Die mehrstündigen Streitgefechte zwischen dem 1.Strafsenat des Berliner Kammergerichts sowie den sechs mutmaßlichen Terroristen und ihren Vertrauensanwälten konzentrieren sich ausschließlich auf den neuen Hochsicherheitstrakt der Untersuchungshaftanstalt Moabit, in dem die Angeklagten seit Samstag untergebracht sind. Wegen angeblicher Verletzung des Grundgesetzes und der Europäischen Menschenrechtskonvention beantragte die Verteidigung Einstellung des Verfahrens. ... (Rechtsanwalt) Panka zitierte den FU-Gerichtsmediziner Professor Rasch, der den neuen Zellentrakt als eine ›Orgie der Sicherheit‹ bezeichnet hatte, wo ›die Beseitigung des politischen Gegner eingeleitet werden soll‹.«

220 Weil die Zellenfenster sich nicht öffnen ließen, mußten die Zellen klimatisiert werden. Der Berliner Justizsenator Gerhard Meyer sagte gegenüber der Presse, die Fenster seien »so konstruiert, daß der Gefangene nichts hinauswerfen bzw. auffangen kann, was als ›pendelsicher‹ bezeichnet wird.« (Der Tagesspiegel vom 19.1.80)

221 Schreiben von Fritz Teufel vom 18.3.80 an den 1. Strafsenat »zur Frage des Berührungsverbotes, zu den Vorfällen vom 28.2.80 und zum Schrieb der Anstaltsleitung (diese Vorfälle betreffend und den Antrag auf ›drei Wochen Arrest‹ begründend) vom 5. März 1980«, zitiert nach: Der Blues, Band 2 (s.Anm. 219), Seite 607

222 Berliner Morgenpost vom 2.4.80

223 Brief von Waltraud Siepert vom 15.3.86 an die Autorin

224 Alfred Klaus (s. Anm. 71), Seite 120. »Das Landeskriminalpolizeiamt vermutet: Sprengstoffanschlag von Terroristen verübt« (Cellesche Zeitung vom 28.7.78), zitiert nach: Ellersiek, Christa/Becker, Wolfgang, Das Celler Loch. Geschichte einer Geheimdienstaffäre, Hamburg, 1987, S. 7

225 Erste Veröffentlichung in der »Hannoverschen Allgemeinen Zeitung« am 25.4.86, nach: Christa Ellersiek/Wolfgang Becker, a.a.O., S. 11

226 Der Blues, Band 2 (s. Anm. 219), S. 333

227 ebd., S. 343. Nach der Presseinformation des Justizsenators hat der Moabiter Hochsicherheitsbereich 27 Zellen, aufgeteilt in 7 Wohnbereiche mit Dusche und Kommunikationszentrum (Die Welt vom 23.1.80). In der neuen Frauenhaftanstalt Plötzensee seien 60 weitere Plätze im Hochsicherheitsbereich geplant, meldet der »Berliner Lokal-Anzeiger am 2.5.80

228 Der Spiegel 16/81, Seite 32; Spiegel-Gespräch mit Berliner Intensiv-Medizinern über Zwangsernährung und die medizinische Versorgung von Hungerstreikenden. Titel: »Würden Sie nicht sagen, das ist Mord?«. Im »Tagesspiegel« vom 20.1.80 über ein Streitgespräch der »Vereinigung Berliner Strafverteidiger« heißt es über den Diskussionsbeitrag von Prof. Rasch: »Professor Rasch vom Institut für Forensische Psychiatrie an der Freien Universität und seit Jahren Gutachter in Terroristenprozessen bezeichnete den Hochsicherheitsbereich als Verzerrung der auch von ihm erhobenen Forderung nach Wohngruppenvollzug für politisch motovierte Gefangene. Sein Hauptbedenken sei es, daß die Einweisung in den Hochsicherheits-Bereich, verbunden mit der Rollenzuweisung, Terrorist zu sein, nichts dazu beitrage, daß der Inhaftierte erkennen könne,

wie sehr er sich selbst überlebt habe. Rasch...kritisierte besonders die ständig von Fernsehkameras überwachten, fensterlosen, unter grellem Neonlicht liegenden Gemeinschaftsräume während der Umschlußzeiten zwischen 14 und 22 Uhr. Diese Gemeinschaftsräume seien ungeeignet für den Aufenthalt, die Stammheimer Lösung komme ihm im Vergleich mit der von Moabit dagegen geradezu heimelig vor.«

229 Der Blues Band 2 (s. Anm. 219), Seite 344. Die »Berliner Morgenpost« stellt am 12.1.80 den Hochsicherheitstrakt als Idylle vor: »Eine Erlaubnis für Musikinstrumente ist vorgesehen, sobald die tatsächlichen Voraussetzungen geklärt sind. Bis dahin muß Fritzsch auf seine (beantragte) Flöte und Klöpper auf seine Heimorgel in der Zelle verzichten.«

230 nach Gesprächsnotiz vom 24.9.85

231 ebd.

232 Anklageschrift vom 27. Juni 1979, Gesch. Nr. 2 OJs 23/77

233 »Größter Terror-Prozeß« (Der Abend 1.9.79), »Im Februar beginnt Berlins bisher größter Terrorismus-Prozeß« (Die Welt 22.1.80), »Terroristen-Prozeß: Materialschlacht in Moabit« (Stern 14.2.80), »Mammutprozeß« (Die Neue 21.2.80), »...einer der umfangreichsten Terrorismus-Prozesse in der deutschen Rechtsgeschichte« (Spandauer Volksblatt 21.2.80)

234 MoPo 5.3.80

235 Nicht alle Zeugen und Sachverständige kommen zu Wort, weil der Vorwurf der Beteiligung am Drenkmann-Mord nach zehn Hauptverhandlungsmonaten überraschend fallengelassen wird (Tagesspiegel vom 19.12.80)

236 Presseerklärung der Generalstaatsanwaltschaft beim Kammergericht vom 12. Juli 1979

237 SZ und FR am 22.2.80

238 Tagesspiegel 27.2.80, FR 27.2.80

239 nach: Beweisantrag in der Strafsache gegen Gudrun Stürmer wegen Widerstand gegen die gewaltsame Entkleidung am 21.2.80

240 ebd.

241 Tagesspiegel 28.2.80 und 4.3.80

242 dpa 28.2.80

243 dpa 4.3.80

244 Am Ende eines Verhandlungstages werden die Gefangenen in ihre Zellen zurückgeführt. Dieser Vorgang heißt im Vollzugsdeutsch »Terminrückführung«

245 Vermerk vom 21.2.1980

246 Vermerk vom 26.2.1980

247 taz vom 28.2.1980

248 Am 15. Mai 1981 wurden Gabriele Rollnick, Angelika Goder und Klaus Viehmann zu 15 Jahren Haft verurteilt, Gudrun Stürmer zu 4 Jahren und 6 Monaten. Laut Urteil ergab sich nach der Beweisaufnahme Gabriele Rollnicks Beteiligung an den Entführungen von Lorenz und Palmers, Angelika Goders und Klaus Viehmanns Beteiligungen an der Palmers-Entführung. Gudrun Stürmer wurde u.a. wegen Strafvereitelung und Urkundenfälschung verurteilt. (Kammergericht (6/1) 2 OJs 23/77 (4/79))

249 taz vom 3.3.84. Klöckner und Härlyn hätten sich strafbar gemacht, weil sie »an der Verbreitung der inkriminierten Texte mitgewirkt hätten, und dies in Kenntnis des strafbaren Inhalts«. Eine Mitwirkung der beiden Angeklagten hatte sich nach der Beweisaufnahme jedoch nicht ergeben (Die Zeit Nr. 11/84). Sechs Jahre danach hebt der dritte Strafsenat des Bundesgerichtshofs die Urteile mit der Begründung auf, das Kammergericht hätte auch prüfen müssen, ob Klöckner und Härlin lediglich wegen Beihilfe zu verurteilen gewesen wären (FR vom 28.3.90). Im Mai 1991 stellt das Kammergericht den Prozeß, ohne erneut zu verhandeln, ein (FR 29.5.91).

250 Zitiert nach taz vom 28.3.84

251 taz und FR vom 26.3.84, und Kleine Anfrage Nr. 3349 des SPD-Abgeordneten Dr. Andreas Gerl vom 13.3.84 und Antwort des Senats vom 23.3.84.

252 FR vom 12.4.84, im Wortlaut: »Eine Zeitung ist keine Bombe«. Betroffen waren die Autoren Hans Christoph Buch, Yaak Karsunke, Klaus Schlesinger, Karin Reschke, Urs Jaeggi

und Johano Strasser.

[253] Der Tagesspiegel vom 14.5.80

[254] Der Abend vom 16.5.80

[255] Zitiert nach: Die Zeit Nr. 43 vom 17.10.80. »Gruppe um Fritz Teufel überführt?« fragt das Spandauer Volksblatt am 14.5.80

[256] Teufels Verteidiger hatten das Alibi zuvor angekündigt, waren jedoch nicht ernst genommen worden. Die »Berliner Morgenpost« hatte mit der Schlagzeile reagiert: »Fritz Teufel will Alibi aus dem Hut zaubern«. Damit die Springer-Presse »diesmal nicht lügen muß« bastelte sich Teufel einen Papphut, aus dem er seine Erklärung hervorholte. (nach: Die Zeit vom 6.6.80). Eine Auswahl der Pressereaktionen: Bild vom 28.5.80: »Alibi aus dem Faschingshütchen – der seltsame Auftritt des Fritz Teufel«, FAZ vom 29.5.80: »Wer war der Fabrikarbeiter Jörg Rasch?«, Die Zeit vom 6.6.80: »Fritz Teufels letzte Justizkomödie«

[257] Der Spiegel vom 2.6.80

[258] Zitiert nach: taz-Dokumentation vom 28.5.80

[259] Urteil gegen Waltraud Siepert, S. 86

[260] FAZ vom 29.5.80

[261] Die Bundesanwaltschaft hielt Teufel gemäß der »Kollektivitätsthese« auch für einen der Drenkmann-Attentäter. Siehe Anklageschrift des GBA vom 29.6.77 gegen Reinders u.a., Seite 13: »Die Angeschuldigten Reinders und Vogel drangen entsprechend einem von der gesamten Gruppe ›Bewegung 2. Juni‹ gefaßten Plan am 10. November 1974 mit einem weiteren Gruppenmitglied gewaltsam in die Wohnung des Kammergerichtspräsidenten Günter von Drenkmann ...ein...Da ihnen (eine Entführung, M.O.) aufgrund seiner Gegenwehr mißlang, erschossen sie ihn, wie es von allen Gruppenmitgliedern für diesen Fall vorgesehen war.« Teufel konnte sich auch in diesem Punkt mit seinem Alibi entlasten.

Zur Kollektivitätsthese der Bundesanwaltschaft heißt es im Urteil (Seite 176): »Sie (die Bundesanwaltschaft, M.O.) meint, an den sogenannten politischen Aktionen (Erschießung des Kammergerichtspräsidenten, Lorenz-Entführung, Sparkassenüberfälle, Überfall auf ein Waffengeschäft, M.O.) seien anders als bei den zuletzt genannten beiden Taten (zwei Banküberfälle, M.O.) grundsätzlich alle Mitglieder der ›Bewegung 2. Juni‹ beteiligt gewesen, sei es an der Planung, Vorbereitung oder Ausführung der konkreten Tat. Der Senat teilt diese Auffassung nicht. Denn der »politische« Stellenwert und der dafür erforderliche organisatorische Aufwand sind bei einem Überfall auf ein Waffengeschäft nicht wesentlich anders einzuschätzen als bei den Banküberfällen vom 2. Dezember 1974 und 17. Februar 1975. Waffen und Geld waren für die Erfüllung der Ziele der ›Bewegung 2. Juni‹ gleichermaßen wichtig. Die zuletzt genannten Banküberfälle zählt die Bundesanwaltschaft selbst nicht zu den ›politischen Aktionen‹.«

[262] Zitiert nach: Berliner Morgenpost vom 8.6.80

[263] Zitiert nach: SZ vom 12.6.80

[264] Zitiert nach: FR vom 26.6.80

[265] Gesprächsnotiz vom 25.10.85

[266] Berliner Morgenpost vom 21.6.80

[267] Die Zeit vom 6.6.80

[268] ebd.

[269] FR 28.6.80

[270] Fritz Teufel nach FR 26.6.80

[271] Die Zeit vom 4.7.80

[272] FR vom 25.8.80, Arbeiterkampf Nr. 184 vom 8.9.80, Tagesspiegel vom 19.9.80

[273] Klöpper habe als einziger Angeklagter »jedenfalls Ansätze gemacht ..., sich von der Gewaltanwendung zu distanzieren«, begründete der Vorsitzende das im Vergleich etwas geringere Strafmaß. (FR 14.10.80)

[274] dpa 13.10.80

[275] SZ 13.6.81

[276] dpa 22.6.81, SZ 16.1.82

[277] Jörg Friedrich, Die kalte Amnestie, Frankfurt 1984, S. 407
[278] Heiner Lichtenstein, Im Namen des Volkes? Köln 1984, S. 130f.
[279] SZ 16.1.82

Anmerkungen zu Kapitel 10

[1] Die zahlreichen Glückwünsche und Gratulationen zum Todesschuß veranlaßten einem Bericht des »Spiegel« zufolge den »peinlich berührten« Bundesinnenminister Gerhart Baum zum Widerspruch: Wenn einer erschossen werde, sei keine Zeit zum Jubeln (Der Spiegel Nr. 37/1978, S. 21).
[2] nach: »Wir stellten uns vor, daß unser Weg irgendwo im Paradies endet...«, Hörfunk Sendung von Ute Diehl, WDR 3, 3. Dezember 1987. Alle weiteren Zitate von A. Speitel, sofern nicht anders gekennzeichnet, aus dieser Sendung.
[3] ebd.
[4] Urteil vom 30.11.79, OLG Düsseldorf IV 2/79 1 StE 1/79, S. 27ff.
[5] nach eigenem Bekunden lt. »Die Zeit« vom 23.11.90
[6] FR 16.6.90
[7] Urteil S. 79
[8] ebd., S. 9. Ausführlich dazu Kap.11: Gert Schneider/Christof Wackernagel«
[9] Urteil S. 28
[10] Urteil S. 36
[11] Aus Gründen des Informantenschutzes können nicht alle Quellen genannt werden.
[12] Der Polizeibeamte Brack am 14.4.83 als Zeuge im Stammheimer Prozeß gegen Peter-Jürgen Boock, nach Mitschrift der Verteidigung
[13] Gespräch am 11.11.87 in der JVA Köln-Ossendorf
[14] Die Welt 26.9.78
[15] Stern Nr. 40/78, S. 258
[16] Zeugenaussagen zur Struktur des »Kollektivs RAF« machten zum Beispiel Brigitte Mohnhaupt und Helmut Pohl im Stammheimer Prozeß gegen Baader, Ensslin, Raspe. Vgl. RAF (Hrsg.), texte: der RAF, S. 208ff.
[17] Urteil S. 37f.
[18] Soko Knoll/EG 9, Protokolle
[19] Der Spiegel Nr. 46/1978
[20] Der Spiegel Nr. 37/1979
[21] zum Beispiel: Westfälische Rundschau, NRZ, BILD, alle 14.9.79
[22] Urteil S. 37
[23] ebd. S. 39
[24] Zum Beispiel: Düsseldorfer Expreß, SZ vom 5.10.79
[25] Urteil S. 41
[26] ebd. S. 37
[27] Siehe dazu Terroristen & Richter 1, Heinrich Hannover »Terroristenprozesse«, Kapitel 11: »Die gerichtsbekannte Kollektivität der RAF«
[28] Zitiert nach: Bakker Schut; Pieter (Hrsg.), das info, a.a.O., S. 248 (Hervorhebungen wie im Original)
[29] ebd. S. 293, Hervorhebungen im Original gesperrt gedruckt
[30] ebd. S. 298, Hervorhebung wie im Original
[31] ebd. S. 177, Hervorhebung wie im Original
[32] Prof. Friedhelm Neidhardt, in: »Dreimal lebenslänglich und fünfzehn Jahre. Zum Urteil gegen den RAF-Aussteiger Peter-Jürgen Boock«, Hörfunk-Sendung von Margot Overath, WDR 1, 14.6.1985. Siehe dazu auch: ders., Soziale Bedingungen terroristischen Handelns. Das Beispiel der »Baader-Meinhof-Gruppe« (RAF), in: Bundesministerium des Innern (Hrsg.), Analysen zum Terrorismus, Band 3, Opladen 1982, S. 318-391

[33] zitiert nach: RAF (Anm. 16), S. 233. Pohl machte seine Aussage als Zeuge der Verteidigung im Stammheimer Prozeß gegen Baader u.a., denen Rädelsführerschaft vorgeworfen wurde. Sein Bekenntnis zur Kollektivität sollte den Anklagevorwurf entkräften.

[34] Zwei Beispiele: Am 2. August 1977 verurteilte ein Hamburger Schwurgericht den ehemaligen SS-Obersturmführer Gerhard Meywald wegen Beihilfe zum Mord an 320 Juden des Rigaer Ghettos zu vier Jahren Freiheitsstrafe, deren Vollstreckung es sogleich aussetzte. Der Staatsanwalt hatte »lebenslänglich« gefordert, weil Meywald an Vernichtungsaktionen im Gebiet um Riga mitgewirkt habe, denen sechstausend Juden zum Opfer gefallen seien. Im Prozeß wurde er zwar überführt, 320 Opfer für Massenerschießungen ausgewählt zu haben, jedoch nicht als Mittäter verurteilt. Das Gericht: »Wer auszuwählen hat, macht sich nicht zum Täter.« (zitiert nach FR vom 3.8.77)

Seit Dezember 1981 befaßt sich die 13. Große Strafkammer des Landgerichts Hannover mit der Vergangenheit des ehemaligen SS-Rottenführers Heinrich Niemeier, der nach Zeugenaussagen als Mitglied der Wachmannschaft des Konzentrationslagers Auschwitz mindestens zwölf Menschen erschossen haben soll. Im Sommer 1990 ist noch kein Ende des Verfahrens abzusehen, weil das Gericht immer noch weitere Zeugen hören möchte. Es will die Tatzeit möglichst genau eingrenzen. Viele Häftlinge hat Niemeier lt. Anklage auf dem »Evakuierungsmarsch« erschossen. Kein Wunder, daß sich Überlebende mehr als 40 Jahre danach nicht mehr an Ort und Uhrzeit erinnern können (nach Bremer Nachrichten vom 1.2.88 und telef. Auskunft der Justizpressestelle Hannover von Mai 1990).

[35] Laut den »Heidelberger Dokumenten« der Zentralen Stelle der Justizverwaltungen in Ludwigsburg war Prof. Rauch vom 1.7.42 bis 31.3.43 im Rahmen des NS-Euthanasieprogrammes tätig. Er untersuchte in der Forschungsstelle Heidelberg-Wiesloch Gehirne von Kindern, die zum Zweck der Untersuchung getötet worden waren. Gegenüber Nachfragern berief sich Rauch auf Erinnerungsverlust.

[36] Oberstaatsanwalt Prof. Dr. Schmidt, Staatsanwaltschaft Heidelberg, an Leo Waltermann vom WDR Köln, Schreiben vom 14.7.86. Leo Waltermann hatte sich nach dem Auftritt von Prof. Rauch als Gutachter gegen Peter-Jürgen Boock ausführlich mit dem Thema »Euthanasie im NS-Staat« beschäftigt.

[37] Prof. Friedhelm Neidhardt, in: WDR 1 (Anm. 32)

[38] zitiert nach: Protokoll eines Gesprächs zwischen Hannelore Gaddatsch (Südwestfunk) und Peter-Jürgen Boock in der UHA Hamburg vom 8.4.86, S. 50

[39] Interview vom 12.7.84 in der JVA Bochum

[40] zitiert nach taz 27.3.91

[41] FR 8.11.90

[42] taz 27.3.91

[43] SZ 14.9.79

[44] Urteil S. 41

[45] SZ 14.9.79

[46] Rheinische Post 15.9.79

[47] taz 1.2.91

Anmerkungen zu Kapitel 11

[1] Anklageschrift des Generalbundesanwalts vom 30.6.79, AZ: 1 StE 4/79 1 BJs 125/77, S. 3

[2] Ergebnis der polizeilichen Ermittlungen, lt. gutachterlicher Stellungnahme vom 6.8.80

[3] Die Auslieferung brachte der holländischen Justiz harte Kritik ein, so von Advocaat Mr. W.J. van Bennekom, einem der Verteidiger von Gert Schneider. Van Bennekom beantragte die Einstellung des Verfahrens, weil der Staat der Niederlande mit der rechtswidrigen Auslieferung seine Souveränität in der Strafverfolgung zugunsten der Bundesrepublik Deutschland aufgegeben habe, so als ob er eine Provinz seines Nachbarn sei. (siehe Antrag auf Einstellung des Verfahrens

vom ersten Tag der Hauptverhandlung, dem 28.2.80)

[4] vgl. die Äußerungen von Generalbundesanwalt Kurt Rebmann nach dem Brief der Brüder von Braunmühl in der ZDF-Sendung »Kennzeichen D« vom 3.6.87, nach: Brodersen/Duve (Hrsg.), »Ihr habt unseren Bruder ermordet«, Reinbek 1987, S. 92

[5] dpa-Hintergrund vom 7.6.78. (Es handelt sich hier nicht um eine vollzählige Auflistung, M.O.)

[6] Klaus Jünschke im ID Nr. 358 vom 14.11.80, nach: Jünschke, Spätlese, a.a.O, S. 136

[7] nach: Urteil gegen Gert Schneider und Christof Wackernagel vom 5.9.1980, Oberlandesgericht Düsseldorf, 4. Strafsenat, AZ: IV 9/79 1 StE 4/79

[8] Interviews vom 16. und 17.5.87. Alle weiteren Schneider-Zitate, sofern nicht extra gekennzeichnet, aus diesen Interviews.

[9] Urteil S. 57

[10] Anklage S. 58

[11] Schreiben des Bundeskriminalamtes Az. TE/TE 2 – 10 288 – 10402 – vom 27.4.1983 an den Vorsiteznden des 2. Stuttgarter Strafsenats (Boock-Prozeß)

[12] Verteidigungsargumente waren in diesen Fällen i.d.R. die Nicht-Zuständigkeit eines bundesdeutschen Gerichts, verbunden mit dem Hinweis auf die Genfer Konvention, die bei Auseinandersetzungen zwischen kriegsführenden Parteien greift, und das Recht auf Widerstand. Beide Argumente wurden auch von Schneider und Wackernagel zur Verteidigung vorgebracht, sie sind aber im Zusammenhang dieser Arbeit nicht von Bedeutung.

[13] Anklage S. 58f.

[14] de Volkskrant 23.11.77, nach: »Erklärung der Verteidigung am 11. Verhandlungstag (28.3.1980) gemäß § 257 StPO«. Ob auch bei anderen Festnahmen (Willy Peter Stoll, Elisabeth von Dyck, Rolf Heißler) die falsche Interpretation den Ablauf prädestinierte, blieb ungeklärt, weil der Senat einen entsprechenden Beweisantrag ablehnte.

[15] nach: »Antrag auf Einstellung des Verfahrens«, schriftlich vorliegende Prozeßerklärung von Gert Schneider vom 28.2.80

[16] ebd.

[17] Antrag vom 23.5.80, Plädoyer von Schneider-Verteidiger RA R. Zimmermann vom 22.8.80

[18] nach: Gerichtsbeschluß vom 23.5.80

[19] SZ 29.2.80. Von den drei Polizeibeamten wurde einer durch Granatsplitter schwer verletzt, vgl. Anklage S. 53

[20] »Antrag auf Einstellung des Verfahrens«, a.a.O.

[21] Festnahme von Knut Folkerts in Utrecht am 22.9.77: Die Polizisten hatten nach dem Hinweis eines Autovermieters zwei Verdächtige kontrollieren wollen. Noch bevor sie die Papiere der beiden zu Gesicht bekamen, habe Folkerts geschossen, stellt das Gericht später fest. Folkerts Begleiterin konnte fliehen. Das Bezirksgericht Utrecht verurteilte Folkerts am 20.12.1977 wegen Mordes und versuchten Mordes zu zwanzig Jahren Haft. Im Oktober 1978 wurde Folkerts von den Niederlanden an die Justizbehörden der BRD ausgeliefert. Er kam in Stuttgart-Stammheim noch einmal vor Gericht und wurde dort am 31.7.1980 wegen Mittäterschaft am Mord von Generalbundesanwalt Buback zu lebenslanger Haft verurteilt. Das Verfahren fand ohne den Angeklagten, der sich ausschließen ließ, und ohne eine erstzunehmende Verteidigung statt. Der Senat hatte beide Vertrauensverteidiger abgelehnt (Stern v. 17.7.80).

[22] Anklage S. 50

[23] Vgl. dazu: Der Spiegel vom 21.11.77: »Er weiß, was sein Schicksal ist«, Spiegel-Interview mit dem Wackernagel-Verteidiger Gerard Spong

[24] FR 27.3.80, SZ 28.3.80

[25] Urteil OLG Düsseldorf, 4. Strafsenat, AZ: IV 9/79 1 StE 4/79 vom 5.9.1980

[26] lt. Plädoyer der Verteidigung

[27] Gutachterliche Stellungnahme des SV Georg Sieber vom 6.8.1980, nach entsprechendem Gerichtsbeschluß vom 25.7.1980.

[28] Urteil S. 69

[29] ebd. S. 84f.

[30] Man stelle sich vor, der Zugriff der Polizei hätte tödliche Folgen gehabt – jeder Staatsanwalt oder Richter hätte den Beamten eine Notwehrlage bescheinigt.
[31] Urteil S. 88
[32] Zitat aus dem Schlußvortrag der Bundesanwälte, nach: SZ vom 16.8.80
[33] nach: Anlage zum Ablehnungsantrag der RA Zimmermann und Ronte vom 13.6.80
[34] vgl. Ablehnungsantrag, a.a.O.
[35] zitiert nach Senatsbeschluß vom 14.7.80 zur Ablehnung des Beweisantrages von RA Zimmermann vom 13.6.80 auf Vernehmung des Rolf Heißler, der Polizeipräsidenten von Frankfurt, Düsseldorf und Nürnberg sowie eines weiteren Polizeibeamten. (Polizeibeamte hatten in Frankfurt auf Heißler, in Düsseldorf auf Stoll und in Nürnberg auf von Dyck geschossen, M.O.)
[36] Beweisantrag von RA Reinhard Zimmermann vom 5.8.80
[37] Auch im Gegenantrag des Generalbundesanwalts vom 17.7.80
[38] Antrag des GBA vom 5.8.80 AZ: 1 StE 4/79 – 5.
[39] Urteil gegen Angelika Speitel S. 52
[40] Urteil gegen Verena Becker, 5. Strafsenat des Oberlandesgerichts Stuttgart vom 28.12.77, zu lebenslanger Haft, AZ: 5 – 1 StE 1/77, S. 41ff und 112ff.
[41] nach Mitschriften der Verteidigung und Tagespresse vom 15. und 17.8.80
[42] Urteil S. 43
[43] ebd. S. 44
[44] ebd. S. 85f.
[45] Urteilsverkündung vom 5. September 1980
[46] Im sog. »Mai-Papier« mit dem Titel: »Guerilla, Widerstand und antiimperialistische Front«, dokumentiert in: RAF (Hrsg.), texte: der RAF, a.a.O., S. 599
[47] SZ 30.8.86
[48] taz 31.1.84
[49] SZ 30.8.86

Anmerkungen zu Kapitel 12

[1] Interview vom 8.7.87 in der Untersuchungshaftanstalt Hamburg. Alle weiteren Boock-Zitate, sofern nicht extra gekennzeichnet, aus diesem Interview.
[2] lt. Zeugenaussage von Prof. Mollenhauer entwichen im Zuge der Heimkampagne »viele« Jugendliche aus den Heimen. Diese »entsprachen eher dem Standard von 1910 als dem von 1970« (zitiert nach eigener Mitschrift vom 13.5.86).
[3] lt. Zeugenaussage des ehemaligen Magistratsdirektors im Frankfurter Jugendamt, Faller, vom 13.5.86
[4] Oberlandesgericht Stuttgart, 5. Strafsenat 5(2) – 1 StE 5/81 vom 28.11.86, S. 19
[5] Interview vom 22.4.87 UHA Hamburg
[6] Bild: »Terrorist Nr. 1 in Hamburg gefaßt«, Bremer Nachrichten: »..zählt zu den Härtesten im makabren Guerilla-›Geschäft‹«, Die Welt: »...einer der meistgesuchten mutmaßlichen Gewalttäter«, (alle 24.1.81) Stern 26.1.81: »Zu den Top-Ten der westdeutschen Terrorismusverdächtigen...«
[7] Nach einem nächtlichen Schuß in einem Stuttgarter Wohngebiet wurde bekannt, daß Richter Ulrich Berroth vom 2. Stuttgarter Strafsenat, der gegen Boock verhandelt, wegen seiner Angst vor Terroristen ständig eine Waffe bei sich trägt. In der Nacht vom 21. auf den 22. September 1983 hatte Berroth damit auf einen Betrunkenen gefeuert. Er beherrsche auch den »finalen ›Verteidigungsschuß‹: mit ausgestrecktem Arm auf den Körper eines Angreifers«, schreibt der Stern (Nr. 8/84). Nachdem der Bundesgerichtshof das Boock-Urteil aufgehoben hatte, konnte Berroth als zuständiger Vorsitzender der Neuverhandlung von Boock-Verteidiger Heinrich Hannover erfolgreich abgelehnt werden. (Entscheidung des 5. Strafsenat des OLG Stuttgart vom 25.9.85).

[8] zitiert nach Arbeiterkampf v. 23.11.81, S. 17
[9] ebd.
[10] Lt. vorliegenden eidesstattlichen Versicherungen vom 25.12.82. Von Prof. Rauch war im Kapitel über Angelika Speitel schon die Rede; vgl. »Guerilla als Alternativbetrieb?«
[11] gemeinsam mit Brigitte Mohnhaupt, Rolf Clemens Wagner und Sieglinde Hofmann
[12] nach eigenen Mitschriften aus der HV, Gutachten Prof. Bschor und Urteil vom 28.11.86
[13] Zeugenaussagen nach eigener Mitschrift; Prozeßerklärung des Angeklagten vom 4.3.83 und 6.5.86
[14] eigene Mitschrift vom 9. Verhandlungstag des zweiten Boock-Prozesses
[15] Schreiben vom Prof. L. Schwarzenberg an den Vorsitzenden vom 2.2.84
[16] Aussage von Gert Schneider als Zeuge in der Hauptverhandlung
[17] dazu mehr weiter unten (»Beweisverheimlichung«)
[18] nach Mitschrift der Verteidigung vom 21.4.83
[19] ebd.
[20] ebd.
[21] Plädoyer von RA Heinrich Hannover, zitiert nach: Der Prozeß. Justiz in der Bundesrepublik Deutschland. Am Beispiel Peter-Jürgen Boock 1983/1984 zu Stuttgart Stammheim. Dokumentation vorgelegt vom Komitee für Grundrechte und Demokratie, Sensbachtal 1985, S. 252
[22] ebd. S. 253
[23] aus: Antrag von RA Hannover vom 7.6.83, zum Beweis für Boocks Drogenabhängigkeit zwei Sachverständigengutachten der Professoren Dr. Friedrich Specht (Göttingen) und Dr. Wilfried Rasch (Berlin) einzuholen
[24] Der Prozeß (s. Anm. 21), S. 254
[25] Nach diesem Gerichtsbeschluß lehnt die Verteidigung am 22.11.83 im Namen des Mandanten den gesamten Senat wegen Befangenheit ab. Der Senat hatte, indem er Boock eine angebliche zunehmende Verdunkelungstendenz unterstellte, einen Tatverdacht gegen die Verteidiger ausgesprochen und müßte, wenn der Verdacht ernst gemeint war, ein Ausschlußverfahren in Gang setzen. Das geschah natürlich nicht. Ebensowenig wurde die Befangenheit anerkannt.
[26] Interview vom 1.5.85
[27] Der Spiegel Nr. 50/1983, S. 85
[28] Die Zeit vom 25.11.83
[29] Der Verhandlungssaal für Staatsschutz-Prozesse befindet sich in einem hochgesicherten Beton-Mehrzweckgebäude. Innerhalb des riesigen Saals sind die Prozeßparteien jeweils viele Meter voneinander entfernt, so daß die Kommunikation über Mikrofone stattfindet. Zum Stammheimer Verhandlungssaal und Verhandlungsklima siehe Terroristen & Richter 1, Heinrich Hannover »Terroristenprozesse«, Kapitel 7: »Verteidigung in Stammheim – Begegnung mit der Angst«.
[30] Inoffiziell hielt der Senat weiterhin zu Prof. Rauch. In einem Schreiben des Senatsvorsitzenden Dr. Eitel an Prof. Rauch vom 24.6.83 ist gewissermaßen entschuldigend zu lesen, der Senat habe dem Befangenheitsantrag zustimmen und »ohne Rücksicht auf den Wahrheitsgehalt der fraglichen Vorwürfe ... von der Sicht des Angeklagten« ausgehen müssen.
[31] Oberlandesgericht Stuttgart, 2. Strafsenat 2-1 StE 5/81 1 BJs 75/80 vom 7.5.84, S. 430f.
[32] ebd. S. 449f.
[33] in »Kennzeichen D«, ZDF 3.6.87, a.a.O.
[34] nach Gutachten vom 30.8.86 und eigener Mitschrift der Sachverständigenbefragungen vom 16.9.86, 24.9.86 und 30.9.86
[35] nach eigener Mitschrift vom 16.9.86
[36] nach eigener Mitschrift vom 20.8.86
[37] Bommi Baumann, Hi ho: wer nicht weggeht, kommt nicht wieder, Berlin und Hamburg 1987, S. 176
[38] taz 4.3.87. In Herbert Jägers und Lorenz Böllingers »Studien zur Sozialisation von Terroristen« gingen Informationen von BKA-Zielfahndern ein, vgl. Bundesministerium des Innern (Hrsg.), Analysen zum Terrorismus, Band 2 (Lebenslaufanalysen) S. 127

[39] nach eigener Mitschrift vom 17.9.86
[40] ebd.
[41] ebd.
[42] 2. Boock-Urteil, S. 8
[43] ebd. S. 77
[44] 1. Boock-Urteil S. 529
[45] Nach eigener Mitschrift des Gesprächs mit Theodor Sand vom 9.4.86
[46] 2. Boock-Urteil, S. 54 und 57
[47] aus: Prozeßerklärung von Peter-Jürgen Boock vom 19.4.83
[48] ebd.
[49] Plädoyer im 2. Boock-Prozeß vom 18.11.86
[50] Prozeßerklärung vom 18.4.83
[51] 1. Boock-Urteil, S. 265f.
[52] ebd. S. 263f.
[53] ebd. S. 510
[54] ebd. S. 529
[55] Frau Paula Sand war inzwischen verstorben
[56] 1. Boock-Urteil S. 264
[57] ebd.
[58] nach Mitschrift der Verteidigung vom 18.4.83
[59] Vermerk vom 26.8.77, Vernehmungsprotokoll vom 25.8.77, nach Mitschrift der Verteidigung vom 18.4.83
[60] 1. Boock-Urteil S. 264
[61] ebd. S. 256

Anmerkungen zu Kapitel 13

[1] Klaus Bölling in: taz-Interview vom 7.10.87
[2] Neidhardt, Friedhelm, Soziale Bedingungen terroristischen Handelns, in: BMI (Hrsg.) a.a.O., S. 361
[3] Die Auswahl dieser Originalschlagzeilen ist beliebig. Zum Vergleich siehe weiter oben und Bild 14.9.79, Passauer Neue Presse 17.8.80, FR 8.5.80, Die Welt 7.5.79, FR 22.10.77, Bremer Nachrichten 8.6.90
[4] Vgl. Prof. Dr. Wilfried Rasch, »In gedämpftem Bürgerkriegsklima«, in: Jeschke/Malanowski, Der Minister und der Terrorist, Reinbek 1980, S. 132
[5] in: »Abgang: Über Peter-Jürgen Boock«, Hörfunksendung von Jochen Dietrich und Heinz P. Siebold, WDR 3, 4.1.89
[6] Interview vom 8.7.87
[7] Interview vom 12.5.87
[8] Vgl. FR 7.3.85, Bremer Nachrichten 9.3.85
[9] taz 11.3.85
[10] Interview vom 12.5.87
[11] Die am 13.10.87 vorgelegte Idee orientierte sich an Erfahrungen in anderen Ländern vom Ende der siebziger Jahre (z.B. in Uruguay, Italien, USA). Dokumentiert in: Die Grünen im Bundestag (Hrsg.), Ende der bleiernen Zeit? April 1989, S. 27ff.
[12] Zitiert nach ebd. S. 34
[13] nach FR 12.6.90 und Seifert, Jürgen, »Schwimmen gegen den Strom, um der Überzeugung willen«, in: Maelicke/Simmerdinger (Hrsg.), Schwimmen gegen den Strom, Frankfurt 1990, S. 103
[14] Interview vom 16.5.87
[15] Nach: Duve, Freimut (Hrsg.), Pfarrer, die dem Terror dienen?, Reinbek 1975, S. 7

[16] Bild vom 23.7.74, zitiert nach: ebd., S. 9
[17] Rheinischer Merkur 29.11.74, nach: ebd. S. 85
[18] Nach: ebd. S. 80
[19] ebd. S. 80-85
[20] Auszugsweise in: Spiegel Nr. 53/1979; vollständig in: Jeschke/Malanowski (s.Anm. 4)
[21] Bild am Sonntag vom 28.9.80, nach: Vinke, Hermann, Mit zweierlei Maß, Reinbek 1981, S. 19f.
[22] Stern vom 2.10.80, nach: ebd. S. 22
[23] vgl. Neidhardt, Friedhelm (Anm. 2), S. 386
[24] Interview mit Gerhart Baum vom 6.7.87. Alle weiteren Zitate von G. Baum aus diesem Interview.
[25] Der Spiegel Nr. 9/1982, S. 82
[26] Die Diskussion über den Braunmühl-Brief, einschließlich der autonomen bzw. linksradikalen Kritik, ist ausführlich dokumentiert in: Brodersen/Duve (Hrsg.), »Ihr habe unseren Bruder ermordet«, Reinbek 1987
[27] Die Welt 10.11.86
[28] FAZ 19.5.87
[29] »Kennzeichen D«, a.a.O. Auf seiner Halbjahrespressekonferenz wiederholte der GBA seine Kritik, vgl. taz 10.7.87 und Stellungnahme von Wolf-Dieter Narr für das »Komitee für Grundrechte und Demokratie«, in FR 21.7.87
[30] In der ARD-Sendung von Samuel Schirmbeck: »Ein Brief und seine Folgen« vom 26.5.88
[31] zitiert nach: taz 7.11.86
[32] Das Gespräch fand am 17. Oktober 1987 statt. Teilnehmer waren die Witwe des Ermordeten, Hilde von Braunmühl und die Brüder Carlchristian, Hermann und Hubertus von Braunmühl.
[33] Vgl. Bissinger, Manfred (Hrsg.), Gewalt – ja oder nein. Eine notwendige Diskussion. München 1987
[34] Sich auf Dauer jeder Verunsicherung zu entziehen, sei fast unmöglich, schätzt Peter-Jürgen Boock aus eigener Erfahrung. »Ich weiß, daß das (vergangene Gesprächsversuche, M.O.) ganz viele Leute beschäftigt hat. Aber wenn du einen gefragt hast, dann hieß es, oh, diese Schweine, die müßte man sich greifen und verprügeln. Möglichst aggressiv, verstehst du? Weil jeder lächelnd wußte, hinter der Aggression steht eigentlich nur ein Abgrenzen, das Thema vermeiden, möglichst schnell über was anderes reden. Ich glaub auch, daß das den meisten mehr oder weniger bewußt war.« Auf meine Frage, welche Chancen er dem Gesprächsversuch der Familie von Braunmühl einräumt, antwortete Boock: »Man muß da unterscheiden zwischen dem, was Leute (aus der RAF und deren Umfeld, M.O.) nach außen kundtun und dem, was sich im Kopf abspielt. Nach außen natürlich wird jeder, der in so ner Situation ist, die Gruppe vertreten und den offiziellen Standpunkt vertreten und keinen Millimeter davon abweichen, weil er ja auch weiß, alle anderen beobachten ihn sozusagen. Da mag das dann zutreffen. Nur, das heißt ja nicht, daß es keine Zweifel bei den Leuten gibt. Es heißt ja nicht, daß die Leute nicht selber ganz genau wissen, wieviel von den Phrasen, die sie von sich geben, hohl sind. Natürlich weiß man das, oder man ahnt es zumindest. Oder man ist doch sehr unangenehm getroffen davon, daß es da draußen welche gibt, die das infrage stellen, was man selber proklamiert und von dem man vielleicht auch noch überzeugt ist. Aber das ist nichts, wo es keine Wechselseitigkeit gibt. Nur, man darf nicht damit rechnen, daß das nun sofort zu irgendwelchen dramatischen Schritten führt. Da muß sich ne Menge ansammeln, bevor was konkretes passiert. Und wenn etwas konkretes passiert, kriegt es auch erst mal gar keiner mit. Also insofern haben die Skeptiker recht. Was Dramatisches wird nicht passieren. Aber daß nichts passiert, ist Quatsch.«

»Terroristen & Richter« 1
Heinrich Hannover, Terroristenprozesse
Erfahrungen und Erkenntnisse eines Strafverteidigers

»Terroristen & Richter« 2
Rolf Gössner, Das Anti-Terror-System